丝路百城传

特立，不独行

"丝路百城传"丛书

刘传铭　主编

THE
BIOGRAPHY
OF
HAINAN ISLAND

一座岛屿的前世今生

海南岛传

孔见 ——— 著

中国国际出版集团　新星出版社　NEW STAR PRESS

总 序

刘传铭

如果说丝绸之路研究让我们洞见了一部全新的世界史,一定会有人表示惊讶与质疑;

如果说城市的创造是迄今为止人类文明进程中最伟大的事情,则一定会得到人们普遍的支持与认同。

"丝路百城传"丛书的策划正是发轫于这样一个历史观的文化叙述:

丝绸之路是一条无路之路;

丝绸之路是一条既古老又年轻,"不知其始为始,不知其终为终"的漫漫长路;

丝绸之路是一条历史时空里时隐时现、变动不居、连点成线、连线成网的超级公路;

丝绸之路是点实线虚、点变线变、点之兴衰即线之存亡的交通形态,那些关山阻隔、望洋兴叹的城市,便如一颗颗璀璨的明珠镶嵌在路;

丝绸之路是一个文化概念，叠加其上的影像曾被不同国家、不同民族的人们呼作：铜铁之路、纸张之路、皮毛之路、奴隶之路、铁蹄之路、黄金之路、朝贡之路、宗教之路；

丝绸之路是中西文明交流与传播、邦国拓展、民族融合之路，也是西方探秘中国、解码东方之路，更是我们反躬自问"我是谁？我从哪里来？我向何处去？"的寻根之路、回家之路；

丝绸之路是今日中国走向世界的新起点、新思路，是"一带一路"倡议走向人类命运共同体的未来之路……

无可否认，一个世纪以来，丝路研究之话语为李希霍芬、斯文·赫定、斯坦因、伯希和、大谷光瑞、于格、橘瑞超、芮乐伟·韩森、彼得·弗兰科潘等东西方人所主导。然而半个世纪以来的大国崛起，正在使"夫唯不争"之中国快速走向文化振兴。我们要将《大唐西域记》《真腊风土记》的传统正经补史、继绝往圣、启迪民智、传播正信，同时也将丝绸之路城市传文学以实为说、以城为据、芳菲想象、拒绝平庸的创作视为新使命、新挑战。让"城市传"这样一个文学体裁开出新时代的鲜花。

凭谁问：昆仑巍峨、河源滔滔、玉山储秀、戍堡寂寞；

凭谁问：旌节刻恨、驼铃悠远、琵琶起舞、古调胡旋；

凭谁问：秦汉何在、唐宋可甄、东西接引、前路正新；

凭谁问：八剌沙衮今何在？罗马的钟声谁敲响；

凭谁问：撒马尔罕的金桃今何在？帕米尔上的通天塔何时建成、何时倾倒？

凭谁问：伊斯兰世界的科学造诣何时传到了巴黎和伦敦；

凭谁问：鉴真大师眼中奈良和京都的樱花几谢几开；

凭谁问：乌拉尔河上何时传来了伏尔加河的纤夫号子；

凭谁问：杭州湾的帆樯何时穿越马六甲风云……

诗人说：这条路是唐诗和宋词的吟唱，是太阳和月亮的战争；

军人说：这条路是旌旗卷翻的沙漠，是铁骑踏破的血原；

商人说：这条路是关涉洞开的集市，是金盏银樽的盛宴；

僧侣说：这条路是信仰鲜花盛开的祭坛，是生命涅槃的乡路……

一个个城市的前世今生，一个个城市的天际线风景，一个个城市的盛衰之变，一个个城市的躁动与激情，一个个城市的风物淳美与人文精彩，一个个城市的悲欢离合，一个个城市的内动力发掘与外开拓展望，一个个城市的往事与沉思，一个个城市的魅惑和绝世风华……

从长安到罗马和从杭州湾到地中海是卷帙浩繁的"丝路百城传"丛书的框架结构。也是所有参与写作的中外作家和编辑们共同绘制的新丝路蓝图。《尚书·舜典》有"浚咨文明"之句，孔疏曰："经纬天地曰文，照临四方曰明。"《论语·雍也》曰："质胜文则野，文胜质则史，文质彬彬，然后君子。"又《易经·贲卦·象辞》曰："刚柔交错，天文也；文明以止，人文也。观乎天文，以察时变；观乎人文，以化成天下。"故文化乃"人文化成"而以文教化"圣人之教也"。"周虽旧邦，其命维新"，丛书编纂与出版岂非正当其事，正当其时也！

读者朋友们，没有踏上丝路，你的家就是世界；踏上丝路，世界才是你的世界、你的家园……唯祈丛书阅读能助君踏上这样一个个奇妙无比的旅程。

丝绸之路从远古走向未来,我们的努力也将永无休止。

戊戌谷雨前五日于松江放思楼

目 录

第一章　一座岛屿的诞生 / 1

第二章　伏波将军的白马 / 13

第三章　母仪天下 / 27

第四章　千年流放史 / 35

第五章　生度鬼门关 / 45

第六章　渡琼先祖 / 57

第七章　命运的抛物线 / 69

第八章　汹涌澎湃的道路 / 89

第九章　苏东坡：死透了的大活人 / 107

第十章　沉香：朽木的魅惑 / 153

第十一章　神应之港、熟黎和织女 / 169

第十二章　黎母真人白玉蟾 / 183

第十三章　衣冠南渡：从闽南到南溟 / 201

第十四章　从五公祠到盛德堂 / 227

第十五章　黄花梨：一种植物的人间传奇 / 245

第十六章　儒学的补阙与践行 / 257

第十七章　利玛窦的中国朋友 / 285

第十八章　憨山大师与琼州大地震 / 295

第十九章　清代诗人的生活 / 309

第二十章　海盗与烈女 / 341

第二十一章　踏海南洋 / 369

第二十二章　一个显赫家族的发祥 / 385

第二十三章　革命的行者 / 399

第二十四章　冯白驹与娘子军传奇 / 415

第二十五章　洗不清的罪恶 / 435

第二十六章　小镇上走出的将军 / 453

第二十七章　这是最后的战斗 / 471

尾　声：从边缘到前沿 / 501

后　记：时光里的石头 / 507

The Biography of HaiNan Island

海南岛 传

一座岛屿的诞生

第一章

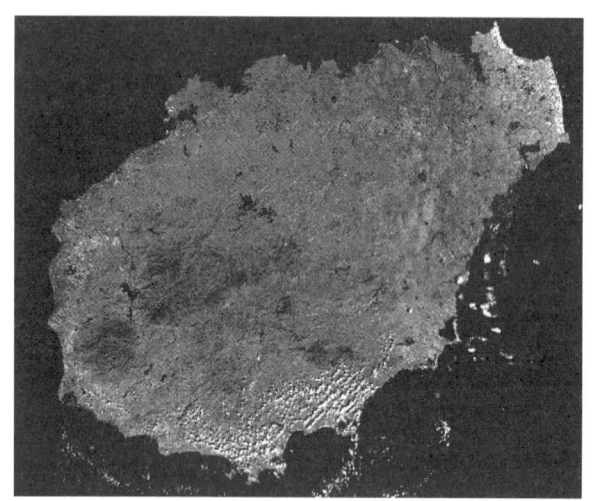

从高空鸟瞰,海南岛状似一只灵龟

1

天气晴好的时候，站在海口西海岸的沙丘上，隐约可以看到对岸的土地和土地上面堆积的建筑物，在起伏的涛声中静静地延伸。那其实是欧亚大陆凸出的边沿，它让在此岸彷徨的人们，意识到自己置身于一座岛屿之上。岛屿的四周是汪洋之水，在古代文献里被称为"巨浸"，腥咸而又苦涩，是鱼类呼吸的空气，但人即便是最渴的时候，也不能吞饮。

如果将时间不断往前追溯，许多习以为常的事物，都不是现在这个样子。这座岛屿早先是大陆严严实实的一部分，直到大约一千万年前，亚洲南部发生了一场著名的造山运动，它才从大陆上面崩裂开来，掉入巨浸里去，成为一个孤悬海外的陆地碎片。与它同时诞生的，还有这个星球的至高之地——雄伟的珠穆朗玛峰。不同的是，一个是悄然陷落于大海；一个则从海底猛然崛起，横空出世于云端。如此颠山倒海的变化，不是沧海桑田这样的词语所能形容的，但海南岛与大陆的分离，并非一次性完成。据说，进入冰川期，海平面下降，海南岛与大陆间出现断了又连、连了还断的反复，似乎难分难舍，直到最近一个地质年代——全新纪才终于了断。

全新纪有二百五十万年之久，到底具体是哪一个时间段落，实在是让人费心的事情。因为自有文字记载的汉代起，海南岛上就有熊无虎，也没有马，而海峡对岸的雷州半岛，却是华南虎出没之地，历史上频有老虎行凶吃人的事件发生。在生物进化史上，老虎家族的出现晚于熊的家族。曾经一度，人们推断琼州海峡最终形成的时间，是生物演化史上熊出现之后、虎未出现之前的时间峡谷里，距今一百万年前后（参见杨德春《海南岛古代简史》第5页，吉林大学出版社，1988）。然而，二十世纪九十年代，在落笔洞里的考古，发现石

三亚落笔洞是海南人文历史的起点　林涛摄

器时代"三亚人"牙齿化石的同时,也发现了两块被火焰熏烧过的虎骨,让这个推断受到质疑。尽管两块骨头,极有可能是从岛外带进来的。毕竟,在没有火器的时代,打死老虎是值得炫耀的履历;在原始信仰中,以虎骨来辟邪也是常见的事情。近年来,根据地质资料分析,有的学者将海峡最后形成的时间推延到一万多年前,与岛上发现人类踪迹的时间几近一致。

　　洪荒时代的地理裂变,使得最早到岛上来的人,必须渡过十八海里宽、波涛翻腾的海峡,这是一段漫长而凶险的旅途。可以这样想象,尚无舟楫之便的时候,这里进行着一场横渡海峡的赛事,旷日持久,海南岛是胜出者脖子上的花环,而那些被淘汰者,都成了鲨鱼的美味。在黎族的传说中,他们的祖先就是挟着一根浮木,或是抱着一个葫芦,游过波诡云谲的海峡,登上这小块陆地。是他们发现了海南岛的奇迹,并且奇迹地生活下来,叙述人类繁衍、开天辟地故事的又一个版本。

2

从高空鸟瞰，海南岛酷似一只绿色的灵龟，静静地趴在粼粼的波光里。龟背上横亘着五指和黎母两大山脉，它们是众多水系的发源地。海南岛总共有154条河流，南渡江、昌化江、万泉河是其中最大的三条，分别向北、西、东三个不同的方向流去。发端于两座山脉之间的南渡江，在收编无数涓流细脉之后，向北逶迤而去，龙归大海。它入海的地方，就是今日的海口。

热带雨林里的参天古木

海口是一个水口，但它也是一个火山口。城市的西南，两万多年甚至更早以前，平坦无垠的土地突然爆裂开来，绽开数十个口子，从中轰隆隆地喷出铁红的岩浆，洒向蓝得透底的天空，如同节日的焰火纷纷扬扬。这场地质变故，由于时间关系，未造成人员伤亡，没有被描绘成一场恐怖的灾难，因此显得辉煌无比。灼热的熔岩冲到云天之后又洒落下来，源源不断地流向四面八方，吞噬着地面上的草木和动物，多少刚刚还活蹦乱跳的狸兔蛇虫，都熔化为石头的纹理。岩浆凝固之后形成充满气孔的褐色石头，布满了一百平方千米的地面，使土地变得崎屺难耕，但却是现成的建筑材料。海口周边的村落，从民居到围墙、庙堂、道路，都是用这些火山的灰烬垒叠而成的，冬暖夏凉，有着说不清的沧桑感。走进老旧的屋子，似乎仍然能够感受到火山爆发的余温，仿佛数万年前发生的那场造山运动，至今都还没有完全平复。如今的海口，就坐落在一座火山喷发的余烬和一条河流冲积的沙洲之上。火山爆发留下的熔岩，浇铸了城市坚实的地基，而南渡江清澈的流水，仍然以优雅的姿态，伸出弯曲的支流将这座城市萦绕，清洗它刻满斑驳记忆的时光。

从堪舆上讲，海口是一个水盛火旺、水火既济的地方，因此有琼台福地的称谓。市郊的陶公山，还被道书列为全国二十四个风水福地之一，人们争相把自己的先人埋到那里，以求财丁兴旺。至于火山爆发的裂口，如今已辟成一个景色别致的地质公园。周边地面荔枝木长得尤为茁壮，果子也红艳艳地透出一股火气。别的地方是三个荔枝一把火，这里却是一个荔枝三把火。闲暇的人们，没事会带上亲友到那里转悠，找找地老天荒的感觉，然后吃上一顿带皮的嫩羊肉，带一把把火回去，这就算是尘世间的幸福生活了。在天空高旷的海口，什么事情都可以想象，就是不能设想这座安息了数万年的火山重新爆发。

即便到了现在，乡野间一座无人居住的房子，很快就被草木和藤萝吞没，成为果子狸、银环蛇等野生动物的窝点。不难想象，在人类尚未到来的一万多年前，海南岛是一种什么样的景象。生命存在和繁衍所必需的要素，包括阳光、空气与水，在这里都呈现出饱足的状态，造物主手中的画笔完全是胡涂乱抹，处处洒满了缤纷的色彩。走进这些斑斓的色彩，是密不开交的原始雨林，还有沼泽、湖泊与河流。密林里窜荡着成群的巨猿、长臂猿、猕猴等各种灵长类动物；山野间奔跑着中国犀、亚洲象、黑熊、豹子、鬣狗、黄牛、水鹿、豪猪；天空中交织着各种鸟类的翅膀，还有它们肆无忌惮的叫喊，到处洋溢着过剩的生命力。总之，前人类的时期，太阳是这里最高的存在，所有生命都在它的光芒中欢呼鼓舞，连死亡也是鼓舞的一个节拍。

由于老虎的缺位，加之人类的迟来，食物链顶端的位置一直空缺着。漫长的时间里，海南岛的生命世界，没有最高的统治者和最后的终结者。体型庞大的亚洲象和犀牛等，都是素食动物，尽管它们看起来相当威猛，但像是自然界的守护神。体型硕大的黑熊，是一种黑麻麻看不清面目的慵懒动物，谁都惹不起，但它无意于称王称霸。雨林的茂密与花果的丰盛，使猿猴类的动物得天独厚，它们的家族支系繁多，遍布海南岛的丛林。黄昏的时候，猿猴们凄厉的啼声，仿佛要把海南岛的天空撕裂。因此，山中无虎，猴狲作王的说法，用在这里真是恰当不过了。

没有人类的尺度，岛上发生的一切事情的是非好坏，都无法讨论与裁断。

只能说，所有发生的，都是应该发生和必须接受的，没有什么多愁善感的慨叹。包括一条蟒蛇活吞一头麂子，一窝蚂蚁分解一匹死去的黑熊，一群癞蛤蟆撕碎一只受伤的天鹅，一棵活了上千年的陆均松被白蚁掏空，在台风中怦然倒下，全都是自然力的一种抒泄与传递。没有分歧与争论的过程，显得平静无比，海南岛的时光就在花梨木的芯格里默默地流淌，洇漫出隐秘而绚丽的花纹，等待着人类的到来。

3

尽管海南岛如此丰美，大自然做了充分的铺垫，人类的脚步还是姗姗来迟。岛上各地，特别是江河两岸的坡岗和洞穴里，都发现有石器时代人类活动的踪迹。2006年在昌江信冲洞遗址，出土了三件旧石器，距今约两万年。但古人类化石只见于南部的落笔洞，从洞里挖出了13枚人牙化石，分别代表了老年、中年和青年各个阶段的个体，距今约10890年（参见郝思德《海南史前考古概述》）。看来，牙齿是人类肢体最坚固的部分，吃食对生存的意义也由此可见。从出土的动物化石来看，落笔洞里赤身裸体的祖先，虽然只掌握了打磨石器和骨角器的技能，但除了漫山遍野采集来的花果，他们还能够吃上很好的烧烤，包括豪猪、豹子、黑熊、豺等凶猛的动物，甚至还有天上飞翔的许多业已绝灭、近似于凤凰的鸟类。似乎他们获得食物并不艰难，日子过得一点也不差。这些先人生活在自然的荫庇之下，手里空空如也，死后也没有遗产的纷争，连小孩也不知是跟谁生的，但到处是明媚的阳光、秀美的山水，他们裸身散发在野地里狂奔，根本感觉不到空气的存在。闲暇的时光，祖先们会爬到悬崖高处，孤寞地眺望着茫茫无际的大海，直到太阳沉入水底。他们并不知道，自己期待的到底是什么，但他们似乎一直都在期待。

史前文化遗址分布在岛上各地，数量达近百处之多，可见新石器时代晚期，海南岛地面，已经有了相当数量的先人在行走。他们应该是陆续渡过海峡的。海口是他们的必经之地，但直到四五千年前，他们才开始在这里永久滞留，安家落户，留下仙沟岭遗址等足迹。仙沟岭遗址是一片规模相当可观的墓群，即便现在看来，形制也相当庄严，体现了先民一种慎终追远的情怀。在礼教尚未建立的时代，人们对死去的先人就如此郑重了。可能，这种郑重一半来自感恩，另一半可能来自悲悯。告别入土的祖先，很多人会选择向南部进发。对于早期人类而言，岛南郁郁葱葱的山林地带，四季花果飘香，空气里妙味无穷，更能够满足他们的生存渴望。南部更为灿烂的阳光，最适合他们赤身裸体地生活。

这些一二万年前就在岛上聚居，拿着石头疯狂追逐野兽的人群，与后来岛上的黎族人到底是一种什么关系？迄今为止，史学家们始终含糊其词，没能给出一个明确的判断。在阅读大量的材料后，本人倾向于这样一种认识：他们其实就是黎族的先祖，没有任何证据表明他们会被灭绝或主动撤离。海南岛不是人类起源地，人口从大陆南部陆续迁入的过程，从一万年甚至更早之前就已经开始。到了先秦时期，越国以南的广大地区被称为南越，因为部族繁多，统称为百越。"自交趾至会稽七八千里，百越杂处，各有种姓。"（《汉书·地理志》颜师古注）海南岛和广西大部、广东西南部及越南北部，属于其中一支"骆越"的范围。越地居民自汉朝末年被称为俚人，从南越各地迁入海南岛的人，自然属于俚人之列。俚人是一个倔强的民族，《隋书》记载："俚人率直尚信，勇敢自立，重贿轻死，巢居崖处，尽力农事。"难怪前219年，秦始皇派屠睢率领五十多万大军进攻南越，横扫天下的秦军竟然大败而归。

隋唐之后，随着社会发展与文明教化，南越故地上的大多居民渐渐改宗汉姓，融入汉族大家庭，最终在宋朝时脱掉了"俚"的帽子，俚人也就在历史的视野里消失了。但海南岛上的俚人，因为地理环境封闭，较为完整地保持了原来的生活方式，并被书写为黎人。他们实际上就是南越的遗民，或者准确地说，是百越中的一支"骆越"的遗民。

"黎人"是由"俚人"的发音演变过来的。在岛上，他们共有五个支系，其中一支被其他部族称为"本地黎"的润黎，极有可能是最早进入海南岛的落笔洞人的后代。他们自称为"赛"，而"赛"也是整个黎族的自我命名，含有主人、本地人、自己人的意思。其他哈、杞、美孚、赛四个支系，应该是后来陆续融入并获得认同的。民族认同之后，他们以主人自居，把岛外过来的人称为"美",即客人、外人、他者的意思。在相当长的时间里,"赛"与"美"的关系,一直是海南岛最基本的民族关系。

4

从岛的北部一路往南,可以看到状如巨掌的五指山和形似女体的黎母岭,一阴一阳,相互呼应。这是海南岛最接近天空的地方,或者说,岛上的天空就是这两座山脉撑起来的。在黎族传说中,这里是祖先的发祥地,常年云雾缭绕,生长着密密匝匝的原始雨林,充满着神秘的气氛和猿猴的啼喊。蟒蚺在密林里自由地穿行,如鱼得水。在纵横交错的峡谷里,出没着一条条愤怒的河流,来路和去处都已经迷失,只剩下一段无头无尾、无缘无故的咆哮,让人困惑迷惘,不知何去何从。一首古老的黎歌,唱出了这种彷徨的情绪——

常年隐身在云雾中的海南最高峰五指山　孔见摄

五指山唎五条溪

汝知哪条载水多

汝知哪条流下海

汝知哪条又流回来

黎族图腾大力神

河流的源头云蒸雾绕，一个民族历史的开端，充满着烂漫的神话与传说。从流传至今的神话传说来看，黎族是一个有着恢宏气魄和想象力的族群。在众多的传说中，《大力神》《甘工鸟》《鹿回头》最为人们所熟悉。《大力神》神话说的是，远古时候天地贴得很近，空中流转着七个太阳、七个月亮，人类不堪忍受炎热的炙烤。有位被称为抱隆扣（大力神）者降临人间，一夜之间就把天空高高撑起。第二天，他做了一副巨大的弓弩，唎唎唎地射下了六个太阳和六个月亮。还从海里捞来大量沙土，在平地上垒起成群的山岭，并在群山之间划出深深的沟壑。从他身上洒下的汗水，在沟壑里汇成了奔腾不息的河水。完成了开天辟地的事业之后，大力神抱隆扣便溘然长逝了，升向天空，成了黎族的图腾。在黎族的建筑物和纺织品中，都能看到他威武的形象。

《甘工鸟》的传说，讲的是一个名叫阿甘的姑娘，心灵手巧。她织的布锦上的花朵会散发芳香，引得蝴蝶蹁跹起舞；她唱的山歌，连山林里的鸟都飞来偷听；她跳起舞来像空谷里的旋风，连天上的彩云都绕着她流转。村东头有个叫作拜和的青年猎手，深深地爱上了她，两人在槟榔树下海誓山盟。早已对阿甘垂涎三尺的峒主，唤人把拜和打了个半死，将阿甘强行关到自家密室，要她做压寨夫人。阿甘宁死不从，她的性灵羽化成一只有着长长尾雉的鸟，从窗户飞出，来到曾经山盟海誓的地方，见到了死去活来的拜和。得知心上人已经羽化，小伙子知道污浊的地面缔结不了纯洁的姻缘，于是也化身为鸟，跟随阿甘一同飞向七仙岭的上空。从此以后，人们常常可以看到一对绚美的鸟儿出双入对，不时发出"甘工！""甘工！"的叫声。

《大力神》和《甘工鸟》，前者叙述男性的气概，像是盘古与后羿形象的剪接，表现了一个族群对开天辟地创造力的崇尚；后者叙述女性的情愫，表达爱情海枯石烂的忠贞。一阴一阳之谓道，神话的二重组合构建了黎族的民族精神。正是这两种精神的交汇，让这个民族在莽荒的岛上开辟出生活的疆土，并得以代代传承，绵延不息。

《鹿回头》的传说，说的是已经过去了很久很久的年代，有位年轻的猎人，在五指山密林深处发现一只迷人的梅花鹿。猎人穷追不舍，射出了一支支利箭，都没有命中猎物。循着她散发的阵阵迷香，猎人追寻了九天九夜，翻过了数不清的山岗。就在他力量快要支持不住的时候，前面出现一片汪洋，挡住了鹿的去处。猎人万分欣喜，连忙拉起弓箭，然而，就在他即将松开弓弦的那一刻，梅花鹿回过头来，化身成一位纯洁的少女，散发出天使的光辉。猎手的心立即被柔美的光辉融化，将手中的弓箭抛入大海，跪倒在山崖边上，在澎湃的涛声中向神女俯首示爱。一场恐怖的追杀于是变成了旷古的艳遇，凶悍的猎人变成了温柔的猎物。这处山崖，从此也被叫作鹿回头。海南是一座岛屿，四处都是回头的地方。

直到现代，黎族都保持着自由恋爱与婚配习俗。青年男女在如银似水的月光之下对歌起舞，情投意合便双双消失在野地里，与月光融为一体，不知今夕是何年，忘了世界上曾经发生的一切，这一直是这个族群生活最有诗意的部分。尽管脚下的河溪"不知哪条流下海，不知哪条流回来？"山民们依然将碗里的米酒一饮而尽，不会担忧明天将要发生什么事情。

海南岛上的生存，需要接受诸多

《清代黎族风俗图》

11

自然力的挑战。要在千万年形成的严密食物链构成的生态空间里，开辟出人类生存的天地，艰苦程度难以想象。与黑熊、犀牛、大象等凶猛的动物对峙，人是弱势的个体，其优势完全取决于群体的协力。在手无寸铁的时代，与大型动物格斗，人占不到什么便宜。甚至一条花花绿绿的蛇，也可以在路上把你弄死。毒蜘蛛和虐蚊虫更是暗藏杀机，瘟病的流行，甚至可以把一个部落消灭得一干二净，不留一点蛛丝马迹。

一年数度的台风，是岛上发生的最可怕的事情，从大洋深处莫名地掀起，挟着巨浪与暴雨而来的狂风，像一把巨大的扫帚，一抡一抡地扫荡着这个岛屿。闪电将天空一次次劈开，雷暴在头顶不断炸裂，让人觉得自己平日里做的一切都是罪过，他们的生存似乎不被天地鬼神所容忍。草木搭建的简易屋子，完全没有了招架之力，披荆斩棘、含辛茹苦建立起来的家园，接二连三地受到洗劫，人们又要回到一无所有的当初，凭一双白手从头再来。

台风带来的洪水，是岛上最难抗拒的灾难。在黎族的传说中，洪水题材占有十分重要的篇幅，而葫芦成了他们的诺亚方舟。摧枯拉朽的洪水，不仅淹没村庄田地，还会吞噬人的生命。在洪水传说中，无路可逃的人们，只能钻进葫芦里，在汪洋之中任其漂流，最终得以幸存的人少之又少，有过这样的情况，洪水退去之后，岛上只剩下两个人，他们相依为命，最终还是把血脉传承下来了。在这座风雨飘摇的孤岛上扎根，是件多么艰难的事情，而正是这种艰难险阻，造就了黎族人坚韧、彪悍的性格。后来的人，与他们交朋友，是一种明智的选择。

The
Biography
of
HaiNan Island

海南岛 传

伏波将军的白马

第二章

伏波将军马援塑像　詹贤武摄

1

前221年,始皇嬴政统一六国,建立中央集权,但其胸中的抱负似乎还未完成。站在咸阳城头,威加海内的他,把凌厉的目光投向百越杂居的岭南。在他看来,缺了这一块云水萦绕的土地,帝国的存在就不算完整。其时的南越,处于一个部族林立、分散自治的时代,社会尚未进入国家形态,但部族联盟的武装十分强悍,习惯于丛林水泽中作战。他们的顽强抵抗,既是对部族眼前利益的维护,也是对新的陌生文明的阻截。

前219年,受始皇派遣,大将屠睢率领五十多万大军,兵分五路滚滚南下,史称"秦瓯战争"。和许多秦将一样,屠睢以凶残著称。他牛刀小试,便于当年轻松拿下闽浙,但攻击岭南的行动却遭到越族人骁勇的抵抗。队伍推进缓慢,伤亡惨重,南方的潮湿、雾瘴与蚊虫,导致北方军队大量的非战斗减员,屠睢的心情变得暴躁不堪,以滥杀无辜平民与俘虏泻火,这激起了越人强烈的复仇。在路经一片丛林时,秦军遭到伏击,屠睢被两枚毒箭射中,从马背坠地身亡。此次征战遂以大败告终。前214年,不想善罢甘休的始皇又派出任嚣和副将赵佗,率五十万大军再度南下,经过四年苦战,才终于压平了百越坑洼的地面,并在其上设立了南海、象郡、桂林三郡。

可以想象,立马风声呼啸的雷州海滩、第一次看见大海的秦军将士,是何等的激奋。踌躇满志的任嚣拉满弓弦,向对岸的渺茫的海南岛射出一支响箭,就像是凶猛的老虎,对着远处山林发出了震慑群兽的吼叫。海南于是在概念上纳入了中国版图,作为象郡的海外边疆(即所谓"外徼"),但它成为真正意义上的皇天后土,却要等到西汉武帝的时代。

秦朝横空出世,却二世而亡,天下因此大乱。任嚣病逝后,接任南海郡尉的赵佗，遵照任嚣生前谋划的策略，立即撤换忠于秦廷的军政要员，封锁五岭上所有的交通要道，重兵把守各大关隘，阻断了与中原的一切往来，并于前206年举兵西进，兼并桂林郡和象郡，建立一个北起五岭、东临大海、西至滇黔桂交界处、南到越南中部及海南岛的南越国，自称南越武王，拥

汉代水军的楼船

有人口二百多万，其中越人约一百五十万人，都城设于番禺（今广州）。汉朝建立后，经过一番权衡，高祖刘邦正式承认赵佗对南越的合法统治，赵佗也接受高祖赐予的南越王印绶，臣服汉室，成为汉朝的藩王。

即便从二千年后的今天来看，赵佗也称得上一个目光远大的政治家。还在龙川县令任上时，他就上书朝廷，请求从中原迁居五十万居民到岭南，其中不少是商人，这也许是粤人善于买卖交易的起源。据称，为了给来自北方的士兵补洗衣服，解决留守将士的生理与配偶问题，赵佗还特地申请加派三万女性来岭南（实际到来的只有一半）。在治理南越期间，赵佗在政治上仿效汉朝，郡县制和分封制并行，采取"和辑百越"的怀柔政策，起用当地人才，鼓励汉族与越族联姻；经济上推广铁器与耕牛，废"刀耕火种"和"火耕水耨"，大量发展制陶业、纺织业、造船业、冶铁业与商业贸易；文化上推行汉文使用与儒家伦理教育，大大改变了百越地区的社会风貌与文明进程。考古和文献资料表明，南越国当时已经能够制造载重二十五吨到三十吨的木质楼船，并与海外有了一定的贸易往来，为海上丝绸之路的形成做出了铺垫。《汉书·地理志》有这样的记载："自日南障塞（今越南顺化灵江口）、徐闻、合浦，船行可五月，有都元国（苏门答腊）；又船行可四月，有邑卢没国（今缅甸勃固附近）；又船行可二十余日，有谌离国（今缅甸伊洛瓦底江沿岸）；步行可十余日，有夫甘都卢国（今缅甸伊洛瓦底江中游卑谬附近）；自夫甘都卢国船行可二月余，

有黄支国（今印度马德拉斯附近）；民俗略与珠崖相类。其州广大，户口多，多异物。自武帝以来皆献见。有译长，属黄门，与应募者俱入海，市明珠、璧流离、奇石异物，赍黄金杂缯而往。所至，国皆禀食为耦，蛮夷贾船，转送致之，亦利交易。"由此可见，当时海上贸易已有一定气象，海南岛在东南亚水路交通中的地位不可低估，作为离大陆最近的港口和郡治所在地的海口，想必是一个商贾云集之地。

赵佗在位七十余年，直到一百〇五岁才驾鹤西去，堪称世界史上在位时间和寿命最长的国王。遵照他生前的安排，发丧当天，从番禺的四个城门同时出殡，哀声响彻全城，还造了若干假坟，玩了一把障眼法。直到地底挖空的今日，人们还找不到他的墓葬，可见此人的智慧谋略非同一般。他的子孙却差之甚远，一代不如一代。

赵佗死后，南越国还传了四代，但只存续二十余年。其间与汉朝中央政府保持着若即若离的微妙关系，朝贡也断断续续，时有时无。前113年，汉武帝派遣使者安国少季前往番禺，劝说南越王及南越太后入朝长安。南越朝内，中原人出身、渴望归属汉廷的太后樛氏，与越人出身、一直谋求独立且掌握实权的老相国吕嘉，各自代表的力量势同水火。最终，吕嘉发动政变，血洗内廷，将南越王赵兴、太后樛氏及汉朝使者安国少季杀死，并消灭随后跟进的两千汉军，还派人把汉使的符节装进盒子，放到边界上，等于公然向汉朝和武帝叫板了。

前112年秋季，汉武帝任命路博德为伏波将军，杨仆为楼船将军，率十万大军水陆并进，分五路南下。路博德曾随骠骑将军霍去病讨伐匈奴，并因功勋卓著被封符离侯，声威远播；杨仆骁勇善战，且以生性残酷著称。汉军一路所向披靡，在南越首都番禺会师后，远征军从东南与西北两个方向夹击，并借风势使用了火攻。杨仆杀伐无度，路博德却兼具威名与仁德，二人搭台唱起了红脸白脸。南越将士在杨仆的凌厉攻势下，纷纷出城投奔路博德旗下。吕嘉和南越王赵建德眼见众叛亲离、大势已去，遂率领几百名亲兵星夜出逃，乘船沿海往西遁去，但最终还是逃不出被砍头的下场。

此次征战，楼船将军杨仆率领的水军并不像任嚣那样，止于在雷州半岛的沙滩上欢欣鼓舞。元鼎六年（前110），他们的船队浩浩荡荡，横渡海峡，在海口西海岸登陆，继而占领全岛，在炎热生烟的天空下，士兵们喝到了无比甘洌的椰子水，仿佛是玉液琼浆一般。如此大规模的登陆行动，大大震慑了这里的人心。老虎终于咆哮登岛，海南终于结束了部族分治、群兽乱舞的

海南清代地图

时代。随军乘楼船进入海南地面的马，让海南人十分惊奇。他们从来没有见过这种大鼻孔的动物，因为岛上自古以来就"无虎亡马"。

平定南越后，汉武帝在其属地划出了南海、苍梧、郁林、合浦、交趾、九真、日南、儋耳、珠崖九郡，隶属于交州统制，从北方迁徙一些罪人杂居其中。儋耳、珠崖及下辖的十六县，就设在海南岛上。当时官方统计人口二万三千余户，十万余人。其中汉人口数在两三万。海南岛从此正式成为中国的一部分。珠崖郡名称，取的是珍珠产地的意思，属下还有一个玳瑁县，一个紫贝县，郡治就设在今天海口的旧州；儋耳郡取名于当地越人佩戴耳环、垂肩三寸的稀奇现象，郡治则设在现在的儋州三都镇旧州坡。官员们起个地名，也都是就地取材，信手拈来。有关于海南岛的文字记录，是从汉代开始的。尽管椰子树被认为是一种外来物种，但在这时候，它已经摇曳着阳光，进入了杨孚的《异物志》。因其长着两只眼睛，像个人头，被称为"越王头"。它丰茂的羽叶也被编织成凉爽宜人的草席，将热带海洋气息送入长安的深宫密闱。

这是海南岛上首次大规模的战事，史称"伏波开琼"。指的是国家政治意义的开疆拓土，与骆越祖先生活意义上的开辟领地，意思有所不同。正史没有路博德上岛的记载，但杨仆武威的身影隐约在岛上活动过一些日子，据说，海

口长流还有他登岸焚船,以表决一死战的遗址,那个港口因此被命名为烈楼港;还有,儋耳城也是他组织军民垒建起来的。至于他带走了多少珍珠、玳瑁和象牙、犀角去长安报功请赏,则无人知晓,但他因为此次征战的胜利得到封侯,光宗耀祖,是一个历史事实。

儋耳郡延德县地界上出土的石狗　林涛摄

汉朝收复南越国的意义,除了拓宽了国家的疆域,还在于开辟了海上国际贸易的航线。进入东汉时期,这条航线逐渐向西延伸,中国与大秦国(罗马帝国)之间,便有了商贸往来。这意味着横跨亚、非、欧的海上丝绸之路,已经初步形成。

2

在设立郡县之前,海南岛和百越其他地区一样,都处在部族分散自治状态。部族单位以峒称名,头人往往由推举产生,称为峒主。峒与峒之间划地为界,各自为政。经济上主要以种植和渔猎为业,兼有纺织品与珠贝香料的交易。越人性格耿直彪悍,一旦发生利益摩擦,就会引发对抗争斗甚至不断升级。因此相互攻击的事情在所难免,彼此之间积怨也与日俱增。以峒族为单位的治理模式,可以解决族内人际间发生的磕碰与牵绊,亦可调和族与族之间相对温和的矛盾,一旦冲突升级就会失控;面对洪水等重大自然灾害,更是无能为力。

对于中原王朝而言,将这座孤悬海外的岛屿纳入治内,意义在于扩大疆界,获得王公贵族渴望得到的奢侈品,如珍珠、海贝、象牙、犀角、玳瑁、香药、珊瑚、广幅布和会说话唱歌的鹦鹉等,皆是可居的奇货,"一箧之宝,可资数世"(《晋书》)。就连椰子叶编织的席子,也是贡献给皇后睡梦的宝物。早在先秦时代,海南岛就以盛产此类珍奇物品出名,吸引内陆商人到这里来做生意。他们从内陆带来的铁器,哪怕是一枚针,也能够换取数量可观的货品,赚得盆满钵满,条件是他们能够安全地离开。无政府状态,彪悍的民风,海峡的天险,加之稀奇昂贵的珍宝和一本万利的交易,使得这里的社会暗流涌动,充满不安定的力量。商业行为更是风险巨大,时常要付出生命的成本,"剽杀人,又苦逢风波溺死"(《汉书·地理志》),此类事情并不鲜闻,到这里来的大多是要钱不要命的主。总之,此时的海南岛,是一个令人神往又让人畏怖的所在。

新设立的郡属于初郡,不收赋税,但朝廷的贡品不能没有,官道驿站的建设,官吏的俸禄,戍守边疆兵卒的生活起居,都是为数不小的开销。更何况,官员来到天涯海角这风波之地任职,士卒背井离乡数千里,虽说是为国家社稷尽责,但也难免没有个人无法按捺的利益蠢动。尤其是千里迢迢冒险到此供职的官吏,返回时总不能两手空空,哪怕是贝壳、珠子也得带一点上路才甘心,也算是不虚此行。因此,公私之间也难以分得一清二楚,瓜田李下,利用权力刮取私利以求发达的企图难于阻绝。况且,长期生活在化外之地的自然人,一时难以接受各种外来的摊派。因此,新设立的政权机构,运作起来困难重重,太守的交椅上长着刺,不是那么好坐。据《汉书》记载,从汉武帝元鼎六年开郡,至汉元帝罢撤珠崖郡的六十五年间,岛上发生大规模的骚乱就有十次之多。最大的一次,是由太守征调广幅布作为贡品引发的。

海南的越人很早就掌握了纺织技术,用于纺织的野生棉花"吉贝"遍布全岛,因此,自先秦以来,就有布匹销往岛外。特别是一种布面较为宽敞、花式漂亮的"广幅布",织工精湛,尤为上层社会所倾爱。来自江南会稽的太守孙幸,对于布艺必不陌生。为了向朝廷表达忠心,增殖个人政治资本,他下令向各峒征调广幅布,限期交纳。令他始料未及的是,此举引发了各个峒族的不满,并衍成震动全岛的骚乱。愤怒的人们手持刀弓棍棒冲入郡府,砸烂了一切可以砸烂的东西,并乱棍打死了太守及其同僚,酿成了一桩惨案。怀着报仇雪恨的怒火,孙幸的儿子率领士卒和支持者奋起反击,用了数年时间才终于平复叛乱,并继任了父亲的职位。这是海南岛历史上第一起有记载的重大流血事件。

前82年，面对愈演愈烈的局面，汉昭帝将岛西最难以治理的儋耳郡并入珠崖郡。然而，到了汉宣帝时期，暴乱又起。先是三县联合暴动，接着又是九县起义，战火几乎烧红了整个海岛。前52年，宣帝外派出护军都尉张禄千里发兵镇压。七年之后，造反的浪潮又此起彼伏，成汹涌澎湃之势，又还得派兵。岛上到处是密林沼泽，用兵极其困难，骆越的勇士神出鬼没，汉军往往尚未发现对手的踪迹，自己就已经开始死伤。因此，前来平叛的汉军折损严重，"护军都尉及丞凡十一人，还者二人，卒士及转输死者万人以上，费用三万万余，尚未能尽降"（《汉书》卷六十四下）。

海南山川秀丽，云水氤氲，不仅盛产珍珠，骆越女子也姿色妖娆，喜欢成群结队在河川隐蔽处沐浴净身，青春的气息随风飘荡，吸引懵懂的异族少年前来偷窥，也会引发矛盾冲突，升级为上规模的械斗和流血事件。《水经注》对越女有这样的描述"被发雕身，而女多姣好，白皙、长发、美鬓"。有一次骚乱的起因，竟是有公干人员，看到越女垂至后跟的秀发后心生欢喜，花钱剪下来作装饰品，刺伤了当地人敏感的自尊心。因此，三国时就有这样的说法：珠崖之废，起因于官吏看见越女的美发，剪下来作为观赏之物。

过高的治理成本和愈勘愈乱的局面，让许多人认为海南岛的统治得不偿失。这片蛮荒之地如同鸡肋，食之无味，弃之可惜。于是，当暴乱再起时，元帝便将是否发兵之事提交廷议。丞相于定国、待诏贾捐之等人做出了放弃珠崖的进言。贾捐之指出：国家的内忧外患，"当此之时，寇贼并起，军旅数发，父战死于前，子斗伤于后，女子乘亭鄣，孤儿号于道，老母寡妇饮泣巷哭，遥设虚祭，想魂乎万里之外"。尤其是齐楚之地，"民众久困，连年流离，离其城郭，相枕席于道路。人情莫亲父母，莫乐夫妇，至嫁妻卖子，法不能禁，义不能止，此社稷之忧也。今陛下不忍悁悁之忿，欲驱士众挤之大海之中，快心幽冥之地，非所以救助饥馑，保全元元也"。而海南岛是个蛮荒之地，"骆越之人，父子同川而浴，相习以鼻饮，与禽兽无异，本不足郡县置也。颛颛独居一海之中，雾露气湿，多毒草虫蛇水土之害，人未见虏，战士自死。又非独珠崖有珠犀玳瑁也，弃之不足惜，不击不损威。其民譬犹鱼鳖，何足贪也"（《汉书·贾捐之传》)。

贾捐之以高贵的人类自居,将荒岛上的族群视为禽兽,他的分析,符合某种经济学原理,得到了朝上众臣的附议,于是,元帝随即下诏,忍痛撤销了麻烦不断的珠崖郡,终止了汉朝对海南岛六十五年的统治。

郡治罢撤之后,屯守的军队也随之返回大陆,但也有一些人娶了当地妇女留了下来,成为岛上的居民。在海南西部至南部沿海,有一些村落至今住着历代戍边士兵的后代,他们讲的是与海南话出入很大的"军话",性格中也保持着一股桀骜不驯的"兵戎"之气。

3

不唯海南岛,汉朝在整个南越的统治都受到程度不同的挑战。自古以来过着散漫生活的越人,把国家的徭役与赋税,视为不可理喻的压迫。汉朝官员认为必须提交官府审理的事件,在越人看来只是家族内部的事务。加之汉越之间习俗不同,交往过程很容易产生摩擦,一旦磕碰就会上升成种族问题,造成流血事件。按照汉王朝制定的政策,在南越地面上设立的九郡,属于初郡,奉行"以其故俗治,毋赋税"。但新上任的交趾太守苏定,可能出于郡府财务拮据,也可能出于私欲的膨胀,自作主张在越地收税,这就触及当地人的切身利益,激化了他们与官府间的矛盾,把火给点着了。

交趾系百越中骆越(也称雒越)的聚居地。建武年间,交趾郡人诗索因触犯律条,被官府缉拿。原本可以按照当地习俗做出处理,便可放人,但太守苏定却坚持要依照汉律,严惩这种不服王化的人,这就激怒了他的族人。诗索的妻子征侧,并非等闲女子。她的父亲是部族的首领,也是雒越的宿将。此外,她还有一个名叫征贰的贴心妹妹。因为出身将门,姐妹自小习武,耍刀弄枪,不爱女红,也不满足于男耕女织的田园生活,企图在社会的江湖与男人一试锋芒。听说丈夫被郡府的人抓起来治罪,便怒火中烧,姐妹二人分头煽动民众,登高振臂,拉起一支乌央的队伍来。她们一举打败了官军,攻占了交趾郡城,并得到九真、日南、合浦诸郡土著的响应,陆续拿下了六十多座城池。征侧还组建越人政府，自封为王，任妹妹征贰为大将，企图挥戈杀往岭北，进据中原，扭转乾坤。

汉光武帝意识到事态严重，必须有一名深具政治眼光的猛将出马。他想到了与西部羌族人打交道多年、刚刚被授予虎贲中郎将的马援，让他以伏波将军的威名出征。其时的马援已经五十五岁，是一名身经百战的老将。从小就慷慨多志，愿为平天下马革裹尸的他，跨上自己心爱的白马，率汉兵八千名、交趾兵一万二千名和两千艘车船，水陆齐驱，轰轰烈烈地向西南进发。

建武十八年（42年）春，汉军与征侧的队伍相遇于浪泊（今越南仙山），激战了两三个时辰，雒越的军队便支持不住，塌方似的败下阵来，征氏姐妹落荒而逃。汉军乘胜追击，一路斩下数千首级，收降了一万余众。攻至交趾城下，官军将其团团围住。征氏姐妹知道难以死守，只好连夜弃城，逃往金溪（今越南永福省安乐县）一处群山环绕的洞穴中，想据天险以固守，等汉军粮尽之后自动引退。

扫除外围敌人后，马援亲自来到洞口前，看到洞穴深邃莫测，四围皆是陡峭的山体，只有一隘口可入，堪称一夫当关，万夫莫开，不敢贸然进攻。经过一番思量，马援下令砍伐山木，在洞口周边筑起大栅栏，将其密密匝匝地包围起来。征氏姐妹以为汉军无法攻入，必定撤退，且洞穴中所储粮草足资一年，只要死心坚守，自可解围。哪料得直至岁末，还未见汉兵有退却的迹象，而洞穴中资粮已将告罄。此外，一条秘密的水道也被汉兵阻断，点滴不沥。万般无奈之中，她们只好冲将出去，拼死一搏。对于守株待兔的汉军，这无异于自投罗网，最终结果也可想而知。征侧、征贰舍命拼杀，负伤就擒，被枭了首级。当然，打败两个交趾女子，并不给身经百战、屡建功勋的马援带来多大的骄傲，反而让他动了恻隐之心。战争从来都不是生活的常态，男耕女织，婚姻嫁娶，生儿育女，日出而作，日落而息，才是人间福祉的所在。

接下来的事情就简单了。汉军所向披靡，荡平九真、日南、合浦诸郡。在收复故地之后，马援让幕僚们将汉代法律与越地习俗进行比对研究，对有出入的十几项内容做了修改，重新颁布了越地的法律条规。班师之前，还浇铸四根铜柱作为边界的标志，柱上铭刻"铜柱折，交趾灭"六个大字。这些举措显

仿佛等待出征的石马　林涛摄

示出,马援不仅仅是一个赳赳武夫,而且是一个深谋远虑的政治家。

据史籍记载,马援踏平交趾时,"缘海南进",所部楼船大小两千余艘,"往来南海,抚定珠崖,调立城郭,置井邑"(《广东通志列传一》卷四四)。海南成为远征军特别是水军的重要基地。其间,因地方上不少贤达人士"慕义来归",希望重新归属汉朝治内,他便向朝廷上书,重新设立珠崖县,归合浦郡统管。使被废弃八十九年之久的珠崖,重又回到中原王朝的治下。这次伏波军队的行动,因此被认为是第二次"伏波开琼"。

对于马援在整个戡乱平叛期间的行踪,正史的记叙相当省略。平定交趾之乱长达三年时间,使用楼船两千余艘,海上用兵规模庞大。在这个过程中,特别是楼船将军段志暴病而亡之后,统率水陆两军的长官马援带领部属,莅临这个在中原人看来是沧溟奇甸的岛屿,砍个椰子解渴,并重新申示主权与王威,是完全可能的。在海南许多方志上,均有他在岛上活动的记录。关于他的一些事迹,一直流传至今。儋州港口白马井,是因马援的坐骑得名。

马援一生喜欢纵马驰骋，而且善于识别良骥，喜欢掌心捋着马鬃的感觉。在他交趾时写的表章中，就有"在天上走莫如龙，在地上走莫如马"的表述。传说他的队伍在岛西登岸后，正值盛夏酷暑，骄阳似火，到处是长刺的仙人掌，人马皆焦渴难耐，出现了中暑晕厥，一时却找不到水源。将军心爱的白马却乘人不备，悄悄跑到一处低洼的沙滩，用蹄子刨出一汪清亮的泉水来，将士们掬饮，竟然甘甜无比。当地人后来就将此泉掘开，建成一口水井，至今泉水未曾枯竭，尚可以饮用，只是喝水的人，恐怕已经很难想起两千年前的刀光剑影了。在原感恩县的八所村，也有一口水井，据方志上记载，是马伏波行军至此时凿下的。在炎热的海南岛上，焦渴更甚于饥饿。

路博德、马援两位伏波将军威震南天，对整个岭南的文明开发建立了不可磨灭的功勋。他们没世之后，渐渐成为这些地方的神灵，被人们供奉在庙堂里加以祭祀。从湖南、广东到广西、海南，遍布着大大小小的伏波庙，广东那边原来以路博德为主祀，马援为配祀，后来马援的地位渐渐升位，成为主祀；广西和海南则一直以马援为主祀，路博德为配祀。海口市龙歧村的汉两伏波将军庙，历史相当悠久。在海南岛，两伏波既是开琼的将军，也是海上的神灵。古时候，乘船横渡琼州海峡的人，不论是南来还是北往，不论是上船之前还是靠岸之后，都要到伏波庙里燃三炷香，以祈求平安和答谢还愿。即便是苏东坡、李纲这样的大士，也不例外。苏东坡还亲自撰写过《伏波将军庙碑》。他相信，在流贬期间两次渡过海峡，之所以往返顺风，有赖于两位神武将军冥冥之中的护佑。

The
Biography
of
HaiNan Island

海南岛 传

母仪天下

第三章

被奉为神祇的冼夫人　林涛摄

1

东汉末年，黄巾飘飘，天下大乱，珠崖郡县连虚名都不复存在，海南岛彻底回到无政府状态中。接下来，是三国鼎立时期，对立三方都在蚕食土地，力图扩大各自的势力范围，以求最终一统天下。割据东南的孙权，对于海南岛这片飞地情有独钟，看准它稀缺的资源和在海上贸易中不可替代的地位。那时的海南岛遍地都是宝物，紫贝、珍珠、犀角、象牙、香料等奇货，可以换取沉甸甸的银子；即便是椰子叶编织成的席子，也曾经是献给美丽皇后赵飞燕的厚礼。尽管吴、魏、蜀三边关系紧张，烽烟时起，吴王还是放不下孤悬海外的海岛，在拿下岭南至交趾地区的治权之后，决意派兵将其征服。然而，当他将南征之事问策于老将陆逊时，听到的却是这样的声音："臣反复思惟，未见其利，万里袭取，风波难测，民易水土，必致疾疫，今驱见众，经涉不毛，欲益更损，欲利反害。又珠崖绝险，民犹禽兽，得其民不足济事，无其兵不足亏众。"取不如弃，这与当年贾捐之的论调如出一辙。

尽管朝中议论纷纷，英雄一世的孙仲谋还是乾纲独断，于赤乌五年（242）派出三万兵马，由聂友和陆凯率领渡海讨伐。吴军拥有强大的舰队，跨越海峡自然不在话下，但在岛上的行动，困难程度超出了想象，搜寻了一年多的时间，仍不能有效地打击越人武装在岛上站稳脚跟，只好退至海峡对面的徐闻，重新设立珠崖郡治。这个形同虚设的机构，实际上没有得到岛上人心的归附。心有不甘的孙权，后来还二次派兵南下，但热带丛林中神出鬼没的越人踪影难寻，找不到可以一决雌雄的敌酋，倒是因为瘴气和酷暑导致大量非战斗性减员。几只长脚的虐蚊虫，就足以摧毁一支军队。因此，"军行经岁，士众疾疫死者十有八九"。孙权为此深感懊悔，只好收兵还朝，望洋兴叹。自西汉撤郡之后，中原王朝对海南岛的统治是象征性的，就如《三国志·薛综传》所写的："长吏之设，虽有若无"，"县官羁縻，示令威服"。海南岛就像一匹野马，既没有被放跑，也没有被拴紧。

男人们完不成的事情，并非女儿们就做不到。实际上，真正将海南岛纳入国家治理体系、使其归服于王化的，不是马援、孙权等魁伟丈夫，而是一个母仪天下的女性——冼夫人。她对海南岛的收服，是心灵上的收服。

大陆南端，海南岛对岸的地区，一直是百越部族聚居的地界。冼氏家族是其中一支的首领，在秦汉之际就拥有相当的势力，南越国时代，受赵佗委任治理粤西南高凉一带。到了南北朝时期，冼族已拥有十万多户、约六十万人口和强大的部族武装。与岭南其他越族部落一样，他们被称为俚人。借助世代积累的威德和一支骁勇善战的队伍，在风云变幻的乱局中，维持着偏安一隅的现状。522年，一名肌肤莹洁如玉的女儿，降生在这个家族。因为异乎寻常的聪慧秀美，深得父母和族人的喜爱，起名冼英。还应该是"养在深闺人未识"的时候，英子就经常参与调解民事纠纷，随父兄的兵马出巡，出谋献策，安抚部众，表现出非同寻常的政治智慧与亲和力。传说她曾与高凉山的强人大榭王比武斗法，一剑劈开了一块巨大的石头，将这个恶霸降服。这个看似娇媚柔弱的女子，竟集知、仁、勇于一身，让须眉男儿自叹弗如。由于她身上萦绕的光环过于耀眼，周边部族的男儿自惭形秽，不敢与她攀缘，觉得向她示爱是一种亵渎，如同癞蛤蟆想吃天鹅肉。

当初，英子的哥哥冼挺被梁朝任命为梁州刺史，常常借朝廷威势侵掠周围的地区，欺负弱势的部族，招来怨声载道。父老的劝阻油盐不进，反倒是英子反复耐心的思想工作，开通了兄长的脑筋。从此，冼家采取怀柔安抚的政策，消除部族间沉积多年的旧怨与仇隙，高凉周边地面气候为之祥和。二十三岁的冼英被各部族推举为大首领，她的传奇事迹，一时传遍了岭海之间，形成了巨大的感召力，并被各地灵媒奉为下凡神仙。周边地区的俚人，为她无形的德望所感召，纷纷前来归顺，以一睹她如同满月的姿容为莫大的荣幸。遥隔海外、十八竿子都打不着的海南岛，俯首归顺于她跟前的俚人，就有一千多峒。黎峒户口少则数十，多则上百。若按每峒二百人估算，便有二十几万人之多。

马援、孙权等英雄男儿，以数万兵马连年征剿实现不了的事情，冼英兵不血刃就完成了。在她的身上，体现了孔子赞叹的南方之强。

此时，梁朝罗州刺史冯融，在政治上正面临十分尴尬的局面。冯家本是五胡中北燕王室的后裔，436年，北燕被北魏打败后，燕王冯弘一边投靠高句丽，一边安排儿子冯业带三百部属乘船南下，投奔宋王朝，被安置在新会郡。冯氏血脉于是得以传承，第三代子孙冯融出任了罗州（今化州）刺史，其子冯宝也坐上高凉太守的交椅。然而，冯氏毕竟是外来流亡之人，在岭南根基浅薄，难以镇住地方各派豪强势力，其治权得不到俚人的信服，政令有时都出不了州郡的府邸。看到冼氏家族根深叶茂，又因生一宝贝女儿吉星高照，家运亨通，四方俚僚争相归附，遂派人送来厚礼，表示自家公子冯宝愿与冼氏千金喜结秦晋之好，企图通过这门亲事，与地方部族势力结为联盟。英子其时已经二十四岁，以她如日中天的威德，周边极难有男人敢与之匹配，而冯氏毕竟是中原王族出身。经过商量，冼家应允了这桩婚事，于是来龙与地虎成了一家，声威一时震慑岭南地界。

2

嫁入冯府之后，冼英成为太守冯宝政治上的贤内助，甚至是主心骨。史称她诫约本族宗亲，自觉遵从当朝礼仪律令。还与丈夫共同审理诉讼，有违法作乱者，不论亲疏，即便是部族首领，也绝不放纵。冯氏的政治威权因此得以树立："自此政令有序，人莫敢违"（《隋书·谯国夫人传》）。鉴于海南岛上的俚人纷纷前来归服，539年，夫人请命于梁朝，在海南岛上设立崖州，统属于广州都督府，纳入了国家治理体系。此举结束了自汉元帝罢弃珠崖之后，海南岛长达五百八十多年不服王化的状况。此后的一百多年，尽管中原政治动荡，海南岛一直保持平稳的社会状态。这与岛上俚人部族对冼夫人德望的敬畏密切相关。在某种程度上，她已经成为俚人精神上的领袖。从南梁直到唐朝天宝年间，冯冼家族一直是海南岛的实际统治者。

梁武帝时期，出现了震动江南的侯景之乱，梁朝政权危在旦夕，各州纷纷兴起勤王之师，始兴刺史陈霸先奋起北上，与侯景的叛军对决。高州刺史李迁一面称病按兵不动，一面暗中勾结广州都督萧勃，扼守大庾岭要道隘口，企图待机举事，还悄悄派人来高凉召冯宝到州府议事，以挟其一同造反。冼夫人识破李迁的计谋，让丈夫静观其变。待李迁派出主帅杜平虏领兵进入江西参与作乱时，冼夫人亲自带领一千人马，以送礼名义一路谈笑进入高州城内，与丈夫里应外合将李迁守军一举打败，并北上与陈霸先的军队会师。了解到陈霸先的义勇与气魄，冼夫人决意领部众助其成就事业。

558年，冯宝病逝，冼夫人成为冯氏家族的当家人。此时陈霸先的南陈政权刚刚取代南梁，岭南地区乱象纷起，各部族首领企图割据称王。冼夫人出兵予以荡平，并主动将九岁的儿子冯仆送到建康作为人质，表示归顺，令陈霸先感动不已。十多年之后，广州刺史欧阳纥，联合周边部族一同举兵反陈，还扣冯仆为人质，逼其入伙。夫人得知，立即亲率俚人诸部与陈朝军队协同围剿，打败欧阳纥并将其擒获。可惜陈朝国运短促，不堪扶持。589年，隋师攻陷都城建康，陈朝灭亡。隋文帝遣江州总管韦洸领兵南下，被陈将徐璒阻于南康地界，徘徊不前。后来成为隋炀帝的晋王杨广，命令已是阶下囚的陈后主致信冼夫人，告知故国已经灭亡，让其归顺新的王朝，还附上夫人当年所献犀杖和兵符为证。夫人见到信物，确认陈已亡国，立即召集首领数千人，朝向北方伏地恸哭遥祭，以表忠尽。之后派出孙儿冯魂，率领部众恭迎韦洸进入广州，以示归服。

第二年，王仲宣在广州举兵反隋，岭南各族首领相继响应。冼夫人遣孙子冯暄领军赴援韦洸。因与叛军将领关系密切，冯暄迟迟不愿进兵。夫人遂将冯暄投入狱中，遣另一孙子冯盎出战，终于同隋军应合，平息了叛乱。胜利之后，夫人不顾年老体迈，披甲乘马，领着禁卫骑兵同隋朝官员巡抚岭南各州，安境保民。岭南局势于是得以安定下来，中国也在经历数百年分崩离析之后，重归一统，夫人因此被后世视为巾帼英雄。隋文帝追赠冯宝为谯国公，册封冼夫人为谯国夫人，并开幕府，听发六州兵马。此外，还将海南临振县（今三亚市）一千五百户的赋税，赠予夫人作为她的梳妆费用，儿子冯仆则任崖州总管。

儋州济宁寺，跪在冼太夫人塑像前的石人　林涛摄

　　冼夫人生逢乱世，一生历事梁、陈、隋三朝，为岭南社会安定和国家治权完整披肝沥胆。晚年，她曾将历朝赐品铺在大厅的公案前，让儿孙们记住：我事三代主，唯用一好心！602年，夫人以九十一岁高龄归寂，尔后被颂为圣母，立祠奉祀，成为岭海一带的神祇。如今，自岭南至海南，冼夫人庙数以百计，海南岛上就有五十多座，其中以海口市新坡镇冼太夫人庙规模最大。此庙乃明代海南进士梁云龙为还愿所建。传说，曾任湖广巡抚提督军门的梁云龙，在征战陷入危难之际，因睡梦中得到冼夫人点拨而反败为胜。明万历三十年（1602），他将朝廷奖赏的黄金铸成夫人像，设庙供奉在家乡新坡梁沙村。每年，这里都举行大规模的祭祀活动，叫作"军坡节"，再现夫人骑马出征时的飒爽英姿与壮观场面，还有"上刀山""下火海""穿银仗"等惊心动魄、不可思议的表演。海口的另一位明代进士，先后担任武英殿和文渊阁大学士的丘濬，也曾为还愿建造了一座冼夫人庙。

　　中国历史上，出现过与吕后、武则天、慈禧等让男人后背发凉的女性。和她们不同，冼夫人不是靠嫁个好主得以上位，也不是通过阴险的计谋、毒辣的手段，甚至杀子灭亲树立自己的威权。她靠的是自身的人格魅力，贞心峻节和仁勇无畏。她堪称一代无冕之王,但她首先是一个圣者,是一个真正能够母仪天下的圣母。她的后世子孙,留名于史册者有二十余人,其中冯盎、冯背、冯世接等就在海南岛上担任重要职务,被封为越国公的冯盎,是海南三州十二县的行政总管,被冯氏后世族人认为渡琼始祖。海南岛上,冯冼家族的后裔有十几万人,散居在数百个村庄。海口附近的老城镇石矍村,号称冯氏第一村,火山石堆砌而成的房屋里,聚居着三四百户人家,全都是显赫的冯冼家族子孙,村子外面还建有冼太夫人的衣冠冢。

  冼夫人是否登临过海南岛,正史并没有明确的记载,但海南民间流传着她在岛上活动的诸多传说,说她在请命"置崖州"获准后,曾经和丈夫冯宝来海南巡察。陈朝末年,欧阳纥作乱,其党徒企图乘机割据海南。夫人与儿子冯仆率军渡海登岛,于苏寻峒、苍兴峒(今海口三江镇、旧州镇一带)大败叛军,接受各峒首领的拜谒并加以封赏。在岛上期间,夫人还推广牛耕,兴修水利,办学兴教,传授各种生产技能。这些传说无法证实也难以证伪,但即便她本人没有来过海南,身影未到而神威俱在,也是一种真正的降临。因为她隆重的德望,人们心甘情愿将各种美好的事物披挂在她身上。

The
Biography
of
HaiNan Island

海南岛 传

千年流放史

第四章

地老天荒的崖州，一度是人望最高的流放地　游必生摄

1

611年，在结束汉末以来数百年分裂局面之后，急于建立千秋伟业的隋炀帝杨广，亲率六十万大军远征辽东，各路兵马风尘滚滚向东北开拔，汇成排山倒海之势。早在六年前就被贬谪到桂林的杨纶，此时心里五味杂陈。作为皇室成员、皇帝的堂弟，他渴望追随兄长杨广驰骋沙场，建功立业，以鲜血来证明自己的耿耿忠心，但自父辈以来积压下来的恩怨层层叠叠，已经很难有机会来消融，将其化为云烟。经过许多个夜晚的辗转踌躇，在某一个失眠的早晨，杨纶横下决心：与其作为一介子民，像绵羊一样隐没在蒿草丛中郁郁终生，不如请命沙场，作最后的一搏。然而，他披肝沥胆的表书，非但没有获得信任，反而引起皇帝更深的猜忌。不久，他就被流放到大陆尽头之外的珠崖，成为这座孤岛上第一个逐臣，并以此垂名，开启了海南长达千年的流放史。

说起杨纶流贬的原因，并非他本人的罪过。《资治通鉴》将其被贬的起因归结为隋炀帝的"恩薄，多所猜忌"。事情的缘起，还得从其父杨瓒与后周、杨隋的关系谈起。杨瓒是隋文帝杨坚的弟弟，他们共同的父亲杨忠，在后周时期因军功获封竟陵郡公，娶了北周武帝宇文邕的妹妹顺阳公主，官位升及侍中。仪表风度不凡的杨瓒，饱读诗书，广交名士，甚是受人喜欢。他效法父亲与王室喜结连理，深得武帝宇文邕的怜爱与信任。武帝外出征讨，曾将后方事务全部托付他一人统揽。武帝殁后，继位的宣帝宇文赟福浅命薄，不久便驾崩西去，江山随之动摇。已被封为隋国公的杨坚企图趁机篡位，改朝换代。他动员弟弟一同举事，但重情厚义的杨瓒，不愿辜负宇文家族和北周朝廷的世代隆恩，反过来劝阻哥哥："作隋国公恐不能保，何乃更为族灭事邪？"企图阻止杨坚颠覆政权的行动。尽管得不到弟弟的一臂之力，杨坚还是凭借他的强梁，最终改换了江山的姓氏。

政权更迭之后，杨坚不计前嫌，依然善待自己这个受人喜欢的弟弟，封杨瓒为滕穆王，在许多公开场合让他与自己同起同坐，以示手足亲密，借他的人望来收拢人心。但好景不长，兄弟之间看起来相当和睦的关系，最终还是被妯娌之间的猜忌暗斗颠覆了。

从杨瓒之妻宇文氏的角度来看，不惟隋文帝杨坚世受宇文家族的恩佑，如今成了皇后的杨坚夫人，也是后周大司马独孤信的女儿，这些家臣不仅知恩不报，反而暗中勾结，狼狈为奸，篡夺了主子的江山，现在还要她仰人鼻息，生活在他们的淫威之下，这无论如何都是无法接受的。由于咽不下去的气吐不出来，她内心的郁郁之情愈积愈深，无法释怀，把整个家族的仇怨，都集中到飞扬跋扈、趾高气扬的独孤皇后身上。她常常在夜深人静的时候暗自做法，咒诅这个如今不可一世的女人。某一天，事情终于浮出水面，独孤氏穷追猛打，可怜的宇文氏遭到除籍。身躯魁伟的杨瓒不仅无法保护自己的心上人，正值壮年的他也在开皇十一年莫名其妙地暴亡，令人疑忌重重。

父亲死后，杨纶承袭滕穆王的爵位。得益于父母的遗传，杨纶天生慧质，仪貌堂堂，是朝野有名的美男子。史称他"性弘厚，美姿容，颇解钟律"，堪与魏晋时期竹林名士嵇康媲美。隋文帝在位时，没有因为兄弟妯娌间发生的事情过多地为难侄儿，还封他为食邑八千户的邵国公，接着又被委任为邵州刺史。由于政事裁处公正，他深得治下百姓的拥戴，但父母的事情始终纠结于内腑，一直生活在阴暗与恐惧之中。似乎有把寒光闪闪的利剑，始终悬挂在他头颅的上方。

炀帝继位之后，情况全然不同。说起炀帝杨广，自然骂声不断，认为他是一个荒淫无度的昏暴之君。极少有人越过历史的尘埃，去体谅这个君王盖世的情怀。人们似乎忘了，在隋朝之前，自东汉末年以来，中国作为一个伟大的国度，江山支离破碎，陷入战乱冲突与各种失治的灾荒之中，国已不国已经长达五百八十年之久。中原大地干戈四起，汉民族陷入水深火热之中。五胡乱华期间，将汉人当畜生肆意屠戮，北方汉族人口减少了六分之五以上。破碎的河山需要收拾，无序的社会需要治理，惨遭涂炭的生灵需要救济，这期间出过的多少英雄豪杰都无可奈何。倘若没有气吞山河、杀伐决断的强人横空出世，靠那些满腹经纶、是非沸腾之辈完全无济于事。炀帝是一个具有远大抱负的英雄，企图恢复大汉帝国气象。他的失策之处，在于操之过于急切。企图在自己的有生之年，实现国家统一，并且拓展辽阔的边疆。为了实现民族国家的宏大叙事，他不计当下草民的生活，将其置于水深火热之中。

要成就庞大的霸业，必须将一切可能危及王权的危机，熄灭于萌芽之前，把政治风险降到最低，扫除那些可能觊觎最高权力的人。人望日隆的杨纶，于是遭到了越来越深的猜忌，炀帝暴戾无情的性格，让他深感末日的临近。忧惧之中，他不知如何是好，只好仰望上苍，向一些江湖灵异之人探问天意。有一个名叫王琛的术士信口雌黄，说他吉人天相，福禄不凡，将来还会青云直上。滕穆王的"滕"字与飞黄腾达的"腾"字相应，他的前途未可限量。因为时常有神秘的江湖术士出入府第，测算作法，反而引起了更大的猜疑。在集权专制体制下，特务政治大行其道，宁有不透风之墙！就像当年有人举报他母亲诅咒独孤皇后那样，又有人向皇上报告杨纶怨望咒诅，居心险恶。

炀帝命黄门侍郎王弘彻查其事。王弘善于揣摩主子的意思，看到皇上对此事十分愤慨，不及细查便急忙奏报杨纶"厌蛊恶逆，坐当死"。炀帝让各位公卿在朝上就此事发表意见，司徒杨素等人认为，杨纶以冀望国家发生灾难为个人幸事，其险恶居心积自家世。他们一家，父亲反叛在前，儿子谋逆在后，不是觊觎皇权，便是图危社稷，可谓罪莫大焉，应该严惩不赦。隋炀帝以杨纶乃王公贵族，不忍刑杀，因此将其除名为民，流放始安（今桂林），时值605年秋天，他的兄弟骨肉分离，全部流徙边疆各地，如秋风落叶一般，飘向天涯海角。

2

大业七年（611），杨纶上书，表示愿意追随炀帝征讨高句丽，为国家强盛效犬马之劳。其结果恰得其反，招来的是更加遥遥的流放。皇帝口授的一纸诏书，将他踢到孤悬海外的海南岛。从桂林到海南，现在看来并不遥远，但在当

流放者路经的荒村　孔见摄

时人眼里,已经是六合之外了,而且还要渡过水流凶险的海峡,这在当时,是一个生死叵测的事情。而一家人的身世,从此就寄托于苍天之下的浩渺烟波。夜深人静时刻,仰望无边的苍穹,回想自己半生来的历程,杨纶不能不感慨万千,自己的忠心日月可鉴,行为也谨慎有度,虽然算不上圣贤人物,但这辈子未曾做过伤天害理之事,不知为何招来如此可悲的下场。他一家人将要奔赴的崖州,是刚刚结束近六百年无政府状态、重新回归中原王朝治下的蛮荒之岛,关于这片漂浮在波涛之上的地面,有着许许多多恐怖的传说。他做好了有去无回的准备。

或许是对这片刚刚归入中原王朝的外郡,一时不知作何用途,杨广将其心迹可疑的堂弟流放到此,算是对闲置资源的使用。杨纶携一群妻子儿女,渡过波谲云诡的海峡,惶恐不安地来到海南岛上。这是一片举目无亲的荒土,岛上到处都是茂密的雨林,散发着神秘而又可怖的气息,岛外则是日夜喧嚣的惊涛骇浪。按照《隋书·地理志》的统计,那时候海南岛上居民19500户,按五口一家计算,不足十万人。当然,这是官方登记入籍的数字,很多生活在深山密林的俚人，并不进入政府的注册。汉人的人数应该在两三万人，主要是到这里来做生意的商人和戍守边疆兵士的后代。

与中原大不相同的习俗，因为天气炎热、物资匮乏，人们穿戴甚少。道路上迎面走过来的袒露肌体的男女，一定让杨纶惊讶不已。语言的不通更令他寸步难行，费尽口舌都问不清一条路。他最初居住的是崖州州府所在地，即现在的海口。由于蛇虫太多，一家人天黑就不敢出去。让他感到欣慰的是，不时有水鹿和麂子出入院子，发出《诗经》里呦呦鸣鹿的声音，悲悯而动听。

在城里度过孤寂的五年之后，天下又乱云四起，鄱阳起义首领操师乞自立为"元兴王"。师乞中流箭死后，大将军林士弘又自称皇帝，诸方豪杰纷纷依附。冼夫人的孙子、汉阳太守冯盎，以苍梧、高凉、珠崖、番禺之地附林士弘。据说，杨纶不愿为林士弘所用，举家逃亡到岛西的儋耳。唐朝立国之后，杨纶上表归顺于大唐政权。凭借着残余的一点德望，他被封为长沙地方小小的怀化县公，拖家带口坐船北上赴任。万万没想到的是，走马上任不久，他便得了莫名的大病，抛下一群儿女命归黄泉。即便如此，他也算是善终了。随着历史的延伸，发生在他身上的事情，后来又在李德裕、苏东坡、李纲等许许多多的人身上发生。在其身后排下来的流放者队伍中，并没有多少人有他这样的幸运，出乎意料地得以归来。

3

在中国，流放一词始见于《汉书》，但作为一种惩罚手段则可追溯到上古时代，是一种古老而十分普广的惩罚手段。在原始部落，违背族规或是给部族利益带来损害的成员，如果造成的后果不被认为是特别巨大，不足以招致杀身之祸，都有可能被部落驱逐出境，或是将其抛入水中，随汹涌的河流漂荡；或是将其赶向荒山野岭，任其流落无人之境。他们最终是被异族人杀吃，还是成为野兽的美食，还是因为极度饥寒和疾病，死无丧身之地，全都无人知晓。在上古社会，这种所谓"族内制裁"相当普遍，对于族人来说，这种惩罚的恐怖程度接近于死刑。

就中国历史而言，有关官宦流放的最早记载，可以追溯到洪水泛滥的尧舜时代。据《尚书·尧典》记载，共工、驩兜、三苗、鲧都是尧帝的重臣。面对长年不断的洪涝灾害，驩兜举荐炎帝的后裔、擅长农业工程的共工，认为他能够消除水患。然而，共工以修筑堤坝、拥堵洪水的方式来治理，终归失败。后来，各方长老又举荐相貌丑陋但体格强壮的鲧。尧帝并不看好鲧，但宽仁的他还是顺应众人意愿。鲧看来是毅力有余、聪明不足的人，他几乎全部沿用了共工的办法，以堵塞来治理洪水，历经九年而没有任何调整，在耗用了大量的人力物力之后，水患非但没有减弱，反而愈来愈难以收拾。到了舜帝继位，也许出于巩固权力和取得民心的需要，共工、驩兜、鲧和南方经常作乱的三苗首领一起，被斥为危害社群的"四凶"，加以流放，驱逐到周边的蛮荒地域。于是他们成了夷狄的祖先，同时也是所有流放者的祖先。

流放包含"流"和"放"两层含义，"流"即迁流，将人从原来生活的地方迁徙到异乡，边远、蛮荒之地，甚至边境之外，使之远离权力的中心、远离自己的家园，远离原来的族群，消除他的影响力，使其生存处于困窘之中，无能为力的境地；"放"是给予某种生存的机会，而不加以彻底地剥夺。具体而言，流放有许多不同的形式，有流迁、流贬、谪戍、驱逐等。流迁是将被认为有罪之民众，迁徙到某个指定的地方；流贬则是针对官员，在迁流的同时加以职位和身份上的贬降（所谓左降）；谪戍是将罪人迁移到边疆去补充兵源，垦荒屯田；驱逐则是将罪人驱赶出部族或国家的边关之外，任其自生自灭。在英国盎格鲁-撒克逊时代，猎杀流放者是一项受到激励与赞赏的行为。

上古时代，刑罚以肉刑和死刑为主，被认定有罪之人，轻则刖其手足，割掉鼻子，重则枭首大辟，车裂分尸，甚至炮烙、活埋。由于成本的原因，徒刑不太使用。流放没有对罪人进行人身伤害与消灭，可谓刀下留人，体现了一种宽宥与仁慈，为开明君主所采用，符合儒家所提倡的仁政与慎刑。夏朝最后一个统治者桀，是一个十足的暴君，不仅穷奢极欲，而且嗜杀成性，曾将饿了几天的老虎放到市区，任其袭击百姓，欣赏民众惊恐万状、失魂落魄的样子。桀被俘获之后，商汤王并没有加以诛杀，只是将其流放到一个叫作南巢的地方，体现了一种宽厚和浩荡的皇恩。流放夏桀的商汤王的孙子太甲，因为"不明,暴虐,不遵汤法",在继位三年之后,也被重臣伊尹流放到汤王埋葬地桐宫,待其悔过自新之后,才重新迎回宫中,授之以政。伊尹富有创意性的做法,赋予流放惩罚之外的教化意义(这种意义到了汉文帝时代得到了充分的发挥),但以臣子之位来流放君王,却是开了一个从未有过的先例。

春秋战国时代,各诸侯国之间相互争雄,将罪臣驱逐流放,无异于向敌国输送精英人才,树立更多的政治对手。因此,这个阶段,进行肢体摧残的肉刑普遍使用,特别是商鞅变法之后的秦国,靠的是严刑峻法来治理国家。始皇嬴政统一天下之后,大面积地使用带有流放性质的迁徙,一边将六国豪民贵族迁到京畿一带,以备控制,据称迁徙到咸阳的就有十二万户之多;一边将不足于使用肉刑的罪人(偷盗赃物价值220钱以下者),迁往边疆和荒芜的地区,开垦土地,戍守边陲。在始皇治下,蜀地是一个重要的流放地,吕不韦和嫪毐案牵涉的两万多人,就是被迁流到蜀地的。迁流岭南的规模也相当巨大,达到五十万人之众。可以说,迁流成了秦始皇调配国家人力资源最主要的手段。这种事情只有极权社会才能做到。

远古时代就出现的流放,到秦汉时代才日渐形成体制。南北朝后期,流放正式纳入司法体制,成为五刑之一,成为降死一等的重刑,直到清代末期终被废除,延续了几千年之久。如上所述,流放是将罪犯放逐到偏远荒凉之地,使其远离权力中心和自己原来的背景,处于软弱无力、投靠无门的境地,以此来消除他的影响力,并废掉他的武功,对其人身自由加以惩罚,使之免死又不得好活。因此,流放地的选择都是指向国家民族的边缘地带,一般都会选择较为偏远、生存环境较为恶劣的地方,并以距离的远近和环境恶劣程度,来体现惩罚的强度。

《尚书·舜典》将流放地分为三个等级:"五流各有所居之差,有三等之居,大罪四裔,次九州岛之外,次千里之外也。惟明克或允。"上千里的距离就已经极其遥远了。但是随着国家疆土的拓展和社会经济的开发,原来作为流放地的地区,渐渐发展与开化起来,生活与交通条件不断改良,便不再适合作为流放地来使用。舜帝"流共工于幽陵,以变北狄;放驩兜于崇山,以变南蛮;迁三苗于三危,以变西戎;殛鲧于羽山,以变东夷,四罪而天下咸服"(《史记·五帝本纪第一》)。流放"四凶"的"幽陵"(今北京地区)、崇山(今湖南湘西)、三危(今甘肃敦煌)、羽山(今山东江苏交界)。这四个地方,当时被认为是天下的"四极",即世界的尽头,后来也趋近于中心,有的甚至成为京畿要地。秦汉之后,国土辽阔,流放的距离便可以拉开,而在自然环境方面,西北的荒漠、东北的苦寒、岭南的烟瘴都成为对罪人的天然刑罚。其中,西北的河西走廊、河套平原地区和包括合浦(郡治在今广西合浦市北)、日南(郡治在今越南中部顺化市北)、九真(郡治在今越南中部清化附近)的广大岭南地区,是流放罪人的最佳选择,而海南岛则是岭南之南。

纵观历史进程,流放地有一个由近而远、不断外延的过程。最古老的流放地,往往流放的历史不长。被称为中国古代四大流放地的房县(现位于湖北省西北部、十堰市南部,南临神农架林区)、海南岛、丰州(现位于福建省东南沿海南安市东部)、伊犁(现伊犁哈萨克自治州),都不是最早的流放地。隋唐之后,流放地主要在南北两个方向上向外推移,南方是岭南广大地区,它的尽头就是海南岛;北方则是东北地区。史书上有"南人迁于辽阳迤北之地,北人迁于南方湖广之乡"的说法(《元史·刑法志》)。明代以前,人望最高、最为流放者所恐惧的,是孤悬海外的海南岛。

The
Biography
of
HaiNan Island

海南岛 传

生度鬼门关

第五章

武则天时代有多位宰相与宗室成员流贬海南

1

暴利的交易，极权的核心，往往环绕着明争暗斗与刀光剑影。专制集权的社会，围绕着皇权的运作与更迭而进行的斗争，残忍程度令人不寒而栗，骨肉相残都是寻常不过的事情，可见这种制度与本善的人性并不相容。就中国历史而言，唐朝朝政相对开明，在政治斗争中，不轻易伤害受之父母的身家性命，而大量地使用流贬之刑，作为一种退出机制。因此，各派势力之间的较量与角斗，不全是你死我活，而多是此消彼长，此起彼伏。流刑中最为严重也是最为遥远者，就是流放海南岛。因此，在唐代的政治生活里，海南岛堪称最具人望之地。据统计，终李唐一朝，被流放崖州、儋州的官员，有姓名可考的近百人。宰相有韩瑗、韦方质、敬晖、杨炎、韦执谊、李德裕等十四人，皇家宗室有李渊第十九子、鲁王李灵夔和淮南王李茂等五人。有唐一代，海南岛上的犀牛、亚洲象等动物已经很少听闻；随着海上贸易的发达，珍珠、紫贝之类的宝物也有其他来源。在唐朝统治者看来，海南岛纳入治下的意义，似乎就在于流放，是惩罚与改造政治犯的好地方。

建中二年（781）十月，在丞相的椅子上屁股还没有坐热，杨炎又被贬崖州。当押送他的车骑路过蓝田驿站时，他想到了一个叫崔清的人，不禁流下浑浊的泪水，急忙喊人去请崔清出来相见，以表自己的愧疚之情，但得到的回话是崔清病了，不方便见面。这显而易见的托词，让五十五岁的杨炎追悔万分。他意识到，自己不可能像流贬道州时那样幸运了。当晚落脚的客栈寂静而凄冷，他翻来覆去都不能入睡，只好坐起来在房间里踱步，寻想自己落到这步田地，可能就是一种冥冥之中的报应。他不应该那样对待与自己命运攸关的人，更不应该辜负崔清。

还是在四年前，时任户部侍郎、盼望着青云直上的杨炎，突然接到诏书，被贬为道州司户参军。按照唐律要求，他必须在规定的时间启程，连回家一趟都来不及，而他妻子当时染病在身。杨炎希望能够带上病妻一路同行，以共患难。

抵达长安郊外蓝田驿站的当晚，杨炎看见正在操持公务的蓝田尉崔清，便上前求见，将自己的情况如实托出，恳求能够在此缓停一天，通知妻子赶来相聚。尽管身边有人认为，这样做违反律条，必会受到严惩，崔清还是以杨侍郎事出有因可以例外，说服同僚，向上报告，以驿站一时没有可换乘的马匹为由，让其暂时留宿。崔清还拿出个人的银两买来毛毡、车、马，让匠人临时改装一辆"暖车"，亲自带人星夜赶着暖车驱入长安，接杨炎病恹恹的妻子到驿站。还将他们夫妇护送过虎豹出没的秦岭路段，并拿出数千文钱作为路上的盘缠。临别之时，杨炎紧紧握住蓝田尉的双手，感激涕零地说："救济之情至死也不会忘记，感激之情却无法用语言表达。"

两年后的秋天，唐德宗即位，因宰相崔祐甫鼎力举荐，杨炎被任命为门下侍郎、同平章事，原路返回长安。路经蓝田驿站时，再次见到了基层干部崔清。他匍匐跪在身着丞相官服的杨炎面前。杨宰相急忙扶起尘埃里的崔清，十分郑重地表示："杨某能有今日，全凭在下的恩德！"还说，"以你的才能，做一个小小的蓝田驿是太过委屈了。我可以举荐你任御史或是谏议大夫，任你挑选。"临别时又将崔清拉到一旁，悄悄地耳语：跟你说的事，一个月左右就会有结果。

杨炎入朝之初，接连提拔了许多亲信，但崔清的事情直至他失去职务之时，都没有下文。其间崔清还专门带着礼品，到杨府来拜会，两个人见面都很开心。杨炎请他在圈椅上坐下来，谈了许多天下大事与趣闻，把一壶茶从浓喝到淡泊如水，却始终不提职务之事，似乎完全忘记了曾经的千金之诺。后来崔清再访，杨炎的表情就跟见到路人差不多了。从杨炎的表情里，知趣的崔清感悟到世态炎凉。

2

经过一个多月的南下跋涉,杨炎来到了一处阴森的隘口。时已冬天,路上落叶一片狼藉,两边的山坡耸立着巨大的石磊,如两头巨兽怒目相对,气氛令人紧张。他下车来,走进去数十步,便看到一块斑驳的碑石,上面勒刻着三个字模糊可辨:鬼门关。赶马的人说,这是马援当年南征时立下的。鬼门关也就是生死关,从这里过去的人,恐怕是九死一生了。环顾妻儿眷属,杨炎不禁悲从中来,一种不祥的预感使他魂魄惊悚。他夜里披衣起来,挑灯写下一首五言绝句:"一去一万里,千之千不还。崖州何处是,生度鬼门关。"

实际上,就在他写下绝句的当晚,一道决定他命运的诏书,已在长安通往岭南的古道上昼夜兼程。在离流放地崖州几十千米的地方,还来不及渡海,他就被后面赶来的驿马追上,接到这道赐死的命令。这个时候,连死亡也已经是一种恩赐啊。一条飘扬的白绫,将他疲惫不堪的身体挂起来,结束了五十五年的生命,和他恩公元载下场完全相同。那首五言绝句,也作为他的绝笔,收入了《全唐诗》。三言两语,写出了当时的海南岛在人们心中的恐怖,只是后来一度被人误认为是李德裕的作品。

遥想杨炎当年,可非等闲之辈。史称他"美须眉,峻风寓,文藻雄丽,豪爽尚气";还说"炎有风仪,博以文学,早负时称,天下翕然",总之是个风流倜傥的才子。年轻时,杨炎写过一篇《李楷洛碑》,因为文辞华彩,当时识字的人都能背诵。他画的松石山水,更是一时的珍品。皇宫里有个姓卢的给事,十分仰慕杨炎,特别想求他一幅画作,世代收藏,又不好意思去讨要。便在家中设宴款待杨炎,暗中还派人送一笔款到他的洛阳老家,作为杨家人日常开销。得知其中的意思之后,杨炎用了一个多月时间画了幅山水,回馈与卢给事。见过的人说,画中水声潺潺,瀑布眼看就要流到厅堂里来了。

才情出众的杨炎,不愿参加科举考试,但文名很快就给他带来官运。刚刚出任河西节度使的吕崇贲,延请他出任其幕府的掌书记。吕升迁后,又将其带入朝中任礼部郎中,负责皇帝诏敕的撰写。他典雅洗练的文笔,受到皇帝和众臣的交口赞叹,升为吏部侍郎也就是水到渠成的事情,但其中也与宰相元载的提携密不可分。史称："载亲重炎，无与为比。"杨炎之所以获得权倾一时的元载青睐，有件事情或许能够说明一二。元载家中蓄养多个妓妾，其中有个名叫薛瑶英的歌妓深得他的宠幸。杨炎只见一面，便写出一首长诗来赞叹这位娇妾，其中有这样的句子："雪面淡眉天上女，凤箫鸾翅欲飞去。玉山翘翠步无尘，楚腰如柳不胜春。"把俗事做得如此清雅，令宰相大人心花怒放。

寒门出身、以文学起家的元载，善于利用职权扩大自己的财富与势力，让代宗皇帝做得越来越像个臣子，以至于末日降临都不自知。抄没时，元载家中仅作为调料的胡椒粉就多达八百石，十八辈子都吃不完，至于金银珠宝就不知有多少了。于是被代宗赐死。接到死诏的元载，对负责监刑的官员说："我希望死得快些！"那些人应了一句"那就让你受辱了"，便脱下臭袜子塞进喉咙将其虐杀。跟着元载鸡犬升天、一起发家的亲信党羽，自然被一网打尽。最受重用的杨炎岂能幸免于外，但看在他平日公文起草方面的表现，代宗皇帝只是将他贬为道州司马，算是最轻的处罚。但杨炎恶从胆边生，对参与审理案件的人，心中暗暗生起了杀机。

3

两年之后，德宗李适登基。他还在东宫做储君时，就特别喜欢赏玩杨炎的字画。因此，经宰相崔祐甫推荐，杨炎一下被提拔起来，青云直上，接连担任银青光禄大夫、门下侍郎、同平章事，成为一人之下的宰相。他的才情韬略也得到淋漓的施展，成为安史之乱后影响历史进程的人物。而使他进入历史视野的，是他在宰相任上推行的两项举措——

首先，恢复国家公赋与皇帝私产析离的制度。唐代的中央财赋，原本储存于太府寺下属的左藏库。安史之乱后，出于应急，全都转移到宫廷的大盈内库，由皇帝家臣三百宦官掌管。由于宦官手脚不干净，内库漏洞百出，成为一笔烂账。针对这种状况，杨炎提出了国家赋税不能变成皇家私产的建议，恢复安史之乱前国家公赋与皇帝私藏分而管之的体制，以保证国家公赋的收支独立，便于有关部门的正常监督，堵住可能出现的漏洞。

其次，颁行两税法。唐朝初年，赋税分租、庸、调三种形式收取，以人丁为本，有田地就交租，有人身就交庸，有户口就交调。安史之乱后，户籍管理废弛，册面数据多与实际情况不符。到了后来，兵乱连年，人口与土地变动转移频繁，赋税的收取催促急迫，立即办理，没有了正常的标准。收税的部门也不断增加，赋税名目更是五花八门。有权势的人家，壮丁虽多，但总能免逃征课；穷苦人家却不堪徭役。针对这种状况，杨炎向德宗皇帝建议实行两税法，确立了"唯以资产为宗，不以丁身为本"的征课原则。先计算出各州、县每年所需费用和上缴朝廷的数额，然后量出为入向治下人民征收。"户无主客，以见居为簿；人无丁中，以贫富为差。"取缔以人丁数量为征课标准的租庸调制，根据土地、财产的多寡，分夏季与秋季两次进行征收。除此之外，一切租、庸、调和杂项徭役统统取消。

烈楼港海滩，隋唐逐臣上岸的地方　孔见摄

在德宗皇帝的支持下，两项举措推行顺利。特别是两税制，于某种程度上伸张了社会的公正与道义，减轻底层人民负担的同时，增加了国家的财政收入，维护了社会的和谐稳定。此项改制，实现了中国赋税从以人头税为主体，向以资产税为主体的历史性转轨，为后来的宋元明清所沿袭。作为创制之人，杨炎不应该被忘记。

凭着两项经济制度改革，杨炎赢得了朝野人心，一度被称为"贤相"。他自己也意得志满，走起路来高视阔步。其时，三个宰相中，崔祐甫因病很少上朝，乔琳则被免职，杨炎实际上拥揽了内阁大权，而德宗皇帝对他又信任有加。随着权力的膨胀，人格中见不得人的东西也暴露出来。宰相肚里能撑船，身为"贤相"更应该有包荒之度，但杨炎却是一个鸡胸猴腹、戾气极重的人，得罪他的人都别想有好果子吃。早在刚刚步入官场、在河西节度使幕府任掌书记时，他就曾经带领手下，将在酒桌上无意中羞辱过他的一个县令，打得死去活来。在德宗一朝，杨炎确实做成了一些事情，但却把人给做烂了。

建中二年（781）二月，杨炎奏请在原州（今宁夏固原）修筑一座城堡，这也是他恩公元载生前的遗愿。德宗派人向泾原节度使段秀实探询此事的可行性。段秀实给出的意见是：修筑城堡保护边疆是长远策略，不宜草率地兴师动众，何况眼下是农事繁忙的季节，还是等到农闲时再办吧。杨炎听了勃然大怒，以为段秀实恶意与自己唱反调，立即解除其节度使的职务，任命邠宁节度使李怀光兼任泾原节度使，率泾州（今甘肃泾川）的守军转移进驻原州，准备筑城，此外，还从其他方向调遣上万军队配合行动。这下引起了泾州将士的强烈不满："我们守卫国家西部门户十余年，从邠州转屯泾州，披荆斩棘，席未暇暖，又要投向塞外，难道是我们犯了什么罪吗？"为了震慑可能的骚乱，作为统帅的李怀光接连斩杀几员大将，还是控制不住局面。泾州副将刘文喜利用将士愤怒的情绪，抗拒朝令，要求恢复段秀实原职。刘文喜在泾州拥兵两万，暗地里与吐蕃沟通，局势十分危险。朝臣纷纷请求朝廷赦免刘文喜，以缓解态势，德宗皇帝却命令李怀光等部发起攻击。幸得刘文喜手下的一员别将突然将其格杀，一场边乱才得以平复。而所有的这一切，都是因为杨炎刚愎自用、撤换主帅酿成的。

杨炎狭隘的心胸与睚眦必报的性格，使与其共事的人很难不得罪他，而得罪杨炎是一件危险的事情。在他的同事中，有资深的理财专家刘晏，担任过吏部尚书、转运使、租庸使、青苗使、盐铁使、左仆射等。刘晏是唐代神童，在玄宗时代就名动一时。接任转运使之初，朝廷登记在册的纳税户仅二百万，中央财政收入每年才四百万缗。经过他几年工夫，纳税户增加到三百万户，中央财政年收入也增加到一千三百万缗。杨炎被提拔为吏部侍郎时，顶头上司就是尚书刘晏。喜欢夹带私货的他，在刚正铁面的刘晏那里，自然受到压制，因而暗中窝火。后来，他的恩公元载犯案，刘晏就是主审之一。尽管他和其他同党得以宽大处置源自刘晏的据理力争，关键时刻说了一句："施用重刑还应当审慎，况且法律上有首犯和从犯之别。"但杨炎还是把自己的倒霉归咎于刘晏。

4

杨炎上位宰相，意味着与他结怨的人危在旦夕，刘晏更是首当其冲。他开始有步骤地实施复仇计划。首先，重提德宗李适做太子时的一段旧事，说代宗当年特别宠爱独孤氏之子李迥，宦官刘清潭等人企图让其取代李适，成为皇位的继承人，而刘晏暗中参与了此事。一次拜见德宗时，杨炎泪眼婆娑地说："凭靠祖宗在天之灵，刘晏、黎干离间先皇与皇帝的阴谋才没能得逞。现在黎干已经被治罪了，刘晏却还风光依旧，毫发未损。作为宰相的我，不能将其绳之以法，真是罪该万死啊。"一旁的宰相崔祐甫和大臣朱泚、崔宁等，极力为刘晏说话，杨炎竟然当场发飙，拂袖而去。结果，刘晏被罢职，随后又被贬为忠州刺史。

接下来，杨炎了解到庾准与刘晏有旧怨，便将其提升为荆南节度，暗地里叫他罗集刘晏的黑材料。欲加之罪，何患无辞，很快，庾准就举报刘晏致信朱泚，散布犯上的言论，又秘密操练精兵，企图谋反，等等。杨炎亲自作证，使罪名成立。昏聩的德宗于是同意将刘晏处死。杨炎还提出要抄没刘晏家产，受到众臣的劝阻，但他还是带人清查了刘家。曾经担任过宰相的刘晏，身后留下的仅有两车书和几斗米，堪称两袖清风。淄青节度使李正己上书德宗皇帝，指出没有验证事实真相，也没有正式下诏，就杀害一个功业斐然的老臣，实在太过分了。

刘晏素有直名，为官清廉，从政多有建树，人们都感叹他死得冤枉，纷纷上奏朝廷，质问刘晏何罪被杀。地方官员也上表讨要说法。这时的杨炎，"恐天下以杀刘晏之罪归己"，暗中派亲信到各地散布消息，说自己对刘晏并无恶意,只是圣意如山,不能不执行。岂料聪明反被聪明误,他诿罪的行为被德宗身边的宦官摸得一清二楚。魄力欠雄的德宗并没有立即诛杀杨炎,而是隐而不发,先改任杨炎为中书侍郎,保持同平章事的虚职;同时提一个德性与杨炎差不多的人为门下侍郎、同平章事。此人名叫卢杞,相貌不堪,手段下作,内心与外貌极其相似。据说当年郭子仪接见卢杞时,都要屏退家中的女眷,以免受到惊吓。看着同署办公的卢杞,就像看着镜子里的自己。因为无法面对一个比自己更小人的小人,杨炎时常称病在家。

这时,有迹象表明,坐拥七州兵马的梁崇义伺机谋反。德宗派人前往招抚失败,便命淮西节度使李希烈统领各军准备征讨。听到消息的杨炎一夜之间百病皆除,他亲自前往劝说,但梁崇义的造反意志反倒愈加坚决。因此有人将梁谋反的起因归结到杨炎身上。杨炎对德宗的再三劝谏,也招致皇帝的心理逆反,宰相职位因此被罢,贬为左仆射。负气的杨炎入朝惺惺谢恩后,没跟卢杞招呼一声就直接回家,这就扫了卢杞的颜面,让那张丑陋的脸变得更加丑陋了。虽然卢某不动声色,但已经是恶从胆边生。于是,他以其人之道还治其人之身,举荐与杨炎怨隙不浅的严郢为御史大夫。聪明的严郢完全领悟卢杞的意思,很快就搜来了杨炎的"黑材料"。

先前,杨炎为了修建家庙,请河南尹赵惠伯替他卖掉洛阳的宅子,赵惠伯便用公费将其买下,当作官府办公的场所。经严郢审查,认定赵惠伯"贵估其宅",杨炎因此涉嫌侵占公家的利益。虽然不算什么严重的罪过,却判了个"监主自盗,罪绞"。另外,还查出杨炎儿子时常接受他人的贿赂和请托。这些罪证即便坐实,也无法将杨炎置于死地。于是,卢杞及时抛出一份无法证伪的材料,说杨炎在洛阳修建家庙的选址,极富王者之气,"炎故取之,必有异图"。德宗听到这条,觉得构件已经具足,便立即下诏定罪,称尚书左仆射杨炎"不思竭诚,敢为奸蠹,进邪丑正,既伪且坚,党援因依,动涉情故。黩法败度,罔上行私,苟利其身,不顾于国";"蔑恩弃德,负我何深!考状议刑,罪在难宥"。但为大局考虑,特加宽宥,将其贬为崖州司马。

多年以后,德宗与天才宰相李泌坐在一起,总结在位期间各个宰相的短长。当谈及杨炎时,年迈的德宗仍止不住心头的怒火,说:杨炎对待我像孩儿一般,每次商议政事,倘若我同意他的意见,就喜形于色;若不同意,便勃然大怒,完全没有君臣的礼数,甚至以辞职相要挟,好像我不够格与他讨论问题。后来,卢杞杀了他,其实出自我已经无法容忍!这就可以解释,为什么在贬逐之后,德宗还要将其灭身。后人将杨炎与元载相提并论,得出"所谓多才者邪"的感慨。智慧与仁慈交融在一个人的人格里,是件相当困难的事情。

赐死,连死亡也可以是一种恩赐,可见极权社会刻毒到何种程度。在流放海南岛的路上,被赐死的人何止杨炎一人。在有唐一代,流贬海南的官员中,被赐死的就有崔河图、李贞素、顾师邕、欧阳秬、蔡京、孙乘、李彦威等近十人,其中韦保衡、王抟、独孤损皆是宰相。在历代被流贬海南的官员中,受当地人尊敬者甚众,只有少数被认为是罪有应得的,杨炎便是其中之一。在政治斗争中下手太狠、总要置对手于死地的人,恐怕应该引他为戒。

The
Biography
of
HaiNan Island

海南岛 传

渡琼先祖

第六章

海南各个姓氏都有自己的渡琼先祖

1

海南是一个移民岛，流放是移民的一种方式。汉族人口中，不少家族来自于流放，他们的渡琼先祖或是因为卷入政治斗争，或是触犯了王法被贬逐到岛上来。他们是流放者的后裔。岛是一个独立的地理单元，各个家族到了岛上，基本就在其中生息繁衍，不再迁移，因此世系相当清晰，有十分完整的族谱。王氏是海南大姓，共有二十多个支系，最早一支的渡琼先祖叫王义方，他是第一个在岛上留下血脉的流放者；韦氏家族在岛上拥有约四万人口，其渡琼先祖就是唐朝的宰相韦执谊。二人是在杨炎前后被贬谪海南的，比杨炎幸运的是，他们都没有被中途赐死，而是历经艰辛来到这个瘴疠之岛，成为一个庞大家族的光荣祖宗，被繁荣昌盛的子孙世代祭祀。

在海南岛数以百计的流贬者中，王义方是最有意思的一个。他一生的最高职位是侍御史，不过六七品而已，从政也没有什么流芳百世的业绩，但《旧唐书》《新唐书》《资治通鉴》等正史都不吝笔墨给他立传，《大唐新语》《太平御览》等众多野史也竞相收集他的趣闻逸事。他走进辽阔的历史视野，凭的是作为一个人的品格和士子纯粹的风范与行状。他接受命运的姿态令人惊讶，二度让马与二度被贬的经历，成就了他内学的修养。

王义方是泗州涟水（今江苏涟水县）人，出身寒微，父亲很早就过世了，留下他与母亲相依为命。在困窘的命运中，他一边恭谨地侍奉身体多病的母亲，一边沉湎于经典的研修，养成了独特而超然的性格，年纪轻轻就通过明经科的考试，有机会前往京师任职。就在赶赴京城的路上，他看到一个人，背着包袱举步艰难，一副疲惫不堪的样子。问起来，自言在某地供职的父亲，突然发病且情况危急，须昼夜兼程前去看望。义方不探真伪，便将自己身下的马让给了这个人，连名字也不愿留下。

初到长安，义方恃才傲物，不肯造访权贵，但学问修养很快就名动京师。唐太宗得知后，让主修国史的给事中许敬宗，带上博学多才的独孤悊前去考量。交谈中，义方广引诸子百家之异同，以凌厉的话锋接连怼问独孤悊，还把人家揶揄了一番，使之瞠目结舌、丑态百出，并因此失去了职务。

关于他的一些事情被传扬出去，成为坊间茶余饭后的话题。当朝宰相魏征听说有比自己还直肠子的士人，便招来见面，既爱惜他的才华，又担心他的犀利，还想跟他结亲，把夫人的侄女许配给他。如此高攀的姻缘，义方却坚辞不受。等到魏老相国病逝，他却上门提婚，真就把魏夫人的侄女娶回家来做老婆。周边的同僚朋友感到疑惑，问他为什么是这个样子。义方回答：之前不接受，是因为魏大人高居相位，我不愿趋炎附势；现在去求婚，是因为老人家逝世了，我应当完成他生前的愿望，报答知遇之恩！

王义方初任晋王府参军，后来进入弘文馆供职，还担任过太子校书。刚刚当上御史台侍御史那会儿，一心想着报效社稷明主，忽略了生活中的细务。他买了一座宅子，款项都交接清楚了。几天后，朋友相约来庆祝乔迁之喜，他忽然大腿一拍，指着庭前的两棵梧桐树说：坏了，我忘了付这两棵树的钱。于是，急忙把四千钱给人家补上。朋友说他是傻子一个，按照交易惯例，院里树木随房子转移，并不另外计价。他却哈哈大笑，回答说："这两棵是有灵性的树，非同一般无情草木。"他的行履总是那么与众不同。

　从这件事情可以看出，义方是个心胸放达之人。这种人自然不缺少朋友，但在众多同僚中，他与刑部尚书张亮关系尤为密切，而正是这种密切关系，将他送上了一条遥迢之路。贞观二十年（646），曾经因赫赫战功位列凌烟阁的张亮，因认养数百义子遭人诬告谋反，被太宗处死。作为好友的王义方无端受到株连，三十刚出头、一头青丝的他，被放逐到天地尽头的海南，任吉安县丞，开始他第一段流放生涯。不过，这件在别人看来如同灭顶之灾的事情，似乎并没有给他带来太大的打击，仿佛命运中遭遇的一切变故，都在他想象与接受的范围之内。

当王义方拖着一家老小，从都城长安一路颠簸来到雷州半岛，看到的是波涛汹涌、云气苍茫的大海。海水翻腾如沸,似乎永无休止,似乎有什么心事,似乎可以吞没一切。徘徊岸边,他久久不能言语。起航前风高浪急,涛雾蒸涌,船夫拿着酒肉祭海祈福。义方觉得祭祀并非要讨好神灵,其意义在于明德,于是上前勺起一瓢海水参与进去,还念诵了自己撰写的祭文:"思帝乡而北顾,望海浦而南浮。必也行愆诸己,义负前修。长鲸击水,天吴覆舟。因忠获戾,以孝见尤。四维雾廓,千里安流。灵应如响,无作神羞。"

仪式完毕,天上的云雾渐渐散去,船也就张帆南渡。王义方的这篇祭海文,应该算是海南文学史上的开山之作。他没像四百年后的苏东坡,过分渲染海峡的险恶与恐怖,而是托出了自己"因忠获戾,以孝见尤"的遭遇,与"义负前修"的追悔,期望能够"千里安流",抵达对岸。事实上,一路上风浪并不太大,孩子们睡得很沉,只是妻子晕眩恶心,将半辈子的苦水都吐了出来。想到连累这个女人来陪自己受罪,义方心里深感愧疚。

靠岸海口,在州府所在地稍作停留之后,一家人乘船沿西部海岸南行,至吉安县城(今昌江县旧县村)报到。这里说是县城,只不过是一道用硬土夯起的城墙,围绕着二三百户茅草人家,连条像样的路都没有,衙门更是破旧不堪,留下了台风扫荡过的痕迹。

万里投荒的王义方,没有自沉于沦落天涯的情绪之中,在茅屋里将家人安置妥当,便开始寻想做些什么事情,甚至都没有注意到,妻子的眼窝一天天深了下去。经过一番巡查,他看到当地人桀骜不驯,缺少礼教规训,容易摩擦生怨,引发冲突,需要人文教化。经与县令大人沟通,他将各部族首领招来,商量办学的事情。让他们挑选一些有慧质的少年,集中起来办班,自己亲自为他们开堂讲经,教导礼仪,中间还吹拉弹唱,把做人的道理编成民歌,搞得有声有色。听到读书和弹唱的声音,当地居民感到无比稀奇,从周边各峒纷纷前来围观,气氛一下就被营造起来,陆续有人主动要求来读书。海南岛上的公共教育事业,就这样从零开始,人文种子也在炎荒之地播下。

正当王义方沉浸于心灵领地的耕作时,一纸诏书传来吉安,要他立即启程,迁往洹水县(今河北省魏县西南)任县丞。听闻王县丞要走,当地父老提着鹿肉、米酒和干果,纷纷前来挽留,学子们更是眼泪汪汪,扯着他飘动的衣袖。这让他无比欣慰,同时也为刚刚开始的事业后继无人倍感伤怀。

当初,义方遭贬,张亮侄子张皎也因牵连一同流放崖州,后来投靠义方。这孩子命薄,等不到出头之日便命绝异乡。临终前,他声泪俱下,将妻子儿女托付给义方,希望有一天能将尸体归葬故里。在远隔千山万水的边地,这个托付重于千斤。义方毫不犹豫地接受下来,并与张皎年轻的妻子到神像前立誓,表示绝不辜负。北归路途漫漫,而马匹有限。义方让仆人抬着张皎的灵柩,自己的马则让给张皎的妻儿,自己一路徒步跟随,行走在弥漫的尘埃之中。经过两个多月的跋涉,他将张皎安葬在其故乡的山岗,将其妻儿送回老家,还到张亮墓前焚香告别,才转道赴云阳报到。这就是义方二度让马的故事,人做到这步,真可谓仁至义尽了,老天都应该下雨。

岛西部的海岸　孔见摄

显庆元年(656),王义方突然接到侍御史的任命,带着母亲和妻儿,回到阔别十年的长安。但在这个政治旋涡中心,他也没有多少安生的日子,很快就摊上了事情。

当时,有个姓淳于的女子,姿色楚楚动人,不知是犯了什么罪,被打进大理寺牢里。执掌朝政的中书侍郎李义府,迷上了这汪祸水不能自已,暗地里托大理寺寺丞毕正义把她带出来,留在身边供云雨之欢。哪料风云不测,高宗皇帝突然命人重审该案,发现女囚竟然不在狱中。事情到了这步田地,李义府只能丢车保帅,威逼毕正义上吊自尽。朝中官员心如明镜,却无人敢揭穿李义府的黑底。高宗出于某种考虑也想做个顺水人情,放过李义府。以君子自任、不能见容于小人的王义方,按捺不住自己的良心。经过一番踌躇,在得到母亲的坚决支持后，出于为国家除掉蛀虫，也为自己一世清名的考虑，他在朝堂上大声叱骂李义府，并跪着读出自己的弹劾文本。然而，他的行为非但没有得到皇帝的接受，反而被以诽谤罪流配莱州（今山东掖县），任司户参军。他以足够的豁达，接受了自己一再被抛弃的命运，不怨天尤人。

此后，棱角磨圆的他，不再对政治抱有幻想，也不再恃才傲物，归隐于一个叫作昌乐的地方，教授生徒，侍奉老母，并一度沉迷于方术。初唐四杰中，卢照邻就是他的学生。母亲归寂之后，人们便很难见到他颀长的身影和飘扬的衣袂。直至五十五岁上，他悄然入化，抛弃这个曾两度抛弃自己的世界。情深义重的弟子员半千、何彦先等，在老师墓旁种上苍翠的松柏，搭棚守制三年之后，才依依离开。他们不愧为王义方的真传弟子。

有人的幸运是别人的不幸，有人的不幸是别人的幸运，王义方属于后者。他是唐代最早流放海南的逐臣，也是海南历史上第二个贬官。据海南《王氏家谱》记载，王义方第二个儿子王承休，娶了当地贤惠女子为妻，将王氏血脉留在岛上。一千三百多年过去，子孙散落岛上各个角落，人数在二三万之间，不算人丁兴旺。他们在琼海市塔洋镇，集资建起了供奉渡琼先祖王义方的祠堂。至今，子孙们路过，都不忘燃上一炷香，纪念海南人文教化的始祖，缅怀他作为一个士人山高水长的风范。

2

出身官宦世家的韦执谊，是西汉名相韦贤的后裔，他的家族前后出过十多位宰相。韦执谊自幼聪慧，二十岁上就考中进士，在殿试中策论成绩出类拔萃，因此刚出仕就被授予右拾遗。据说，德宗皇帝时常召他切磋诗歌创作心得，甚至被特许与宰相裴延龄等出入禁中，以备政事顾问，堪称少年得志，春风马蹄。德宗皇帝庆生时，接到太子李诵献上的鎏金佛像，指定韦执谊为佛像撰写赞文，还让太子给他赏赐一些缣帛，这是令人艳羡的隆遇。韦执谊于是到东宫拜谢，太子李诵将他介绍给自己的侍读老师王叔文，二人因此成为知交，也就为后来的事情做了铺垫。

有皇帝做知己，韦执谊的官运自然亨通，从翰林学士到南宫郎、再到吏部郎中，一路青云。然而，因为世代官宦，又一直生活在森严的宫墙之下，韦执谊对政治斗争的残酷性有深刻的感受。在庙堂上扶摇直上的同时，他隐隐感到一种万丈悬崖的恐惧，后背不时生起一股凉风。据说，他从来不敢眺望岭南，到兵部职方司观看地图时，看到岭表的部分便紧闭双眼，唤人立即把地图拿走。直到后来升任宰相，韦执谊在衙内的墙上见到一幅形状异样的地图，立即扭头四顾左右。过后，他定下神来，才发现却是一幅崖州地图，心中陡然生起不祥之感，后背那股凉意与日俱增。

现在说起唐朝，人们想到的都是一派繁华景象。其实，走进历史深处的现场，情况并非如此，尤其是安史之乱后，这个王朝充满危机与乱象。德宗皇帝并非明主，他在位二十六年，中枢权力始终都处于支离状态，自己也是身心疲惫。由于皇帝与朝臣之间猜忌有增无减，他不得不倚重宦官，于是宦官权力越来越大。特别是窦文场、霍仙鸣被任命为神策中尉后，宦官主管禁军成了制度。这些刑余残缺之人，心胸狭厌，具有超乎常人的贪婪与阴险，他们挟带军权干预朝政，情况日甚一日，国家政治生活愈来愈不正常。

藩镇割据是中唐之后最大的乱象，权力集中不上来，无法对地方势力进行有效制备。建中四年（783）十月，从泾原调来的平叛军队路经长安，因德宗皇帝不肯出资犒赏，怒而发生兵变，德宗不得不出走奉天、梁州，将近一年才返回长安。尔后，皇都长安又一再遭到藩镇围困，风雨飘摇。此外，是朋党相争，通过科举提拔崛起的南方寒门俊才，与关中士族、山东士族形成不同的政治集团，彼此对垒撞击。面对帝国忧患重重的现状，德宗常常会想到安史之乱中下落不明的母亲，想起册封太后仪式上自己带群臣向太空拜跪的情形，心中充满无告与自责之情。

他给自己下了一道罪己诏，痛斥自己"积习易溺，居安忘危，不知稼穑之艰难，不恤征戍之劳苦"；"天谴于上而朕不寤，人怨于下而朕不知，驯致乱阶，变兴都邑，万品失序，九庙震惊，上累于祖宗，下负于蒸庶，痛心鲠貌，罪实在予！"遣词不可谓不恳切。他潜心编写过医学著作《广利方》，里面收录药方五百八十多条，但他对于治国平天下，却没有开出一个有效的方子。

贞元二十一年（805），德宗去世。太子李诵继位，是为唐顺宗。在作为王储的二十五年间，李诵旁观者清，看到国家积存的弊端，心中火急火燎，但又担心过于进取会引起父皇的猜忌，于是一直隐忍着革新的意志。身边有两个侍臣与他声气相通，一个是围棋高手王叔文，一个是丹青妙手王伾，与他暗中谋划着未来的图景。而在"二王"周边，也凝聚起一股政治势力，其中就有韦执谊、刘禹锡和柳宗元，都是些才华横溢的文人。

或许是由于多年的隐忍，李诵血压不断升高，离登基还差一年就熬不住，患上了中风，嘴里流着清清的口水，话语含混不清。但是，尽管如此，他的改革意志依然没有衰退。甫一登基，就让王叔文坐镇翰林院，主持朝纲，开始实施一场革新运动。经王叔文举荐，韦执谊出任宰相，在外廷执行他们制定的改革措施。据诗人杜牧记述，"丞相韦公执谊以聪明气势，急于褒拔人才，如柳宗元、刘禹锡辈，以文学秀少，皆在门下"（《唐故太子少师奇章郡开国公赠太尉牛公墓志并序》）。两位诗人分别被提拔为礼部员外郎、屯田员外郎。

接着，新的政策陆续推了出来。其中包括罢除宫市，遏制宦官借采办宫内物品之名抢掠民财，裁减宫中闲杂宦官，撤换神策诸军指挥官；打击贪渎，罢免臭名昭著的贪官转运盐铁使李锜和京兆尹李实；抑制藩镇，阻止剑南西川节度使韦皋扩大势力范围，企图领有剑南三川的野心；取消节度使、各州刺史向皇上进奉的月进和日进，规定除常贡之外不许有其他进项，阻止他们借进奉之名搜刮民脂。

永贞革新还包含许多减轻国家财政与民生负担的措施，如：放出三百宫女和六百教坊乐女，让其还家。这些革新措施一度引起"市里欢呼""人情大悦"，却大大触动了某些集团的既得利益，阻力与难度可想而知。然而，推动革新的一方却势单力薄，只有一个半瘫痪、随时可能倒下的主子，和几个没有掌握任何利器的墨客骚人，形势十分危殆。革新派成员不善于笼络群僚和士大夫阶层，行为也不讲究程序的合法性。《资治通鉴》评论他们："惟其所欲，不拘程式。士大夫畏之，道路以目。"（卷二百三十六）众多的官员都在一旁等着看戏。当然，也有像校书郎白居易这样的士人，给韦丞相上书，在痛斥不合理现象的同时，希望能够尽快推进改革。

当时，唐顺宗的旨意，要通过宠妃牛昭容传给宦官李忠言，再传递给翰林待诏王伾，王伾再传给王叔文，最后由韦执谊贯彻到各个部门。朝臣的奏议，也是通过韦执谊，一而再，再而三，三而四，最后才由牛昭容禀报给唐顺宗，转折繁多，效率低下。其中最为关键的人物王叔文和韦执谊，政治经验都欠缺火候，不善于处理复杂的人际关系。韦执谊甚至家庭关系都处理不顺。按照朝制，宰相们在中书省聚餐，其他官员是不能打扰的。但王叔文常常在这个时候闯入中书省来，与韦执谊磋商大事，遇到门吏阻拦就破口大骂。韦执谊只好撇下一起用餐的杜佑、高郢、郑珣瑜，急忙迎王叔文进别的房间，另外安排用餐，让这三位宰相倍感屈辱。郑珣瑜甚至曾因此负气回家，称病不朝。

唐顺宗的身体支持不住他革新的意志

王叔文和韦执谊，一个主内，一个主外；一个在后，一个在前，本应该是密切配合如同天衣。但韦执谊是个面子薄、书生意气重的人，他因王叔文得以上位，但又想保持自己人格独立，不愿被人认为是王叔文的同党，卷进水深火热的政治斗争。为了证明自己不跟王叔文同穿一条裤子，他在廷议时经常与王叔文持不同政见，甚至在处理一些事情时发生争吵。事后才悄悄向王叔文致歉："我并非要违背原先的约定，只是想曲成你的大事！"这让王叔文大为光火，因为得不到宰相在朝堂上的呼应，他常常陷于孤掌难鸣的境地，他和皇上的意志主张也就大打折扣。在王叔文因母亲逝世、离职丁忧期间，韦执谊更是自作主张，把他传递过来的旨意晾在一边，几乎快站到他的对立面去。而正在这个节骨眼儿上，王伾也突然中风病倒。革新派核心涣散，凝聚不起一股可以与改革对象相抗衡的力量来，革新运动破产指日可待。

形势严峻，改革派的前途维系于皇帝每况愈下的身体，顺宗的病情日益加重，到了完全失语的地步，他的圣旨变得高深莫测。反对派的节日终于来临，剑南西川节度使、荆南节度使、河东节度使和宦官们相互呼应，纷纷上书，要求顺宗禅位于太子李淳。顺宗被迫就范，并于几个月后弃世，他在位时间仅有八个月。开始不到半年的革新运动因此流产，参与其中的人不可避免遭到贬逐。王叔文贬渝州司户，翌年亦被赐死；王伾贬开州司马，随即死于贬所；柳宗元贬永州司马，开始参禅问道，刘禹锡贬朗州司马，于陋室孤芳自赏。韦执谊因后期与王叔文已有怨隙，又是宰相杜黄裳的女婿，仍在宰相任上滞留一些时日，但身后那股凉意，此刻已飕飕地灌满了他的全身。自知大势已去的他，寝食难安，惶惶不可终日，甚至听到路人的脚步声都心律失常，最终于当年冬天被流贬崖州。

这场驱逐革新者的行动，史称"二王八司马"事件。新任宪宗皇帝的诏书称韦执谊"负恩弃德，毁信废忠，言必矫诬，动皆蒙蔽。官由党进，政以贿成"（《贬韦执谊崖州司马制》）。这个时候的评价，自然不可能是公允的。但在中国古代集权社会，唐朝政治算是较为宽容的，换在明朝，这些人都得凌迟肉剐甚至诛灭九族。

一年庙堂丞相，七岁荒野放逐。韦执谊踏上了漫漫的流放之路，渡过了令人断魂的鬼门关和惊心动魄的琼州海峡。到了崖州之后，他发现这个地方并没有传说中的那么可怖。州城虽小，人口不多，但社会相对平和，草木葱茏，炊烟袅袅，当地人仍然把他这个罪徒当作贵人。崖州刺史李甲对他心怀敬意，让他发挥自己处理朝政的经验，参与一些公务的商榷处理。居琼期间，他与当地人一起兴修水利，垦荒养殖，开办教育，受到人们的尊重，儿女们也开始给他生儿育女。但他依然郁郁寡欢，始终接受不了失意的命运，常常怀想着往日长安冠盖如云的场景，期待有一天能被皇帝重新召唤，许许多多的话语积聚胸间，无法溢于言表。擅长诗赋的他，竟然没有留下关于海南的半个句子。

七年后，韦执谊死于海口龙塘，终年四十八岁。据说患病期间，韦执谊遇见一位道人，给他指出位于十字路雅咏村的一块风水地，死后家人就将其葬在这里。几年后，经他的岳父杜黄裳奏请，朝廷以他所涉之事情有可原，同意将其灵柩运回长安家乡入葬，算是恢复了名誉。除了那场半途而废的改革，他一生最大的成就，就是在海南岛上留下了一脉子孙，每逢清明节就汇聚在韦氏宗祠前面，汪洋一片。千百年来，伴随着黎族的汉化，也有汉族黎化的情况发生。韦执谊后世子孙中韦文宣一支，后来往南移入高山密林，化为了黎族。

关于韦执谊，后世的评论毁誉并举，莫衷一是。诗人白居易在《寄隐者》一诗中，表达了对韦丞相命运的惋惜："昨日延英时，今日崖州去。由来君臣间，宠辱在朝暮。"与他同时代的韩愈，给他的评价是："执谊进士，对策高等，骤迁拾遗，年二十余入翰林，巧慧便辟，媚幸于德宗，而性贪婪诡贼。"韩愈本身并非君子，本身的为人也经不起挑剔，但他几乎把韦执谊当作小人。

比韦执谊晚三十多年贬到崖州的李德裕，给予他相当隆重的评价："德迈皋陶，功宣吕尚。文学世雄，智谋神贶。一遭谗疾，投身荒瘴。地虽厚兮不察，天虽高兮难谅。野掇涧苹，晨荐柜鬯。信成祸深，业崇身丧。某亦窜迹南陬，从公旧丘。永泯轩裳之顾，长为猿鹤之愁。嘻吁绝域，寤寐西周。倘知公者，测公无罪。不知我者，谓我何求。其心若水，其死若休。临风敬吊，愿与神游。"李德裕功名地位都在韦执谊之上，他能给予如此高的赞叹，足以让丞相大人安息九泉，也足以让海南岛上的子孙们引以为傲。对于后世子孙，祖先的名誉极其重要。

The
Biography
of
HaiNan Island

海南岛 传

命运的抛物线

第七章

沦落天涯的唐代宰相李德裕

1

清代光绪年间,海口府城美舍河岸上筑起了一座祠堂,称五公祠。红墙碧瓦之内,供奉着历代流放海南的先贤。唐代宰相李德裕位列第一,为五公之首,可见其在当地人眼中的地位。然而,在众多流放海岛的人中,他却是一个让人想起就感到伤痛的人。流放是一个人身世的被抛,对于一度被命运宠幸的人来说,接受起来并不容易。倘若被抛者不能收容自己,事情就会变得更加悲催。李德裕至死都接受不了自己的命运,他是一个走到世界尽头的天涯断肠人。

846年,李德裕正好迎来六十甲子,但照耀他的那颗闪亮的星却熄灭了。三十二岁的唐武宗李炎驾崩,皇子年幼,皇叔李忱在阉人的簇拥下上位,即为唐宣宗。他登基后做的第一件事,就是削去李德裕的宰相职位。

李忱的生母原是镇海节度使李锜的小妾,李锜叛乱被斩之后,成为宪宗身边郭贵妃的侍女,因姿色姝美被宪宗激情临幸,于是有了李忱。出身卑贱而又接近权力核心的他,寡言少语,行为极其谨慎,被人当成了白痴。封为光王之后,更是装疯卖傻,但一双洞若观火的眼睛,还是出卖了他的心志。据说,武宗登基之初,出于对这位皇叔深深的疑忌,暗中使人将其囚禁在宫厕里,最后还是宦官以做掉他的名义送出宫外,投入空门做了一名游方僧人。据《碧岩录》等记载,他曾与禅宗祖师黄檗希运一起观看瀑布,希运刚吟出"千岩万壑不辞劳,远处方知出处高"两句,他便随口续上"溪涧岂能留得住,终归大海作波涛"。希运大师于是从他的衲衣下看出帝王气象来,知道其志不在山林。然而,谁都没有想到,绕了那么大的弯后,他还能成为大唐皇帝。

登基仪式上,气场强大的李德裕主持册封大典。当二人目光交会时,有过禅修经验的李忱，即刻感受到宰相身上的森然气息，连头发都竖立起来。于是，胸中韬晦多年的那把宝剑，终于亮了出来。第二天，他便颁发诏书，将李德裕逐出决策中枢，贬为检校司徒、荆南节度使。一直对李暗怀怨恨的人，见机以各种罪名加以构陷，石头纷纷落到了井里。于是，李德裕一再被贬，于次年底被放为潮州刺史，来不及收拾好家当，一家人就从东都洛阳仓皇南下。

此次流贬，是李德裕登上权力巅峰之后的跌落。他深感人世无常，处身宦海的自己，并不能主宰命运。离开平泉别墅时无人相送的情景，更让他倍感凄凉。回忆数十年来的遭遇，不禁百感交集，写下了一首七律："十年紫殿掌洪钧，出入三朝一品身。文帝宠深陪雉尾，武皇恩厚宴龙津。黑山永破和亲虏，乌领全阬跋扈臣。自是功高临尽处，祸来名灭不由人。"（《离平泉马上作》）位极人臣的他，切身地体会到了高处不胜寒。曾经掌管朝纲、杀伐决断的宰相，一夜之间变成了多愁善感的诗人，只能以蝇头小字来抒泄内心的无奈。这首诗，可以说是他一生命运的写照。

官宦世家出身的李德裕，一直为自己的家族自豪。这个山东望族英才辈出，仅元和一朝就出了三个宰相：李吉甫、李藩、李绛。他的父亲李吉甫，还以两任宰相之身，被封为赵国公。李德裕幼时便显出不同凡胎的天质，被视为神童。宪宗皇帝抱在膝上玩耍的情景，令他一生都难以忘怀。也许是受到家风的熏陶，李德裕没有像许多世家弟子那样，热衷于声色犬马，而是埋头经史子集，对《汉书》《左传》等史传类书籍兴趣盎然；但对当时士人间流行的佛道典籍却浅尝辄止。尽管诗赋和策论颇具造诣，考取功名如囊中取物，但李德裕不愿与寒门弟子一起，跻身科举考试的羊肠小道。父亲曾劝他不妨一试，他回应的却是满脸不屑："好骡马不入行。"这种世家弟子的优越感，为他后来的遭际埋下了伏笔。

李德裕的青少年时代，伴随父亲在官场起落进退，在京城与各个州府之间辗转。父亲任事的担当与果敢感染了他，但父亲在朝堂上结下的恩恩怨怨，也顺着血缘传递到他身上，成为一笔无法逃脱的宿债。元和八年（813），李德裕以门荫入仕，被授予秘书省校书郎。此后数次到各节度使幕府当幕僚。元和九年（814），父亲死于任上，李德裕丁忧守制三年。之后入朝，一路腾云驾雾，先后担任监察御史、翰林学士、屯田员外郎、中书舍人、御史中丞，进入权力核心，和诗人元稹、李绅被誉为"翰林三俊"，成为穆宗皇帝身边的红人，经常在金銮殿里加班到深夜，起草文书或接受皇帝的垂询。一首题为《长安秋夜》的诗，记录了他当时的情景：

> 内官传诏问戎机，
> 载笔金銮夜始归。
> 万户千门皆寂寂，
> 月中清露点朝衣。

平生所学能为帝皇所用，是一个士人的幸运与荣光。在千家万户都进入梦乡的时刻，披着若有若无的清露，从宫里乘着车辇回家，悠然听着马蹄踩踏的细碎声响，如同拨动了琴弦，那种快意说都说不出来，可惜这样的时光不能久长。

2

长庆元年（821）的进士考试，由礼部侍郎钱徽和右补阙杨汝士主持。登第的人中，有中书舍人李宗闵的女婿、杨汝士的弟弟、宰相裴度的儿子等贵胄，一些才情出众的寒门士子却榜上无名。于是舆论哗然。穆宗垂询李德裕、元稹等人，接受他们的建议，派诗人白居易主持复试。结果原来上榜的十四人中，仅有三人勉强够格。钱徽、李宗闵、杨汝士因此受贬。这件事情使人联想到宪宗时期，举人牛僧孺、李宗闵科考成绩突出，考官向皇帝隆重举荐。时任宰相的李吉甫，却把他们在策论中针砭时弊，当成是影射自己，在皇帝面前宣称他们与考官关系暧昧。牛僧孺、李宗闵因此得不到提拔任用。两件事情关联起来，成为历史上长达四十年"牛李党争"的开端。李德裕从此卷入旷日持久的政治倾轧。

长庆三年（823），牛僧孺拜相。本来有望入阁的李德裕被挤出朝廷，到兵乱刚刚结束的浙西任观察使。漫漫七年之后，带着斐然的政声，李德裕被召入朝，任兵部侍郎。当时宰相位置出缺，一路来特别赏识他的老丞相裴度，在文宗皇帝面前鼎力举荐了他。但最终获得任命的，却是背靠宦官势力的李宗闵。于是，大和三年（829）李德裕再次被抛出京城，赴兵乱频仍的滑州，任义成军节度使。第二年，又转任情况更加严峻的西南边陲，任剑南西川节度使。

在郑滑节度使和剑南西川节度使任上，李德裕不仅展露了突出的治理能力，也表现出运筹帷幄的军事才干，取得了朝野瞩目的业绩。使西川地区"数年之内，夜犬不惊，疮痍之民，粗以完复"。他因此被公认为一个兼具文韬武略的能臣，有人甚至称他为"李将军"。两年后，他重又调回朝中，担任兵部尚书一职。离开滑州和西川两地时，当地民众一路拦道挽留。接受民众和接任官员的奏请，文宗皇帝分别在这两个地方竖碑，铭刻李德裕的功德。这对活着的人，是莫大的荣誉。不久之后，他以兵部尚书守本官同中书门下平章事，正式担任宰相。

任命的那天，干旱已久的京城竟然风起云涌，淅淅沥沥下起雨来。文宗皇帝携群臣走出大殿，高兴得像个孩子一样，蹦跳着向天空直喊："李得雨！李得雨！"还问身边的右仆射王涯，朝中对此次人事变动的反应。王涯回答说："忠良之臣自然高兴，但小人可能就害怕了。"李德裕的孤傲刚直和强大的气场，不仅令与他共事的小人感到畏惧，也常常让皇帝尴尬难堪。

刚一到任，文宗皇帝就跟李德裕讨论起朋党的事情，显然已被这个问题纠缠多时。牛僧孺、李宗闵及围绕身边的一帮权臣，形成了一股强大的政治势力，相当程度上左右着朝政。文宗皇帝把消除朋党的希望，寄托在魄力沉宏的李德裕身上。他赶写一篇《朋党论》，进献给皇帝陛下。按照君臣二人达成的默契，李德裕着手分解朋党的力量，将其中的关键人物外放到地方任职。四个月后，作为朋党领袖的宰相李宗闵，被贬为山南西道节度使。一些没有背景的寒门才俊被陆续起用，改革措施也相继出台：取消进士科考发榜前先向宰相呈送名单的旧例，杜绝各种人情世故的干扰；将科考内容，从以诗赋为主改为以治国安邦的经术为主；调整玄宗以来宗室诸王聚居京都的政策，将皇族子孙派往地方，以抗衡中唐以来日益强大、虎视中廷的藩镇势力。

然而，当他要进一步改动藩镇的人事制度时，却得不到弱主文宗的支持。他为启示皇帝如何驾驭群臣、掌控朝局进献的《御臣要略》，似乎起不了什么作用，而他过于强势的态度和没有任何退让余地的进谏，也让文宗皇帝有时下不来台。于是，在一些人的谋划下，李宗闵被重新召回。坐上宰相位置没到两年的李德裕，又被外放为山南西道节度使，接替李宗闵原来的职务，而后又先后担任浙西观察使、袁州长史、淮南节度使。每到一地，虽非无怨无悔，但都竭诚尽职，因此，"人乐其政，优诏嘉之"。

开成五年（839），文宗皇帝归天，武宗李炎在一帮宦官的扶持下继位。处于困局中的他，首先想到的是李德裕，那个气度非凡的重臣。遂将他召回朝廷，授其为门下侍郎、同中书门下平章事，再度担任主管朝政的宰相。

因为武宗的信任，李德裕的才华得到尽致的发挥。在国家的治理方面，他开始了快刀斩乱麻的革新，推出了许多有力的措施，来改变累积多年的弊端。他提出"政归中书"的原则，强化内阁权力以抑制宦官专政，明令不许宦官干预军政事务，使安史之乱以来阉党左右朝政、主宰皇位更迭的乱象得以消除。他提出"省事不如省官，省官不如省吏，能简冗官，诚治本也"的主张，裁汰二千多个冗员，精简机构，提高效率，使国家机器进入良性运转。他重视理财，积极储备物资以充实府库，提高国家的财政能力，以应付可能发生的变故。在危机四伏的晚唐，他几乎成了一个救火队长。他与武宗皇帝相互唱和缔造的"会昌中兴"，是大唐王朝最后一道绚丽的夕阳。

会昌二年（842），回鹘宰相嗢没斯前来投降。回鹘可汗乌介要求大唐遣还嗢没斯，并索取羊马物资，劫持从漠地返归长安的太和公主，还以供养公主为借口，要求借驻边疆重镇天德城。得不到满足，便越过边境，肆意进犯朔川、云州等地，烧杀掠夺。当地守将关闭城门，不敢应战。武宗问计于李德裕，李德裕认为沙漠地带，利于骑兵，而不宜使用步兵，而乌介如此猖獗，是因为有我大唐公主作人质。他拟订了作战方案，派大将石雄带领一支骑兵，出其不意袭击乌介营地，将公主夺回，接着倾六镇兵力，以绝对优势从三面发起猛攻，把回鹘人马打得一败涂地，从而平定了北部边疆。

第二年，昭义节度使刘从谏病死，他的侄儿刘稹向朝廷提出袭任节度使的要求。廷议时，不少人主张满足刘稹的请求，以息事宁人。李德裕认为，在藩镇势力日益膨胀的今天，兵权世袭必然导致国家分裂；刘稹其人极其跋扈，如果让其承袭节度使职位，则后患无穷，各藩镇也必将竞相效仿，到那时局面恐难以收拾。因此，他主张出兵讨伐，并表示：倘若师出无功，罪责他一人承担。于是，按他提出的策略，朝廷先稳住周边藩镇，然后派出石雄等勇将，向昭义进军。很快，重压之下，刘稹手下就有将领归降朝廷。

然而，刘稹尚未平定，河东横水又发生士兵哗变，并且攻占了太原。朝廷两头用兵，局面堪忧，武宗心绪惶然。危急关头，李德裕镇定自若，调度各路军队分道进兵，会师太原，平定了叛乱。而昭义那边，刘稹也为归降的部将所杀。一场连环的动乱，终于被平复下来。这期间的谋划决断，将帅遴选，兵力派遣，粮草调度，乃至诏令的起草，均由李德裕一人承担。动乱平定之后，李德裕被拜为太尉，进封赵国公。但他反复坚辞，最后只接受卫国公的封号。这场旷日持久的戡乱平叛，耗伤了李德裕身体的底子。从此，他患上了消渴与晕眩等病症，深更半夜要爬起来喝水。妻子为他百般忧愁。

在走进历史现场、建立卓著功勋的同时，李德裕也更深地卷入党朋之争。人们一般把他归为"李党"，与牛僧孺、李宗闵等组成的"牛党"相互对立，水火不容。然而，谁都举不出与他沆瀣一气的真正同伙。其实，李德裕以君子自任，奉行君子不党的原则，耻于与他人攀附关系，投桃报李，纠缠不清。有人评论他"以器业自负，特达不群。好著书为文，奖善嫉恶，虽位极台辅，而读书不辍"。出任宰相的时期，他在安邑坊的府邸谢绝来访，车马冷落。他不善酒饮，不好声妓，业余时间就宅在家里，一边品茗一边写作；或在月光下的"精思亭"里徘徊吟哦，与元稹、刘禹锡、温庭筠、李商隐、杜牧等文友相互唱和。精通茶道的他，对泡茶用水十分挑剔，常常雇人从常州惠山运来清澈的山泉。他喜欢清水白茶似的人际关系，朋友自远方来，带给他的必定是一壶清水。传说，有位好友出差京口，李德裕嘱他返程时，顺便汲一壶金山的南零水回来。没想到，该朋友途中与人交谈甚欢，船到建业（今南京）才忆起宰相所托之事。此时，江流滔滔，为一壶生水掉头金山，似乎显得过于夸张。于是，朋友就近在建业石头城下汲取。没想到李德裕泡饮之后，说这壶里装的，好像是建业石头城下的水。

李德裕与刘禹锡的关系，堪称泉水之交。当初，宰相当不成，他被外放滑州，刘禹锡悄然出城，在郊外无人之处久候，为他送行，以"黄河一曲当城下，缇骑千重照路傍。自古相门还出相，如今人望在岩廊"的诗句相勉励。多年后，他从宰相位置下来，被贬浙西，路过汝州地面却不告知刘禹锡。倒是刘刺史探知消息，赶到驿馆来相会，并以《奉送浙西李仆射相公赴镇》一诗相赠。人际间这种清风明月的情谊，才是李德裕内心所珍重的。在政界友人里，诗歌造诣高的还有元稹，可惜自己还在西川处理边关事务时，他就已经病逝了。至于白居易，彼此间其实没什么恩怨，之所以未接受刘禹锡的推荐起用他，只是觉得这个人生活有失放浪，与牛僧孺关系过于密切罢了。

其实，所谓"牛李党争"，指的是牛僧孺、李宗闵及身边的一帮子人，在朝堂里结党排他的活动。李德裕是反对朋党的代表性人物。两次入朝为相，文宗和武宗都与他共同探讨，如何消除党锢之祸，可见两朝皇帝都把他视为朋党的对立面，当作与朋党斗争的一把利器。

作为渴望建树的政治家，李德裕目光独具，常在朝堂上力排众议。因此，不可避免要与意见歧异的人冲突，甚至必要时让他们出局，同时任用一些志气相通的人，不然其政治主张便无法贯彻，但他无意与某些人建立攻守联盟，交换利益。

朋党这边，就牛僧孺而言，品质上是个干净的官员，因为有拒贿的记录，文宗皇帝把他当作"精金古器，以比况君子"，加以重用。他与李德裕都有诗赋的才情和收藏奇石字画的雅兴，但他的政治理念偏于守成，满足现状，缺少进取的精神。尤其是在处理边境事务时，习惯于妥协让步，息事宁人。这恰好与李德裕积极拓展的姿态形成对立。虽然二人都颇有君子之风，但在处理政治事务时难免摩擦，暗生怨气。

让李德裕始终无法释怀的是，在剑南西川节度使任上时，吐蕃维州守将悉怛谋率部来降。维州本是唐朝的土地，更是西部的重镇。李德裕一边接受投降、占领维州，一边报告朝廷，并且建议乘机攻打吐蕃，收复失地，消除边患。朝上群臣大都支持李德裕的意见。但身为宰相的牛僧孺却极力反对，称这样做会失信并激怒吐蕃，如果他们派出骑兵，三日之内就可以杀到咸阳桥，恐怕长安难保。最后，李德裕只能把失而复得的维州归还吐蕃；将降将悉怛谋及其部属遣返，眼睁睁地看着他们被吐蕃人残忍砍杀在边境上。悉怛谋临死前投来的目光，让他的心终生都无法安宁。

至于另一个党魁李宗闵，却不是什么地道之人。文宗时，他与李德裕交替执政。主政期间，任用的全是自己的亲信，凡与李德裕有沾的人，一律被逐出朝外，可见其心胸之狭隘。当年，李德裕带着显赫功业从西川返朝，让一些人不得不重新考虑与他的关系。身为宰相的李宗闵，让京兆尹杜悰到李德裕那里传话，说李丞相有心要拜李德裕为亚相，特地让我骑马来相告。李德裕十分感激，还谦虚地回答："如此高位，我怎能担当得起呢？"然而，杜悰回去之后，李宗闵却把这件事给否了，也没有任何的解释。这让李德裕感觉自己是被人当鱼来钓，心里很不是滋味。

开成二年（837），李德裕在扬州任淮南节度使。在湖州的李宗闵，要赴东都洛阳履新。李德裕主动派人向李宗闵示好，李宗闵却不接受，还避开扬州，绕道江西而行。后来，李德裕被召进京入相，路过洛阳。李宗闵心生惶恐，多方找人给李德裕带信，为过去的事情表示歉意，恳求见面一叙，以消除误解与怨恨。李德裕只是简贱地回复："怨恨倒是没有什么怨恨，见面却也没什么理由。"从中可以看出他的清高，和对这等人的不屑。

对于政治生活中衍生的恩怨，李德裕并没有那么刻骨铭心。他是非分明，却不嫉恶如仇。武宗继位之初，听从阉党头目仇士良的意思，把李珏、杨嗣复贬出朝外，随后又要派人赶赴贬所将二人赐死。李珏、杨嗣复乃牛党骨干，俨然是李德裕的政治对手，但他却再三进谏，请求武宗刀下留人。在殿上问对时，武宗三次命他入座，他都坚辞："陛下不准，臣不敢坐。"武宗最后只好答应，赦免杨、李二人性命。退朝时，李德裕在台阶上雀跃鼓舞，像个不懂事的孩子，可见其内心之仁厚。

3

离开洛阳一个多月,就进入楚国的故地,来到那条著名的汨罗江边。此时正是初春季节,江水冰凉刺骨,寒风凛冽,微茫的水波中,浮现出楚国大夫屈原愁苦的面容。李德裕想到了《离骚》里的句子:"惟此党人之不谅兮,恐嫉妒而折之。时缤纷其变易兮,又何可以淹留。"不禁心如潮涌。自己是读着楚辞长大的,《离骚》是他精神的母乳。河岸边有一组青色的石磊,传说屈子当年,就是从上面跳入悲愤的波涛。李德裕让人找来一些糕饼权当祭品,在石磊上举行简单的仪式,把酒洒到江水中去,还作了一首诗:"远谪南荒一病身,停舟暂吊汨罗人。都缘靳尚图专国,岂是怀王厌直臣。万里碧潭秋景静,四时愁色野花新。不劳渔父重相问,自有招魂拭泪巾。"这既是祭奠屈子在天之灵,也是抚慰眼前的自己。穿过一千多年的时光,两个沦落之人拥抱到了一起。

进入岭南之后,一路上并非没有美景,但到了丞相眼里,都蒙上了凄风苦雨,特别是小女儿因偶感风寒便夭折之后,南下的路程几乎成了死亡之旅。江面上随意吹来的一阵冷风,就足以夺走一条活泼泼的生命。妻子刘致柔痛不欲生,身体一日不如一日。李德裕沉郁的表情,更是影响整个家庭的气氛。

潮州境内有一条梅溪,因为有凶猛的鳄鱼出没,人称恶溪。元和十四年(819),刑部侍郎韩愈被贬潮州刺史时,曾在这里写下《祭鳄鱼文》。此次,李德裕渡恶溪时,木船竟在一处鳄鱼滩出了事故,虽然没有完全沉没,但他平生收藏的字画和古书,差不多都沉入水里。因为鳄鱼太多,出了高价也无人敢下去打捞。于是只能割舍,把心中的无奈写到诗里:"甘露花香不再持,远公应怪负前期。青蝇岂独悲虞氏,黄犬应闻笑李斯。风雨瘴昏蛮日月,烟波魂断恶溪时。岭头无限相思泪,泣向寒梅近北枝。"(《到恶溪夜泊芦岛》)鳄鱼出没的恶溪,成为自己当下处境的隐喻。

此次流贬,李德裕是步韩愈的后尘南下的。宪宗朝,韩愈因为迎佛骨舍利进宫一事进谏,被流贬潮州。他是唐代禁佛运动的始作俑者,而李德裕则是该运动的直接执行人。唐武宗崇信道教,亲近道士赵归真等,时常服食丹药。李德裕提出的毁道禁佛计划,他只接受其中的一半。登基不久,他们共同发动了一场全国性的灭佛运动。在李德裕的主持下，四万六千六百多所寺院被合并拆毁，长安两千多座庙宇，只留下慈恩寺等几间；有四十余万僧众被强迫还俗，成为劳动力和纳税户；数以千万顷田庄被没收，出售或分配给农民，大量的佛像、铜钟被熔化，铸造为钱币或农具。李德裕在这件事情上的雷厉风行，引发了部分官员的非议，认为他过于偏激。为保证运动的顺利进行，他动用权力将这些人放逐岭南乃至海南。有些信念坚定、戒律精严的出家人拒绝还俗，四处游走躲避。特别是聚集在五台山的僧人，企图通过居庸关向北出逃。李德裕令卢龙节度使派人把守关口，加以无情斩杀。他实现了韩愈对佛教"人其人，火其书，庐其居"的主张。

在灭佛运动告一段落后，李德裕亲拟了一道《贺废毁佛寺德音表》，对东汉以来佛教的兴盛予以控诉："遂使土木兴妖，山林增构，一岩之秀，必极雕镂，一川之腴，已布高刹，鬼功不可，人力宁堪，耗蠹生灵，侵减正税，国家大蠹，千有馀年。"贺表总结了灭佛运动"千古未逢"的意义，表达了自己雀跃之情："收高壤之田，尽归王税，正群生之大惑，返六合之浇风，出前圣之模，为后王之法，巍巍功德，焕炳图书。臣窃位枢衡，莫能裨益，愧无将明之效，徒怀鼓舞之心。千古未逢，百生何幸，不任忭贺踊跃之至。"只相信尘世福祉的他，似乎是要堵死通往天堂的道路。

李唐一朝，皇室追老子李聃为祖宗。历届皇帝，除唐太宗、武则天、唐中宗外，多数信奉道教，常年饮汞吞铅，以求长生不死。李德裕时代，儒道佛三家相互激荡，融汇的局面正在形成，许多读书人，如裴度、白居易等，都兼具三家学养，但李德裕始终坚守的，是孔孟阐发的先王之道。尽管他和妻子都是道教徒，但在他人格中，坚守的入世进取、建功立业的一维，缺少出世逍遥解脱的情怀，对待宗教，一直持有排异心态。尽管在人生低谷的时期，他也曾叩访深山古刹，探问迷津，与僧道有点水之交，但始终站在世俗立场，拒绝怪力乱神，更不愿深入走进。

对待宗教信仰的排斥态度，贯穿李德裕的政治生涯。早在浙西观察使任上，他就强力禁止"淫祠滥祭"，拆除各种祠堂一千〇一十所，并以此作为自己的政绩。灭佛运动大量增加了税收人口和朝廷的财政收入，实现了巩固政权的世俗目标,但对世道人心与文化传承,造成了深重的伤害。因此,在他一生的功业中,毁佛是最为世人诟病的事情。当时就有议论,他将因此遭到报应。据《唐语林》一书记载,甘露寺僧人允躬曾得到李德裕的关照。李被贬潮州时,允躬出于情面一路送到谪所。但在他回去之后写的文章里,形容李德裕流贬路上"天厌神怒,百祸皆作;金币为鳄鱼所溺,室宇为天火所焚",并视之为现世报的证明。

对于报应之说,李德裕原先只是一笑了之,直至快到潮州的途中,小女儿突然夭折,才让他暗暗想起,不禁为之一惊。涉及人们精神信仰之事,处理起来必须慎之又慎,三思而行。当年,借修禅之名讨生活,躲避税赋徭役的情况固然存在,但如此大刀阔斧不加分别地砍切,却失之简单粗暴。宣宗即位后的第二年,就诏示全国,恢复会昌灭佛期间所毁的佛教寺院,并诛杀赵归真、刘玄靖等鼓动武宗灭佛的十名道士,算是对这场运动的拨乱反正。据说,宣宗皇帝曾对翰林学士韦澳讲:佛者虽异方之教,然可深助国家治理,可有而不论,不必过毁而伤全德。

大中二年(848)五月,经历千辛万苦,一家人终于抵达潮阳。本以为自己并没有犯什么大罪,而且多少还有功于朝廷,流贬至此厄运也该到尽头了,谁知道,住下来不满四个月,又接到再贬崖州任司户参军的诏书。

崖州司户参军,这不就是当年他放逐御史崔元藻的职位吗?再往下看,诏书赫然写着:"极公台之荣,骋谀佞而得君,遂恣横而持政。专权生事,妒贤害忠,动多诡异之谋,潜怀僭越之志……积恶既彰,公议难抑,是宜移投荒服,以谢万邦。"看来,不将他置于死地,有些人还不甘心。此时,政治对手李宗闵和牛僧孺都已相继过世,他最弄不明白的是,白居易的堂弟白敏中,为

刻在石头上的圣旨 林涛摄

何对他如此心狠手辣。自己在宰相任上,虽然对白居易不予起用,但对他这个堂弟却是提携有加,曾经举荐白敏中为知制诰、翰林学生,当作后备人选来栽培。想不到如今,轮到他当宰相,竟然将自己当落水狗来穷追猛打。

此次再谪荒岛,是李德裕始料未及的,预先也没有人给他透露任何信息。诰命下来后,因为朝中掌权的皆是他的仇怨,亲朋故友都把他当成不祥之物,唯恐躲避不及。这让他内心怨嫌并集,万般感慨:"十五余年车马客,无人相送到崖州。"(《唐语林》卷七)

4

从潮州到海南,一家人走走停停,拖拉了四个月的时间。并不是路途有多么遥远,而是人已身心疲惫、心力交瘁。体质虚弱的妻子刘致柔,沉浸在失去女儿的悲伤之中,完全吐纳不了岭南潮湿的空气,一路咳嗽不止,几乎是靠汤药维持生命。他自己更是被消渴与晕眩紧紧纠缠,生不如死。多年来儒家的教养,以及由此形成的单向度人格,使他在遭遇挫折与跌落时,缺少回旋的余地和开解的药剂,他感到生命已经走到尽头。一路上看到的事物,包括风光景色,都蒙上了凄迷的气息。

雷州徐闻,一家人终于看到传说中的大海,只是静静地伫立,没有发出任何声音。在李德裕眼里,这无尽的汪洋,是苦水的积聚,而苦海的对岸,等待他们的是无援绝地。他并不知道,此时在遥远的长安,受他提携奖掖的众多寒门士子,都在眺望着南方的天空:"八百孤寒齐下泪,一时南望李崖州。"诗人温庭筠专程到洛阳郊外的平泉别墅,抚摸他多年收集的奇石,怀念一起赏玩字画的情景,并写下了情深意长的《题李卫公诗二首》,表达对故友命运的关切:"势欲凌云威触天,权倾诸夏力排山。三年骥尾有人附,一日龙须无路攀。千岩万壑应惆怅,流水斜倾出武关。"李商隐也来到长安凌烟阁前,暗暗为他打抱不平,写下了《旧将军》和《李卫公》。前者表达对他的赞叹,后者表达对他的挂怀:"绛纱弟子音尘绝,鸾镜佳人旧会稀。今日致身歌舞地,木棉花暖鹧鸪飞。"

渡海那天，除了儿子李浑和仆人好奇地张望，其他人连担惊受怕的心情都生不起来，完全处在晕眩、恶心与呕吐之中。下午时分，船在烈楼港靠岸，人半天都爬不起来。从港口到崖州府所在地颜城（今海口灵山多吕村），有好几十里路，官道两旁，灌木与乔木丛生，不时有花花绿绿的蛇横窜而过，让人一惊一乍。村落之间，耸立着一些没有枝丫的树木，赶车的人告诉李德裕，这就是椰子树，看上去像是长疯了的草。看不见的鸟在上面一个劲地啼喊，仿佛有什么不祥之事要发生。他感觉自己处身的世界，完全是与自己分离的——

　　岭水争分路转迷，
　　桄榔椰叶暗蛮溪。
　　愁冲毒雾逢蛇草，
　　畏落沙虫避燕泥。
　　五月畲田收火米，
　　三更津吏报潮鸡。
　　不堪肠断思乡处，
　　红槿花中越鸟啼。（李德裕《谪岭南道中作》）

庙堂之高，莫过于相阁；江湖之远，莫过于珠崖。从最高的一端，被抛向最远的一端，他成了彻头彻尾的丧家之犬。抬头仰望无云的天空，如同无底的深渊，想到一家人将葬身在这座四面惊涛、孤悬无援的岛上，便有了一种皈靠的渴望，而他的教养已经决定，普天之下，他所能够皈靠的，只是帝国的都城长安。此时此刻，他突然觉得，自己已经无路可走。

第二天下午，他们进入了颜城，临时被安排在府衙的院子里。李德裕寻想，走在他前面的韦执谊，或许就曾住过这个地方。院里长着两棵盘根错节的小叶榕，陆陆续续有许多来历不明的鸟，扑扑地栖落在上面，想必是以这两棵树为家，算是邻居了。到了白天，州府旁边人家养的母鸡，就像凤凰一样飞了进来，和小黄狗在树荫下追逐，发出咯咯咯咯的声音，显出一些生气来。当地官员对李德裕一家都很客气，但监管戴罪的谪臣，是他们的职责所在。

正月的海南，正是一年中最冷的季节。这种冷，从温度来看远不及长安，但这是一种阴湿之冷，如一条无形的蛇，透过衣服被衾，将信子伸进人的骨头里。早晨起来，树木间萦绕着淡蓝色的雾气，久久不能散去，似乎就是传说中有毒的瘴气。

一家人安顿下来后，李德裕便埋头《穷愁志》的写作。闲暇时间，他由近而远，四处行走。因为言语不通，只能与人道路以目，莞尔一笑，无法有更多的交流。崖州城是用泥土夯起来的，长度不过三里多，城里除了驻军，还有二三百户人家，全州包括下属三个县，官方登记在册的户数才八百一十九户。街市上，可以看到黎族男女，挑着豪猪、鹿肉和各种野果前来交易。女的带着五色巾帕，妩媚多姿；男的佩带刀弓，筋肉绷张，个个都像是不可侵犯的勇士。城楼是当地最高的建筑，也是李德裕去得最多的地方。向晚时分，他喜欢独自登临，徘徊在漫天的夕霞里，看云气迁流变幻。鸟群穿梭出没，最后由喧而寂，归入林莽暮色里。就在这样的时刻，他写下《登崖州城题咏》一诗："独上高楼望帝京，鸟飞犹是半年程。青山似欲留人住，百匝千遭绕郡城。"长安之远，连飞鸟都为之发愁。三千里的流离失所，让他失去了很多，唯有诗艺不断增长，真可谓国家不幸诗家幸。

虽然栖身岛上，但他的心仍然流连在长安，金碧辉煌的大明宫与闹中取静的安邑坊，还有东都洛阳的平泉别墅。特别是后者，是他用二十几年时间营建的家园，院子里摆满从各地收集来的奇石，有的还是天上掉下来的。他先后为这个院子写下几十首诗篇。"清泉绕舍下，修竹荫庭除。幽径松盖密，小池莲叶初。从来有好鸟，近复跃鲦鱼。少室映川陆，鸣皋对蓬庐。"（《忆平泉山居，赠沈吏部一首（中书作）》）平泉别墅熟悉的园林景象，让他魂牵梦绕。离开了平泉别墅与大明宫殿，他就无处安身立命，生为丧家之犬，死无葬身之地。

州城北边，有一个有名的亭子，据说是前朝某个刺史，为供人们眺望皇都、强化边地人心对朝廷的归属而建造的。亭子依着一处隆起的地势构筑，有翘起的飞檐，如鸟的翅膀跃跃欲飞，前面则是一条蜿蜒的河流。有时候，他会移步来到亭子，在河水的咿呀声中，陷入深深的怀思，渴望赦免的诏书从天而降。从精神的意义上看，他从来都没有到过崖州，崖州只是一个眺望帝京、怀想故园的亭子。这种始终生活在别处的倾斜的姿态，是无法持久支撑的，那种望眼欲穿的感觉，更是掏空了他的魂魄。真阴亏损、心肾不交的身体，也已经不起酷暑的煎熬，喉咙总是觉得干渴，夜里要数次起来喝水。事实上，他很快就倒下了，而在他之前倒下的，是妻子刘致柔。

自从踏上崖州潮湿的土地，妻子就不能走路了。进入夏季之后，更是承受不了溽热的天气，只能在床榻上辗转呻吟。由于岛上缺医少药，她得不到起码的救治，到了八月就逝世了。这个贤惠的女人，陪伴丈夫走过四十多年风雨，与侧室徐盼共同养育了七个儿女。她的离世，让李德裕的身体顿时失去了平衡，走起路来晃得厉害，从此一根拐杖就离不开手。一头枯槁的白发，更是让孩子们看了锥心。他觉得自己的生命已经走到尽头。在妻子的墓志铭中，他感念这个女人一生的恩情，并写下了这样的句子："舍我而去，伤心讵论。天池南极，谁与招魂？"

颜城郊外，灌木丛生的荒野上，有前宰相韦执谊的墓葬，黄牛和花鹿在徜徉觅食，鹧鸪使劲地叫喊。尽管行动多有不便，李德裕还是前往凭吊，郑重其事地拟好祭文，给盖棺三十多年尚不能定论的前辈，以高标的评价，称其"德迈皋陶，功宣吕尚"，感惜他"地虽厚兮不察，天虽高兮难谅"的身世，表示与之一同神游太虚的愿望。

家里人口众多，从洛阳带来的家资，此时已经消耗一空。好在表弟姚勖不顾连累，专门派人送来一些衣服和药物，让他感到些许安慰。在回复表弟的信中，除了感激雪中送炭之情，他还如实描述了自己当下的境况：

  天地穷人，物情所弃，虽有骨肉，亦无音书，平生旧知，无复吊问。阁老至仁念旧，再降专人，兼赐衣服器物茶药至多，开缄发纸，涕咽难胜。大海之中，无人拯恤，资储荡尽，家事一空，百口嗷然，往往绝食，块独穷悴，终日苦饥，唯恨垂没之年，须作馁而之鬼。十月末，伏枕七旬，药物陈裛，又无医人，委命信天，幸而自活。（洪迈《容斋随笔》卷一）

一家人到了"百口嗷然，往往绝食"的地步，可谓穷途末路了。实际上，当姚勖收到这封回信时，表兄与他已是阴阳两隔了。从一月到十二月，李德裕在荒岛上居留了一年的时间。这一年的光阴，似乎比一万年都要漫长。《唐语林》里有这样的叙述，说李德裕某日移步一处寺院，看到内壁挂着十余个葫芦，便问寺主，葫芦里装的是什么药，他脚上有疾，正好需要治疗。僧人叹了一口气，说："里面装的乃是死人骨灰。以前，李太尉当朝时，出于私怨将许多人贬黜至此，死无丧身。贫道怜悯他们，便收其遗骸焚烧，将骨灰存放起来，以备他们的后人前来寻访。"李德裕听了无言以对，当天夜里就过世了，失神的双眼久久不能闭合（《唐语林》卷七）。他毕生收藏的各种奇石，就算是物归原主了。

李德裕死后，亲人把他埋葬在州城外的荒丘上，坐南朝北，和夫人刘致柔躺在一起。离他们不远的地方，是前朝宰相韦执谊的坟茔。芦花茫茫，一阵风吹过，彼此之间似乎有了呼应。然而，李德裕的灵魂并未入土为安，仍在风中等待着遥远的感召。据《新唐书》记载，他曾经托梦于朝中的令狐绹，表达了将遗骸归葬故里的渴望。

大中四年（850），唐朝发生边境战事，有赖于李德裕在位时储备的战略物资，取得了相当不错的战果。朝中有人提到了前任宰相的功德，宣宗若有感触。于是，在死后的第三年，李德裕终于获准归葬中原。一支不小的队伍，扶着李德裕夫妇及"昆弟亡姊"共六口棺木，渡过海峡，踏上了风尘滚滚的路程，实现了他魂归故里的遗愿。但他真正平反，则是在弃世十一年后，宣宗驾崩，懿宗登基，右拾遗刘邺为他申诉才得以完成。

按照《崖州志》援引《旧志》的说法，李德裕贬崖不久，便从府衙院内迁出，住到一个叫作毕兰的村子。归葬之后，其弟李德禧等后人仍然留在岛上。因为毕兰村后来被洪水冲毁，他们便迁徙到抱班、抱劝等地肥林密的黎村。抱劝村有李氏家族百余户，建有李阁老祠，仍保存着李德裕的衣冠遗物。明代正德年间，儋州同知顾朝楚到崖州办事时，曾召见李氏族人，发现他们"耳缀银环，索垂至地"，与当地黎族人别无二致，但还存着李德裕的有关诰敕。清朝末年，崖州诗人吉大文，在访问抱劝村（今乐东黎族自治县多港李氏村）李氏村后，写下了《多港黎村李丞相祠》一诗："万里投荒客，今生入鬼门。朝端无党羽，海外有子孙。冠带唐家宝。烝尝李氏村。孤寒空下泪，南极望归魂。"光绪十三年（1887），两广总督张之洞曾一再致电崖州知州唐镜沅，探访李丞相后人，不惜高价收购遗物，并带上两个少年送往省上，加以教化，以勉励古今忠臣，重显李氏家族往日的荣光。然遗物已因匪乱丢失，当地少年害怕离开故土，不愿远行，此事也就不了了之。

李德裕生前给表弟的信中，有"百口嗷然，往往绝食"的叙述，虽然文字有夸张的成分，但可以推知，当时随他流放崖州的亲属、仆人，应不少于数十口。数年过去，是否有人已经与当地人联姻，成家立业，舍不得离开，选择在岛上安居？返回中原时，是否所有的人都一同随行？这些，当时并没有文字记录。因此，无法排除家族中有人滞留岛上的可能。当然，在一千多年的历史里，黎汉融合的过程一直在缓慢进行。这个过程最显著的标志，就是黎族沿用了汉族的姓氏，这种沿用一般发生在感情亲密的人们之间。可以设想，李德裕家族寓崖期间，曾与当地黎族人多有交往。其中有人因此沿用李姓，以示亲善，形同一家，子孙随之尊李德裕为祖宗，以为荣耀。

李德裕虽然落魄南荒，但身后名誉日隆。李商隐《会昌一品集》序言中，称其为"万古良相"；晚清梁启超将他与管仲、商鞅、诸葛亮、王安石、张居正并称为中国古代六大政治家；还有史家把他归入中国十大宰相名榜。不知这些堆积如山的荣名，是否足以安慰他于九泉之下。

The
Biography
of
HaiNan Island

海南岛 传

汹涌澎湃的道路

第八章

鉴真和尚东渡后,被日本朝廷封为"大僧都"

1

起风的时候，大海露出了愤怒的表情，波涛从四面八方吼啸而来，海南岛形同一叶扁舟，似乎随时都会被吞没。面对此景，不论是李德裕，还是后来的苏东坡，上岛时都有惊魂之感。层层叠加的潮水，看起来似乎比陆地高出许多。特别是潮汐之夜，或是台风登陆的季节，波峰与浪谷高深跌宕，水体一个炸响接着一个炸响，让刚从内陆过来的人甚是惶恐。因此在汉代，从海岛往南望去，那片苍苍茫茫的"巨浸"，就叫作"涨海"；涨海深浅叵测，露出水面的石磊叫作"崎头"，没露出水面的暗礁叫作"磁石"。

对于旱地上的生存者，大海是道路的终止，海岸即是山穷水尽之处。然而，自从有了建造的船只，人便可以乘桴于海，在汪洋之中开辟出看不见的水路来。早在先秦时代，骆越人打造的船只，吨位就可达到三十吨。秦代以后，南越船厂造出的木船，载重量扩至五六十吨。到了汉代，造船技术更加成熟，有了可以走得更远的楼船。海上的交易，获利是陆上的十倍以上。暴利的驱使，加上商人自古的冒险传统，使开出去的船，一次比一次更远，更远的地方更有利可图。一条看不见的商道，就这样从波峰浪谷与崎头磁石间踩踏出来，并被后人称为"海上丝绸之路"或者"海上陶瓷之路"。在这条此起彼伏的液态道路上，集聚着那个时代最不要命的人。由于阳光的烤炙与盐碱的腌渍，他们的脸孔黑得像魔鬼一样难以辨认。大海是水的沙漠，最最荒凉的领域。海上的航行漫长而缓慢，空中的烈日和腥咸的海风，使时间变得无比难挨，只有偶尔停落在船舷的鸥鸟，给人些许的乐趣。

有关这条迷幻的水路，《汉书·地理志》里有最初的描述。中国商人"市明珠、璧琉璃、奇石、异物，赍黄金、杂缯而往"，从雷州半岛的徐闻出发，经琼州海峡、北部湾，进入越南、马来半岛、暹罗湾、孟加拉湾，到达印度半岛南部和今斯里兰卡。与来自地中海的罗马、希腊商船相会，并进行交易。之后，采购当地的香料、染料、象牙等返回中国。罗马、希腊的商人则把换来的商品，经波斯湾、红海带回罗马、希腊各地。在那里，中国缯丝是最受欢迎的物品，贵族身份的象征，使身穿布衣的平民黯然失色。据说，不可一世的恺撒大帝，曾穿上中国绸缎裁剪的新袍，现身罗马大剧场演出现场，引发了极大的轰动，成为演出的高潮。

吉本《罗马帝国衰亡史》一书描述，罗马每年有一百二十艘商船，从埃及的迈奥霍穆港起航，前往印度马拉巴海岸和斯里兰卡，与外邦商人进行交易。这些商船满载而归，返回埃及之后，又将货物运入罗马都城抛售，赚得盆满钵满。据说，早在前一世纪，中国丝已出现在罗马市场，备受上层社会追捧，成为贵族身份的象征，因此中国丝绸供不应求，"罗马每年为购买中国丝绸而流入印度、中国及阿拉伯半岛的金钱，不下一亿罗马币（Sesterces）。而经营这种中介贸易的安息（即波斯，今伊朗）、印度亦从中牟取暴利，据《后汉书》称，其与罗马交市于海中，利有十倍"（李金明《中国古代海上丝绸之路的发展与变迁》，《新东方》2015年第1期）。东汉延熹九年（166），大秦（东罗马帝国）国王遣使者自海路来到中国，实现了世界两大帝国之间正式通航。

三国时代，蜀国与魏国都属于内陆，对水上贸易的意义认识不足。割据东南的吴国，造船业领先世界，官营的丝织业发展迅猛，有奇货可居，在海上贸易中获利甚丰。东吴之所以三次派出重兵，企图踏平海南岛，就是看中它在海上丝绸之路要津的地位。到了唐代，这条海上商道，被称为"广州通海夷道"，全长达一万四千千米，途经一百多个国家和地区，堪称当时世界之最。海南岛"西则真腊交趾（今越南），东则千里长沙，万里石塘（今三沙）"（王象之《舆地纪胜》）。从广州出发，不论怎么走，都要经过海南岛。"唐宋两代时，海南岛实为蕃舶往来之所必经"（《蒲寿庚考》），因此，这里是整个航线的中转站，海口西海岸的烈楼港，以及后来的神应港，三亚的临川港，都是商船进行补给、交易和避风的地方。

唐天宝年间，名将高仙芝在中亚与大食（阿拉伯帝国）的作战中失败，

三沙出水的石人　林涛摄

加之安史之乱的影响，通往西域的陆上丝绸之路基本被阻断，对外贸易的主渠道转向海路，沙漠里的骆驼也被海上的帆船所取代。"广州通海夷道"因此成为当时世界上最为繁忙的商道，随波逐利的人汇聚南海，出现了"涨海声中万国商"的壮观局面。官方专门成立了管理海上贸易的市舶司。当时往来海上的除了中国的商船，印度、波斯、阿拉伯的船舶数量也相当可观，大的船只甚至能载六七百人。通过这条商道输出的大宗商品有丝绸、瓷器、茶叶和铜铁器，运回国内的主要是香料、珠宝等，当然还有白银与黄金。奴婢的贩卖，当时也是一笔相当可观的生意。海南岛加入世界贸易的产品主要有沉香、降真香、珍珠、玳瑁、槟榔、五色藤、吉贝、黎锦、珊瑚、海参、鱼刺等。即便是在海滩上捡一把贝壳，也能在内陆集市上卖个好价钱。大诗人李白的作品里，透露了当年骆越珍珠进入皇宫的情形："越客采明珠，提携出南隅。清辉照海月，美价倾皇都，献君君按剑，怀宝空长吁，鱼目复相哂，寸心增烦纡。"(《古风》第五十六)诗里的"越客"，很可能就来自海南岛。而以南海明珠自居的李白，显然已经陷入了为鱼目所混的烦恼之中。由于过度的捕猎，海南岛上的亚洲犀与大象，在唐宋时代已经踪迹难寻，取而代之的是沉香、槟榔与吉贝。到了宋代，海南黄花梨也与沉香一起，成为海南岛独特的招牌产品。沉香中又有了更加细致的分类，如笺香、鹧鸪斑、沉水香、奇楠香等，堪称香料之王，既为国内的王公贵族和文人墨客所迷恋，伴随才子佳人进入温柔之乡；也为中亚的信徒所受用，参与人神之间隐秘的沟通，有"一钱万金"之贵重。

据《文献通考》记载，神宗后期，北宋一年的赋税总收入为7070万贯，其中工商税占到70%之多。也正是从宋代开始，海南设立了市舶司，对进出口货物专门征税。海南岛俨然成了中国对外开放的前沿。宋代诗人楼钥在给赴琼任职的友人所写的诗中，有这样的描述："黎山千仞摩苍穹，颛颛独在大海中。自从汉武置两郡，黎人始与南州通。历历更革不胜计，唐设五筦如容邕。皇朝声教久渐被，事体全有中华风。生黎中居不可近，'熟黎'百洞蟠疆封。或从徐闻向南望，一粟不见波吞空。灵神致祷如响答，征帆饱挂轻飞鸿。晓行不计几多里，彼岸往往夕阳春。流求大食更天表，舶交海上俱朝宗。势须至此少休息，乘风径集番禺东。不然舶政不可为，两地虽远休戚同。古今事变无定论，难信捐之与扬雄。四州隅分各置守，琼台帅阃尤尊崇。高雅大蠹拥方伯，鼓吹振响惊蛟龙……"（《送万耕道帅琼管》）从中可以窥见海南岛海上贸易的盛况。

2

尽管海南在国际贸易中地位关键，但这座没有老虎的岛屿，权力仍然处于分散与博弈状态，社会治理相当混乱。有唐一代，海南岛上的州县设置变动不居，大的调整多达七次。之所以如此，重要的原因就是社会动荡，加上自然灾害与瘟疫流行。有的州县治所，不断受到当地人愤怒的攻击，有限的驻军根本应付不了此起彼伏的骚乱。琼东北新置的琼州府自667年起，在长达一百多年的时间里，被部族武装占据，官军多次联合进剿，就是收复不了，可见政府在社会中的狼狈与尴尬。陆地上尚且如此，汪洋大海之上，更是鞭长莫及了。于是，地方豪强势力逐渐扩张，在一番生死搏杀之后划定势力范围，形成法外治权，在很大程度上控制了社会的利益分割。这里面，首先要提的人物，就是冯冼夫人的后人冯若芳，而说起这个人，又不得不牵扯到另一个人：鉴真大和尚。

天宝七年（748）六月，鉴真和尚和众弟子从扬州崇福寺出发，顺利抵达舟山群岛。为了等到顺风，他们在岛上滞留数月，直到11月份才正式起航。这已经是他的第五次东渡了。为了扶桑众生能够听闻正法，完整领会三藏中律藏的内容，同时也为了完成自己十四岁时在佛像面前发起的心愿，他不惜丧身鱼腹，虽九死其犹未悔。

鉴真复姓淳于，小时候常随父母到寺院进香，有感于法相的庄严与道场的神圣，决然于扬州大明寺出家，成为释迦牟尼的弟子。四十余年间，他游学、修庙、造塔，持戒精严，并先后为四万余人授戒，被尊为授戒大师。此时，日本国陆续派出遣唐使，到中国来汲取文化源流。日本僧人荣睿、普照有感于本国佛教传承不完整，戒律不完备，随遣唐使渡海入唐，欲邀请在世高僧赴日传授戒律。经过十年寻访，他们于742年，来到扬州大明寺，恳请有道僧伽赴日传授"真正的"佛教。弟子中有名祥彦者上前说：那个国家太过遥远，隔着渺茫沧海，一百个去也不见得有一人能到达。况且人身难得，中国难生，我等还在修学当中，尚未证得道果。其余僧众皆默不作声，只有鉴真和尚起座开言："是为法事，何惜身命！"

然而，不知是因为日人业力过重，还是大和神道作怪，东渡一事从一开始就进展不顺。当年冬天，鉴真携弟子二十余人和日僧一同，拿着宰相李林甫从兄李林宗的信函，到扬州附近的东河开始造船。然而，船即将下水时，鉴真弟子道航的一句话，竟惹恼了同修沙弥如海。如海一怒之下向官府告密，诬告他们大举造船，是为了与琉球海盗合作，洗劫繁华的扬州城区。淮南采访使班景倩如临大敌，当即派兵把参与此事的僧人一一抓了起来，并将日本僧人驱逐回国。

虔诚的日僧荣睿、普照并不因此气馁，他们潜伏下来，东渡的行动也在暗中继续筹备。两年之后，鉴真率十七位僧人，雇用八十五个"镂铸写绣师修文镌碑等工手"再度出发。然而，船未及东海，就在长江口的风浪中翻沉。经过修理之后起航，又被一场大风刮到舟山群岛上去，数日后才被救了回来。此后的第三、第四次行动,也因种种阻挠不能成行。

748年,百折不挠的日僧荣睿、普照,再度来到大明寺,在大雄宝殿长跪不起。尽管鉴真和尚此时已经六十一岁,身体相当不好,而且处于官府的监视之下,但他仍然决意东渡,完成夙愿。是年六月,他率僧众及工匠水手59人下海,在狼山(今江苏南通)和舟山群岛,两次遭遇狂风巨浪,也没有动摇他们的意志。十一月,又从舟山群岛起航。在东海上,他们遇到了更加恐怖的台风,船像发癫似的在巨浪中跌宕,帆桅摧折,船舱进水,众人皆惶然无措,唯有鉴真老和尚静坐舱底,如定海神针。他们靠吃生米、饮海水度日,在昏天黑地中漂流了十四天后,终于靠近一处海岸。派人上去问路,回来却报:"此间人物吃人,火急去来!"后来到了一处港湾,进去便看见一个人披着长发,带着大刀,凶巴巴地站在岸上。于是船又勉力划了三日,到了一条河流的入海口。再派人上岸打探,才知道到了海南岛南部的振州(今三亚)的大疍港。振州别驾冯崇债闻讯带领四百兵马,浩浩荡荡前来迎接,把已经湿透的经书搬运上岸,摊在石头坡上晾晒。冯崇债执弟子之仪,将鉴真和尚一行引到自家大宅,做了丰盛的供养。他称自己前夜梦中,已得知有姓丰田的僧人要过来,可

见缘分殊胜，于是将他们安置在大云寺里歇息。之后，还在太守办公处设坛，给当地信徒授戒。

在岛上的一年，鉴真和尚和他的弟子，为佛教薪火的传承与光大，做出了不遗余力的铺垫，但他始终惦记着东渡日本的未酬之愿。

天宝八年，在挽留不成之下，冯崇债"自备甲兵八百余人"，护送鉴真和尚一行前往崖州，以便从通潮驿渡海北归。沿着东海岸一走就是四十多天。途径万安州（万宁）时，当地大首领冯若芳将他们请入自家森严的大院，隆重供养了一番。冯若芳与冯崇债乃是堂兄弟，为冯冼夫人五世孙，亦商亦盗，在海南地面势力显赫，算是当时的海南首富，拥有强大的私人武装，连刺史都要敬他三分。平时会客，他"常用乳头香为灯烛，一烧一百余斤，其宅后，苏芳木露积如山"（《唐大和上东征传》，无开著）。大陆高僧到来，他燃的自然也是乳头香，还颇为自豪地告诉眼前的鉴真和尚："这一斤香的价格，在广州市场上可换得一斤黄金。为了大师您的到来，我烧的是黄金，值得！值得啊！"他的确烧得起。

冯若芳的家财都来自海上的黄金水道。海南岛东北的航线属于他的地盘，

被称为"千里长沙，万里石塘"的三沙海面　王妲摄

且不说过往的商船都要给他交纳护航费，每年从波斯过来的商船，只要劫下两三艘，就够他八辈子享用。卸下来的货物进入仓库，待价而沽；掳来的妇人，包括金发碧眼的色目女子，姿色靓丽的做他的伺妾，余下都成为奴婢。身为海盗的他，同时也是一个残酷的奴隶主，真正是一手遮天的"南霸天"。在蜿蜒起伏的海岸边，一眼望去尽是他的"奴婢村"，从南到北得走三天，从东到西得走五天。这个海盗得意忘形的炫耀，让鉴真和尚深深体会到人世的忧患，真是苦海无边。对于冯若芳所说的一切，他的应答始终是一句："阿弥陀佛！"他无法跟这类人说什么，求法之人敢于舍身饲虎，更何况身外之物，而这些人为攫取身外之物，不惜伤天害理，草菅人命，使本来已经十分艰难的世道，变得更加险恶。他们已然是地狱里的居民。

与把香料当柴火烧的冯若芳齐名的，是另一个杀人越货的海盗陈武振。那时候，当地俚人中咒术颇为流行，人们之间发生仇隙，往往雇请巫者放蛊作法，以惩治对方甚至置之死地。唐宋间，流传着这样的说法，说岛上的女人，善于用巫术迷惑北方过来的男人，让他们娶之为妻，生下孩子。倘若男人抛弃自己返回大陆，她们的咒术，能使过海船只在港湾盘旋不前。陈武振也不知拜了哪个邪师，学来这一招，他的打劫不仅使用武力，而且还动用了可怕的魔咒。每当商船经过他控制的海面，他便披发跣足，冲到岸边的礁盘上，在风中持剑狂舞，口中念念有词。顿时海上升起巨浪，被诅咒的船醉汉似的在原处打转，而后在魔力的驱动下，驶进他布好兵阵的港湾，成为他囊中之物。《太平广记·幻术三》专门记录了他诡异的行为，称其"家累万金，为海中大豪，犀象玳瑁仓库数百"，真是一个魔头。

这些人之所以在海南岛上耀武扬威，感觉良好，是因为背后有韦公干那样的人。

贞观五年（631），唐朝将崖州的琼山县一带析离出来，在离州城东南大约四十里的地方设立了琼州府。天宝元年（742），海南岛改州为郡。琼山郡太守是韦公干，他还同时兼任珠崖、万安、昌化、延德五郡的招讨史，手中掌握五百兵马，是海南岛的实际统治者。五个郡收取来的田租赋税，全都交到琼州郡，归他支配使用，而军队的开销，仍然依赖海峡对岸大陆那边的供应。每次广州方面更换主帅，都会赏赐五十万钱犒劳岛上的守军。因此，韦某虽然是一个郡守，每年获取的钱财，算起来比南方经略使都多，但他从来就不是一个知足之人。来琼之前，此人曾任爱州（今越南清化）刺史。该州境内有一座铜柱，是东汉伏波将军马援平定征侧、征贰之后浇铸的，上面刻有"铜柱折，交趾灭"六个大字。财迷心窍的韦公干，经过一番转悠之后，竟然打上铜柱的主意，要将它当成废铜烂铁熔化之后卖给胡商。被抓来干活的当地人，都把铜柱视为圣物，跪着哭求他说："我要是做了这事，全族人都会被海神追杀的啊！"韦公干就是听不进去。最后，还是有人向都护韩约告状，上面有责令下来，才制止了他的行径。到了海南，他那双邪恶的眼睛又盯上了海里的阴沉木，动用士卒驱赶木工潜入水中去捞取。这种要命的活非常人所能承受，不堪重负的劳工，甚至举起斧头砍向自己，以求解脱。在韦公干治下的海南，遵循的是丛林法则。一个人光天化日下被人杀了，也只能自认倒霉。

凭借天高皇帝远的地理屏障，"既贪且酷"的韦公干疯狂地搜刮财富，置当地人性命于不顾。除了与陈武振等海盗恶霸称兄道弟，暗度陈仓，从他们那里获得贿赂，他还将良家子女掳来做自己的奴婢，像猪狗一样驱使他们劳动。在他家后院有近千名奴工，其中女奴就有四百多个，没日没夜地为他纺纱织布，或是将兽角制作成器具，或是熔锻金银做成饰品，或是加工珍贵的木材家私，俨然是一家规模庞大的工厂。前来交易的人络绎不绝，家里如同闹市一般。他一面是威风凛凛的大唐官员，一面是阴险恶毒的奸商，黑白两道通吃。

好在头顶上还有天空，天空也有放晴的时候。后来，韦公干被调往大陆，他动用两艘大船，载满金银珠宝和阴沉木雕刻的器物等，渡海北归，并派出身体强壮的士兵护航。然而，由于负载过重，船开出几百里便遇风倾斜，哗啦啦地沉入海里。这个恶魔一生搜刮来的民膏民脂，全都荡然无存。后来有人评论："货勃而入，亦勃而出。公干不道，残人以得货，竭夷獠之膏血以自厚，徒秽其名，曾不得少有其利。阴祸阴匿。苟脱人诛。将鬼得诛也。"（《太平广记·韦公干》）钱财有悖常理地获得，也将有悖常理地失去。韦某榨取了岛上土人膏血以自肥，尽管可以避开人的讨伐，最终还是逃脱不了天诛地灭。这样的说法，符合人们对世道的期待。

虽然以普度众生为己任，但在政府治权薄弱的海岛上，鉴真和尚还得跟这些邪魔打交道。到了崖州之后，得到官员张云周到的接待，在开元寺僧舍休整了一段时间。闻说中原有大师来到崖州，当地信众纷纷提着土特产品，前来供养，许多是鉴真师徒从未见过的，如椰子、波罗蜜、龙眼、荔枝、益智等。城区存有多棵上千年的老榕树，也叫无花果树，枝叶婆娑，根须飘垂，树荫清凉，绵延数亩，让大和尚想到了佛陀当年，在无花果树下讲经说法的情形，不禁感慨万千。身为巡逻官的张云亲自下厨，将无花果做成菜肴，给他们品尝其中的滋味。这段日子，大和尚以自己的德望，汇聚当地人的信力，重修了毁于大火的崖州开元寺（位于海口旧州）大殿。振州别驾冯崇债，专程派出家奴送来橡木，三日内便运足建构佛堂、讲堂和砖塔所需的木材，还有余木用于搭建释迦牟尼的丈六佛像（《唐大和上东征传》）。

在新殿上举办法会之后，鉴真带着众弟子登上北归的帆船。经历了漂流海南岛这一大劫，他一生的磨难总算到了尽头。然而，北归途中，老和尚因长途奔波，水土不服，不幸身染重病，又遇庸医误治，致使双目失明。他心爱的日本弟子荣睿，也怀着深深的遗憾告别了人世。

天宝十二年（753）冬天，鉴真和尚一行悄悄登上日本使船，进行第六次东渡。正当船队升帆启航时，一只受惊的野鸡突然飞到一条船的船头，喔喔地叫喊。鸡与吉谐音，应该是个好兆头，但日本遣唐使却以为不祥，于是掉转船头，第二天才重新出发。就像那只鸡所预示的那样，他们在鹿儿岛的秋日浦，安全登陆日本国土。鉴真与弟子的行迹，是海洋版的西天取经。

鉴真和尚到达日本后，受到孝谦天皇和圣武太上皇的隆重礼遇，先后被封为"传灯大法师"和"大僧都"，统领全国僧尼，在日本建立起严正的戒律制度。他驻锡的"唐招提寺"成为当时日本佛教的最高学府。763年，七十六岁的鉴真大和尚在唐招提寺入化，之后被尊为日本律宗初祖。

与鉴真差不多同时，中国佛教史上著名的高僧法显，从印度返回时，走的就是海上的航路；到印度接承密法的义净法师，往返走的皆是"广州通海夷道"，海南岛应该是他们的必经之地。

儋州峨蔓海边的石塔 林涛摄

3

当然，南海的危险不仅在于海盗的呼啸往来，还在于海天之间潜伏着风暴与暗礁激流，随时可能颠覆过往的船只。从赤道方向，每年都有多次台风卷扬而起，横扫南海海面，其威力不是古代帆船所能抵御的。凭借一些老船员的经验积累，很难准确判断台风的起止与行踪。此外，唐代从宁波、泉州、广州经崖州往印度、阿拉伯的航程，一个往返就要半年时间，航线各个路段的洋流与险滩暗礁，都要通过实际的航行来加以探明。因此，在高额红利的背后，隐含着昂贵的生命代价。据推测，在古代南海的航程中，平均每三十个小时，就有一艘船沉入海底，人也因此成为水中的鱼鳖。除了远洋的商船，近海捕捞作业的渔船，遇风触礁翻覆的情况更是时有发生，人的生命还不如一条小鱼。因此，海上苍茫的行程，总是充满护佑和救度的渴望，渔民和海员是天然的宗教信徒。

对于海神的信仰，起始的年代已久，遥不可考。但在汉代的时候，这种祭祀应该就已经存在于民间。隋文帝在位期间，接受大臣的进谏，在会稽和番禹分别建立了东海神庙和南海神庙，供奉着水火之神祝融，挂着"海不扬波"一类的匾额，供出海贸易与捕捞的人们祈祷之用。唐天宝十年（751），出于海上贸易交通安全考虑，玄宗还举办隆重的仪式，册封南海海神"广利王"的称号。传说，当时印度使者达奚司空来到广州后，曾入庙里进香，并种下两个波罗蜜子，因此错过了返回的航船。此后，他一直徘徊在海边，盼望着家国的航船将其带回。这个感伤的故事后来被人塑造成雕像，供奉在庙里，称为"番鬼望波罗"。

在海南，除了南海海神或南海龙王的信仰之外，还有峻灵王、伏波将军、天后娘娘、一百〇八兄弟公等诸多供奉。天后娘娘也称妈祖、婆祖，是福建莆田人，北宋都巡林愿的六女儿。二十七岁那年，因在一场台风中，参与抢救遇险渔民而舍身化道，并在死后被奉为海神，常显灵于南海之上，护航救溺。整个南海周边地区，都建有她的庙宇。海南沿海各地，皆有她的灵位。其中以海口中山路的天后宫规模最大，至今香火不断。

位于海南岛西部昌化岭上的一块石磊，民间传为神的化身，称其二月二十四日出生（1082），于六月六日成道。五代时期，被南汉皇帝诏封为镇海广德王。北宋元丰五年，皇帝再次被诏封为峻灵王，成为海南北部湾一带海域的海神。渔民出海前，往往都要祭拜。在海上遇上风浪，只要看到那块神石，心里就有几分踏实。据《昌化县志》载："凡旱涝灾难疾病，往祷辄应。"苏东坡流琼期间，曾经到峻灵王庙上香，并撰写了碑文。

水尾圣娘的全称乃"水尾云感圣旨莫氏夫人"，也是海南本土出现的神灵。在南海周边，有海南人生活的地方，往往都建有水尾圣娘庙。水尾圣娘原名莫丽娘，元朝末年生在琼州府定安县梅村峒。十六岁那年到地里干活，就没有再回来。传说为天庭选中，羽化归天，成了神灵。据方志记载："明正德间，有石炉飞来水尾地方，因建庙焉。"清代海南探花张岳崧，曾为水尾圣娘庙题写"慈云圣母"横匾，并将圣娘显圣事迹上奏朝廷，嘉庆皇帝赐封她为"南天闪电感应火雷水尾圣娘"。

在环岛海岸和三沙诸岛，都能看到用珊瑚礁搭建的简易小庙，里面供着一百〇八兄弟公。传说有一百〇八名勇敢的渔民，联合起来抗击海盗，在农历九月十五日的风暴中集体殉难，化为神公，出没于南海之上，为过往船只护航保驾，因此得到人们的敬仰。明朝末期，有一条渔船停泊西沙永兴岛港区。姓史的船主在梦里见到一百〇八兄弟公中有人告诉他，有艘满载金银财宝的船只，触礁沉没在永兴岛东南方的海域。船主第二天醒来，果然在所示海区找到了沉船，打捞上大量的金银宝器。为了还愿，他从海南运去材料，建造了一座兄弟公庙。这座庙一度是岛上唯一的石木结构。门上刻着"兄弟感灵应，孤魂得恩深"的对联。既往，人们一到西沙，必先入庙祭奠一百〇八兄弟公之魂。

总之，在波诡云谲的南海上空，居住着与奥林匹克山不同的神灵。在遥远的年代，过往的船只不管是渔船还是商船，一旦遇到危难，都会向他们呼救。

4

作为海上丝绸之路的"中转站"，自唐代起，海南岛周边的港口，就常有"番国"的商船与贡船停泊其中。港口周边，也渐渐聚集起一些番人。他们或因遇上海盗，或因遭到台风，或因本国陷入战乱不能返回，滞留在海南岛上。还有的人，则完全是为了传播自己的信仰，不畏艰险来到异国的土地。这些番人，或者说外藩人，大多来自占城（越南）、印度、波斯、阿拉伯等地。一千多年间，这些地方时有战火燃起，相比之下，海南岛算是一个安定的所在。因此，以番字开头的地名，遍及海南沿海，如海口的番营、番诞，儋州的番浦，三亚的番邦、番人塘、番园、番人井、番人田、番坊里等，数量相当可观，都是外藩人居住过的地方。他们当中的许多人，渐渐融入本地社会，消失在历史视野之中。唯有穆斯林因为坚定不移的信仰，不为异质文化所同化，一部往别处迁移，一部聚居在三亚羊栏一带，直至今日。因此，现在一提到番人，人们只是想到穆斯林，"番人"作为外藩人的外延被大大缩小了。

在一些穆斯林曾经居住过的地方，留下了他们生活的印记，其中最典型的是形制独特的坟墓。现今已经发现的伊斯兰墓群，集中在海南岛东南海岸的三亚、陵水一带。这些坟墓雕刻精良，形制规整，据考证，里面埋葬的是唐宋时代波斯和阿拉伯的伊斯兰信徒。三亚藤桥（今海棠湾镇）东溪村番岭坡的穆斯林古墓群，绵延数里，规模最大。墓穴基本是坐北朝南，主人面向朝西方的麦加。尽管风化严重，但珊瑚石墓碑上镌刻的阿拉伯铭文依稀可见。除了墓主的名字和去世日期，还有《可兰经》的经句，如："除了安拉之外，没有可崇拜的，穆罕默德是安拉的使者"；"凡在大地上的，都要毁灭。唯有你的主的本体具有的尊严与大德将永远存在"。有一块墓碑特别引人注目，上面刻着："殉道者伊本·赛爱德·宛葛斯巴巴，归真于十二月。"据专家考证，墓主是第一个到海南传教的穆斯林，也是第一位到广州传教的阿拉伯传教士葛斯巴巴之子（海南省地方志办公室《海南与海上丝绸之路》第180页，清华大学出版社，2018）。

南海横流，腥咸的风一如既往。千百年来，往返于这条充满惊涛骇浪的水路上的人们，有的是为了现世的渔利，有的是为了来生的福报。他们当中，有多少人抵达自己的港湾，有多少客死在异国的海岸？从南海至印度洋的上空，到底飘浮着多少无归的灵魂？在深不可测的海底，留下了他们打捞不起的记忆。要想再现昔日海上丝绸之路的繁华，必须让海底的沉船重见天日，而南海的平均深度1463米，最深处有5567米。尽管一艘沉船的文物胜过十座古墓，但将一艘沉没千百年的船打捞上来并非易事。

5

1985年，英国海盗似的人物米歇尔·哈彻，在南中国海域盗掘一批康熙年间青花瓷器，到荷兰拍卖，将数千万美元收入囊中。国家文物局专门委派专员带着几万美元到拍卖现场，竟然买不到一件器物，带回来的只是一个印象：此人对南海沉船分布情况，比我们自己还要熟悉。1999年，哈彻又在南海捞起清代沉船"泰兴号"，从中获得一百万件德化青白瓷和牙白瓷。为了哄抬价格，竟公然砸碎60多万件瓷器，将其余35.6万件运往德国拍卖，令国人伤痛万分。而在前一年，德国人沃特法于印尼海域捞起一条阿拉伯沉船，这条名为"黑石号"的商船，满载6万余件唐代中晚期珍稀文物，当即被新加坡人以天价买走。一场海上寻宝热于是兴起，同时，也让刚刚成立的中国水下考古研究中心的专家们焦急万分。

1996年,海南渔民在西沙捕鱼作业时,于华光礁环礁内侧发现了一条沉船的残骸,并报告有关方面。环礁可以抗御七八级台风,货轮极有可能是在遇到风浪,企图进入环礁规避时,被风浪掀入礁盘内的浅水珊瑚丛中,导致船身破裂解体,并在后来的岁月里被珊瑚遮覆。尽管由于条件限制,挖掘不及时,导致遗址多次被盗,还是捞上了上万件古瓷器。其中一个青白釉碗刻有"壬午载潘三郎造"字样,表明沉船出航的年代应该在南宋中期。大约八百年前,这艘排水量超过六十吨的商船,满载从福建德化和江西景德镇收购的瓷器,从泉州港出发,经过海南东海岸,驶向东南亚某一个港口,不幸在西沙折戟沉沙。不仅全部货物付诸东流,人员生命也无生还的可能。这是艘拥有六层构件的古船,残存船体长20米,宽约6米,尚存11个隔舱,构造工艺精湛,是中国水密隔舱船传统技术的物证。

到目前为止,从南海里打捞上来的沉船,体量最大的是"南海一号"。1987年,英国海上探险和救捞公司(Maritime Exploration & Recoveries PLC)在荷兰图书馆,查到东印度公司的"莱茵堡"号沉船的信息。这艘船载着白银六箱,锡锭300多吨,在从中国返回的途中沉入海底。当年8月,该公司与广州救捞局合作,沿着可能的航路探寻,始终未能找到"莱茵堡",但却在广东阳江附近的海域,意外发现一艘中国南宋沉船,并挖出一条1.7米、像蛇一样的鎏金腰带。这艘深埋在二十多米水底淤泥里的古船,就是著名的"南海一号",它也是迄今为止世界上发现的年代最久、体量最大的远洋商船。2007年12月,排水量约828吨的"南海一号",被整体打捞出水,船舱内的文物总数达到十八万件之多。以瓷器、铁器为主体,还有金器、漆器、玻璃器等。金手镯、金项链、金戒指等黄金制品,出水之后仍然闪闪发光。舱里存有铜钱上万枚,年代最久远的是汉朝五铢钱,最晚近的则是宋高宗时期的绍兴元宝。由此可推,中国货币可能已经成为海上丝绸之路上的硬通货,通过瓷器、茶叶、丝绸三大件的出口,全世界的黄金白银哗啦啦地流向中国。

"华光一号"和"南海一号",是目前从南海浅处捞上来的商船木乃伊,它们沉没的年代,都是海上商贸最为繁忙的南宋时期。不同的是,"华光一号"

105

是在离开海南岛之后遇难的；而"南海一号"船头朝向西南，看起来是在从广州驶向海南岛途中失事的。据中国水下考古研究中心最为保守的估计，在幽暗不明的南海海底，约埋藏着二千艘以上的商船。进入宋朝之后，中国出口的产品主要是瓷器、丝绸与茶叶，带回来的多是金银。在海底盐碱浸渍的环境下，丝绸与茶叶极难存留，唯有瓷器和金银，能够抵御时间的侵蚀，相对完整地存留下来，见证曾经发生的一切。因此，南中国海又被人称为"海底瓷都"。

The
Biography
of
HaiNan Island

海南岛 传

苏东坡：死透了的大活人

第九章

苏东坡是中华文化的人格标本

1

绍圣四年（1097）二月二十四日，东坡一家欢欢喜喜，从寄居的嘉祐寺搬到白鹤峰脚下，一座有着二十间房的新居，结束了惠州三年在官舍与寺院来回搬迁的日子。正厅"德有邻堂"和书房"思无邪斋"的牌匾，一看就是主人的石压扁蛤蟆体，隐含着碾不垮的韧性。送走前来祝贺的友邻，东坡移步右侧的思无邪斋坐下。此时夜深人静，窗外是虫子莫名的吟唱，他感到自己的心终于踏实下来，一家人总算有了归宿。可惜朝云命薄，等不到这一天，不然，应该是她沏上一杯热茶的时候。

自从1093年妻子王闰之和高太皇太后相继过世，苏东坡就如同失去保护神那样，从权力高坡一路滑跌下来。诰命接二连三，先是外放定州，第二年发配岭南英州，紧接着再贬建昌军司马、宁远军节度副使，惠州安置，不得签署公事，从一个三品大员沦为从七品罪吏。在惠州，一家人先是寄住在官舍合江楼，半个月后移到嘉祐寺的旮旯里。第二年，因为表兄、广南东路提刑程之才的过问，又搬回合江楼。表兄调离之后，合江楼便不好住，于是又重回到嘉祐寺，就像猫生崽一样搬来搬去。

嘉祐寺后山有座亭子，叫松风亭，常年风声呼啸，如有天人絮语，周围景致颇好。一天，东坡无事，便往山上行去，想到亭子间歇息。然而，爬到脚软气喘，松风亭仍在树梢之上，于是停下步来，心中忽然生起一念："脚下之地如何歇息不得，非要到山头亭子间不可？"于是心中豁然，人"如挂钩之鱼，忽得解脱"。有了这本地风光的禅悦洋溢于心，他便绝了北归的盼望，想着在惠州安顿下来，改变眼下一家人流离失所的状态。为此，他郑重其事请道人暗中寻访，在白鹤峰下找到一块依山傍水之地，倾其一生积蓄，在道观遗址上筑起了这座新居。刚一落成，就修书通知苏迈，带着长幼二房眷属南下团聚，心里则想象着"子孙远至，笑语纷如"的场景。

不得签署公事，意味着手中权力已被剥夺干净。对于那些入世太深、终日汲汲于功名利禄者，无疑是沉重的打击，但这似乎还伤不到东坡的哪一根骨头。天生我才，被明主所弃，不正是自我受用之时？从北方进入岭南，要跨过大庾岭。此山虽然不甚著名，但峰峦雄奇，气势磅礴，睥睨海外。站在高处放眼环顾，东坡心中的豪情便从胸腔里洒脱开来，晦霾之气扫荡一空："千章古木临无地，百尺飞涛泻漏天……而今只有花含笑，笑道秦皇欲学仙。"（《广州蒲涧寺》）他一路放情山光水色，吟诗作赋，直达贬所，没有一点惨遭不幸、落魄潦倒的样子。

惠州，除了到集市上买便宜骨头回来烹煮，呼唤当地友邻畅饮，他还遍尝岭南美食，全然是一个吃货嘴脸。当年杨贵妃千里红尘才能吃上的荔枝，在这里轻易就能饱食，而他对荔枝的痴迷程度，一点也不亚于集三千宠爱于一身的胖美人。绍圣二年（1095），荔枝上市的季节，东坡写下了两首关于荔枝的诗，一首是《食荔枝》："罗浮山下四时春，卢橘杨梅次第新。日啖荔枝三百颗，不辞长作岭南人。"在另一首长诗里，他宣称："我生涉世本为口，一官久已轻莼鲈。人间何者非梦幻，南来万里真良图。"仿佛此次流放，是把他送进了仙山琼阁，完全体现不出任何惩罚的意图。再下来写出的句子，"花褪残红青杏小，燕子飞时，绿水人家绕。枝上柳绵吹又少，天涯何处无芳草"（《蝶恋花》）；"报道先生春睡美，道人轻打五更钟"（《纵笔》），透露出的，俨然是一个神仙的逍遥境界。这在当朝政敌章惇他们看来，苏某是存心向他们秀存在感，带有挑衅的意味。他非但没有愁肠百结、失魂落魄，还快活成这个样子，说明贬谪岭南，尚不足以惩戒此人，打折他的那根傲骨，让他趴在泥里悔过自新。因此，除了杀头，唯一可行的就是把他抛到海水里去。

新盖的房子水土气重，人会睡得很沉。但这好觉睡了不满一个月，新任惠州太守方子容就带着随从，到德有邻堂前宣读了新的诰命：责受琼州别驾，昌化军安置，不得签署公事。此番被贬的人甚是不少，弟弟苏辙被贬为化州别驾，雷州安置。就连死去多年的宰相吕公著、司马光、王珪，也被追贬到海南岛上。尽管这些年一贬再贬，几乎成了寻常之事，但对于此次放逐，东坡还是颇感意外。方子容是他新交的朋友，不知是真有其事，还是出于同情安慰，他悄悄地告诉东坡：自己的内人虔诚信佛，有天夜里梦见一个大士前来告别，说他将陪苏子瞻远行，七十二天后就有诰命下来。今天恰好是七十二天。看来事情已有前定，先生不必过于伤心。

环顾刚落成的新居和正在院子里嬉戏的孙子，东坡沉吟良久，然后莞尔一笑。作为一名居士，虽然未证"涅槃寂静"，但此刻深深地领会了"诸行无常，诸法无我"。以前，他不止一次说过"吾生如寄"，其实内心还是想把握住自己，现在这一点把握，恐怕也必须撒手，将身世全都交付出去，当作不系之舟，任凭风浪颠扑了。此时此刻，他想起了陶渊明的诗句："纵浪大化中，不喜亦不惧。应尽便须尽，无复独多虑。"不仅做好到海南岛的准备，也做好了死在海上的准备，大有舍命陪君子，你让我走十里路，我就陪你走二十里的意思。他心底那股傲迈之气，不是那么容易就压得住的。

由于所有的家底都成了白鹤峰新居的砖块，东坡不得不四处筹措前往贬所的盘缠，甚至向广州太守王敏仲求援，请其将薪俸中折支成实物的部分提取出来。完了便把一大家子托付给长子苏迈，让他继承家长的角色。想到此去不太可能再回惠州，他专门来到朝云墓前，燃上了三炷香，深深地鞠上一躬，吟诵自己为她写下的诗句：伤心一念偿前债，弹指三生断后缘。这个不幸的女人，从十二岁起，就一直陪侍在他身边，三十二岁便命归黄泉。在四五个侍妾中，其他人早都陆续告退，唯有这个水草一样的女子情深意长。

四月十九日，东坡携幼子苏过，登上了离开惠州的木船。苏迈带全家人到码头送别，望着远去的身影，岸上的人都恸哭起来。怀着必死决心的东坡，也不禁流下了清泪。此时的情景，就像他后来给友人的信中所叙述的："某垂老投荒，无复生还之望，昨与长子迈诀，已处置后事矣。今到海南，首当作棺，次便作墓，乃留手疏于诸子，死则葬于海外，庶几延陵季子嬴博之义，父既可施之子，子独不可施之父乎？生不挈棺，死不扶柩，此亦东坡之家风也。"（《与王敏仲书》）尽管遭到如此重击，他仍然不改豪放词人的秉性。

沿着官道抵达梧州，东坡获知子由刚从这里离开，正在赶往雷州途中。

想到很快可以见到思念多年的弟弟，他喜悦的心，流出了这样的诗句："莫嫌琼雷隔云海，圣恩尚许遥相望。平生学道真实意，岂与穷达俱存亡。天其以我为箕子，要使此意留要荒。他年谁作舆地志，海南万里真吾乡。"在表达手足之情的同时，抒发了不为命运穷通改变的道心，和把万里流放之地当成安身立命家乡的自觉。

五月的一天，兄弟二人终于在滕州相见，泪水消解了数年来的顾念之苦。他们一边畅叙幽情，一边向雷州赶去，颠颠簸簸走了近一个月，才到了雷州半岛的徐闻海岸。当天晚上，东坡的痔疮发作，躺在床上辗转呻吟。子由心疼表情扭曲的哥哥，整个夜里都不能合眼，给他念陶渊明的《止酒》诗，劝他为了健康把酒这种浑水给戒掉。此前，在《劝子瞻修无生法》一诗中，他也宽慰过哥哥："谁言逐客江南岸，身世虽穷心不穷"，希望他好好修炼无生法忍，出离人间苦患。就行仪上看，子由比哥哥更像一个居士。

绍圣四年（1097）六月十一日，天气晴好，东坡登上了南行的渡船。在摇晃的甲板上，他向子由挥手致意，说出了孔子当年的那句话：这难道不是吾道不行，则乘桴于海吗！但熟知他履历的人，则会想到他在黄州时写下的词句："小舟从此去，江海寄余生。"

2

苏东坡是宋代的士子，要想理解这个人物，须对宋朝的文化有所了然。这个朝代对于中国人文历史，意义十分关键。如果说先秦是中华文化的原创期，那么宋朝就是中华文化的成熟期、高峰期。宋朝文化的璀璨，不仅体现在物质方面，中国的陶瓷、丝绸、茶叶三大宗，源源不断地吞噬着全世界的白银；还体现在非物质的方面，儒道释三家汇流的文化大格局形成。先秦时期，学派纷呈，百家争鸣，出现了思想领域潮流纵横、波涛激荡的局面，其中以儒家与道家最为代表。后来的统治集团或推崇道法，无为而治；或独尊儒术，辅以刑法，出入于老庄与孔孟之间。

东汉末年，佛学东渐，至南北朝开始兴盛，出现"南朝四百八十寺，多少楼台烟雨中"的景象,但也发生北魏太武帝灭佛、北周武帝举儒拒佛的事情。隋唐时期,随着玄奘、法显、义净等人西天取经行动的完成,佛学典籍较为完整地迻译过来,教法也有了系统的传承,形成禅宗、唯识宗、天台宗、三论宗、律宗诸宗林立的态势。但佛家与儒家、道家之间,尚未相互贯通,文化上的排异反应时有发生。李唐宗室尊老子李耳为祖宗,因此多数皇帝信奉道教,迷于炼丹食气,饮汞吞铅,以求长生不老,对佛家持审慎乃至排斥态度。武宗时期,甚至出现在道教人士的蛊惑下,大规模灭毁佛教的情况。但也有唐太宗、武则天、唐宣宗等帝皇,鼎力护持和推行佛法,使之得以弘扬。唐朝代表性诗人,如王维、孟浩然、白居易等,皆有不浅的佛学背景。

进入北宋之后,佛家获得了中华文化的充分认同,成为三大主流法脉之一,有了官方出版的体系完整的大藏经,儒道佛三家汇流的局面终于形成。在融汇激荡之中,佛家淡化了来自印度的山林气息,将儒家的纲常伦理,纳进因果报应和福德资粮的范畴,成为其世间法的内容;将大乘佛法普度众生的理念,融入儒家的治国平天下,不再像原先那么激越,一味要绝尘而去,出离世间苦海。儒道体系中也吸收了佛家的因果报应、三界轮回的内容,在修身的一维,更是借鉴了禅坐观修的方法。在宋朝,一个文人士子,不论信奉哪一种学说,对其他二教也绝不陌生;不论他以哪一教立身,都会参照其他二教的方便。就学者而言,关学的张载,洛学的二程,尽管皆以儒立身,对佛道颇有微词,但平日里进学的功课,除了持敬存养,都有静坐观心的内容,并非纯粹的原儒。至于道家功夫,在炼神还虚方面,也吸纳了佛家四禅八定、观心破境的功夫,讲究性命双修。总之,在宋之前,儒道佛三家在中国,基本上呈纵向直流的态势,到了北宋之后,才真正实现横向的交汇融通。正是这种汇通,使华夏文化的洪流更加波澜壮阔,宋朝也因此成为中华文化的高峰期,而苏东坡正是波峰上涌出来的人物。儒道佛三家学说,是宋代文人的必修课。与苏东坡同朝的文人,如欧阳修、王安石等,学养也兼备三家。他们的人格成长,都从三种文化流脉中汲取营养。苏东坡就是从这种土壤里生长起来的苍天大树。

作为一个进士,必须精通儒家经典。实际上,东坡对六经之首的《易经》和《论语》《尚书》《中庸》均有深入的研究,后期还撰有专门的论作。至于与道家的缘分，未出生之前就已经结上了。按照苏洵的叙述，他婚后数年无子，于是供奉一个姓张的仙人，才有了苏轼和苏辙。八岁正式入学时，东坡的启蒙老师就是道士张易简，课室也设在天庆观北极院。他的同窗好友陈太初，后来做了道士。传言他问道十分精进，证得了很高的道果，入寂时说走就走，尸解羽化，如一片云彩飘向太虚（苏轼《道士张易简》）。老子与庄子的著作，东坡谙熟于心。尤其是庄子恣肆的语言，感觉就像是从自己心里流淌出来的。他的代表性著作，如《前赤壁赋》《记承天寺夜游》《题西林壁》以及和陶渊明的系列诗作，都是以道家境界打底的。"且夫天地之间，物各有主，苟非吾之所有，虽一毫而莫取。惟江上之清风，与山间之明月，耳得之而为声，目遇之而成色，取之无禁，用之不竭，是造物者之无尽藏也，而吾与子之所共适"（《前赤壁赋》）；"庭下如积水空明，水中藻荇交横，盖竹柏影也。何夜无月？何处无竹柏？但少闲人如吾两人者耳"（《记承天寺夜游》）。没有道学的修养，哪能写出如此空灵的句子！

　　至于佛家，渊源就更深了。峨眉是佛教名胜，东坡家中早有供佛，父亲苏洵师从云门宗大德圆通居讷和宝月惟简；母亲程氏更是信仰虔诚的教徒，在家严格禁止杀生。因此，苏家院子里气氛祥和，时常有鸟儿飞来做窝下崽。父母逝世之后，东坡兄弟都到庙里做了功德，把他们生前喜爱的物品捐了出去。比东坡晚几年被贬海南的僧人惠洪，在《冷斋夜话》一书里记载：东坡从黄州移往登州时，打算顺便路过高安看望子由。奇怪的是，子由和住在洞山的云庵和尚、住在圣寿寺的聪慧法师，在同一天夜里做了同一个梦：有人喊他们快去迎接五祖的高足戒和尚。第二天，当三人还在疑惑之中时，东坡要来高安的书信便送到了。四人相会之后，东坡说起母亲怀上自己时，曾梦见一个右眼失明的僧人到家里来。七八岁时候，他也曾梦见过自己，身披袈裟在山上行走。说话间，云庵和尚忽然想起，五祖弘忍的弟子戒和尚，正是瞎了一只右眼，且最后就圆寂在高安大愚寺，至今差不多五十年时间，而东坡此时刚好四十九岁。从此，东坡在写信时常常以戒和尚自称，显然是把事情当真了，所以后来在六祖真身像前，才有了这样的说法："我本修行人，三世积精炼。中间一念失，受此百年谴。"（《南华寺》）

3

在大约四十岁之前，尽管具有佛道的文化背景，苏东坡还是以一个儒者现身于世。由于过人的天赋，他二十岁上就在科举考试中位列前茅，并以诗赋名动京城，连当世文魁欧阳修都要给他腾挪位置。仁宗皇帝读过他的卷子，便认定此人是未来的宰相。因此，他入世的起点甚高，然而阅世不深，任事待人不免书生意气；自视才高，凡事爱发议论，如鲠在喉不吐不快。挟着如日中天的声誉，他的话分自然斤两不轻，轻易发表批判意见，便容易造口业，招惹是非嫌恶，给自己带来逆缘。但在东坡看来，这是臣子在给朝廷尽忠。王安石变法后，东坡给神宗皇帝上了万言书，给自己惹来了麻烦。为了避免政见歧异引起的摩擦升级，他请求外放，觉得这样耗不起，还是地方政治气氛宽松，可以做些实际的事情。每到一处，他都"勤于吏治，视官事如家事"（《密州通判厅题名记》），"以济物之心，应不计劳逸"（《与王庆源十三首之三》）。认为"事有关于安危而非职之所忧者，犹当尽力争之，而况其事关本职而忧及生民者乎？"（《上文侍中论榷盐书》）当然，其间也不免游冶山水，吟诗作赋，乃至与歌妓饮酒诵诗。

熙宁八年（1075），东坡任密州知州，这是他第一次担任一个地方的主官。此时，该州连续七年大旱，蝗虫铺天盖地，席卷乡野，如同世界末日。他亲率官民筑堤引水，疏浚河道，挖掘井泉，以缓解苦旱之情。还多次携下属前往卧虎山，举行庄严的祈雨仪式，亲自念诵祷词。或许是精诚所至，天地为之动容，还真下了好几场雨，那可是真正的甘霖。同时，他还上书朝廷，详报灾情，请求免除当地的秋税；组织百姓使用火烧等各种土办法，扫除蝗虫大军。

在救灾之余，他还不改诗人本色，写下数量不少的诗词，其中就有《江城子·密州出猎》。"酒酣胸胆尚开张，鬓微霜，又何妨？持节云中，何日遣冯唐？会挽雕弓如满月，西北望，射天狼。"词句中透露着一股掩抑不住的豪迈与张扬，让对手们感觉到他逼人的抱负。在密州期间，他还流着眼泪，沿城墙捡拾三四十个孤儿弃婴到家里来扶养。对儿童生命的关怀，贯穿苏东坡的一生。在黄州时期，他成立了一个儿童救济会，请富人捐钱，请和尚管账，请当地妇女领养。并且致信黄州太守,请求官方出台措施,制止溺死婴儿恶俗。

两年后,东坡调任徐州知州,到任不久,黄河的洪水跟随而至,耗资五百万缗的排洪工程一触即溃,工程负责人畏罪自杀。来势凶猛的黄河水,在徐州以北约五十里的地方决堤,以排山倒海之势,冲毁大片村庄与田园,直逼徐州城下。水位一度高于城内的街道。苏知州不顾个人安危,带着市民加固城墙,数十天夜不归家,住在临时搭建的工棚里,以与城池共存亡的气概,阻止了富人们弃城逃亡的企图。在人力不济的情况下,他亲自前往皇家禁卫军营地,面见主帅,请求出兵支援。

1089年,苏东坡以龙图阁学士身份出任杭州太守,兼浙西军队统领。杭州位于钱塘江口,又是京杭大运河的起点,为水陆交通要隘,商旅云集,人口超过五十万,密度甚高。春夏之际,往往有瘟疫流行,控制不好,将是一场恐怖的灾难。十八年前当杭州通判的时候,他对此深有感触。这次作为主官赴任,首先想到的就是建一所公立医院。他划拨一笔公款,个人捐出五十两黄金,在城区中心建起了一所叫"安乐坊"的医院,由精通医道的道士主持,公家给予一定的报酬。

杭州几处水源地,多与钱塘江入海口相连,涨大潮时,海潮倒灌,饮用水就出了问题,居民只能花钱购买从西湖运进城来的水,可并不是谁都能够付得起费用。东坡当通判时,州府曾经兴建过一个简易的工程,用竹管将西湖水输入城区。但这种权宜之计,很快就报废了。此次,东坡主持重修这项工程,输水管用陶瓦制作,经久耐用。他还利用自己的军职,调动一千多名士兵参与工程建设。不久,就在城区建成了六个饮用水库,让所有市民都能喝上干净的水。接下来,他继承前辈诗人白居易的遗志,大规模地整治西湖,清除厚积的淤泥和杂草,并筑起一道诗情画意的堤坝,成为千古佳话流传至今。

"嗟我少年时,守道贫非疚。自从出求仕,役物恐见囿。"(《次韵答张传道见赠》)尽管是在少年时代,东坡就曾一度彷徨,到底应该遁入山林隐身修炼,还是登上庙堂参与治国平天下。但是,一旦决定投身仕途报效国家,他便以身相许,肝脑涂地,在所不惜。在一篇文章里,他表明了这样的心迹:"古之君子不必仕,不必不仕。必仕则忘其身,必不仕则忘其君。"(《灵壁张氏园亭记》)每上一任,或是每到一地,他首先考虑的都是社稷黎民。即便是在惠州,手中权力已经剥夺得一干二净,他也借助自己的影响力有所作为,而不耽于无何有之乡。

惠州东江与西江各有一座浮桥,是此地的交通枢纽,然已失修多年,无法通行,往来的人划舟渡江,沉船溺水事件时有发生。东坡探明情况后,致信表兄程之才,请求广南东路划拨建桥所需八九十万元款项,再请罗浮道士在信众中募资,重建了这两座桥梁。竣工之后,他专门撰写了诗文。此外,他还推动惠州太守詹范,将战乱时代弃身野外的数百具无名尸骸,收拾起来重新下葬,请僧人举办超度仪式,使他们不再做孤魂野鬼呼号于旷野。给死去的人尊严,也是对活着的人的一种尊重。

作为一个儒者,东坡的行仪上承先秦原儒,活泼而富有生气,有鸢飞鱼跃之象,在实践中善于权衡通变。汉武帝独尊儒术之后,儒学从一种民间思想,上升为一种国家意识形态,众多儒者因此失去原先放达活脱的风度,拘泥于纲常伦理的枝节,落入窠臼之中,变得迂腐起来。由于有了佛道思想的通变,东坡的儒学显得通达大方,洒脱自如,迥异于同时代的程氏兄弟。在司马光的葬礼上,他与当世鸿儒有了正面冲突。葬礼专门延请程颐主持,这位大儒不许司马光儿子立于灵柩旁向前来吊唁的客人鞠躬还礼,认为这种沿用数百年的习俗,不符合孔子时代的古礼。子孙倘若贤孝,就应该悲痛欲绝,哪里还能出来抛头露面。那天,朝廷在太庙的大典刚结束,东坡带着翰林院与中书省的官员,前去司马光家吊唁,却被程颐拦在门口:"'子于是日哭,则不歌。'你们难道没有读过《论语》吗?"东坡上前回敬:"《论语》并没有说:'子于是日歌,则不哭。'"把程颐呛了回去。在灵柩前作礼完毕,东坡看不见司马光儿子,打听起来,才知道是程颐不让出来见人。于是在众人面前笑话说:"伊川可谓糟糠鄙俚叔孙通!"意思是说,程颐糟践了叔孙通修订的汉代礼仪。弄得程颐下不来台,因此也与二程及其弟子们结下怨气。程颐虽然职位不高,门生却遍布朝野。

苏东坡的宦海生涯中,并没有做过出格的错事,唯一被人揪住不放的罪过,就是文字里流露出来的不平之气。如果是出自普通文人,兴许不会被人当作把柄，但是他人望太高，而且常持不同政见，加上行为过于任性，不顾及微妙的人际关系。不论官阶升到什么级别，苏东坡都还是以文人学者自任。学者与官员不同，学者以求真为使命，不论何时何地，都要口吐真珠，表达实情；但官员考虑的权宜之计，此一时彼一时的策略，说话讲究分寸的拿捏，照顾方方面面，人前人后，在什么时间什么场合说什么话。东坡总是像个孩子，要说穿皇帝的新装。终其一生，他都没有完成从书生、学者向官员的转型，进入集权政治结构规定的角色里去，使用与之相应的话语体系。他曾对太后诉苦："臣欲依违苟且，雷同他人，则内愧本心，上负明主。若不改其操，知无不言，则怨仇交攻，不死即废。伏望圣慈念为臣之不易，哀臣处此之至难，始终保全，措之不争之地。"（《乞郡札子》）这是对自己行状的一种解释。其实说与不说是一种选择，以什么方式、在什么场合、用什么口吻说，更是一种智慧，特别是在集权体制之内，话语空间十分狭迫。

文字的才华给东坡带来巨大声誉，特别是欧阳修逝世之后，他已然成为当世第一文豪。在公共语境里，他占有的话分愈来愈重，人也活得越来越占地方。在这种情况下，说话应该更加审慎才好，但他依然不管不顾，锋芒凌厉。他似乎意识不到，当自己的影响力超过上司和同僚时，人们已很难按体制规约的方式来对待他了。彼此都是进士出身、善于诗赋的文人，被你压着也想有翻身吐个泡泡的时候。越名教而任自然的行为方式，给东坡招来了暗地里的嫉恨。因此，他与对手之间的对立，除了政见的歧异，很大程度上还有意气的成分。"乌台诗案"是他经历的一场生死劫，但甫一出狱，他便诗兴大发，称自己"却对酒杯浑似梦，试拈诗笔已如神"。在一首看起来是反思本人过错的诗里，以塞上之马自诩，把对手戏称为"少年鸡"："平生文字为吾累，此去声名不厌低。塞上纵归他日马，城东不斗少年鸡。"自我的优越感和对别人的鄙夷与不屑，溢于言表。此时的东坡，对于世道人心，实在还看得不够通透，他的犀利让一些人感到芒刺在背。

在公事活动中，表达政治见解，评价人事，本应就事论事，但作为诗人的东坡，带入了浓烈的感情色彩，说起别人的坏处淋漓尽致，在修辞上极尽讥诮挖苦之能事，显得过于嫉恶，有失宽恕。他把对立面比喻为"饥虱""奸佞小人""国之巨蠹""诈伪骗子",甚至是追腥逐臭的"蝇蛆"、吃腐鼠的乌鸦。而在将对手妖魔化的同时,却以君子麟凤自居,不屑于同流合污。在任翰林院知制诰期间,他拟了八百多道圣旨,大多可以当文学作品来欣赏。其中掺入了不少私人情感色彩。譬如贬谪吕惠卿的圣旨,说此人"始于知己,共为欺君,喜则摩足以相欢,怒则反目以相噬";"党与交攻,几半天下",形容惟妙惟肖,但失之分寸把握。吕惠卿东山再起之后,反戈一击,倒打一耙,也并非人情不可以理解。追赠王安石死后哀荣的圣旨,称其"网络六艺之遗文,断以己意,糠秕百家之陈述,作新欺人"。本来是追封的圣旨,还要加入一些嘲讽之词,以抒泄个人意气,对一个过世的先辈,未免失之刻薄。这些方面,真需要有人给他补上一课。

　　相比之下,司马光的气量明显要大度许多。司马光与王安石,算是政治上的死对头,但他在病榻上以宰相名义下的最后一道指示,却是这样写的:"王安石为人并不甚坏,其过端在刚愎自用,死后朝廷应以优礼葬之。"

　　虽然政见不同,但王安石个人操守堪称君子,并非居心险恶之徒。他上书皇帝、提出改革主张的出发点与立意,原是为了"因天下之力以生天下之财,收天下之财以供天下之用",改变宋朝国力衰弱的状况,尽一个忠臣的责任。不管他提出的方案是否正确,一旦为皇帝采纳,就转化为一种国家行为。神宗皇帝没有经过朝臣的充分论证,就大张旗鼓地推行变法,那是他不成熟的表现。由于朝中重臣老臣大多反对变法,王安石只能起用一些资历浅、德望低的新进人物,如吕惠卿、曾布、章惇等。这些缺少感召力和政治智慧的人,为了新的举措能够推行下去,除了使用剪除异己的手段,还能想出什么更好的办法?而在为数不少的异己中,苏东坡是一个人望极高、爱大声说话的人,不治治他,让他出局,废掉他的武功,变法还能够进行下去吗?一旦他卷土重来,位极人臣,我等还能有好果子吃吗?但他这个人行为端正,做事踏实,几乎无可挑剔,只是诗文言论豪放任性,不修边幅。于是,所谓"乌台诗案"就合乎逻辑地炮制出来。李定、舒亶等人,从苏某的诗文中断章取义,找出一些句子,如"必不仕则忘其君","农人三月无盐吃",还有燕子与蝙蝠的暗喻和指责青苗法的言论等,牵强附会加以发挥,弹劾他辜负皇恩,蔑视朝廷,包藏祸心,专唱反调,罪名便自然成立。如此,苏轼也就"万死不足以谢圣时,岂特在不赦不宥而已"。

元丰二年(1079),苏东坡以"文字毁谤君相"罪被拘捕,从湖州押送汴梁御史台牢狱。押送途中,性情刚烈的他想到纵身一跃,跳入江中,一死了之。但冷静想来,觉得这样不仅连累家人,自己也不清白了。皇帝对东坡的为人有基本的判断,并不轻易听从他人处死东坡的进言。据说,神宗曾经派人潜入牢中,观察东坡的举止,发现他睡得很香,鼾声如雷,表明他胸间并无亏心之事。加之皇后临终前,称道苏氏兄弟是先帝看中的宰相之才,提醒他不要听从谗言,冤枉好人。此外,张方平、司马光等大臣也为东坡求情。因此,东坡终于躲过了这一劫,在狱中蹲了一百三十天后,获得释放,流贬黄州。此事虽然看起来是一场虚惊,却深深地触动了东坡内心,让他不能不重新审视自己的生活。

4

"乌台诗案"是苏东坡人生的一个转折,在此之前,他是一个具有佛道修养的儒家,他的人生价值,体现在投身社会、参与国家治理、改善民生等方面。从佛学角度看,这其实是一种入世修行的方式。这种方式不同于掩门闭关,青灯黄卷,深入禅定,而是将自己全然交付出去,纵身于风口浪尖,应对各种因缘际遇,在拿起放下之间,扯出胸臆间缠绕的葛藤,检测自己是否心无挂碍,远离颠倒梦想。这种磨炼,不是内守幽闲的清静境界所能取代的。东坡把自己一生遭受的打击与不公,当作往世所造罪业的果报,也视为磋磨自己心性的石头。实际上,入世过程一再给他带来挫折,差点断送身家性命,同时也暴露了自己的偏执和习性,证明自己并没有像诗里所写的那样,"已向虚空付吾身",还给自己留有猫腻。内心的执情,倘若不能在暗室里自我勘破,也就只能通过外在的劫难来了断了。

元丰三年(1080),从鬼门关捡回一条老命之后,四十五岁的东坡被贬黄州,寓居在定惠院内。面对浩浩荡荡的长江水,他开始反思自己的人生,从治平的方向转身，收摄魂魄，退回到修身的领域。他的文字里有这样的记载："余二月至黄舍。馆粗定，衣食稍给，闭门却扫，收召魂魄，退伏思念，求所以自新之方。反观从来举意动作，皆不中道非独今之所以得罪也。"通过对参政以来一些事情的反省，他深深感慨自己"道不足以御气，性不足以胜习，不锄其本而耘其末，今虽改之，后必复作。盍归诚佛僧，求一洗之。"(《安国寺记》) 于是，他开始静坐，并系统阅读佛学的经典。

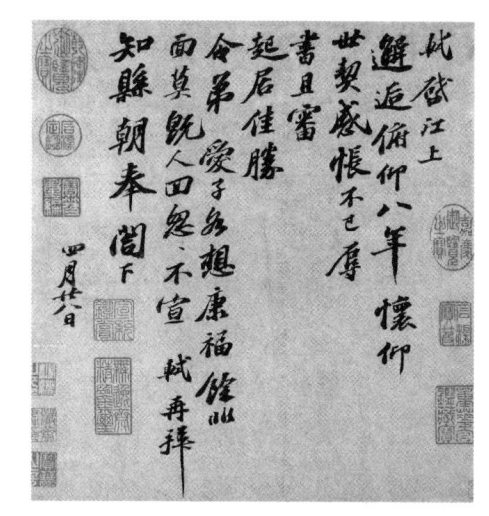

苏东坡的石压蛤蟆体书法

"初到，一见太守。自余杜门不出，闲居未免看书，惟佛经以遣日，不复近笔砚矣。"隔一两天，就到城南的安国寺里焚香默坐，进入物我两忘、身心皆空的境界。他还曾到一个道观里，闭关七七四十九天。僧人参寥专程到黄州来住了一年，跟他交流学禅的心得。经子由介绍，一个据说已经活了一百二十岁的道人，也来与东坡会面。和方外之人一起喝茶饮酒，少不了谈些玄之又玄的话题。在他们的影响下，东坡甚至还用朱砂、白矾、雄黄、磁石为原料，炼起了丹药。

陶渊明的作品，原先只是泛泛而读，如今看了进去，觉得妙不可言，以至于将其认作自己的前身，分不出你我来。有了佛道文化的滋养，加之陶渊明诗文的激发，东坡的精神境界与文学才情，都得到很大的升华，《前赤壁赋》《定风波》《临江仙》《念奴娇·赤壁怀古》《记承天寺夜游》等传神之作，以及书法作品《寒食帖》，将他的文学艺术推向顶峰。这些作品将佛道的高妙意境加以演绎，转化为富有感染力的文字笔墨，让阅读它的人陶醉其中。

如寄的人生旅程中，黄州算是东坡居住时间较长的地方。他在长江边开垦出十亩荒地，踏踏实实当起了农民，把自己红润的脸晒得炭墨一般。他还修建茅草屋数间,号称"雪堂",自封"东坡居士",将侍女王朝云纳为小妾,悠然过起了居士的生活。当然,作为一名资深的吃货,他还自己酿酒,时常到集市上买来便宜的肥猪肉,烹制著名的"东坡肉"。在当时的中国,猪肉是尘俗幸福的象征物,东坡与当地文人雅士一起,唱起了《猪肉颂》来,把罪臣的生活过得滋腻有味,一点也没有亏欠自己,不像厌世者那样憋屈,度日如年。

元丰八年(1085),神宗皇帝逝世,年幼的哲宗继位,太皇太后高氏临政,任命司马光为宰相,召回旧党,放逐新党,废除变法条款。仿佛祖坟上冒青烟,苏东坡与苏辙的地位一路攀升,他先后担任中书舍人、翰林学士、知制诰,知礼部贡举,成为三品大员。眼看旧党得势之后,不加厘析地一味废除新法,打压新党,他再次提出谏议,对旧党执政后暴露的问题予以抨击。元祐八年(1093),哲宗皇帝亲政,新党重又得势,章惇拜相。不知什么原因,这个一度是东坡好友的人,此时已然成为他的死敌,而早年被东坡看出来的那股戾气,也从此人狭隘的心窖里散发出来。不能见容于新旧二党的苏东坡,意识到功高身危,名重谤生,只好选择回避,再度请求外放。自此之后,他的社会地位一再滑跌,个人身世也随之被抛,他的精神生命,也像一味药膏,经历了九蒸九制。

黄州五年,佛学成为东坡精神建构中,继儒道之后的又一支柱。至此,中国文化的三大主脉,都汇入了他的血管,滋养他的脏腑,可以应机调动来应对各种境遇变化。自黄州起,特别是元祐八年外放之后,他身上佛道的修养渐渐彰显出来,几乎遮蔽了儒者的本色,并最终在海南时期深入他的骨髓。此后,他的成就主要体现在人格的完成和诗文的著作。他六十五岁的人生,大抵可以粗分三个段落,前二十年是人生的准备阶段;中间二十多年是进入国家权力体系,参与社会治理,建功立业的阶段;后期近二十年是独善其身,完成人格,传承文脉阶段。苏东坡似乎更加重视后者,自称:"若论平生功业,黄州惠州儋州。"

5

尽管苏东坡以豪放著称,但要跨越白浪滔天、暗流涌动的琼州海峡,还是颇感不安。渡海之前,他专门到伏波庙进香,祈请两位开琼将军之灵的庇护。登船之后,起伏跌宕,坐立不是,与携歌女泛舟西湖完全不同,"舣舟将济,眩栗丧魄",感觉天旋地转,随时都有被颠覆与淹没的危险。心始终是悬着的,没有了方向和陆地上的踏实感,如此无依无傍,双手没个把抓的状态,对他而言是完全陌生的。这或许就是《金刚经》所说的无所住,但他还不能做到无所住而住。他暗自寻想,这恐怕是被流放到海外的原因所在。好在当天风浪不大,潮流悠缓,下午便顺利抵达琼州海岸,在海口靠岸了。在苏过的扶持下,东坡踏着跳板登岛。魂魄初定的他,回头一眼望去,只见水天苍茫,心中生起从未有过的凄怆,一种天地悬隔的孤独感,一种呼天不应、喊地不灵的遗弃感,骤然袭来,让他备生伤感。在后来的追忆中,有这样的表述:"吾始至海南,环视天水无际,凄然伤之,曰:何时得出此岛耶?"(《试笔自书》)这一天,是绍圣四年(1097)六月十一日。

琼州府官员张景温派人来接应,还说要为他接风洗尘。东坡以信回复,表示婉拒:"自以罪废之馀,当自屏远,故不敢扶病造前,伏冀垂察。"(《与张景温书》)在琼州府城东边的客栈里,东坡停留了十几天时间。其间,琼州副使黄宣义等前来探望。没事的时候,他就到州城内外走走,观察当地的风物人情。他发现,城区内外水面不少,但多为牛羊鸭鹅所用,十分浑浊,且气味难闻。居民饮用水要靠打井,每天早晚,汲水的人在井口排成长队。于是他临时起意,试着寻找干净的水源。

功夫不负有心人,在城墙东北角附近,他果然找到了两处涌泉。酌水掬饮,泉质相当甘润,只是周边的淤泥、灌木和废弃物需要清理。他把这一发现告诉当地官员,希望他们组织人力整治。后来,人们运来石头,在泉眼处筑起一个蓄水池。这"双泉"中的一眼,至今仍然保存在海口五公祠内,泉流源源不断,常有些粟米浮出水面,被后来的高僧憨山德清命名为"金粟泉"。

经过一阵歇息,东坡一行从府城出发,沿着官道前往三百里外的儋州。他发现,海南岛地面虽然狭小,天空却比中原要辽阔,感觉像是没有封顶似的,深得令人晕眩,云彩漂洗过的一样干净。相比之下,也许是因为有个皇帝罩着,汴京的天空压低了许多。一路上,他坐的是轿子,摇摇晃晃地在烈日下赶路。六月下旬，是海岛最炎热的时节，蒸腾的暑气使人浑身乏力，昏昏欲睡。东坡不知不觉中迷糊过去，做起一个梦来，梦中竟然听到有个声音在念诵诗篇。随着一阵不知何处吹来的风，降下了一场急切的太阳雨，晶亮的雨丝飘进轿里，凉意让他醒了过来，脑子里还依稀记得一个对仗的句子："千山动鳞甲，万谷酣笙钟。"于是，他一路上加以发挥，演绎成一首完整的诗篇：

四州环一岛，百峒蟠其中。我行西北隅，如度月半弓。登高望中原，但见积水空。此生当安归，四顾真途穷。眇观大瀛海，坐咏谈天翁。茫茫太仓中，一米谁雌雄。幽怀忽破散，咏啸来天风。千山动鳞甲，万谷酣笙钟。安知非群仙，钧天宴未终。喜我归有期，举酒属青童。急雨岂无意，催诗走群龙。梦云忽变色，笑电亦改容。应怪东坡老，颜衰语徒工。久矣此妙声，不闻蓬莱宫。

这是东坡在海南岛写下的第一首诗，表达了一个流放者穷途末路，四顾茫茫，不知何日才可以归去的心态。同时也以海天的寥廓与人生的渺小，来宽慰自己的愁肠。那场凭空而起的太阳雨，被想象成美妙的仙乐，带来了酣畅的快意，似乎暗示着归期终将会到来。显然，诗人虽然说过"海南万里真吾乡"，但内心深处还是渴望有一天，能够被赦免归去。这是一种复杂的情感。东坡清醒地意识到，为了收容被抛弃的身世，让自己不至于没着没落，生活在别处他方，像一个无人认领的弃儿，在盼望与期待之中度日如年，就必须遵照佛家随缘与恒顺的原则，把流放地当成出生地来安身立命。但是，毕竟这里地处荒凉，远离亲人朋友，缺少对等交流的知己，难以施展自己的才情抱负，实在不是久留之地。因此，他心中还存有一念，想象着还有北归的那一天。如此看来，他的心仍然有所待，达不到庄子的绝待境界。

海南西北属于平原地貌，东坡一行走走停停，传说岛上有犀牛和大象，但都不见踪影。七月一日那天，透过路边的茅草，终于看到一座山峰，从平地突兀而起。轿夫告诉他，这就是儋耳山，意味着流放的终点昌化军治所快到了。东坡让人停下轿来，舒展一下身子骨。他发现，草丛中到处散落着焦灼的黑石头，仿佛是从天上掉下来的，于是联想到了女娲补天之事，随口占了四句——

> 突兀隘空虚，他山总不如
> 君看道旁石，尽是补天余。(《儋耳山》)

一座低矮的丘山，几块路边的烂石头，经过东坡点石成金的想象，便显出了雄奇的气象来。看来，他放旷的襟怀，并不因为遭遇的不幸而有所畏缩，坡翁依然是"一蓑风雨任平生"的坡翁。

6

得到昌化军军使的许可，东坡父子暂时租住官舍伦江驿馆，一座早已破旧不堪的房屋。按照惯例，逐臣每到贬所，必须立即给皇帝上表，说明情况，披露心迹，感戴恩德。这种文字他已经写过多遍，但这次写的《到昌化军谢表》，还显得相当沉痛：

> 今年四月十七日，奉被告命，责授臣琼州别驾昌化军安置，臣寻于当月十九日起离惠州，至七月二日已至昌化军讫者。并鬼门而东鹜，浮瘴海以南迁。生无还期，死有余责。伏念臣顷缘际会，偶窃宠荣。曾无毫发之能，而有丘山之罪，宜三黜而未已，跨万里以独来。恩重命轻，咎深责浅。此盖伏遇皇帝陛下，尧文炳焕，汤德宽仁。赫日月之照临，廓天地之覆育。譬之蠕动，稍赐矜怜；俾就穷途，以安余命。而臣孤老无托，瘴疠交攻。子孙恸哭于江边，已为死别；魑魅逢迎于海外，宁许生还。念报德之何时，悼此心之永已。俯伏流涕，不知所云。臣无任。

除了一味地引咎自责，赞颂皇上彪炳日月的仁德，同时也道出了自己的凄凉处境，希望能够有机会报答浩荡的恩情。东坡此时的姿态，确实已经低到尘埃里去了。在强大的权力场里,许多坚硬的事物都会变形,话语更难做到句句由衷。想必这篇表书,东坡也是反复踌躇,着实费了不少心思。除了不得不写的表书,东坡还致信一路帮助过自己的朋友,包括雷州知州张逢,表达"感服高义"之情。在人情世故方面,他从不马虎,也不敷衍,总是做得心到、意到、气到。

夏秋之交,正好是海南的雨季,伦江官驿聊胜于无,屋顶漏阳泄雨,一觉醒来枕边落满枯叶。此番情景,说起来诗意盎然,处身其中却难以消受。夜里下雨,四处滴答,瓦罐瓢盆应接不及,屋里没有个干爽的地方,人都快成了个落汤鸡。此番情景,都不敢向旁人说出。新任的军使张中,进士出身,富于人文情怀,眼看一代文豪沦落到这般田地,实在于心不忍,派出军士翻修官舍,使东坡父子得以安身。然而,官舍毕竟不是久居之处,床榻之下叽叽嘎嘎,仍有不安之感。

昌化军在海岛西部,是黎汉杂居的偏僻之壤。刚到这里,东坡面临的境遇,就像他在给亲友信中描述的,"此间食无肉,病无药,居无室,出无友,冬无碳,夏无寒泉"(《与程秀才书》)。因此,"资养所给,求辄无有"(《与程全父书》),当地百姓顿顿吃番薯、芋头,连田鼠、蝙蝠都抓来做烧烤。要在这"六无"之地生活,仅靠琼州别驾一个罪臣的微薄薪水,实在难以应付。为了添置必要的用品,购买温饱所需之物,东坡不得不变卖从内陆带来的家当。平生好酒的他,卖掉了一套酒器。唯有一个荷花造型的杯子,制作精妙,数十年来伴随他春风沉醉的光阴,抚摩再三,实在舍不得出手。为此,还专门给这个杯子写了一首诗。这些年来,命运一路对他的打劫,接近于如洗的程度。他必须在劫不走的剩余物上,找到自己的家底与立足之地,让自己到天涯海角还有活路可走。他想到了禅宗祖师的一句话:"去年穷犹有立锥之地,今年穷连立锥之地都没有了。"那天在海上,他深深体会到,手中连一根救命稻草都抓不到的感觉。在那种感觉中,人要么淹没于汪洋之水,要么就飞翔于蓝天白云,但那双抓不着稻草的手,还是想要抓住一根稻草。

初到儋州,风土迥异,人情陌生,加上几次生病,父子二人与外界没有什么往来。东坡本人的情绪显得低落许多。在给张逢的信里,他描述了自己的状态:"某到此数卧疾,今幸少间。久逃空谷,日就灰槁而已。"而在一首诗的序言里,则有这样的表述:"至儋州十余日矣,淡然无一事,学道未至,静极生愁。"(《夜梦并引》)夜里醒来,对着窗外的长庚星默坐久久。落寞的心态滋生愁绪,这让他怀疑自己的道行,尚不足以降伏其心,断除烦恼,更遑论要济度他人。不过,这是自己真实的存在,与其以石压草,莫若让草蓬生出来,化成一首诗词,在吟诵中烟消云散。他的词风,不知不觉中变得婉约起来。

或许是天穹高旷的缘故,岛上的月光透出一种夺命的皎洁,空明程度甚于承天寺的月色。身体好些的时候,待儿子睡熟,东坡常在夜里独自披衣出行,在如水的清辉下,像一尾鱼四处游走,全身沾满白晃晃的鳞光。有时惊动人家院子里的狗,以为是盗贼进家,引发一阵气势汹汹的狂吠,全城的狗也都一起呼应起来,大有惊涛拍岸之势。当地的人甚感疑惑,他们暗地里都在议论,这个深夜不归之人,在月光里衣袂飘飘,如同幽灵一般,到底是要寻找什么东西?

熙宁元年(1068),东坡离开家乡眉山,朋友蔡襄为了给他一个念想,特地在他家门口种下棵荔子树,表达故乡亲友对他归来的期待。那棵树一天天、一年年长大,四十年过去,想必已经十分葳蕤,合抱不过,但东坡一直都没有回去过。至于那些少时的朋友,恐怕也已经凋零无几了。由于一生多在颠沛流离之中,像一只离群的飞鸿,从很早时候起,东坡便开始思考,流亡之中如何安身立命。从佛学的角度,这是一个关于自我与我所的问题。他何曾不想像陶渊明那样,不为五斗米折腰,找一处远离尘嚣的田园种豆、采菊、酿酒,把自己灌个烂醉,倒在篱笆脚下,不知今夕何年。但内心又存有愿想,既然到了这个地面上来,还是希望能够做些加减乘除,对同一个天空下的生灵有所安慰;同时,也渴望在烟火人间经历些事物,消受些乐趣,磨砺自己的品性,窥探造化的阴谋,从而把这个世界看个透彻,不再为之魅惑与懊恼。

自从第二次出川,他人生的旅程,似乎越来越背离故乡的方向。也就是说,他总是生活在异地,离故乡越来越远的地方。家门口的那棵荔子树,成为遥不可及的橄榄,在梦境的风雨中招摇。作为一个士子,投身社稷庙堂,进入权力中心,报效国家黎民,是他的夙愿,但从元祐八年(1093)起,他一路被踢将出来，不断被边缘化，从权力的掌握者变成权力的囚徒。不论是家还是国，他似乎都依傍不上。徐州、密州、杭州、湖州、黄州、颍州、扬州、定州、英州、惠州，在这一连串的地方，他都如丧家之犬匆忙走过。惠州三年，他原本就绝了北归的盼望，筑起一座房子，收起所有的脚步准备终老，却怎么也想不到，还会被流放到大海之上的孤岛。似乎上苍非要让他绝了收拾魂魄、在世间建立家园的念想。多年来，他一直参不透"应无所住而生其心"这个谜题，到了六十岁之后，似乎明白了过来。一颗心要想得到自由，就必须"拣尽寒枝不肯栖"，任何境地，包括至高的宠荣与无限温柔之乡，所有的一切都是寒枝，都不能有所栖住。即便是身体，也不能成为心灵的寄托，因为"长恨此身非吾有"；而"吾所以有大患者，为吾有身也"（《老子·十三章》）。于是，心只能住于无住，而所谓无住，也就是自住，即心归于心，心安住于心，才可以自足自立，拥有无条件的自由。一旦在心外有所建立纠缠，终将招致分崩离析。在岭南时期，他便写下这样的词句："万里归来颜愈少。微笑，笑时犹带岭梅香。试问岭南应不好。却道，此心安处是吾乡。"好与不好，不再关乎岭南岭北；家与非家，关乎心安与不安。安身的问题就转化为安心，只要心安立于自性，何处不是自己的故乡！

在前往海南的路上，他就决意把这个最遥远的他乡，变成自己安心的家园，把儋州的父老，当成自己的乡亲，全然地融入当地社会，化为一介草民，在野地里生长。"素富贵行乎富贵，素贫贱行乎贫贱，素夷狄行乎夷狄，素患难行乎患难，君子无入而不自得焉。"（《中庸》）运命无常，人只能随遇而安，处在富贵境地，就过好富贵的日子，不要觉得有什么歉疚或不可一世；处在贫贱境地，就过好贫贱的日子，不要觉得委屈与卑微；处在夷狄地区，就过好夷狄的生活；处在患难之中，就过好患难的生活，什么地方都能活人。在海南，插根扁担都还能开花呢。于是，他有这样的认同："我本儋耳氏，寄生西蜀州。"在《和陶归去来兮辞》的引文中，他写道："盖以无何有之乡为家，虽在海外，未尝不归云尔。"《和陶拟古九首》也有这样的表达："问我何处来，我来无何有。"他明确表示，要以无何有之乡为自己的家乡。如果是这样，天下到处就都是自己的家乡了。

初到儋州时写的《和陶还旧居》，充分地流露了他的心迹："痿人常念起，夫我岂忘归。不敢梦故山，恐兴坟墓悲。生世本暂寓，此身念念非。鹅城亦何有，偶拾鹤毳遗。穷鱼守故沼，聚沫犹相依。大儿当门户，时节供丁推。梦与邻翁言，悯默怜我衰。往来付造物，未用相招麾。"人生在世，本来就是暂时的寓居，还是让心回到心里，将心外之物托付于造化，用不着到处去招魂喊魄。弟弟子由也与哥哥灵犀相通，在给东坡的和诗里，有着这样精到的句子："此身所至即所安，莫问归期两黄鹂。"（《子瞻闻瘦以诗见寄次韵》）

在风云叵测、舟船颠覆的时代，岛屿是孤独无依的象征。上岛之初，东坡曾经环顾苍茫云水，困惑于不知何日才能出离。现在，勘破了《金刚经》的无住而住之后，内心破壁而出，顿觉豁然开朗，四通八达，不再被孤岛境遇所拘困。他把这份心得写成一篇笔记："吾始至南海，环视天水无际，凄然伤之，曰：'何时得出此岛耶？'已而思之，天地在积水中，九州在大瀛海中，中国在少海中，有生孰不在岛者？覆盆水于地，芥浮于水，蚁附于芥，茫然不知所济。少焉水涸，蚁即径去，见其类，出涕曰：'几不复与子相见。岂知俯仰之间，有方轨八达之路乎？'念此可以一笑。"（《试笔自书》）文章颇得庄子之余韵，写作始终是他参究物理人情的习惯方式。

7

就像东坡暗自预感的那样，伦江官舍并非久留之地。尽管已经逐入大海，后脑勺儿仍然有眼睛紧盯着他。把持朝纲的章惇等人，对于旧党并不放心，恐惧他们东山再起，卷土重来，以其人之道还治其人之身。于是派人到岭南各地明察暗访，希望能抓住把柄进一步惩治，甚至将其诛杀，以绝后患。一个叫作董必的官员，查访的重点是苏氏兄弟。苏辙在雷州租住当地人的房子，被他构陷为强夺民居，因此被迁放到循州去。雷州太守张逢，因为款待过苏轼兄弟，也被停了职。董必原想亲自到儋州追查东坡，但身边有人说了一句："谁都是父母所生，谁都有自己的孩子啊。"他听了心中一震，便改派一个小吏前往。尽管如此，东坡还是被赶出官舍，帮助过他的军使张中，也被撤换了职务。事情就像惠州时发生过的，只是更加严重了，而且连累到他人，这让东坡心里很是过意不去。

其实，伦江官舍，虽然付了租金，东坡心里还是忐忑，一直暗自寻访可能的住处。他曾经走进城北一处荒弃的园子，这里久无人气，主人不知去了何方，园内长着野性的桄榔，还有几棵大树，缠绕着粗壮的老藤。有黑鹳、斑鸠和叫不出名字的鸟，在密叶里扑棱，发出古怪的叫声。或许是这种怪叫，或许是隐隐有不祥之感，东坡犹豫再三，还是放弃购买的念头。毕竟，这是一笔不小的开销，他不喜欢住在别人家里的感觉。现在，他必须像鹳哥一样搭建自己的窝巢了。

由于言语不通，与当地百姓的交流，多限于脸部表情和手势。到了儋州之后，东坡发现，父子二人的表情丰富起来，手脚也生动了许多。但他们对当地社会的进入，却是通过一个人才得以完成。这个人叫黎子云，是儋州城东的一名书生。有大文豪自大陆过来，作为当地为数不多的读书人，黎子云自然要去亲近，拿出自己的拙作来请教。在天涯海角的穷乡僻壤，有好学的士子可以交谈，东坡甚是高兴，这让自己从失语的状态里出来。子云的哥哥子明，大儿子与继母关系违逆，几年前就离家出走了。东坡得知此事，便让苏过到墟市上买了些羊肉，把他们都拉到一起来喝酒吃肉。在他的调和下，一家人终于和好如初。

在子云家里，他借到了自己喜欢的柳宗元文集，还可以喝到当地人酿的米酒。因为东坡经常光顾，这里渐渐成了读书人聚会的地方。有时，他还会带上张中，一同走进隐蔽在幽篁深处的寒舍。优美的环境，显出了黎家的破败，除了一些翻旧的书册，其余可谓家徒四壁。于是大家合议，筹资建造一座房屋，作为雅集的会所。东坡当场就拟了个堂号：载酒堂。诗情酒意氤氲其中，进来的人都闻到了扑鼻芬芳，他们都乐意成为东坡的草堂弟子。

看着新建的载酒堂，东坡想到，应该搭建一间差不多的房子，来给自己遮风避雨。在一首和陶诗里，他不无动情地写道："借我三亩地，结茅与子邻。鴃舌尚可学，化为黎母民。"被赶出官舍后，父子二人一时没有着落，只好露宿在城南的一片桄榔林里。桄榔是一种野性十足的棕榈，叶条恣肆，随风缭乱,几乎不可攀爬。桄榔林里风声呼啸,蚊蚋成群,不时有金环蛇、眼镜蛇、四脚蛇出没,见了人还懒得走开。附近有清冽的泉水和婆娑的古榕,榕荫下还有一个道观。他于是买下这片地,要在上面盖房子。有了这个意思,众人的力量便汇聚起来,包括那些以他学生自诩的士子。甚至有一个叫王介石的,从潮州专程渡海过来求学,恰巧赶上,便好好表现了一番。张中也挽起袖子挖泥,这个即将离任的官员,把良知看作比什么都重要。周围的人家纷纷送来所需的木材、茅草,表示对这个高邻的友善。一座隔成五间的屋子,没几天就建起来了。

这处与载酒堂相望的茅草屋,被命名为桄榔庵,简陋到"仅免露处"的程度,完全无法与惠州白鹤居相比,但里面的每一根茅草,都蕴藉着人间的温情与美意。终于有一块安稳的地住下了,种上自己喜爱的植物,东坡和儿子都相当知足。他撰写了《桄榔庵铭》,让儿子与他一同斟酌。铭文描述了当地令人畏怖的环境:"日月旋绕,风雨扫除。海氛瘴雾,吞吐吸呼。蝮蛇魑魅,出怒入娱。"也对安居生活做出禅意的阐发:"以动寓止,以实托虚。放此四大,还于一如。东坡非名,岷峨非庐。须发不改,示现毗卢。无作无止,无欠无馀。生谓之宅,死谓之墟。"在行动之中心存禅定,以实在之物承载还虚之神。放下地水火风构造的幻象,归心不生不灭的一真法界。容貌行仪丝毫不变,同样可以示显如来真意。无加造作,也无须停心耽于空寂之境;自性本来圆满,没有需要填补的亏欠,也没有需要去除的多余。东坡并不是我真实的名字,岷山峨眉也不是我的居所,这间新建的庵房啊,活着的时候就叫作家宅,死去之后就成为废墟。这篇铭文,不仅意象奇特,义理也十分通透。

有了比杜甫家还好一点的茅屋,算是在儋州地面扎下了根,接上了海岛的地气,成了真正的"黎母民",东坡的心情便怡然许多。他领养了一头黑嘴唇的狗,喊它"乌喙",威风凛凛地跟着他出出入入。他"老饕"的本性也暴露出来,开始烹饪各种美食,为人间烟火唱起了赞歌:"庖丁鼓刀,易牙烹熬。水欲新而釜欲洁,火恶陈而薪恶劳。九蒸暴而日燥,百上下而汤鏖。尝项上之一脔,嚼霜前之两螯。烂樱珠之煎蜜,滃杏酪之蒸羔。蛤半熟而含酒,蟹微生而带糟。盖聚物之夭美,以养吾之老饕。"(《老饕赋》)此外,还到野外挖采天

131

门冬来酿酒。但当地有一样东西，是"老饕"吃不消的，叫作蜜唧，将刚生下来唧唧作叫的幼鼠，沾着蜂蜜直接吞吃。他看着便作呕，想起苏武在漠地里，饿到只好掘鼠洞，吃老鼠剩下的食渣，便有了些许感慨。

周边邻居你来我往，给他送来牡蛎、芋头、山栏米酒和各种土产，读书人更是喜欢到庵里来聊天说话，领略主人吞云吐雾的风仪。东坡虽不胜酒力，却十分好饮，而且喜欢欣赏别人的醉态，"见客举杯徐引，则予以胸中为之浩浩焉，落落焉，酣适之味，乃过于客。"（《书后》）酒兴一发，他会推门出去找人畅饮。"醉饱高眠真事业，此生有味在三余。"（《二月十九日携白酒鲈鱼过詹使君食槐叶冷淘》）此时此地的他，已经把简单的活着，当成真正的事业；把生命本身的春风沉醉，视为人生最高的成就。

三月三那天，东坡酒劲上来，提着一壶酒出去转悠，没想到家家户户都上坟祭祀，只有老秀才符林在家。于是，两人便就着一碟小菜喝开去，直到醉意酣畅才跨"乌喙"一起晃着回来。有一天，在桄榔庵独酌之后，还不尽兴，就脚踏云彩出门，一路串了好几家的门，直到兴尽意阑，才又回来挥笔赋诗。这回，他在醉意中找到孔颜乐处："莫作天涯万里意，溪边自有舞雩风。"（《被酒独行，遍至子云威徽先觉四黎之舍，三首》）有了浴于沂，咏而归的意思。至此，东坡似乎已经乐不思蜀，成了海南儋州地方一个头戴斗笠的草民，找到了"真吾乡"的感觉。

元宵节晚上，柴门砰砰响起，来了几个老书生，问他："良月嘉夜，先生能一出乎？"东坡欣然同往，在皓皓的月光下，"步城西，入僧舍，历小巷，民夷杂糅，屠沽纷然"，把烟火浓浓的小镇都看遍了。回到家里，已经是三更时分。儿子鼾声大作，睡得正香。东坡把手中的拐杖往门边随手一撂，放怀大笑起来。苏过迷迷糊糊爬起来，问他为何而笑。他应答说："自笑也，同时也笑韩愈钓不着鱼，就想着到更远的地方去，岂知即便走到海里，也不见得能够钓到大鱼。"言下之意，鱼已在此，何劳远钓！这等黑话，只有禅和子才可心领神会。

随着东坡生活世界的打开，许多奇异的事物涌了进来。在"和陶诗"里，提到一个人，幽居在高山云端，看起来形容枯槁，神气却十分饱满。在路上相逢的时候，这个被东坡称为"黎幽子"的方外之人，笑话他到穷乡僻壤还戴着楚楚儒冠。尽管话语不通，在比画中东坡还是能听得出，"黎幽子"说他是个贵人，可惜龙凤落到了草莽里。分手时还送他一块吉贝布，告诉他今年的海风将特别寒，要注意保暖。有一次，东坡喝酒归来，在洒满牛粪的路上，碰上一个到田间送饭的阿婆，肩上的扁担翘得老高。东坡招呼她说话，没想到这个阿婆竟发出深深的感慨："翰林往日的荣华富贵，都成了一场春梦了吧！"这让东坡为之一惊。这些生活在边地的黎民，尽管没有读过孔孟之书，心中的智慧却不见缺少。他把这个老妇人称为"春梦婆"。从这些人、事中，他感到这个地方"风土极善"，而且人也活得比别的地方长寿一些。

虽然并未正式收徒授课，但前来桄榔庵求学、游于苏门的士子越来越多。其中最有名的要数琼州的姜唐佐。昌化学子，后来成为海南第一个进士的符确，传说也曾问学于桄榔庵，但不见有确凿的记载。姜唐佐是一个气质温和的读书人，为了从东坡这里汲取更多的学养，他自备资粮和书籍，专门从海口来到儋州，住留了半年多的时间。日日跟随东坡左右，随时咨问各种未知，将自己的习作提请老师点拨，回去之后还送来好茶，深得老师的喜爱。东坡曾向旁人称赞：想不到海外有这般出色的士子。临走时，东坡将自己的画像送给他，并题写了两行诗句："沧海何曾断地脉，白袍端合破天荒。"预言他将来定能考取功名，到那时，再把诗给他续完。姜唐佐果然不负师望，成为海南的第一个举人。遗憾的是，那个时候老师已经不在人世。为了弥补遗憾，他专门致信苏辙，请他代为补全诗篇，使这首意义特殊的作品得以完整。"沧海何曾断地脉"，琼州海峡愤怒的波涛，并不能阻断中原贯通海岛的气脉。这个句子，后来为丘濬、钟芳等海南才俊所援用，成为他们的文化自信。

8

人思想的开展，需要有一种对话关系，自言自语的状态，最终会趋于无语。与当地百姓与文士的交往，让东坡接上了地气，也使他身上承载的文脉，在荒岛上得以流播，但他的思维需要对等的交流，他的灵魂需要开合呼吸。子由既是他血脉相通的弟弟,也是他精神暗合的知己,他曾经称:"我年二十无朋俦,当时四海一子由。"弟弟是四海之内唯一的知己。两人一个性格刚放,一个沉静宽柔,恰好可以互补兼容,彼此"举意辄相然","出处同偏僻",心行十分默契。一直以来,兄弟间都有诗文与书信往来,相互关怀慰藉,也相互交流切磋。寓居儋耳时期,东坡时常"念彼海康,神驰往从",文字的互通更加频繁。听说弟弟最近瘦了,哥哥便立即赋诗一首,说瘦成仙风道骨,就可以骑上黄鹄飞回家乡,手足之情溢于言表。子由更是敬爱这个哥哥,把他当成师友。"乌台诗案"发生时,子由一边帮他照应家小,一边上书皇帝,说自己早年失怙,与兄长相依为命。现在他被捕入狱,全家人都惊恐万状,担心遭受不测。哥哥不论在家还是为官,皆没有大的过错,只是秉性愚直,好谈古今得失;触景生情,吟诗作赋。请求皇上予以宽恕,赦免他的死罪,给他洗心革面、侍奉明主的机会。自己愿以陛下授予的官职,为哥哥赎罪。(参见《为兄轼下狱上书》)东坡在狱中,是子由给他送饭。兄弟俩约好,如果情况陡然恶化,就送去东坡一向不喜欢吃的鱼。哪知有一天子由没空,请朋友代劳,送进来的竟然是一条鱼。东坡也以为自己死期将至,便给子由写了诀别诗,将家人托付,表示来生再做亲人。

到了海南之后,子由总是劝东坡做减法,又是不要喝酒,又是不要读书,和光同尘与当地人同乐,"归去有时无定在,漫随俚俗共欢欣"(苏辙《东楼》),都快把他当弟弟看了。苏氏兄弟这种情感,自古至今,都不多见。

上岛的第二年,东坡偶然得到一块沉香,造型酷似一座小山,是品质上乘的海南沉。他给它"沉香山子"的名谓,专门写了一篇赋,香与赋一同送给海对岸的子由。称海南沉金坚玉润,鹤骨龙筋,膏液内足,非占城其他地方沉香可比。沉香是宋代文人雅士的至爱,海南沉更是沉香之王。《沉香山子赋》和丁谓的《天香传》并列,以雅致的语言,揭示海南沉香的妙蕴,赋予饱满的人文内涵。古人相信,道德涵养醇厚之人,内心会散发出令人陶醉的幽香。而君子与君子之间的交往,便是以芬芳之气互相熏沐。东坡给弟弟的这份礼物,实有深意存焉。子由六十岁生日前,他还送去一根造型特异的黄子木拐杖。东坡病逝之后,苏辙常常黯然独坐,感叹"归去来兮,世无斯人谁与游?"如同伯牙失去了钟子期，高山没有了流水。

东坡在海南有两个知交，一个是地面上的子由，另一个则是天上的陶渊明。他曾经说："吾于诗人，无所甚好，独好渊明之诗。"认为陶氏的作品"大率才高意远，则所寓得其妙，造语精到之至，遂能如此。似大匠运斤，不见斧凿之痕。"（见惠洪《冷斋夜话》），艺术造诣极高。对陶渊明的为人，也感触良多，以为渊明形神似乎自己，仿佛是自己的前世。从任扬州太守起，渊明之灵便如影随形，跟随着他的脚步。他开始了"和陶诗"系列的写作，并表达对陶氏生活的向往："我不如陶生，世事多缠绵。云何得一适，亦有如生时。"（《和陶饮酒二十首》其一）在海南，陶渊明诗集是他的枕边书，"和陶诗"数量多达五十七首，此外还有《和归去来辞》《和桃花源记并引》等文赋，大约占他"和陶"作品总量的一半。这些文字，是跨越六百多年、两个灵魂之间的隔空共鸣。

中国历代诗人中，凭借先天灵性创作，成为鬼才、怪才、异才、天才的不乏其人，但要成为大家、大成就者，还必须依仗深厚的文化背景。先秦最杰出的诗人屈原，依靠的是儒家修身养德，心怀天下的精神，为了江山社稷肝脑涂地、虽九死其犹未悔的初心；唐代的李白，依据的是道家越名教任自然，与天地打成一片的浑然大气，但也同时怀有在世间扬名立万的念想；杜甫儒佛兼治，却以儒立身，将佛家的苦谛和悲心，纳入儒家的天下情怀，关切现世人间的苦难，陶渊明本是道儒双修，以道为本。然而，在入世过程中无法摧眉折腰，削足适履，顺应官僚体系的运行规则，只好选择全身而退，回归田园以求独善其身，放怀山水之间，以诗酒自慰，过一种怡情适性的生活。由于身后文化背景的缘故，他们看起来像是即兴而发的作品，其实蕴藉深长。然而，背景资源过于单一者，回旋余地往往不够开阔，难以应对社会生活的跌宕变化，消化不好芜杂苦涩的人生经验，因而容易招致挫败与运转不灵，陷于困顿无奈之中。屈原、李白、杜甫、陶渊明皆概莫能外。

当自己的治国理念不被君王接受，初始的愿望受阻于庙堂之上时，屈原的人生便无路可走，在被抛弃的同时顺势抛弃了自己，投身于汨罗江的寒水中。李白曾经入山问道，但其一生始终放不下世俗的功名，在身边一些人的煽忽下，自我感觉飘升："仰天大笑出门去，我辈岂是蓬蒿人"；"天生我材必有用，千金散尽还复来"。以为自己是宰相之才，可以治国安邦，最终招来的是尊严辱没，只能在酒醉之后到深潭里去捞月。杜甫以伤碎之心记录了人间苦难，却无法改变目睹的悲惨，甚至面对妻儿都无能为力，又没有出离之心，只能埋没其中，成为苦难世界最焦灼的部分。魏晋时代，老庄思想盛行，陶渊明深受熏陶，"少无适俗韵，性本爱丘山"（《归园田居》其一），与世俗生活格格不入。尽管熟知儒家经典，也曾有过"猛志逸四海，骞翮思远翥"（《杂诗》）的时候，可一再入世任事，但都无法适应人际复杂的利害关系，与官宦生活的虚伪造作，只好回归田园，做一个"晨兴理荒秽，带月荷锄归"的自耕农。实际上，这四位杰出诗人的人生，最终都走到了山穷水尽。他们当中，屈原大夫选择了放弃；陶渊明选择了回退；李白与杜甫则选择了无奈的承受，既不能兼济天下，也无法独善其身。

与他们不同，东坡的修养兼具儒道佛三家，可以回旋的精神天地海阔天空。就诗文艺术而言，东坡与上述诸贤的造诣在伯仲之间甚至低于李杜；但思想文化学养，却大大超出他们。就儒学而言，他远胜于陶渊明和李白、杜甫，甚至屈原也不能出其右。因此，在入世任事，主政一方，造福于民的方面，可谓功业昭然。道学的方面，虽然没有像李白那样，专程到崂山洞里去问道，但静坐修定的功夫和养生方法的运用，在文人当中算是颇为深入的。至于佛学的方面，他则走得更深，于禅的参悟多有所得。一旦入世兼治的道路受阻，他转过身来独善，依然柳暗花明，不至于山穷水尽。当然，义理上的解悟，代替不了事相上的透脱，要想从一度深陷其中的境界抽身出来，恐怕还需要借助外力。这个节点上，文人中能帮得上忙的，也只有陶渊明一人。

东坡之所以远离权力机构，并不是主动的选择，而是在政治斗争中失势，被远远地甩了出来。与东坡被放逐的情况不同，陶渊明是自我放逐。由于直率的个性，在权力体制下难以舒展，活得憋屈，才自愿从中抽身，返回荒芜的田园。从骨子里讲，东坡向往无拘无束的逍遥境界，同时也渴望在世间有所建树，不甘于默默无闻。陶渊明对田园生活的诗性书写和他的安贫乐道，不与圣人同忧的生存状态，对于世俗功名尚有未尽之意的东坡，无疑是一剂解药，助他打消内心的幻想。他胸臆间那股壮烈之气，需要岛上清凉的海风来淬火，也需要东篱下的菊花来冲淡。但陶氏所描绘的生活图景，对于东坡来说，是可望而不可即的。那种图景带有某种理想化的成分。实际上，由于个人任性的选择，失去五斗米俸禄的陶渊明，日子过得十分清苦，有时候不得不找邻居赊米下锅，作为自慰之物的酒更是时常断顿。虽无所累于世，却有所累于身，还累及身边的亲人。一家大小跟着自己忍饥挨饿，过着"环堵萧然，不蔽风日；短褐穿结，箪瓢屡空"的日子，如果内心不是特别冷漠，他的灵魂恐怕也很难得到安宁，这也许是他之所以酗酒如命的原因。唐代诗人王维曾这样说他："生事不曾问，肯愧家中妇。"（《偶然作》）在临终前，陶渊明还是向儿子道出了心底的愧疚与悲怆："吾少而穷苦，每以家弊，东西游走，性刚才拙，与物多忤。自量为己，必贻俗患；黾勉辞世，使汝等幼而饥寒。"（《与子俨等疏》）只要还在借酒浇愁，就不是真正的达观与超脱。

"一饱便终日，高眠忘百须。自笑四壁空，无妻老相如。"（《和陶和刘柴桑》）虽然一个是自我放逐，一个是被他者驱逐；一个在山中，一个在海外，但在天高皇帝远、远离权力角逐与市井喧嚣的边地，两人处境还是颇为相近的。况且彼此都是心直口快、不能虚与委蛇之人。东坡自己曾这样坦白："予尝有云：言发于心而冲于口，吐之则逆人，茹之则逆予，以谓宁逆人，故卒吐之。"（苏轼《录陶渊明诗》）诚如杜甫所云："宽心应是酒，遣兴莫过诗，此意陶潜解，吾生后汝期。"（《可惜》）陶渊明的诗深得酒中之妙意，将陶渊明引为千古知己的东坡，心中之月还有云霾遮覆的时候，北望思归之情也需要开解。对于他和陶渊明而言，诗与酒都是离不开的慰藉之物，彼此间的诗歌唱和，犹如月光下推杯换盏的对饮，也似是太虚中的结伴神游。

9

在儋州，东坡仍然致力于儒学的研究，继续完成《易传》《论语》《书传》的阐述，还阅读历史，臧否古人，对周武王与孔夫子，都有独到的评议。在佛道的参修方面，更是下了不少功夫。综观他的一生，可以说有三个不同的向度：一是以儒兼治天下，二是以道独善其身，三是以佛自度度他。面对皇帝与治下的百姓，他是一个担当的儒者；面向自然的山川风物，他是一个逍遥的道家；静坐下来，面对自己的本来面目，他要做一个撒手人寰的罗汉。通过这三个角色的转换，他自如地应对不同的境遇，身世虽穷心不穷，不至于陷入进退失据、运转不开的死局。到了海南之后，东坡入世建功立业的路途基本被封堵，无法在社会事业方面有所作为，整个人生转到独善与自我救度的方向。

就肉体生命之独善而言，他使用的主要是道家的方法。初到儋州，便关起门来息心默坐，"日就灰槁而已"，渐渐进入空无的境界："蒲团蟠两膝，竹几阁双肘。此间道路熟，径到无何有。"早晨起来时，还舌顶上颚，朝着东方吐纳唾液，汲取初升太阳的光华，像一只月宫里的蟾蜍。多年来，他始终坚持的是三件事：一是"晨起理发"，早上起床慢慢地梳理头发，使耳明窍通；二是"午窗坐睡"，中午在窗前坐睡，渐渐进入无何有之乡；三是"夜卧濯足"，晚上睡前用热水泡脚，使气血通畅。当然，从道家修炼体系看，他走得还不够深入，在炼精化气、炼气化神、炼神还虚三个层次里，他算是浅尝辄止。

东坡仔细读过嵇康的《养生论》，在儋州还写了《续养生论》，强调平衡心肾火水关系和肝肺龙虎关系的意义。其中有的说法，似乎是个人的创见，如：心火为正，肾水为邪，倘若心火主宰生命，人就能够持正；倘若肾水主宰生命，人就会走邪堕落。嵇康是中国历史上难得的美男子，因为拒绝与司马家族合作，十分重视养生的他，在四十岁上就被砍于东市。后期的东坡接受他节欲的观念，把女色视为戕生的利斧，以为"丑妻恶妾胜空房"，并以养神作为养生的根本。《东坡志林》记载，在与人谈到修行时，东坡曾如此感慨：养生难在去欲，其余皆不足道。西汉时候，苏武被匈奴所拘，放羊于漠北，还与胡妇生下一个混血的孩子。自从朝云病逝，东坡就不再纳妾。

在东坡的一生中，除了需要处理危机的时期，其他时间，尽管公务繁忙，也从未放弃过对自身生命的消受，美酒、肥肉、清风、明月、歌妓，一路伴随他的脚步。在条件允许的情况下，他几乎没有辜负过自己，就像他未曾辜负于别人。他是一个有道之人，但从来都不是一个苦行僧。他敢于面对各种艰难困苦，但不会主动吞食苦果，拒绝已经来到眼前的好运与美事。

东坡相当重视饮食与药膳，经常就地取材，做些补益身体的膳食，为自己和旁边的人开方疗疾，效果颇佳。在儋州期间，有个人在打架时身受内伤，话说不出来，稀粥和汤水也喝不下去。东坡用了接骨丹和活血丹，那人服用之后吐出黑血，便好转过来。但东坡毕竟是个任性之人，也有一些照顾不过来的事情。就药酒而言，他经常服用热药，未尝一日不喝酒。一个阶段，喝酒吃药少了，就天天生病，可见对酒药已经有了依赖，脸上也有了酒红。喝酒吃热药，会加剧痔疮的痛楚，但他一生都无法把酒戒掉。他曾这样自嘲："我亦困诗酒，去道愈茫渺"。

绍圣五年（1098），东坡初贬海南，道人吴复古专程渡海过来，与之相会。这个专业的修行人，1077年和东坡偶遇于济南，从此成为道友。其人亦佛亦道，行踪不定，道行高深莫测，惠州时曾经不吃不睡多日，如同神仙一般。在《远游庵铭》中，东坡对他做过这样的描述："吴复古子野，吾不知其何人也。徒见其出入人间，若有求者，而不见其所求。不喜不忧，不刚不柔，不惰不修，吾不知其何人也。"他在儋州与东坡同住了三四个月，谈论养生之道。但无论养生是否得法，人都固有一死，人间终非永久彷徨之地，他希望东坡能够进入出世间法的修行。

虽然坐上功夫不甚深入，但东坡在参禅方面心得颇多，与当世诸多高僧皆有来往。在通判杭州期间，东坡常到寺里听海月大师惠辩说法。每次听了，"则百忧冰解，形神俱泰"，如同通体被清水沐浴过一般。据东坡《赠上天竺辨才师》一诗记叙，他的二儿子苏迨，长到四岁还不能行走，是专请印度高僧辨才摩顶之后，才像小鹿一样奔走起来。东坡施舍了一些财物，辨才则回赠一款歙砚，还郑重劝他："愿公归廊庙，用慰天下忧。"辨才圆寂之后，东坡请僧参寥代为祭奠，并构筑灵塔供奉。该塔铭由苏辙撰文，东坡书写，欧阳棐题额，被称为"三绝碑"。

东坡到黄州时，佛印禅师正好住持庐山归宗寺，没事的时候，苏东坡便乘渡船过江，与禅师品茶论道。有一次，东坡踏进归宗寺时，恰好遇上佛印禅师升座讲法，佛堂挤满了信众。禅师对他说："苏居士，瞧！这可没你坐的地方了。"东坡听出话中的机锋，立即回了一句："既然如此，那就暂时借您四大和合之身一坐如何？"

佛印想借机勘验东坡，同时也治一治他的狂恣，便出言："我这里有个问题，居士若答得出来，我便把身子给你当座位；若是答不上来，你官袍上挂的那条玉带，就得解下来做个纪念啰。"苏东坡自信满满，让佛印随便问。佛印当即质之："刚才居士说要借我四大来做座位，可经上不是说：'四大皆空，五蕴无我'吗，请问居士到底要往哪坐呢？"东坡心流被截，一时语塞，只好解下身上的玉带。据说，这玉带至今仍留存于金山寺内。

东坡与佛印的公案甚是不少，传说东坡与佛印走进天竺寺，看到观音菩萨塑像手持念珠，便问："观音菩萨既然已经成就，为何还要手持念珠？"佛印回复："手持念珠是为了念圣号。"东坡追问："念什么圣号？"佛印回答："念观世音菩萨圣号啊。"东坡还问："他本身就是观音，为什么还要念自己的号呢？"佛印答道："求人不如求己呀！"显然，在禅的证悟方面，佛印更胜一筹，难怪神宗皇帝将高丽磨纳金钵赐予了禅师。东坡贬逐惠州后，佛印给他写了一封诚恳的信，劝他尽快放下世缘专修佛法："人生世间，如白驹过隙。功名富贵，转眼成空，何不一笔勾断，寻取自家本来面目？"

"风蒲猎猎弄轻柔，欲立蜻蜓不自由。五月临平山下路，藕花无数满汀洲。"诗僧参寥以《临平道中》一诗令东坡刮目。东坡任徐州太守期间，参寥曾去拜会，东坡带着官妓请他宴饮。一次聚餐，参寥未到，东坡觉得不能尽兴，便让官妓马盼盼带着笔墨去找，要他赋诗。参寥提笔一挥，写下了"禅心已似沾泥絮，不逐春风上下狂"。贬谪儋州期间，参寥欲渡海来访，东坡有感路途遥遥，一再推拒，称余生必定还能相见。事实上，此后他们便各自凋零了。猪肉与娼妓，乃人世间两大俗物，东坡大雅大俗，酒肉穿肠，时常与友人携妓在西湖上踏歌游冶。有一次，途经净慈寺，竟然带着一帮歌妓直入禅堂，又唱又跳，把大通法师弄得啼笑皆非。

在徐州、颍州、惠州等地，东坡都曾有过放生。到了海南之后，也仍然坚持。一次，抓鱼的人在儋州城南的水池捞到二十一尾鲫鱼，提到桄榔庵来要卖给他。正在与朋友谈天的东坡，高高兴兴把鱼买下来，到北伦江边去放生，还念诵《金光明经》，给这些水族作了皈依。这些事情和组织救济孤儿、革除溺婴恶俗一样，体现了他作为一个居士的慈悲情怀。

东坡是深具禅意与法味的诗人，写诗是他参禅悟道的方式。他的许多诗词，体现了不同次第的悟境。以庐山为题材的三首诗，便是表达参禅悟道的三个阶位。第一个阶位，是常人所处的迷惘状态："横看成岭侧成峰，远近高低各不同；不识庐山真面目，只缘身在此山中。"身陷纷繁万象之中，由于立场视角观念等偏执，看不清事物的全部和自己的本真面目。第二阶位，是通过亲身阅历，在曾经沧海之后，消解无明的渴望与期许，回归于见山是山，见水是水的平常心："庐山烟雨浙江潮，未到千般恨不消；及至到来无一物，庐山烟雨浙江潮。"第三个阶位，即是证悟之后的境界："溪声尽是广长舌，山色无非清净身；夜来八万四千偈，他日如何举似人？"色空不二之时，一切现象都是如来法身的化现，一切法皆是佛法，到了当下即是，不修不整的圆满境地。当然，对于东坡而言，这都是见地上的解悟，还不是一种证量。就像他在《大悲阁记》里所说的："虽未可得见，而理则具矣。"

东坡还试着用禅意来诠释儒家思想，以达到相互贯通。"思无邪"是孔子对《诗经》的破题之言，也是儒家追求的境界。惠州白鹤居落成后，东坡曾以"思无邪"命名自己的书房，写下《思无邪斋铭并叙》："夫有思皆邪也，无思则土木也。吾何自得道，其惟有思而无所思乎？"到了海南，他又在《续养生论》里进一步发挥："孰能使有思而非邪，无思而非土木乎？盖必有无思之思焉。夫无思之思，端正庄栗，如临君师，未尝一念放逸。"他将有觉知而无妄念、不放逸的心，作为无邪之思加以行持。

东坡毕竟是个人物，即便被流放到海外，在中原朝野，被关注度始终不减。关于他的传闻，坊间多有流传。由于他在佛道方面颇用功夫，与方外之人多有往来，因而传闻愈加离谱玄乎。有一种说法，传他流放海南之后，在某个夜晚开悟得道，驾着一叶孤舟，悄然入海而去，渺然不知所终，有人还信以为真。

10

元符三年（1100）初春的一天，儋州城里的百岁老人王六翁，早早就来到

141

桄榔庵，鹤发童颜的他当天穿得特别齐整，为的是要告诉东坡："夜来观星象，公当还内。"(《乾隆琼州府志·仙释》)过些日子，东坡自己也做了个很特别的梦，逝世多年的老丞相、魏国公韩琦，骑着一只白鹤，从云中向他飞来，说了这么一句话：因为接受任命，和你一同去担任要职，所以前来相报。说完便掉头远去。韩琦是东坡十分敬重的大臣，生前对他赏识有加。从梦中醒来后，东坡对苏过说："北归中原，当不久也。"他打开置在床头的坛子，一股浓郁的芳香冲了出来，这是他入住桄榔庵后自酿的天门冬酒。不待菜肴，他便以勺当杯喝了起来。人若走了，酒还没喝完，不也是一种遗憾？

过了些天。黎子云兄弟无事前来相邀，到载酒堂会饮。酒刚过半巡，不知从哪里飞来一群五色雀，在院子里叽叽喳喳唱了起来。五色雀在当地被视为瑞鸟，平常极少能够见到。它们随一阵风飞走之后，东坡举杯朝空中说话："如果你们是为我而来的，就再来聚一下吧！"结果，这群五色雀又哗啦啦飞了回来。东坡的命运，仿佛已经牵动了天上人间。

事实上，支持新党的哲宗皇帝已于正月初九驾崩，其弟赵佶在向太后帘前即位，并于一个月后大赦天下，名单中就有东坡，再次证明女人是他的保护神。海南天高地远，东坡得知消息自然要晚许多，但他冥冥之中也有预感："近日颇觉有还中州气象。"他让苏过备好笔墨纸砚，还上香祷告：如果我能重返中原，我抄写平生所作的八篇赋，当不错漏一字。抄完一读，真的是一个字儿也不错漏。如今，确知自己被赦，心中的狂喜溢于言表："霹雳收威暮云开，独凭阑槛倚崔嵬。垂天雌霓云端下，快意雄风海上来。"(《儋耳》)此般心情，无异于杜甫当年闻官军收河南河北。可见，三年来，尽管有意把海南当作自己家乡，内心仍然绝不了北归的念想。在昌化军城东南，有一座名叫朝天宫的道观，东坡有时会来到这里，与杨道士一同打坐听涛。每当心静下来，思归之情便浮出水面，于是起座，临轩远眺，写下这样的诗句："时来登此轩，目送过海席。家山归未能，题诗寄屋壁。"(《司命宫杨道士息轩》)现在终于不再盼望了，然而，面对儋州的父老与亲友，却又有了几分眷恋与徊徨："我本海南民，寄生西蜀州。忽然跨海去，譬如事远游。平生生死梦，三者无劣优。知君不再见，欲去且少留。"(《别海南黎民表》)。

听说喜欢夜游的大先生要离去，儋州父老乡亲，都提着大大小小的礼品来相送。有米酒、鹿肉、糍粑、野果等各种土特产。《遁斋闲览》记述："初离昌化时，有数十父老，皆携酒馔，直至舟次相送，执手涕泣而去。"由于不便携带，东坡大都以心领婉拒，并与他们一一握手泪别。

五月间，神秘的道人吴复古，不知从何得知东坡被赦的消息，专程渡海过来，陪他北上。苏门四学士之一的秦观也来信，希望能够在雷州半岛徐闻海岸见上一面。此时关于东坡的诏书也已经送达，是调他赴廉州安置。他和儿子收拾行李，偿还借阅的上千册书籍，应当地人士之请，提笔为神

东坡笠屐图

宗皇帝册封的峻灵王写下庙碑，并向西稽首遥拜，感谢山川之神给予的护佑，便开始动身。相比来的时候，他多带了一样东西，那就是形影不离的黑唇狗"乌喙"，兴许还有几块"鹤骨龙筋"的沉香，这是海南雨林木气精华的凝结，也是宋代士大夫们的至爱。

东坡一行途经澄迈老城通潮阁，于六月抵达琼州府城东边的三山庵。惟德法师取庵下的泉水，泡茶为他洗尘，入口时清明的感觉，让他想到二百五十余年前流放至此的李德裕。因李丞相喜欢喝惠山泉，便将此泉叫作惠通泉，以为纪念。他还和众人一起，到三年前发现双泉的地方，泉源如沸，上面建起了亭子。琼州太守陆公请他题名，他取了《诗经》里的"洞酌"二字，寓意悠远。应当说，海南岛的文脉是东坡开显的，这跟他在海口府城发现的双泉，似乎有着某种隐秘的关联。

在府城，东坡盘桓了三天，探访了自己得意门生姜唐佐的家，到府城与

白沙津之间的龙歧村（今海口市海府路），向伏波将军庙进香祭祀。他原本计划在澄迈通潮阁渡海，后来，或许是听了吴复古的建议，改在海口登船。六月二十日夜，他写下流放海南的最后一件作品：

参横斗转欲三更，苦雨终风也解晴。
云散月明谁点缀，天容海色本澄清。
空余鲁叟乘桴意，粗识轩辕奏乐声。
九死南荒吾不恨，兹游奇绝冠平生。（《六月二十日夜渡海》）

这一日天气晴好，波平浪滑，他们顺利抵达徐闻的递角场。门生秦观已从郴州赶来，在港口等候多时。失散多年，有生之时还能重逢，二人都感慨良多，有说不尽的话语。秦观还把新写的《自作挽词》给东坡看。东坡以为只是戏作，没想到，比自己小十多岁的秦观，在一个多月之后就猝死于北归途中。临终的时刻，他只是觉得渴，水都来不及喝就上路了。秦观之才一生襟抱始终未得舒展，他的死是真正的夭折，这让东坡无比痛惜。吴复古陪东坡渡海之后，便飘然离去。然而，当东坡来到清远峡的时候，这位奇人却突然出现在眼前。这次，一向身体很好的吴复古忽然示疾。东坡问他身后之事，他只是微微一笑，便溘然长逝。这样，海峡两岸之间，一个护送他的人，一个迎接他的人，都与他永别了。这都是东坡料想不到的，但更让他想不到的是，不满一年，他也将与这个世界永诀。

北归的路上，辗转颠簸，酬酢甚繁，前来拜会的人应接不暇。就连自己一度的死对头章惇的儿子章援，也给他来了封长长的信。他老子此时已被流放雷州，因为声名狼藉，曾经构陷苏辙侵占民居，当地百姓连房子也不愿租让给他，情状堪称可怜。现在，外面到处传说东坡即将拜相，恐怕报复加害于他。此时东坡尽管寝食难安，还是给章援复信，称："某与丞相定交四十余年，虽中间出处稍异，交情固无所增损也。闻其高年，寄迹海隅，此怀可知。但以往者，更说何益，惟论其未然者而已。"还将自己所述的《续养生论》随信送去。可见坡翁心量之宽。看来海南岛之后，东坡真是像自己所说的，冤亲平等，眼前见天下无一个不是好人了。却不知一度要置他死地的章某，收信之后做何感想。

尽管东坡略通岐黄之术，给自己开方下药，身体还是每况愈下，四肢肿胀，甚至咳出杜鹃一样鲜艳的血花来。他似乎感到来日不多，为自己写好了墓志铭。七月十八日，他将三个儿子叫到床前说："吾生无恶，死必不堕，慎无哭泣以怛化。"流贬岭海期间一度为他祈祷的维琳法师，从杭州赶来常州，劝他多多念诵佛号。他以为"大患缘有身，无身则无疾"，只要放下此身就好。在他看来，此生已无足道了。临终之际，维琳方丈凑近他的耳朵，说："千万别忘了往极乐世界去。"苏东坡还话："西方净土不是没有，只是这里头着力不得。"旁边有个朋友说："这个时候，先生还是着力为好。"得到的回答是："着力即差。"这是他在这个世界说出的最后一句话，其中的意思，也只有禅者才能明白。显然，东坡并不打算到什么地方去安家落户，而是希望自己死得透彻一些。从此，他也许就像自己所想象的那样，再也"不依形而立，不恃力而行，不待生而存，不随死而亡矣"（《潮州韩文公庙碑》），进入"无所往而不在"的境地。

11

东坡在海南的生活，从事相上看，相当平淡，除了安居茅庐，与当地黎胞百姓混居同乐，品尝美食，静坐养生，以诗酒自娱，在社会政治经济上并无什么作为，更不具有传奇性，实在看不出"兹游奇绝"的地方。因此，海南之行的殊胜，应在于其内心的跌宕与转折；在于他的精神世界有非同寻常的洞天打开；在于他捡到了无人知晓的宝物。正如秦观所言："苏氏之道，最深于生命自得之际。"但按照东坡的表述，他在南荒之地经历了九死一生。这其中的死不是身死，而是心死，他死掉了许许多多手中抓握的事物，死掉了重重建立起来的自我，扯断了胸臆间枝繁叶茂的葛藤，并在九死之后获得一生，死透之后成为一个大活人。于是，死亡因此变得伟大，死亡成为一个值得庆祝的节日，死亡本身就是一种诞生，如同天国之花的绽放。

如前所述,东坡的人格修养,涵盖儒道释三家。要完成跨度如此之大的文化人格建构,除了思想见地上的进学,更要紧的是行履功夫,也就是说,不仅要读万卷书,更要行万里路,将理与事打成一片,进入华严宗所说的事理圆融法界。这就必须深入走进人间炼狱,将身心付与劫火的煎制与冶炼,关在斗室和洞穴里是无法完成的。东坡的人生跨度极大,不论是悲欢离合,还是进退沉浮;不论是位极人臣,还是身陷死牢;不论是志得意满,还是落魄江湖;不论是宠荣倍加,还是罪辱交集;不论是利害得失,还是生杀予夺,他都亲临其境,充分地经历体验,深得个中的况味。就像神农尝百草一样,他几乎遍尝人间的甜酸苦辣。从庙堂之高,到江湖之远,一个完整的社会截面,他都用生命一寸寸地度量过。尤其是到了海南,他的身世被高高地抛起,掷弃在莽荒的孤岛,无援的绝地,生命前期获得的种种堂皇披挂,到这里已被剥落得所剩无几,几近赤裸,如同出生的时候。但在这死绝空亡之地,他仍然能够收容自己,并安身立命,把异乡边地当成故乡家园来生活,还大有乐不思蜀的意思。命运带来的一切不公,他都照单买下,不再怨天尤人,更不自艾自弃。这也是他和李德裕等海南岛上的流放者迥然不同的地方。

因为没有被各种飞来的无名之物击倒,挫折和灾难都成了他的造化,成就其纵横驰骋、大开大合的心量。因此,他对这个世界的改造,并不大于这个世界对他的改造。作为命中的最后一劫,海南岛的流放生涯,是他人格完成的地方。在天涯海角的桄榔树下,就着自酿的天门冬酒,通过对一生经验的细嚼慢咽,通过对边地非人生活的忘我融入,通过与陶渊明天上人间的对话,他将儒者的济世,道者的独善,与释者的慈悲与解脱,汇入自己的骨髓,实现了世间法与出世间法的贯通,独善其身与兼治天下的对接,成就左右逢源、任何东西都拘不住的活泼禅法,这就是"兹游奇绝冠平生"的含义所在。"守法而不智,则天下之死法也。道不患不知,患不凝;法不患不立,患不活。以信合道则到凝,以智先法则法活。"(《东坡志林·信道智法说》)他正是怀揣这个既凝又活的法宝北归的。因为怀揣着这个法宝,东坡在三教汇流的宋朝,完成了对中国人概念的重新定义。或者说,他成了一个完整意义上的中国人,成为中国文化的人格标本。在他之前,中国文化人格是儒道二元互补结构;到他这里,是儒道佛三家会通，或者说三位一体的结构。从此之后，一个以中国人自任的人，倘若不兼具三家修养并且融会贯通，与时俱进加以活泼运用，其精神人格就不是健全的。

通过世间法与出世间法的融会，东坡将世俗物质生活与神圣精神生活结合在一起。他既可以与佛道高人静坐参禅；又可以与娼妓泛舟江湖之上，吟唱新词；还可以与左邻右舍饮酒吃肉，消受人间烟火的肥腻；他上接天气，下接地气；既可以神交古人，逍遥于无何有之乡，与天地精神相往来；又可以投身社会事务，修路搭桥，救助孤儿。他既能够放下身心，将一切托付于天命的造化，如无系之舟任意东西，又能够全然提撕起来，奋不顾身地奋斗在灾难降临的第一线。他既不畏怖叵测的死亡，又善于享受当下，活得摇曳多姿，风情万种，到哪里都是个大活人；他上可陪玉皇大帝，下可陪田园乞儿，把生活的两个极端打通，并自由出入其间。他要追求的是"地行即空飞，何必狭日月"的自由和维摩诘那样入世间出世间的大自在。猪肉乃世间最俗气之物，但经他烹制的东坡肉，吃起来一点也不油腻。

东坡时代，对三大文化矿脉都有深入的挖掘，将儒道佛三家学说作为知识加以吸纳，成为饱学之士者大有人在，但将其内化为一种精神人格，外化为社会行动和日常生活形态，在显学界，能够做到的似乎只有东坡一人。周敦颐、二程兄弟，还有东坡小儿子苏迨的精神导师、接绝学开太平的张载，理论上的建树至今遗泽甚深，但于人格气象和日常行履方面，也在不同程度上有所拘泥，很难说已达到圆通的境界。东坡出入儒道释三教和世间法出世间法二谛，政治生活中是一个进取的儒者，日常生活中是一个逍遥的道家，精神生活中是一个超然的居士，因此他亦儒亦道亦佛，也非儒非道非佛，不以哪一个文化身份自拘，落入窠臼之中。

当然，东坡虽然是一个通家，却不是一个完人。他对三大文化资源都有深入的开采，却不能说已达到穷尽的止境。就像他自己所说的："望道虽未济，隐约见津涘。"（《和陶止酒》）他对于国家有大情怀，放不下天下江山任人踏践。在晁说之所写的苏过墓志铭上，有这样的叙述："或曰：先生南居而乐焉，非也。先生忧国爱君之心日加，循省而生郁结，则何敢乐？"（晁说之《苏叔党墓志铭》）东坡自己填的词里，也有"一万里，斜阳正与长安对"；"君命重，臣节在。新恩犹可觊，旧学终难改"这样的句子。对于现世生活，他也有诸多牵绊与眷恋："归去复归去，帝乡安可期。鸟还知已倦，云出欲何之？入室还携幼，临流亦赋诗。春风吹独往，不是傲亲知。"（《归去来集字十首》）包括自家后院的亲情与天伦之乐，他都有所不舍，不能做到一尘不染："斜日照孤隙，始直到知空有尘。微风动众窍，谁信我忘身。一笑问儿子，与汝定何亲。"（《和陶杂诗十一首》）细辨起来，空空如也的境界里，也有尘埃纷纷扬起。元丰六年（1083），朝云给他生了个儿子。在给幼儿洗身的时候，东坡写下一首诗："人皆养子望聪明，我被聪明误一生。惟愿孩儿愚且直，无灾无难到公卿。"（《洗儿诗》）既希望他生性愚直，又希望能够在世间出人头地，可见内心矛盾，还是不能免俗。可惜的是，这孩子未满周岁就夭折了。

"天生学道真实意，岂与穷达俱存亡？"东坡一生追求真谛，不轻易接受某种现成的教条，把自己弄成一个教徒模样。对于儒家的一些学说，他仍然有所保留，指出"儒者之病，多空文而少实用"（《与王庠书》）。对于道家玄之又玄的境界，与云端上的神仙国度；对于佛教所言的超出三界外不在五行中的真如法性，他还没有身临其境的亲证。因此，他的信仰中隐约存有疑情，有时甚至觉得"仙山与佛国，终恐无是处"。初到黄州的时候，在答复一个叫作毕仲举的人的信中，他说出了这样的意思：对于佛经，我过去也曾读过一些，"但暗塞不能通其妙"，只是取其中一些粗浅的义理来洗涤心灵。这就好比农夫锄草，锄掉之后草又会长回来，虽然似乎没什么益处，但毕竟比没锄要好一些。以前，陈述古先生喜欢谈禅论道，自以为已经证到至高境界，因而鄙视我的见解。我跟他说：您所谈论的，犹如吃食龙肉；而我所学的，却是吃猪肉。猪肉与龙肉之间有大差别，然而，您整日空谈龙肉，不如我现吃猪肉来得肥美，而且能填饱肚子。不知道您从佛经中得到了什么？是为了出离生死与三界轮回，成佛作祖吗？还是与我等俯仰于天地之间？学习佛道的人，期望获得的是宁静和通达。宁静近乎懒惰，通达近乎放旷。当然，求学之人或许未能得到期许的结果，却先得到了似是而非的东西，并非没有害处。因此我也常常怀疑自己。（参见苏轼《答毕仲举书》）言下之意，他还是想将猪肉烹饪好，看看能否当龙肉来吃。

黄州雪堂建立起来后，东坡写了一篇《雪堂记》，文中记叙他迎来了一个非同寻常的客人，是否是参寥子不得而知，或许就是他内心的自我对话。客人说，你有聪明，用在自己身上就可以了，为什么还要用到外面来呢？声名就像风和影子一样，是不能把抓的，这连小孩都明白，可你为什么还留恋它，把自己套进藩篱里？东坡回答说，我以为自己脱离藩篱已经很久了。客人反斥道：权势、声名、阴阳、道德都不足以成为藩篱，能够牢笼我们的，其实是自己的心智。你在这个院子里建造厅堂，是想用来安排自己的身体吧？你在堂里绘画雪景，是想用以安放自己的内心吧？如果身要靠厅堂来安排，形体就已经被束缚起来；倘若心要靠雪景来唤醒，神就无法凝聚起来。这样，雪堂的建造，非但对你无益，反而加深你的蒙蔽。东坡回答：我建堂画雪，只是为了将远处的景致收入其中，以怡情适意而已。人性情的舒展，其实就在万物生化、日月升沉之间。你说的是上乘之道，我说的是下乘之理。但我能够做到你所做的，你却做不到我所做的。

这段在一般人听来云遮雾罩的对话，挑明了东坡对佛道的理解。他是以佛道来治心，或者说降伏其心的，无意要弃世绝尘而去，追求方外的秘境；也无意在自然变化与社会生活之外，去寻觅玄之又玄的众妙。他要的是入世的禅法，可以游刃有余出入于动静有无之间，将无为之法融入有为之中，即色即空，色空不二，于挑水担柴，洒扫应对之中不昧菩提法性；能够做到"遇物而应，施则无穷"，即使在极其局促的角落里，也有回旋的天地，于"短篱寻丈间，寄我无穷境"（《新居》）。这符合大乘佛法的精神，就像《法华经》里所说的：一切治生产业，皆与实相不相违背。问题的关键，不在于事相的分别与拣择，而在乎心性的塞通。

仿佛是天命的驱使，东坡要到海南岛上来，才能走完他万里路最后的一程，从而完成建构中华文化人格的使命。而那个时候的海南岛，是以抛弃的方式，置之死地，让他挣脱自性所依恃的事物，从无何有之中生起大心；是以剥夺的方式，让他窥见彻底剥夺之后的剩余物，来成就他自我的超越，获得"从无住本，立一切法"的安放。万卷书已经读遍，万里路也已走尽，书与路之间也已贯通一气。在登上北归渡船之际,东坡的精神生命实际上已经完成。他人生的止归,既不在南,也不在北,而在乎南北之间。

作为作家,东坡可谓深得文字般若三昧,尤其善用凝练精准的词语,来表达微妙的感悟。他的写作,大多是对自己经验的提炼。由于人生两度起落,历经命运的九蒸九制,他提炼出来的文字,具有一种精神治愈的效能,在某种情况下,是可以当药来服用的。

东坡的写作不仅仅是凭借天赋灵气(尽管这方面他禀赋充盈),还依靠思想领悟力对经验的深度消化,以及由此获得的通达。因此,他的文气酣畅,如同泉涌。正如他的自我感觉那样:"吾文如万斛源泉,不择地皆看出,在平地滔滔汩汩,虽一日千里无难。及其与山石曲折,随物赋形,而不可知也。所可知者,常行于当行,常止于不可不止,如是而已矣。"(《自评文》)东坡的诗文,不仅文采旖旎,而且别具见地,意趣横生,元气淋漓。他是中国文学史上少有的智慧型作家,颇得庄子妙传。这方面,他有充分的自觉:"天下之事,散在经子史中,不可徒使,必得一物以摄之,然后为己用。所谓一物者,意是也。不得钱不可以取物,不得意不可以明事,此作文之要也。"(见《韵语阳秋》)相比之下,文化思想底蕴不足的作家作品中,辞多意少、境繁义枯的情况相当普遍。东坡堪称诗哲,他的作品将微妙的诗情与深邃的哲思融为一炉,艺术动作难度极高。像他这样的作家,古今中外都不可多得。在古代中国,也只有相对开明的宋朝,才可能出现这样个性恣放的人物,尽管他也因此遍尝苦罪。但是,倘若生于明朝,早不知被碎剐多少次了。哪怕是活在清代,他也没有那么多个头颅可砍!令人沉思的是,中国历史上的所谓治世,差不多都是政治经济意义上的。思想文化的繁荣,往往出现于乱世之中。

话说回来,东坡是一个大家、通家,还是一个玩家。玩得起来,是内心真正通达的表现。除了诗文、政论、哲学,他对烹饪、酿造、岐黄之道也皆有所得。但生命有限,问学无穷,他毕竟不是一个完人,不是在每一个方面,都取得与文学比肩的成就。就医学和养生而言,尚有需要深入探寻之境。他在常州时给自己开的三味药:人参、茯苓、麦冬,对于一个湿热很重的病人,不见得是很好的组方。对此,今人不应该苛求,但也不必一味拔高,将其神化。

12

　　带着捡到的宝物，带着九蒸九制炼就的心丹，东坡离开了海南岛。他走之后，这里的天空似乎显得更加空旷了。他曾经授业解惑的载酒堂，后来被改造成儋州东坡书院。在海口，他和苏过寄宿的琼州府城金粟庵，元代时也辟为东坡书院。到了明代万历年间，这里便建起了"苏公祠"，供奉他的神位，幼子苏过和学子姜唐佐作为配祀位列左右。海南岛上，以东坡命名的道路、村庄、水井、桥梁，不胜枚举，可见其人文遗泽之深。可以说，海南岛与中原大陆的地脉，是东坡来后才接通的。他的不幸，却是海南人的大幸。直到今日，许多人都还觉得，三年的流放，时间还是太短了。如果不是那么快被赦免，他也许还能多活一些年头。

The
Biography
of
HaiNan Island

海南岛 传

沉香：朽木的魅惑

第十章

黎人采香图

1

曾经一度孤悬海外的崖州，牵动朝野的不是什么要紧事物，而是一种腐朽的木质，它蕴藏的气息能改变人的呼吸，使之变得深沉、舒缓而又芬芳，成为一种销魂的享受。因此，它拥有一个魅惑的名字：沉香。当然，出产沉香的地方甚广，遍及岭南各地，遍及越南、柬埔寨、印度尼西亚诸国，但在方家之内，备受推崇的还是海南沉。北宋宰相丁谓，是最早给沉香立传的人。流贬崖州期间，他曾经听老人说：近年有大食（阿拉伯）商船，因台风滞留海南，酋长整天大摆筵席，向当地人炫富。但他们烧的沉香干枯而轻浮、烟薄而有焦味。席上有当地人，当场拿出海南岛北部出产的普通沉香，刚一点燃，烟云便如同沸水一样蒸腾起来，芳馨缓缓流溢，摄住了众人的气息，久久不能散去。这些番人从此不再摆阔。当时烧的，还不是黎母山区上好的沉香。

越南中南部出产的沉香，数量一度十分可观，从番禺（广州）到阿拉伯都有卖，贵重的与黄金等价，但与海南沉也还不能相提并论。在将一块形似小山的沉香送给弟弟时，东坡附上了《沉香山子赋》一文，对海南沉与越南沉做了比较："矧儋崖之异产，实超然而不群。既金坚而玉润，亦鹤骨而龙筋。惟膏液之内足，故把握而兼斤。顾占城之枯朽，宜爨釜而燎蚊。"在赞叹海南沉的同时，把越南沉狠狠踩了一脚。医家李时珍《本草纲目》说得尤为直白：即沉香而言，"占城不若真腊，真腊不若海南黎峒。黎峒又以万安黎母山东峒者，冠绝天下，谓之海南沉，一片万钱。"在中医方剂里，为了确保药效，往往径写海南沉。

关于海南沉与越南、加里曼丹等地沉香的区别，赵汝适在《诸蕃志》里归结为"其气清而长"。其他地方的沉香，按照丁谓的说法，则是"色泽浮虚，而肌质散缓；燃之辛烈少和气，久则溃败"。近世以来，有囤积东南亚沉香的大藏家，企图颠覆这种定论，从中牟取暴利，却苦于缺少苏东坡、李时珍等人的德望和话分。作为自然遗产，海南沉和后起

如今已十分难得的海南奇楠香　孔见摄

的黄花梨一起，在财富与权力中心注册了海南岛的域名。凡是出自这里的物产，包括这里出去的人，都会让人联想到沉香和黄花梨。

2

将草木拿来焚燃，皱起鼻子吮吸其散发的香气，这种传统由来已久，据说有五千年左右的历史。不过，香草或香木的使用，最早可能是用以驱赶蚊虫。《周礼》有文为记："剪氏掌除蠹物，以攻攻之，以莽草熏之，凡庶虫之事。"在很长的时间里，人类和蚊子一样逐水草而居，这种连母狮都奈何不了的小动物，无孔不入，喜欢吸食人的鲜血。海南乡村夏夜蚊虫极多，寻常人家少有纱帐，用以驱蚊的是一种树枝，散发着带有辛辣的香气。特别是在火苗上燎过之后，芳香愈发浓郁，蚊子触闻便落荒而逃。它们一定是觉得恶臭极了。也许，就是在漫长的夏夜，有心人闻着闻着便闻出感觉来，陶醉其中，进入一个洞天里久久不能出来，于是香的内涵渐渐引申到除秽、薰衣、示爱、祭祀、养生、医疗等方面，成为一种可观的文化支脉。

曾经，人们出入社交场所，怀里都披着一撮香草，并热烈地谈论它们；除夕或新婚之夜，则要香茅煮水来除晦，以期有一个祥和的开端。除此之外，香料用得最多的，是宗教祭祀和医学治疗。医学掌管着人的身体，宗教掌管着人的灵魂。身体管不好就会发病致死，灵魂管不好则生不如死；灵魂管好了可能超凡出界，获得永恒的福祉，但身体最终都是管不好的。肌体病痛的出现，

大多源自气脉的阻滞，运化不开，而沉香恰恰是化滞通脉的灵药。中医方剂里，以沉香配伍的成药，有沉香化滞丸、沉香养胃丸等，多达一百六十余种。

灵魂不安的原因，往往源自精神的迷茫与纠结，需要引领和化解，宗教便是一种古老的化解方式。在宗教生活中，香是净化道场、召唤神明、感应道交的灵物。《尚书》里有"至治馨香，感于神明"的说法。《礼记》中说："至敬不享味，贵气臭也。"最高享受不是嘴里吃的美味，而是鼻子闻到的气味。庙堂之中或是夜深人静的密室，燃一炷香，任幽蓝的香气袅袅升起，直达三界九霄，冥冥之中，便有一种孔子说的祭神如神在的意境，与天界的沟通似乎即可以开始。《天香传》里描述的更加真切："焚烧香珠，香气通九天，真人玉女，载歌载舞于空玄之中。"

被征来做香料的，有泽兰、肉桂、檀木、艾蒿、郁金、白芷、香茅等草木，还有龙涎香、麝香等动物组织。最后是沉香出类拔萃，气压群芳，成为诸香之王。在没有沉香的场合，各种香草都可以随便焚燃，而且燃起来也能让人心旷神怡。然而，一旦沉香点起，所有的香气便无影无踪，完全被其覆盖。闻了沉香之后再来燃别的香草，就像喝了蜜糖之后再来啃黑甘蔗，未免让人有些黯然。沉香能够静心除秽，在人声鼎沸、肉骚鱼腥的酒会上，燃起一小片海南沉，整个场面就会沉寂下来，酒肉之味随之消失，唯有一股深沉微妙的大气暗暗浸漫，隐约出入于呼吸之间，绵绵不绝，让人不敢高声。

3

海南历史上，曾经有过一头牛换一担香的时候。但从唐代起，沉香作为朝贡不可或缺的特产，价格一直上涨至今。入宋之后，沉香的消费蔚然成风，海南沉成为市场上最稀贵的物品，本岛也因此获得"香洲"的称号。曾经一个时期，岛上的人都投入采香、贩香的热潮当中，将许多良田都弃荒了。苏轼兄弟的对话，道出了海南沉在当时的行情："焚之一铢，香盖通国。王公所售，不顾金帛。"上好的野生沉香，价格高昂，堪称植物里的钻石，非一般人物可以消受得了。贵重的东西一般不能往水里扔，更不能投入火中，但沉香恰恰就是要投入火中，化为灰烬，才成其为沉香。有了价值的事物，人最怕的是它灰飞烟灭，烟消云散，但沉香的消费，恰恰取的就是灰飞烟灭的过程，因此是一种真正意义上的消费，比烧钱还要烧钱。倘若缺少足够的财源支撑，沉香烧起来令人锥心绞肠，全然没有了芳香的感觉。因此，上品沉香国内目前主要用于收藏和藏家之间的流转赏玩，付诸烟火的只是普通的品类。

真正的消费者来自阿拉伯上层社会，他们一度是东南亚沉香最大的买主。《天香传》记录："大食贵重栈沉，香与黄金同价。"有金子作底气的酋长们，只在乎它烟消云散时的觉受，何况宗教上供养，讲的是彻底的舍出和奉献，不能夹杂丝毫咸涩的意味，连身家性命也是如此。宗教要的就是彻底舍弃完了之后的剩余物：一颗无所执着的心。自唐宋以来，沉香的价格一路见涨。即便到了今日，沉香拍卖极少有流拍的记录，且成交价往往是估价的数倍乃至数十倍。沉香的这种涨势意味着其他物品都在跌价，人的劳力乃至身家性命也随之贬值。一个人起早贪黑，终年辛劳所得，还换不来一克沉香。医院里换一个肝脏含手术费要几十万元，也就是十几克好香的事。香价飙升到如此不可理喻的程度，让人不免心生疑惑与追问：不就是朽木的残渣吗，不就是一缕虚无缥缈的烟气吗？值得那么多人苦苦以求，值得支付那么高昂的代价！？

气味，是事物相对鼻子成立起来的属性，但它也不完全是感觉的幻化，其间有性质的不同。苦涩的气息内敛而向下沉陷，令人抑郁憋闷。芬芳的气息温馨而又富有活性，气机上扬舒放，令人心脉畅达。因此，几乎所有芳香的草木，都多少具有活络行气，开窍通脉，燥湿除瘴的功用。古人对此有甚深的研究，中医药典里，便有芳香化湿的类别。但在芳香的草木中，仍然有更加细腻的差别。多数流溢的香气都失之飘浮，且难以持久。尤其是草本的芬芳，往往较木本轻佻与短促，其作用搁浅于身体气脉的表层，成为一种虚火。即便是肉桂这样的木本，也多少有些燥性，其气息要降入腰肾，得借点别的药力的才好。而沉香的奇妙之处，在于它能够将自身芬芳的活性，潜入肉体生命的深幽之处，去推助气脉的升机，由里到外层层抒发表达，将沉滞在孔窍间的不良气息排释出来，完成对身体脉络的清洗，实现气机的上下通达，相当于清水洗尘的沐浴。这当中，至关重要的是两种条件：一是香气的品性沉着，能透入身体的微循环；二是香气的劲道足够以及作用的绵延持久。上品沉香能够满足这两种条件，跟它生成的环境过程有着密切的关系。

4

说起沉香的出身，未免让人心生感慨。常言梅花香自苦寒来，可沉香出身岂止是苦寒而已，它来自于伤痛与病患。沉香其实是某种树木生长过程的异化物。在海南，则主要源自一种叫白木香的树种。这种看起来相当平庸的常年落叶植物，如果生长得健康顺利的话，是不会结出香来的，只配当柴火烧。它必须受过某种伤害和摧残，或者是风暴，或者是雷火，或者是人为的故意，在它身上留下足够深入的创伤，而且伤口必须被菌类感染侵蚀，出现溃败糜烂等并发症，一时还不能愈合。总之，必须有足够剧烈的、难以忍受的、持续的痛苦，来激发其自我治愈机制，从命根里分泌出浓稠的汁液来弥合。就是这些树汁，在与菌类的对抗中发生变异，形成膏脂一般的结块，最后经过岁月的沉淀和醇化，才成其为沉香。有的树木倒伏地里，经过风雨的浸渍和虫蚁的蛀蚀，未结香的木质渐渐化为泥土，结香的部分则残留下来，成为真正的"木乃伊"，便是品质上乘的沉水香了。由此可见，所谓沉香其实是树木伤口的结痂。将伤痛结痂为一种醉人的芬芳，是白木香创造的奇迹。黎族人早就懂得白木香树结香的原理，进山时用刀砍斫香树的枝干，让伤口在雨露中感染结痂，"积油成格"，来年再来采取。香的品质既跟结痂的时间有关，也跟树的年龄有关。二百年以上树龄的老枞，香脂就结得很好，连树干的芯部也饱含油脂，成为黄油格或黑油格。如果舍不得焚烧，可以用来雕刻成各种精美的工艺品，这样，质地与形态就相得益彰。

按古人的说法，沉香振草木之灵，化而为香，蕴含着芬芳的魂魄。就像许多灵物一样，野生沉香的生成必须躲开人群，在穷乡僻壤、荒山老林里孕结，仿佛守着一个危险的秘密。因此，香的采撷如同捉迷藏一般，颇费周折。采香人通常被称为香仔，据《琼黎风俗图》之《黎人采香图》记载，他们备足干粮，数十人为群结队出发，在设坛祭祀山神黎母之后，持刀斧在密林里分头行动,像一支神秘的别动队。情况往往是这样,在未找到沉香之前,就有毒蛇、黑熊、云豹找上来斗法,它们是山林的守护神。肉搏之事时有发生,伤亡也不可避免,这些都得打入香的成本。夜晚,香仔们在山谷里烧火露营,睁着半只眼睛睡觉,直到营火熄灭,天光亮起,重又开始一天的寻觅。遇上白木香树,便以刀斧敲打根部,凭声音判断是否结香,以及结香的部位,然后,迫不及待,吽然将树破开。就像该图题诗所写的:"百岁深岩老树根,敲根谛听水沉存;太平神岳怀怀久,敬出名香贡九阎。"

虽说采香是极其辛劳之事,但仅凭辛劳也不见得能采到沉香,还得讲运气。运好的人进山一二日,即可雀跃返回;运背的人在山里盘桓半个月,还是徒手而归。当然,香客的悟性至关重要。山里虽然间有香木生长,但结香者百无一二,而结香的位置或在枝干,或在根株。缺少悟性的人,须将树木刨开才能判断是否结香;有悟性的人,察看树叶的色泽,就能做出八九不离十的推测;而灵性好的人,往往在空山新雨之后,或是月光如水的夜晚,悄悄潜入林中,调缓呼吸,凭倒抽的一口深气,便可品出结香的位置,尤其是埋在地里的土沉。

清人查嗣瑮的《查浦辑闻》,说得更加离奇:"海南人采香,夜宿香林下,望某树有光,即以斧斫之,记其处,晓乃伐取,必得美香。又见光从某树飞交某树,乃雌雄相感,亦斧痕记取之,得飞沉香,功用更大。"这种说法难以采信,但善于采香的香仔,还是让人觉得不同寻常。按照山里的说法,此人必有神鬼相助,而神鬼助与不助,又跟过去积下的阴德有关。有时候是这样,人走得实在太累了,便在旁边的树头上坐下,松弛一下筋骨,没想到树头里,竟然结着一块油浸浸的大香包。真可谓踏破铁鞋无觅处,得来全不费工夫啊。这种不期而遇的财运,虽说不是不义之财,但也不全是自己辛劳所得,因此,还要拿出一部分来做供养,或是请乡人欢醉一场。

一般而言,沉香的品质,跟其凝结的树脂饱满程度有关。因此古人习惯将其置于水中来做出评价,浮在水面的称为黄熟香,是最次的等级;半沉半浮者为栈香,较前者略好;沉入水里的称为水沉,树脂含量四分之一以上,是沉香中的上品。但这个标准也不能贯彻到底,被看作顶级沉香的奇楠香并不沉水，而是像游鱼一样半沉半浮。与普通沉香相比，奇楠沉质软性糯，指甲一掐即会凹陷，削下来的碎片甚至可以捻成丸子。用舌尖轻舔，就有一种酥麻的感觉渗出，令人满口生津，久久不能退去，再三咀嚼，香屑则完全化入口中，成为一种隽永的韵味萦绕开来。奇楠香的油脂含量，一般高于普通沉香，香气也更为清凉、甘甜、浓郁，从头香到末香，还拐出许多道弯弯来，有得玩味。多数沉香要靠火来揭示其内里的香气，而奇楠沉不近烟火，照样能抒发出缕缕暗香，让香客着魔发狂。

香客是一种特殊的人群，他们都养着一对特别灵敏的鼻子。他们把人与世界的关系，归结为鼻子与气味的关系。想象起来，这些人的鼻子，应该比旁人大出许多。因为习惯于品味好香，世界上飘扬的许多气味，对他们而言，都是一种处罚。

5

关于沉香的妙用，有过许许多多的阐述，但最为全面的归纳，见于北宋黄庭坚所述的《香之十德》：感格鬼神，清净身心，能拂污秽，能觉睡眠，静中成友，尘里偷闲，多而不厌，寡而为足，久藏不朽，常用无碍。唐宋时代，沉香的品赏已成为上层社会的时尚，其浮动的暗香，和着清风月色，渗入了生活的细枝末节。闻香也和品茗、插花、赏画一起，列为君子四件雅事之首。除了重大典礼与祭祀活动，需要焚香沐浴以示诚敬；深闺密帷之内的颠鸾倒凤，也得有一炉好香来撩拨情欲，营造飘飘欲仙的氛围；至于骚人墨客间的集会，哪能少得了抚琴与鉴香！因此，不论是李白、苏东坡代表的豪放派，还是柳永、李清照代表的婉约派，诗词间都有香气溢出。陆游的《夏日杂题》，就有海沉的踪迹："午梦初回理旧琴，竹炉重炷海南沉。茅檐三日萧萧雨，又展芭蕉数尺阴。"此乃宋朝文人适意生活图景的写照。在这样的时代，多少聪明透顶的人，都让沉香给弄糊涂了。

缭绕的香烟，给平淡的生活注入了优雅的写意。明人屠隆的《考槃余事·香笺》，描述了沉香对生活的诗性介入："香之为用，其利最溥。物外高隐，坐语道德，焚之可以清心悦神。四更残月，兴味萧骚，焚之可以畅怀舒啸。晴窗搨帖，挥尘闲吟，温灯夜读，焚以远辟睡魔。谓古伴月可也。红袖在侧，秘语谈私，执手拥炉，焚以熏心热意。谓古助情可也。坐雨闭窗，午睡初足，就案学书，啜茗味淡，一炉初热，香霭馥馥撩人。更宜醉筵醒客，皓月清宵，冰弦曳指，长啸空楼，苍山极目，未残炉热，香雾隐隐绕帘。又可祛邪辟秽，随其所适，无施不可。"不管是深夜四更，还是午后初醒；不管是独自一人，还是高朋满座，沉香都能营造清雅而安详的气氛，给人助兴添趣，让闲适的生活别有滋味。它是品味的象征，体现了文明古国生活的细腻与精致。

香客性情修养的不同，品鉴的方式也千差万别。宋徽宗时，宰相蔡京每次焚香，都先命丫鬟关好门窗，集数十个香炉一同焚熏，等到香气充满整个房厅，才卷起正面的帘子，让其随气流飘扬，缭绕于梁柱之间，取的是一种气势。他招待客人，往往要焚上数十两沉香，让香云从别室涌出，灌满客堂。据说，来宾衣冠上沾染的香气，一连数日都不能散去；明清文人冒辟疆，将秦淮名妓董小宛揽入深闺。这对乱世偷安的人儿，生活细致无比，连水沉都瞧不上，常以精选的横隔香熏夜，称其香芬"久蒸衾枕间，和以肌香，甜艳非常，梦魂俱适"，取的是一种醉生梦死的销魂。只可惜美梦难永，绝代佳人青春未度便香消玉殒；南唐书家徐铉，每遇月夜，就焚沉香一炷，在如水的月光中静坐，直至通宵达旦，取的是一种心底的澄明；唐代李密喜欢携香独往山中，觅一平坦之地安坐，让香气与山木之清香打成一片，并浸淫其中，"舒啸情怀，感悟天地之理"，取的是一种感而遂通的灵性。这种对沉香的消费，已经进入了道的范畴，形而上的境地。

中国文化在实践层面，有道与艺的次第。艺也称为艺术，重在外在的行为表达与装饰，多少带有作意的成分；道重在内心意境的深入与开显，讲究虚静之中的心领神会。艺在有形有相的事物上面分别裁量，愈来愈繁复；道则在窈兮冥兮的化境中融会贯通，愈来愈空灵。日常生活的各个细节，都可以从道艺两个层面来展开。茶有茶艺，也有茶道；武有武术，也有武道。香亦如此。《尚书》在谈到"至治馨香，感于神明"之后，又指出"黍稷非馨，明德惟馨",申明了香道的主旨。香乃草木魂魄之凝结,气质微妙通玄。焚香祭祀供养,其意在于通过庄严的仪式,将无限深意寄托于一缕香氛,实现与神明的感应道交。但真正的香意不在于草木,而在于人的内心。香道的正途,在于通过香的熏沐,开显内心德性的芳馨,让人本身因此得到陶冶净化,提升自身的灵性。倘若忘失了这个宗旨,迷醉于香气的美妙,贪着于草木魂魄的吸食,衍生出对身外之物无止境的追求,反倒让草木抽空自身的魂魄,导致精神的萎靡与颓废,成为一个走火入魔的门道。

古时候,有过诸多像屈原、刘禹锡这样的士人,他们身处逆境,或是身居陋室,仍然增进个人品质的修养,以兰芷自熏,陶醉于道德情怀的温馨。但是,在香道激泆的流程里,也可以看到许多步入歧途的香客,其中就有亡国之君陈后主、隋炀帝,也有蔡京、丁谓等佞臣。身为一国之君的陈叔宝,在昭光殿前建起临春、结绮、望仙三阁,供自己逍遥怡乐。门窗、悬楣、栏槛,全用沉香与檀木雕制,并饰之以金玉珠翠。他还以水沉与其他香料混合,配制出一种夺命追魂的"帐中香",终日浸淫其中,不顾江山颜色和黎民脸色的变化。步其后尘的隋炀帝,"每除夜,殿前诸院设火山数十,尽燕沉香木根,每一山焚沉香数车。火光暗,则甲煎沃之,焰起数丈,香闻数十里。一夜用沉香二百余乘,甲煎过二百石。"完全是拿沉香当柴火,不仅糟践天物,也误了自家性命。这些高居万万人之上的君王,威风八面,不可一世,其实也不过是迷途的羔羊。他们所谓的享受,都是在变着法子耗空自己的真气元神,糟蹋个人的身家性命。和所有灵物一样,沉香不可以多用。特别是阴亏火旺、气不归元者,沉香的持续摄入,会导致阳气失守,命门枯竭,连身边的女人都伺候不起,哪还有力量来整治河山。

在沉香的历史上,北宋年间流放崖州的丁谓,是个绕不开的人物。"文追韩柳,诗似杜甫"的他,是一个智慧乖巧的文臣,深得真宗皇帝的欢欣。据说,某日,宋真宗与贵妃在池边赏花钓鱼,半天钓不来一只,心里甚是烦躁。身边的大臣不知如何是好,只有丁谓轻易化开了凝固的空气。他当场献上佳句:"莺惊凤辇穿花去,鱼畏龙颜上钓迟。"真宗听完,脸上顿时荡起了笑意,还给了他不少的赏赐。担任宰相多年、随伺在皇帝身边的他,时常参与各种大型祭祀典礼，每次烧的香料不可胜数，皇帝给他赏赐的沉香，有时多达上百斤。因此，家里从来不缺少沉香和乳香。被贬谪到海南，虽然身处忧患，却心无事务缠扰，反而有更多的闲暇来玩味香料。兼得职务与地缘之便的他，成了那个时代著名的香家，在海南期间所撰《天香传》，于沉香的历史和名相谱系，有颇为详细的阐发，对这种含灵之木，有如此的赞叹："自非一气粹和之凝结，百神祥异之含育，则何以群木之中，独禀灵气，首出庶物，得奉高天也？"（《天香传》）

然而，作为著名的香家，丁谓的人格气质却散发着令人作呕的气味。一次朝中宴会，宰相寇准喝汤，胡须沾上了汤汁。丁谓立即过来擦拭，寇准却不领情："参政国之大臣，乃为官长拂须邪。"一句话把丁谓羞得满脸涨红，从此结恨于心。后来，趁真宗患病不能临朝，他串通内侍，诬告寇准阴谋拥立太子，把寇准一贬再贬，逐为雷州司户参军。数年后，丁谓奸行败露，被贬到更加边远的崖州。路经雷州时，寇准不计前嫌，派人送去礼物。丁谓十分感激，希望面见曾有知遇之恩的寇准，以表悔谢之意。寇准却决意回避。寇氏家丁听说仇人路过雷州，密谋设伏暗杀丁谓。寇准得知，命人紧锁大门，在内院大摆酒菜，同家众一起赌酒猜拳，杯盘狼藉，直到丁谓走出雷州。丁谓挟才为恶，德薄如纸，以计谋立身，被当朝人列人躲避都来不及的"五鬼"。百姓也编出这样的顺口溜："欲得天下宁，须拔眼前丁。欲得天下好，不如召寇老。"这种人对沉香的消费，岂止是糟蹋而已。

生活在文气盎然的宋朝，很难不跟沉香沾点关系。武将岳飞也有品香的习好。《百氏昭忠录》记载，有一天，岳飞把沉香赐给部属，每人一块，以示慰劳与激励。机密黄纵得到最小的一块。岳飞觉得分配不均，又拿出一包来分给大家，可黄纵得到的还是最小。岳飞心意未到，但黄纵却倒坦然，他说：没关系的，我只身投军，图的是报效国家，尽管得到贵重的沉香，于我也没有什么用处。岳飞万分感慨，接过话题："过去我也喜欢燃香，不过是瓦炉中烧块木头疙瘩罢了，后来就放弃了。大丈夫要为国家建立功勋，哪能沉溺于个人的嗜欲！"岳武穆所处的是国破家亡的紧要头，男儿顶天立地，理当"临危一死报君王"。然而，一旦进入太平盛世，"平时静坐谈心性"，却是生活里不可删除的内容。在这样的时刻，又怎能少得了一炉缥缈的海南沉香？

6

世界四大宗教，教义均有歧异，但在沉香的使用上，却是相当一致。就佛教而言，香的用途大体有二：一是净土与密法里对师尊的供养；一是作为禅法中观心的媒介。禅宗直指人心，广开方便，人的眼、耳、鼻、舌、身、意六根，对应的色、声、香、味、触、法六识，皆是入道法门。从其中任何一种觉识静心观照，穷本溯源，最终都能证入不生不灭、不垢不净、不增不减的真如法性。《楞严经》里介绍了诸菩萨修证的过程，其中，观世音菩萨即是从听觉起修，证得世出世间、十方圆融的境地。另一个叫香严童子的菩萨，则是从闻香起修。他宴坐禅房，在比丘们燃起的沉水香芬中，细细品味气味的来去，终于根尘脱落，心意灭尽，成就了无漏阿罗汉果。

顺者人之用，反者道之动。一般来说，世俗的生活是顺着感觉意象往外走。人们听闻声音，心意都落在音阶旋律的方面，魂儿跟着乐音的调子到处转悠，停都停不下来。而佛家的修行，则要在觉知的源头起心内观，于尽闻不住中反闻自性，从而实现对官能感受的超越。人嗅闻香气，意思自然落在气味的芳香之上，沿着香气四处漫游，流连在愉悦与美感中。但禅家的闻香，只是以香为引子，借其微妙的气息，将觉知带入幽玄之境，于觉知的生起处，觉与不觉之间，静静地探问心源，内证无色声香味触法的自性净土。人的味觉往往比视觉、触觉要细腻，而沉香的气息隐隐约约，曲径通幽，是所有香味中最为深妙的一种，特别合适于禅道的闻修，因此不失为一件好的法物。

禅修之中，会有诸多神奇的境界开显，其中就可能有性香的出现。关键在于心的黏着与不黏着。黏着即魔，不黏着即佛，佛魔即在一念之间。所谓性香，是性命转化到某种程度时，身体散发出的气味，其芳馥的程度，非世间一切香料可以比拟。发心不纯的行者会贪恋其间，别成一种外道，无法继续前行。真正的禅者直指心无所住的空性，超拔一切幻化的境界。

在我们居住的娑婆世界上方，《维摩诘所说经》描述了一个奇异的众香国。在这个国度里，土地是香的，树木也发出香味，所有的房子、街道、宫殿都由香料所造，人以香气为食，毛孔也散发着妙香。菩萨们独自坐在香树下品闻妙香，即可深入禅定三昧。就《心经》所演述的无眼耳鼻舌身意、无色声香味触法、无智亦无得的法性而言，众生平等无别。但由于业障与习性的差异，却有很多很多的人，无法克期亲证自性净土。出于慈悲的情愿，功德圆满的如来会倒驾慈航，化现出一个个净土世界，来接引众生。就像阿弥陀佛的西方净土、药师琉璃光如来的东方净土一样，这个芬芳美妙的众香国，其实是香积如来随顺众生喜爱香气的习性，化现出来的他性净土，相当于从高处垂下的云梯，并非止于至善的究竟之地。修证到这里的人，仍需不懈精进，直至心无挂碍，证得无上正等正觉三藐三菩提。

佛家的香道，最终超越一切香境，指向了无味的法性。只要人能够将其披露出来，便可陶醉其中，常乐我净，用不着漫山遍野去寻找沉香与龙涎，落入尘劳之中，永无出头之日。

7

就像庄子所说的那样，一样东西为人所贵重，必然招致对自身的伤害。随着沉香价格的不断飙升，对它的采夺不断加剧。不仅朝廷下达的进贡指标有升无降，民间交易也行情见涨。二者交攻，导致海南沉越来越稀缺。早在北宋时期，苏东坡就有了这样的焦虑："沉香作庭燎，甲煎纷相如。岂若注微火，萦烟袅清歌。贪人无饥饱，胡椒亦求多。朱刘两狂子，陨坠如风花。本欲竭泽渔，奈此明年何？"（《和陶拟古九首》，《新编东坡海外集》，海南出版社，1992）到了清代，香源就日见枯竭，海南地方政府已经很难完成朝贡的任务。官员"或借官司名色，或借差吏横眉，饬取贡香、珠料、花梨……，奔走无期，犹索脚步陋规，膏脂尽竭。"（《琼州府志》）在压力山大的情况下，崖州知州的张擢士，于清康熙七年(1668)，上了一道："请免供香"的条陈——

本郡半属生黎，山大林深，载产香料。伏思沉香乃天地灵秀之气，千百年而一结。昔当未奉采买之先，黎彝不知贵重。老贾贪图厚利，冒毒走险而进，或有携挟而出者。自康熙七年(1668)奉文采买。三州十县，各以取获迟速为考成之殿最，猾役入其中，狡贾入其中，奸民入其中。即蠢尔诸黎，亦莫不知寸香可获寸金，由此而沉香之种料尽矣。若俟再生再结，非有千百年之久，难望珍物之复钟。先奉部文，本年沉香限次年二月到京，近因采买艰难，催促务在本年春夏。初犹银香兑重，及至逼迫起解之时，甚有香重一倍而银重两倍者。恐三两五钱之官价，仅足偿买香、解香之十分之一耳。况琼属十三州县供香百斤，而崖独有十三斤之数。嗟崖荒凉瘠苦，以其极边而近黎也。且香多则解费亦多，籍曰产香，岂又产银乎？倘由此年复一年，将虑上缺御供，下累残黎……"（《光绪崖州志》587页，海南出版社，2006）

中华人民共和国成立之后，豪绅地主被扫入历史的垃圾堆，工人阶级与贫下中农当家做主，人们的生活洗尽铅华，归于素朴。燃香被当作资产阶级生活方式或封建迷信活动，加以禁止。这使得白木香树有了休养生息的机会。资料表明，1973年前，乐东县收购站每年收购的野生沉香，一至三级者有二十余担。1977年，昌江霸王岭收购的沉香，有三百五十公斤（颜家安《海南岛生态环境变迁研究》123页，科学出版社，2012）。然而，进入二十世纪八十年代，特别是进入二十一世纪之后，随着沉香交易行情的暴涨，野生沉香几乎被收掠一空。品质上好的香料，只在商家与商家之间惺惺相惜地流转。现在，只要岛上有人发现一块像样的香料，全岛的商家皆会同时得到这个信息；有一个大香树被台风刮倒，风雨未停，就有数十位商家提着现金赶到现场，竞相喊价。

近三十年来，随着野生沉香资源告罄，人工种植的情况相当普遍。现在，市场上流通的多是这类香料。但是在人们细心照顾和火急火燎的敦促下，通过施肥料、砍疤痕、钉钉子等手段催生的沉香，即便是所谓人工奇楠，气息也显得轻浮短促，与山林里自然生长的野沉相去太远。以至于有人问：这玩意还能叫沉香吗?

8

作为驰名于世的香洲,海南除了沉香,还出产龙涎香、降真香、橄榄香等。龙涎香来自大海的深处,是抹香鲸肚子里的分泌物。体型巨大的抹香鲸,在吞入难以消化的异物(如鱿鱼、章鱼的喙骨)后,肠道中会分泌出一种油脂将异物包裹,随后呕吐或排泄出来,经过漫长的浸泡运化,形成一块块固体的香料,散落在海底和海岸之间。与陆产香料相比,这种香显得特别甘润,没有火气,与沉香一起熏焚,气息更加幽缈,也更加持久。

降真香又称花梨公,是一种归入豆科植物的木材。在生长过程遇到伤害时,会自动分泌出油脂,在体内凝结成香。比之龙涎香、沉香、降真香气息更具阳性,尤为道教人士珍惜。据说它熏烧起来,能够引真人和白鹤下降,并因此得名。和沉香、龙涎香、花梨木一样,降真香也添列朝贡的清单,并享有很高的价值。《仙传》对其有这样的描述:"拌和诸香,烧烟直上,感引鹤降。醮星辰,烧此香为第一,度功力极验。降真之名以此。"《本草品汇精要》说得更加真切:"烧之能引鹤降,功力极验,故名降真,宅舍怪异烧之,辟邪。"早在唐代的时候,降真香就进入上层社会,并一度风靡长安。白居易在给一位道人的诗里,就特别写到了这种香料:"仪容白皙上仙郎,方寸清虚内道场。两翼化生因服药,三尸卧死为休粮。醮坛北向宵占斗,寝室东开早纳阳。尽日窗间更无事,唯烧一炷降真香。"(《赠朱道士》)

或许是因为沉香的使用十分普广,海南沉的名声过于响亮,这里出产的龙涎、降真二种香料,尽管品质不凡,却还是被遮蔽了。

The
Biography
of
HaiNan Island

海南岛 传

第十一章　神应之港、熟黎和织女

纺织女神黄道婆,史上最著名的童养媳

1

作为一处地方，海口自古就在了，但作为一个地名，则自宋朝开始。海口乃海南第一大水系的出海口，潮涨潮落之间，它像蛟龙张开的大口，吞吐着大海的波涛与腥咸的泡沫，也吞吐着来自四海的舟船。它是先有港而后有城的，从文字记录而言，白沙津这个名字比海口要古老得多，那是一个港口的称谓。

南渡江每年都要挟带大约五十万吨沙入海，这些被碧浪漂洗过的洁白的沙子，以无穷无尽的耐性，在出海处堆积起来，形成了若干规模不小的沙洲，包括海田（今海甸岛）、外沙（今新埠岛）、饲马堆（今白沙门）等。在海田与外沙之间，一道可以停靠船只的扭曲的海岸，叫作白沙津，也称为白沙渡。原先是一个渔港，兼摆渡的码头，后来渐渐成了渡海和贸易的港口。"今白沙坊是白沙津的主要码头，也是宋元间比较繁荣的港埠市场，迄今尚存一条石板马路——白沙街，长约200米，是海口市最早的街道之一。"（冯仁鸿《琼崖史海钩沉》84页）最早的天妃庙就建在这里。可以说，这里是海口人文历史最初的起点。

据王象之《舆地纪胜》叙述，由于泥沙的冲积，作为港口的白沙津"海岸屈曲，不通大舟，而大舟泊海岸，有多波涛之虞"。特别是进入南宋之后，海上商贸繁忙，往来的远洋商船，只能等待涨潮才能进出港口。不论是对于船上的人，还是岸上的人，这种等待都是一种折磨。特别是多风季节，船只还会有翻覆的危险。为了满足商旅需要，淳熙年间担任琼管帅的王光祖，多次组织当地军民进行疏浚，耗费了大量的人力物力。但过不了多久，疏通的航道又被流沙重新填回，显出了徒劳无功的样子。然而，就在人们束手无策的时候，天

在丘濬的描述中，神应港"帆樯之聚，森如立竹"

边忽然刮起一场巨大的台风，浩浩汤汤的洪水摧枯拉朽，硬是在这处海岸涤荡出了一个港湾来。人皆认为神助，便将其命名为神应港。为了与之呼应，还把不远处一座低矮的丘山称作神应岭。海口于是成了神应之地，人们都感到自己活在天佑之下。

宋朝末年，神应港沿着海甸溪向西拓展，从今天的一庙延至六庙，形成一个商人与渔民杂居的社区，被称为海口浦，算是海口这座城市最初的雏形。一字排开的社区，皆以庙宇命名，可见人们对神是何等的仰赖。白沙津从此成为海口浦的一部分，驻扎有水军的营寨，负责周边地区的海防，打击流寇作案的海盗。有了天妃庙以信仰安顿人心，又有水军以刀兵威镇盗贼，安宁便降临了这片地方。于是就有越来越多的人，投奔到这片安宁之中来，就像从炎热的烈日里，人们都躲到了大树的阴影下。接下来，官方在这里设立驿站和县级儒学，政治、军事、经济、文化样样皆有，算是麻雀虽小五脏俱全了。在行政上，海口浦归属于琼山县治下，相当于一座滨海小镇，而琼山县则隶属于琼州府。

2

今天的海口市，是由琼州治所府城与海口浦合并起来的。府城是海口人文历史的另一个起点，比海口浦更加古老。北宋开宝五年（972），朝廷对海南行政建制进行较大的调整，将原来崖州所属的地盘划归琼州，琼州府治从白石都（海口新民乡）迁址到现在的海口府城，建起了四千多米长的城池，并引南渡江水作为护城河，将它环绕起来。同时，将唐代以来的振州（今三亚）改名为崖州。之后，在琼州设琼管安抚都监，统管儋州、崖州、万安州事务。琼管安抚都监隶属于广南西路。自此，府城成为海南政治文化的中心，并延续了一千多年的时间。宋神宗熙宁年间，改琼州安抚都监为琼州安抚司，儋州、崖州、万安州改为昌化军、吉阳军、万安军。距离府城二十多里的海口浦，成为琼州的海上门户，也是商品经济的生长点，神应港则是海上丝绸之路上船舶的必经之港。如果要确认海口这座城市的年龄，972年应该是它诞生的本命年。也就从这个时候起，海南岛形成北琼南崖的人文地理格局，被简称为琼崖。

随着海上贸易规模的扩大，南宋朝廷在海南设立了琼州市舶分司，隶属广州市舶司管理，负责过往船舶的监管与赋税征收，而船舶的维修与建造，也逐渐成为海口的一个重要产业。总之，商业与渔业的发展，使海口成为周边地区货物的集散地。即便到了明代实行海禁，"片板不许下海"，民间贸易受阻，但海南仍然是明朝与南海周边诸国朝贡贸易的中转站。特别是郑和下西洋之后，中国与南洋乃至西洋朝贡往来频繁，船只"自化州下水，至海口四日程——故诸番国县东洋琉球等国，被风飘多至琼"（顾炎武《天下郡国利病书》）。明代大学士丘濬在《学士庄记》一文中，描述了神应港当时的盛

儋州千年古盐田　柯人俊摄

况:"吾郡以海为疆界,自此北至海,道仅十里,所谓神应。海口是为港门,帆樯之聚,森如立竹。汪洋浩渺之间,山微微如一线,舟杳杳如寸苇。"桅杆上高高挂起的三角旗,在腥咸的海风中猎猎作响。正是这个声音,维系着海南岛与世界的关系。

3

中原人口的迁入,最初聚集在琼北平原,各个州县府治周边。随着密度的增大,生存空间局促,便渐渐向南部转移,向山海之间的丘陵地带蔓延,以农耕和商贸为业。以游猎和采集为业的黎族,原先散居在全岛各地,包括琼州府城的周边。进入宋朝以后,随着岛外人口的涌入,土地不断被开垦出来,平原地带的动植物资源渐渐减少,野兽纷纷退入深山老林。以游猎和采集为生的黎族人,随之迁入中南部山区;而学会垦殖的黎族人,则留了下来,渐渐转型汉化,被称为"熟黎"。于是,这个时期的海南岛,形成了新的人文地理态势:中南部山区为原生态黎族生活区,沿海与北部平原为汉族生活区,中间的过渡带则是"熟黎"生活区。原生态黎族被称为"生黎",他们集聚在五指山脉、黎母山脉、雅加大岭山脉为核心的地带,南渡江、昌化江、万泉河三大河流的发源地,与汉族区域相对隔离,而"熟黎"则杂居于两者之间。"去省地远者为生黎,近者谓熟黎。"(《诸蕃志·海南》卷下)

黎族汉化的过程,也伴随着汉族的黎化。所谓"熟黎",除了有一定汉化程度的黎族人,还有许多黎化的汉人,包括韦执谊、李德裕这些一度显赫的家族,有的后人都已经黎化,成了"熟黎"的一部分。但他们的子孙,至今仍然铭记自己的出身。从海峡对岸及周边地区迁过来的移民,也是"熟黎"的重要来源。和许多森林民族一样,"生黎"是自然之子,深居山间,过着与外界无关的生活,在自然的庇护下享受着生命的纯净快乐。打死一头野猪,加上一坛米酒,就是一个丰盛的节日。他们与外区的汉人鲜有接触,也不给他们带来麻烦。

对于黎族的生熟划分,最早出现于宋代,后来各朝的方志均有表述。《乾隆琼州府志》《光绪崖州志》《康熙儋州志》尤为详尽。综述起来，大约如此：黎分生熟，"生黎居深山，质犷悍，不服王化，不供赋役"（《乾隆琼州府志·海黎志》）。他们极少到汉人集聚的外区来，但各峒族之间，难免因为利益摩擦产生纷争。男人们以木做弓，以竹为弦，箭镞没有羽毛；他们以长柄的标刀为戈，出入刀弓不离手，完全是古典武士的派头；他们豪迈好饮，不为明天担忧，全然活在今日的此时此刻；他们以击鼓为乐，以射猎为生，以折箭为信誓，以割鸡为占卜；他们念旧情、重复仇，外人对他们的点滴之好，都会没世不忘，涌泉相报。妇女们发髻高挽，耳垂大环，脖子上盘着五色粉珠和银制的坠链，下身穿的是绣着致密花纹的超短筒裙，走起路来环佩叮当，如同音乐伴奏。"生黎"以竹木搭建茅屋，上面住人，下面则是鸡犬扑腾的场所。女子将嫁之前，以针笔涅面，绘画虫蛾花卉，并筑有专门的闺房，供其幽会择偶。有亲人逝世，举家不食糯米，不坐高床。出葬时，让一个人在前面向导，以鸡蛋占卜，选择入葬的吉穴。

神秘的热带雨林，曾经是"生黎"生活的领地　陈国豪摄

　　外人欲要进入他们的地界，通常要请"熟黎"引导。"生黎"特别讲究信义，与人做交易，从不欺骗别人，亦不受人欺。一旦受欺，则反目成仇。有了信任度，就视如至亲，借贷多少都不吝啬。若是外人违约，只要见其村人同乡，即抓为人质，直至偿约，方可以放人。真正的黎族人"不喜为盗，牛羊被野，无敢冒认"（《方舆胜览·万安军》）。早于苏东坡流放海南的丁谓，所乘的牛马放养在崖州山间，几年后都没有丢失。

　　方志中，对"生黎"的表述较为正面，但对"熟黎"的评价，反倒不及"生黎"。"熟黎"中，相当一部分，传说是来自海峡对岸的南、思、藤、梧、高、化诸州。他们多是王、符、董、李等大姓，属于俚人的后裔，冼夫人治下的子民。其先祖因为出征到海南，之后便居留下来，渐渐挤迫当地人的地界，利用山水田园创建村峒，以先入者为峒首，先是父死子继，夫亡妇主，后来过渡到选择威望崇高者为首领。此外，来自广东、福建地区的亡命之徒，狡黠之人，也混迹进来，他们往往是造反行动的始作俑者。

"熟黎"善于与汉人交通有无，每逢墟日，他们会更换衣服，带着货物进入集市，与汉人进行交易。"生黎"居住的山区出产沉水香、槟榔、小种马及翠羽、黄蜡、鹿茸等，往往通过"熟黎"往外出售。唐宋时期，海口浦、琼州府周边，生活着为数不少的"熟黎"，尤其是定安、琼山、澄迈一带。现在，他们中相当大的部分已经完全融入汉族。

以上关于"生黎""熟黎"的叙述，均来自古代的方志，多少带有编撰者当时的偏见，不可全然当真与采信。海南岛原先"无虎亡马"，但在宋代，黎族地区却成为出口小种马的基地。如今，这些小种马也不知到哪去了。

4

宋朝是海南岛最为平静的时期，这个朝代的政府，是中国历史上最为温和的政府。唐宋时期，海南已不再被视为初郡，除了上贡土特产之外，还要征收各种赋税，但仅限于汉人和"熟黎"。不服王化的"生黎"，自给自足，不需要缴纳任何东西。"熟黎"登记入册的丁口也大打折扣，政府的治理算是相对宽松。当代史家大都控诉宋朝统治者，收取繁重赋税，给海南人民沉重的压迫。但从户口登记看，宋朝在册人口大大少于实际数量，意味着不纳税的现象相当普遍，而这种现象很可能是官方默认的，因此才没有采取强硬手段加以改变。到了元代，由于户籍登记采取严厉措施，纳税人口一下就飙升上去，而且每个丁口的纳税数量，也明显高于宋朝。海南社会治理成本很高，除了军队日常开销，戡乱平叛，还有道路、桥梁、驿站的修建，都需要赋税的支撑，不能完全归结为统治者的贪婪。

《续资治通鉴长编》卷七二，"大中祥符二年（1009）十一月戊午"条有一段记载，最能够体现宋朝治理海南的原则："琼崖等州同巡检王钊言：黎母山蛮，递相仇劫。臣即移牒委首领捕送为恶者，悉还剽夺赀货及偿命之物，饮血为誓，放归溪峒悉，皆已平静。上曰：朕常诫边臣，无得侵扰外夷，若自相杀伤，但用本土之法。苟以国法绳之，必致生事。羁縻之道，正在于此尔！"按照皇上的旨意，官军不能侵扰黎区，即便有恶人作案，也委托当地黎族首领去执行，让犯案者做出赔偿，歃血发誓之后随即放归。黎族内部自相伤害之事，只按当地土法处理，不适用国家刑法。这种羁縻之道，基本上延续了汉代的政策。由于采取怀柔与安抚的政策，宋代海南的民族关系较为缓和。绍兴十二年（1142），发生"生黎"峒作乱，琼州通判吴群，孤身一人，单骑深入黎区，宣谕政府的立场态度，与首领们喝了一顿酒，便轻易化解对抗，将一场动乱给予平复，让黎族人"辑兵归耕"。这种情况，在后来的朝代是难以想象的。

当然，海南的沉香、吉贝布等，都是上等的贡品，在市场上价格不菲，当地官员在贡品的摊派与征集的过程中，加入个人利益的猫腻，索取"馈献"以自肥。这种事情常常发生，无疑增加了当地黎峒的负担，势必导致怨恨与抗拒，成为一种乱源。

宋朝长达三百多年的统治，海南岛上有记录的反抗活动，仅有十四次，其中北宋四次，南宋十次。这个数字，较之历朝历代，特别是元朝，算是相当少的。

马背民族信奉武力，进入蒙元时代，朝廷反复对黎族地区用兵，以铁血的方式进行统治。在九十年的时间里，元军发起征黎战争不下十六次（周伟民、唐玲玲《海南通史》第十章）。至元二十八年（1291）廉希恕率领蒙、汉、顺化军七千二百人，加上民兵一万四千人，扫荡了"生黎"与"熟黎"生活的区域。而后，都元帅朱斌统领的军队，深入人迹罕至的五指山、黎母山腹地，使"黎巢尽空"。这次历时四年的讨伐，"得峒六百，户口二万三千八百二十七，降户口一万三千四百九十七"（《广东通志初稿·生黎》）。在中部的黎母山、西南端的尖峰岭等地，留下了三处"大元军马下营""大元军马到此"的勒石。元军首次将政府权力从沿海延伸至内陆山区，

始建于北宋年间的文昌孔庙　林涛摄

覆盖了整个海南岛。元军驻扎琼崖兵力，最多时达到四万人。投入如此之大的政治成本，不榨出一些膏油来，怎能善罢甘休。在铁蹄践踏之后，元朝在黎族地区推行大规模的"籍户"工作，并开始搜刮地皮，实行"皆赋役之"的赋税政策，与汉区几无二致。正是因此，尽管经过反复的血腥镇压与屠杀，元代海南岛的人口仍达到92244户，是宋代的八倍以上，接近于实际人口数。

在武力征服之后，元朝推行以黎治黎的政策，大量使用黎族土官，授予实际权柄，建立黎兵屯田制度，设立黎兵万户府、千户所、百户所。万户为正三品，相当于封疆大臣。全岛千户所十三处，百户所一百〇四处，遍布山海之间，几乎是以武功来代替文治了。在攻打交趾和远征日本的战争中，元军都曾经征用了骁勇的黎兵。

然而，尽管如此，元朝仍然是海南岛最为动荡的时代。"黎乱终元之世""终元世黎寇不息"之类的记载，遍见于地方史籍。至顺二年（1331），海南人"王周纠率十九峒黎蛮二万余人作乱，命调广东、福建兵，隶湖广行省左丞移剌四奴统领讨捕之"（《元史·文宗本纪四》）最多的两次，是1332年万安军的王奴罗集众五万人围攻陵水县城，1333年王官福率五万人从定安进攻乾宁军民安抚司（治所在今海口府城）。1353年，文昌土豪陈子瑚一度攻占乾宁、万安等州县。他死后，其弟弟还联合多股势力屯据琼城。黎族首领吉天章，带众攻占昌化县，在县府衙门执掌大印办起公来。此起彼伏在反抗浪潮，始终都在海南岛上咆哮着，几乎没有安生的日子，直到大元帝国的灭亡。

5

大约是景定四年（1263），就在南宋灭亡之前兵荒马乱的日子，一个姓黄的女子从上海松江流落到海南岛。据说，因为家庭变故，该女子十二三岁，就被卖给人家当童养媳。白天在田头忙活，傍晚回家伺候公婆，晚间还要在织布机前唧唧复唧唧，直到夜静更深。尽管如此，还常常遭到莫名的辱骂毒打。非人的日子水深火热，再也无法继续。于是，一个早晨或是夜里，她独自一人揭瓦出逃，来到黄浦江边一条商船上，希望能够离开这个地方，到哪里去都可以。哪里都比这里好，哪里都是天堂。船主看她衣衫破旧，一副可怜兮兮的样子，便给了她做饭的差事。就这样，她如同落叶随船飘荡，到过越南占城等许多地方，吃了许多苦头，也见过一些世面，最终来到了海南岛上。

崖州大疍港，一瓢清凉的椰子水，让她感到一种从未有过的甘甜。在集市上交易时，绣着无色花纹的吉贝布和龙飞凤舞的黎锦，唤起了她作为织女的好奇，深深地迷住了她的心窍。在天涯海角这个地老天荒的地方，她找到了生活的方向和乐趣，于是便留了下来，不过是以一个道姑的名义。在道观里，除了上香供奉，并没有太多的事情。空闲的时间，她就到黎族人的村子里，跟阿婆、阿姨们学习纺织的工艺。她不幸的命运与秀美面容，楚楚可怜，得到了人们的喜爱，见面都喊她黄道姑。

尽管桑树在海南生长得很好，但还有长得比它更好的，那就是吉贝，一种荒山野岭、房前屋后都可以开花结果的植物。它黄灿灿的花朵，结出果来，里面尽是雪花一样洁白的棉絮，不劳种植护养，几十年都可以收获。因此海南人不用养蚕，他们以吉贝的花朵来织布。这方面，黎族妇女的技术远胜于汉人，织出的布面质地绵密精致，图案变化多样，华彩斐然，代表那个时代人类棉纺的最高水平。早在汉朝的时候，海南岛就以广幅布闻名天下，成为稀世的贡品，还引发过残酷的暴乱，使珠崖太守孙幸掉了脑袋。

"海南所织则多品矣。幅极阔不成端正，联二幅可为卧单者，名曰黎单；间以五采，异纹炳然，联四幅可以为幕者，名曰黎饰；五色鲜明，可以盖文书几案者，名曰鞍搭。其长者，黎人用以缭腰。"(《岭外代答·服用》)这些吉贝纺织品，自伏波开琼以来，一直作为"贡品"。到了宋代，更是备受上层社会达官贵人的青睐。《宋会要辑稿》记载：绍兴三年(1133)十二月十七日，这一天上贡朝廷的棉织品有九种，其中五种出自海南：海南配盘、海南吉贝布、海南青花甋盘布(被)单、海南白布、海南白布皮单。此外，深山老林里的"生黎"，用树皮打造的木皮布，更是稀世珍品。

> 早起四邻鸡声乱，
> 移脚快行近布机。
> 相亲只是机与侬，
> 终日终夜坐相陪。
>
> 终日终夜相陪坐，
> 不织母娘又欲骂。
> 生作贫家苦宅仔，
> 十指操劳日透夜……（摘自崖州民歌《织女叹》）

黄道姑也不打坐修道，整日价与黎族织女在一起，从采吉贝到纺纱，从织布到绣花，从绣花到缸染，整个流程一路跟了下来。织女的工作，鸡鸣时分就要起床，在唧唧复唧唧的节奏中，重复到日头落下，海水一片残红。陪伴她们的，除了织机，就是腔调无比苍凉的崖州民歌。其中最催人泪下的就是上面这首《织女叹》。身世悲苦的黄道姑唱起来，别有一种酸涩的滋味。夏天的日子，寻常人家的房前屋后，都有吉贝绽放的花朵，像北方的雪花一样洁白，还可以直接入口，有一种清甜的滋味。黄道姑特别喜欢攀上树梢、用手指拈花的感觉，那是她一生最开心的时刻。把这些洁白的花絮编织成布，裁成衣服穿在人身上，是件艰辛而美丽的事情。但穿衣服的人，谁会想到自己身上披着的是一树树花儿？更不用说一个织女深夜里的哀怨。

　　花开花落间，三十年光阴不知不觉就过去，朝代也从大宋更迭到元朝。黄道姑掌握了"捍（搅车，即轧棉机）、弹（弹棉弓）、纺（纺车）、织（织机）"机械的运用，和错纱、配色、综线、絜花等织造技术，把黎族妇女传承千年的遗产接了下来，成为名副其实的棉纺家，人也从黄道姑变成了黄道婆，弓腰驼背。在崖州本土流传的民歌里，她被比喻成天上下凡的织女星。她织出的巾被，"其上折枝团凤棋局字样，粲然若写"。悲催的人生终于开出了花来，内心透露出一种难得的温馨。

　　元朝元贞年间（1295—1296），头发灰白的黄道婆，带着打包好的纺织器具，乘船重返松江乌泥泾镇。此时，棉花种植遍及江南，但棉纺织技术却远远落后于丝绸。她架起织机，略显身手，织出几件巾帕被面，声名便传遍了周边的地区。堆满淤泥的乌泥泾，于是成了织女们投奔的圣地。黄道婆也由一个不幸的童养媳，变成了纺织女神和教母。借用黎族灿烂的文化，她用纤细的十指，发起一场纺织业的革命，创制出三锭脚纺车，改写了中国纺织业的历史。松江府则成了国内最大的棉纺中心，有了"松郡棉布，衣被天下"的美誉。盖着织有各种花鸟龙凤图案的棉被，人们睡得无比酣畅，似乎忘记了天下是谁家的，也很难想得到一个织女不幸的身世。

　　至顺元年（1330），黄道婆道业圆满，离开人世。三年之后，松江人追怀她的功德，为她建立祠堂。此后，历代皆有祭祀。数百年间，从乌泥泾到后来上海的街巷里，都传唱着这样一段民谣："黄婆婆，黄婆婆，教我纱，教我布，两只筒子两匹布。"

　　有元一代，海南岛如一条风浪中的船，始终动荡不安，值得记忆和回味的事情甚少。回头一望，忘川一片茫茫，除了动乱戡乱交替轮回，迸发出一道道血光剑影，看得到的，似乎只有童养媳黄道婆一人孤独的背影，遗世独立。

The
Biography
of
HaiNan Island

海南岛 传

黎母真人白玉蟾

第十二章

全真道南宗五祖紫清明道真人白玉蟾画像

1

海口西南羊山地区，散布着许多火山石堆成的村落。其中五原都的显屋村（今石山镇典读村）姓葛的人家，南宋绍兴四年（1134）春，一个月圆之夜，产下了一个男孩。因为分娩前，母亲梦见一只莹白如玉的蟾蜍，吞进了自己的肚子，便给他玉蟾的字号，但大名却起作长庚——那是一个遥远的星宿。当时的五原都，四处都长着香茅草，举目望去一片白茫茫，跟天上的白云连到了一起，空气里荡漾着心旷神怡的芬芳，因此也被称为香山地。葛家原本是福建闽清人，以耕读传家。爷爷葛有兴到琼州任主管教育的官员，看好这片香茅地，便在此落籍安家。

在茅草飘香中成长起来的葛长庚，天资充足，灵慧过人，被视为神童。因为家境不错，很小就接受教育。他"七岁能诗赋，背诵九经"（《海琼玉蟾先生事实》）。十岁那年，到广城参加童子科的考试，主考官让他以织机为题赋诗一首，他应声脱口而出："大地山河作织机，百花如锦柳如丝，虚空白处做一疋，日月双梭天外飞。"（《白玉蟾真人全集》中册，195页，海南出版社，2015）天上的日月都成了他手中的梭子，小小年纪竟有如此气魄，实在令人难以接受。考官觉得这小子过于狂妄，不着边际，便不予录取，他于是拂袖而归（彭翥《神仙通鉴白真人事跻三条》，《白玉蟾真人全集》下册）。此事让他敏感地嗅到，这个世界并不是一个合理的地方，在这里获得成功不见得有什么意义。但此时的他还不明白，什么是更有意义的事情。

命运从来都喜欢捉弄人，短短数年间，长庚的祖父与父亲相继病逝，母亲也改嫁到海峡对岸一户姓白的人家。生母的远嫁，没有给他带来什么好运，只是在玉蟾二字前面加了一个白，算是跟月宫里那只蟾蜍对上了。不过，他仍

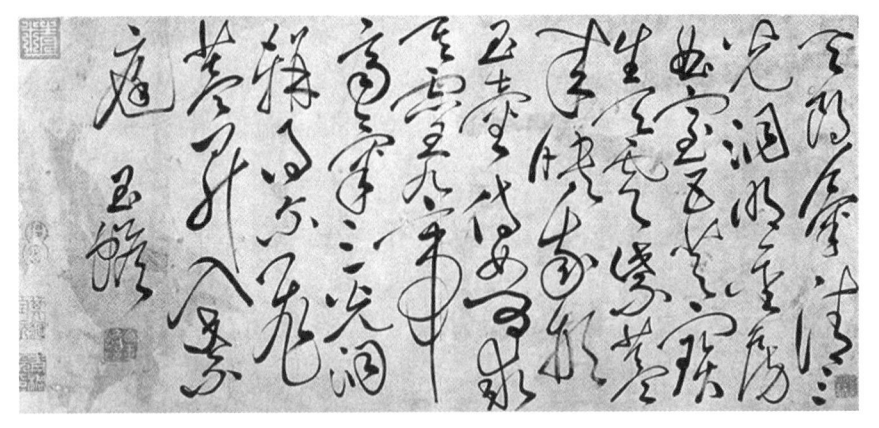

白玉蟾书法：天阳气清帖

然生活在琼州五原都的香茅地里，成为一个孤儿。没爹没娘的状态，很容易受到别人的欺负。或许是出于安全感的需要，或许是天性使然，他开始习练武功，包括骑射和剑术等，做起了扫平天下不平事的豪侠梦想。为此不止一次从马背上摔下来，伤到了髀骨，牙齿也多次被剑柄挫伤流血。在《日用记》中，他这样回忆："予性无他嗜好，平时所与豪侠少年游，特不为轻薄之事。"（《白玉蟾真人全集》上册）诗篇《少年行》更是表达了白玉蟾胸中无法抵挡的豪迈："寸心铁石壮，一面冰霜寒。落叶鬼神哭，出言风雨翻。气呵泰山倒，眼吸沧海干。怒立大鹏背，醉冲九虎关。飘然乘云气，俯首视世寰。散发抱素月，天人咸仰观。"（《白玉蟾真人全集》下册）俨然是横空出世，石破天惊的人物。

也就在这个时候，一个神秘的人物找上门来。此人衣衫褴褛，完全是一个乞丐的模样，但却身怀绝技，能手捏泥丸子给人治病，因此被称为陈泥丸。他把练就一身功夫的长庚，收拾得服服帖帖，大概还示现了一些神幻之术，使这个原本不相信神仙和大罗天的少年，知道有传说中的方外之学，拜倒在他的膝下，开始了仙学的修习（白玉蟾《日用记》）。师徒之间还举行了庄严的仪式，算是正式收他为道家弟子。在儒家的道统里，从来都是"有来学，无往教"，但在道家隐秘的法脉传承中，却是师父上门找徒弟。想必法眼通明的陈泥丸，早已看准了海南岛上这株灵苗，算好在恰当时间给它浇水。关于这件事情,《玄关显秘论》有写:"海南白玉蟾,幼从先师陈泥丸学丹法。"(《白玉蟾真人全集》中册)曾与白玉蟾多有往来酬唱的苏森,在《跋修仙辨惑论序》也有这样的叙事:"先生姓白名玉蟾,自号海南翁,或号武夷翁,未详何处人也。人问之,则言十岁时师事陈泥丸,九年学炼金液神丹。"(《白玉蟾真人全集》下册)。陈泥丸第一次的出现,除了结缘,应该还给他传授了内丹的初步功法,约好来年再见,之后便像一片云那样,消失在天边了。

尽管已经开始道法的清修,但少年身上掩抑不住的侠义之气,还是带来了麻烦。十六岁那年的某一天,葛长庚在路上遇上了不平之事。到底是件什么样的事情,如今已经不得而知,但正气干云、一身功夫却锋芒未试的他,忍不住就出手了。这一出手可不得了,竟把人给打死了,这恐怕是他始料未及的。于是他成了官府通缉的案犯,再不能在家乡待下去。只好背起小小的行囊,穿过村庄外面白茫茫的芦花,开始漫长的云游。可能就在这时候,他启用了白玉蟾的名字。葛长庚这三个字,一辈子都很少再叫。

在周边的人看来,他是在狼狈地逃亡,躲避一场追捕;但在他这里,更重要的是出离市井尘埃,寻找命中的星宿,过上月宫里洁净的生活。他要在世间的功名之外另辟蹊径,探寻与芸芸众生不同的境界,一个进去之后就不愿出来的洞天。这件事情他早有自觉,只不过是由官府通缉来促成罢了。起初,他似乎只是在岛上漫游,据说曾经到过五指山访仙,接着又在儋州的松林岭静修。后来还是决意渡过海峡,到大陆去云游,希望能找到自己的师父,或是遇上世外神秘的高人。那时候的他,除了手中的一把雨伞和腰间的三百文钱,就什么也没有了。当然,还有胸中那股直冲霄汉的浩然之气。在要走的道路前方,他不知道等着他的将是什么,但他决意全然去面对。为了把一切都能够接受下来,他必须对自己更狠一些。

2

渡过海峡,白玉蟾一路打探,朝着武夷山的方向行走。开始还可以找个官舍投宿,后来没钱,就不知住哪了,也许累了就倒在路边的大树下,和啼鸟一起过夜，早晨起来脸上洒满鸟粪。到了漳州之后，身上的衣服几乎典卖干净。抵达兴化军（莆田）时，囊中只有两三文钱，身体差不多就赤条条了，十天都吃不上正经的食物，胸腔凸显出整齐的肋骨，肚皮几乎贴到脊背上。只好到罗源兴福寺卖身做奴仆，给寺院干杂活脏活，仅求一口饭吃。干了半个月便赶往宁德的支提山，正好是一年中最酷热的季节，一个人赤足走在沙路上，脚底烫出了许多水泡来。在洞庭湖边的荒郊野岭，他遭遇连夜暴雨，跑到人家的屋檐下躲避，竟然被一个老头给赶走——人家显然是把他当成贼了。听说建宁地方的人心肠好，特地到那里乞讨衣食，伸长一双空手挨家挨户求乞，却得不到人们的同情，还招来耻笑与怒骂。好不容易上了武夷山，找了个道观进去，又被一个戴黄冠的道士叱骂一通，勉强给了点馊饭冷水，还说他孤寒的样子辱没道门。在山区转了一圈，怎么也打探不到师父陈泥丸的踪迹。此时的他，"一具骷髅骨，忍尽千万饥。头不梳，面不洗，且憨痴"，完全是叫花子模样，像是从阿鼻地狱逃出来饿鬼。进入江西的龙虎山，到上清宫请求挂单，知客有嫌弃他衣衫褴褛，浑身虱子，硬是把他给撵了出来，狼狈的样子就像一条丧家之犬。

就这样，他从广南东路到西路，从福建到江西，从浙江到西蜀，从湖南到湖北，来来回回数万里，踏遍了千山万水。许多地方都是多次往返，京城临安都到过七次："二十年来云水身，今凡七度踏京尘。"在淮西的时候，他还遇见兵乱，到处都是横陈的尸体。他曾走过瘟疫流行的村庄，在洒满月光的旷野听鬼魂彻夜呼号。他曾在废弃无人的古庙之中独自静坐，通宵达旦。有长达几年的时间，寒霜降临的季节，他都仰卧在荒草丛中，静观银河里闪烁的星斗。行为怪异的他，一路被人耻笑，但他似乎不再怨天尤人，虽然有时候会黯然落泪，但更多的时候仍然相信："我生果有神仙分，前程有人可师问。"他把自己经历的一切苦楚，都当成对心性的磨炼："受此饥寒，何足悲哉。"在武林地方，天上下作雨雪，风寒透入了骨髓，皮肤甚至都冻出血来，他还能守住自己的精气神。偶然有一天，他在座中突然开了天眼，看到师父陈泥丸的神情。师父在怜惜他的同时，又嫌他不够勇猛精进。经师父点拨，他终于明白，"原来家里有真金，前日辛勤枉用心"，开始用更多的时间来"结茅静坐"。

尽管白玉蟾堪称愿力宏深,气度超迈,但在云游的中途,特别是困窘无依的时候,还是频频回首,眺望自己的生身之地,怀想自己曾经富贵的童年。风中那片白茫茫的香茅草,在月光下还是那么迷魂。他仍然记得离家时,东边园子里的木瓜已经发黄,眼看就要成熟了。在《华阳吟三十首》(《白玉蟾真人全集》中册)里,有许多乡愁的抒发:

海南一片水云天,望眼生花已十年。
忽一二时回首处,西风夕照咽悲蝉。

修行是对这个世界的放弃,更是对这个世界的承当。修行是一个人对自身的战争,所谓胜利其实是把自己打败,摧毁一直以来固守的堡垒,不给自己留下任何依靠的事物和立锥的地方。这不是一般人所能为,甚至也不是帝王将相所能为的。除了面对外在的困苦,还要面对身心的骚动与自我的挣扎。一个时期,白玉蟾饱受内心的煎熬。《日用记》有这样的记叙:"自二十三岁以后,似觉六贼之兵浸盛,三尸之火愈炽,不复前日身心太平也,然幻缘如此,冷眼知之,任其所如,纵其所欲。"对于色声香味触法六种现象的执着和来自身体欲望的翻腾,使他难以做主加以驾驭。他没有以石压草,用意志去堵住心里涌出的浊流,只是以一种冷眼旁观的态度来面对,勿忘勿助,任其抒发,直到势能消退。

经过二十多年的艰苦云游,大约在四十二岁那年(1176),白玉蟾在东海边的某个地方,再度遇见了自己的恩师陈泥丸。两个一样衣衫褴褛、蓬头垢脸的人相视而笑,然后抱到了一起。看到弟子拿着一根打狗棍,可怜兮兮的样子,师父甚是同情,问他为什么事到这里来?他回答说是为求得金丹大药。师父笑说:饭都吃不饱,还怎么求金丹啊?况且离家并不是道,道不远人,金丹就揣在你自己身上,岂能外求而得之。看你衣裳破烂,蓬头垢脸的,还是跟我走吧,我会把真正的金子送给你的。玉蟾立即跪拜,跟着陈泥丸回到广东的罗浮山(参见彭耜《神仙通鉴白真人事跻三条》,《白玉蟾真人全集》下册)。

3

陈泥丸是个外号，此人真名叫作陈楠，并非等闲之人，乃道教南宗第四代祖师，教内称为翠虚真人。一般认为，他是广东博罗白水岩（现惠州汤泉）人，但在白玉蟾的叙述里（《翠虚真人得法记》，《白玉蟾真人全集》下册，79页），博罗是他的出生地，他的"家世为琼州人"。因为特殊法缘，幼年就开始师从南宗三祖薛道光，得到道家"太乙刀圭火符秘诀"的传承。此法也叫"太乙刀圭金丹法诀"。丹道成就之后回到故乡，这个故乡可能就是海南琼州。白玉蟾不满十二岁，就被他唤醒并加以调教，跟地缘不无关系。在家乡，他以箍桶为生，同时也以此业为修行的方便。和光同尘，混迹于草根社会。陈楠不像人们想象中的高道，归隐于深山老林，而是大隐于市。平日里"鹑衣百结，尘垢满身，间食犬肉，终日烂醉"，和底层百姓一样忙于生计。他把仙道修炼与世俗生活融合在一起，将箍桶的工作做得天衣无缝，出神入化，并乐在其中，还写过一些关于箍桶的诗歌。如《箍桶颂》："有漏教无漏，如何水泄通？既能圆密了，内外一真空。"对周边的人们而言，他只是一个很好的手艺人，谁知道他这里，已经是万里河山掌中看。

有一年，陈楠云游海南岛中部的黎母山时，遇到一位神秘道人，说他得到的只是太乙火符的要旨，但还没有得到太乙雷霆之法的传承，实在太可惜了。陈楠不知来人底细，谦虚地回答说：我只是爱慕道法而已，不想求学过多以分散自己的心力。道人还是笑他：你怎么那么傻啊，火符丹法只能独善一身，很难帮助到众生；雷霆之法却可以造福于他人，历史上许多斩妖降魔的事情，都不是胡编乱造的。或许这个神秘人物还示现了什么，陈楠于是动心起信，稽首作礼说：本人一贫如洗，没有什么财宝来求法。道人对他说：道法得人即传，哪讲什么财宝利益。你只要能够信受奉行，布施功德于社会就可以了。于是，将陈楠引入一个石窟，取出都天大雷法秘籍《景霄大雷琅书》，传授于他。然后郑重其事地说："我不是凡人，乃是雷部都督辛忠义也。我受玉清王的嘱咐，将这个法付给了你。望你珍重！"说完便腾身而起，消失在云端（参见《翠虚真人得法记》）。这段叙述，听起来如同神话一般。传说从此之后，他就可以设坛关请雷神驱妖除魔,"役使鬼神,呼召雷雨,耳闻九天,目视万里",还常常以泥巴捻成小丸,施以符咒给人治病,因此获得"陈泥丸"的外号。

道教南宗自张紫阳开宗,二传石泰,三传薛道光,一路下来,传的都是内丹功夫,从炼精化气到炼气化神,再到炼神还虚。四传之后的陈楠,遇到黎母山神人辛忠义,获得《景霄太雷琅书》,因而兼修神霄派雷法,把内炼金丹与外用符咒结合起来。而且由于内丹修持的功果,强化了符咒的力量。符咒在中医属于祝由科,用于治病颇具灵验,可以帮助人消除苦患,让他们产生信心。因此,南宗在三代单传之后,开始获得更多的信徒。集丹道与雷法于一身的陈楠,具有特殊的能力,是一个传奇人物。活着的时候,就有许多故事流传于江湖,如"雷符杀媚狐""执铁鞭驱潭龙行雨驱旱""浮笠济渡洪流"等。据说他中夜静坐,嘴里含着水银,第二天早上吐出来,已经变成白金,可见功夫不可思议。在宋徽宗时代,一度被皇帝任命为主官道教事务的道录院事,后来退身罗浮山修行。

白玉蟾跟着陈泥丸,来到了道教名山罗浮。刚一上山,他便恳求师父传给他真正的金丹。师父对他说,我不是已经说了,你本身就具有。当下就给他加持,令他毛发和骨头都发麻起来,不久,心间结成一粒红花。告诉他,这就是金丹的初基,当然,还须长时间地炼养(《云游歌》)。于是,白玉蟾结茅于白云生处,独自静坐修炼丹功。过了一个月,泥丸发现这个弟子不够精勤,便找上门来,毫不客气地说:"勤而不惰,必遇至人,遇而不勤,终为下鬼。若是这样的修法,能有什么证验呢?你还是到其他地方去求法吧!"撂下话扭头就走。玉蟾追到师父的庵房门口,久扣不应,便泣跪不起。师父隔着窗棂对他说:"看来你的心还没有收,还得出去游历数年,再回到这里来吧。"玉蟾只好从命,开始新的行程(彭翥《神仙通鉴白真人事跡三条》),在随缘遭遇的事境中,磨砺自己的心性,抖落身上沾染的尘埃。内丹要在密室暗洞里炼,心却要在世间阅历中修。云游就是把自己抛出去,在无依无傍的状态下,接受业缘的摆布与世风的盘剥,直到心里一丝不挂。经过云游与静修的多次反复,白玉蟾最终获传真正的金丹大法。从翠虚真人那里,白玉蟾得到的是太乙刀圭之法和九鼎金丹之书。之后他又进入洞窟，开始闭关面壁，炼成了金丹大药。他十分庆幸，有生之年找到了在常人那里被深深埋没的宝珠，并以此来照亮自己的生命。

丹法初成，刚跨出洞口，师父就给了他新的开示："时人虽是学坐禅，何曾月照寒潭碧？时人虽是学抱元，何曾如玉之在石？或言大道本无为，枯木灰心孤默默；或言已是显现成，试问幻身何处得？"（《泥丸真人罗浮翠虚吟》，《白玉蟾真人全集》中册）遭他再度云游，在举目无亲的情况下，把自己掷身于茫茫人海中，随机地去遭遇事情，淬去心火，滤除杂习，让自己的道性更加凝然，并返回出生地，进黎母山去接受雷法的秘密传承。

海南岛天高皇帝远，从政治而言是边缘地域，但从道教仙家来看，这里气质清扬，水盛火旺，是一个难得的瀛海仙境。历朝历代都有行者往来其间，炼丹洗尘。各种方志上，都有此类神秘人物的记载。太平兴国年间，官员李员为奉旨来到琼州，遇上一个自称杨避举的八十老翁，邀请他到家里做客，见到他的父亲和叔叔，皆是一百一二十岁的寿星。祖父杨宋卿，已经一百九十五岁。作礼入座之后，却见梁上"鸡窠"里尚有一个像小孩的人，伸出头来往下看。杨避举的祖父说："这是我的九代祖也，不说话，不吃食，也不知活了多少年纪。"（《乾隆琼州府志·仙释》）这个叙述显然过于夸张，但也表明海南历来是个长生之地。

海南称琼崖，俗人听到"琼"，就会联想到"穷"，况且后面还跟着一个"崖"字，算是到了尽头；道人听到"琼"，则会联想到仙山琼阁，"琼崖"便是飞升的地方。有史以来，岛上修仙问道的人不少。差不多与白玉蟾同时，临高毗耶山那尾村出生的一个僧人，名叫和靖，也在儋州松林岭修行，飧松饮露，不食人间烟火。后来前往凌霄福地黎母山面壁六年，并于淳熙年冬天得道腾化（《乾隆琼州府志·仙释》）。临高蚕村有一个叫刘佛子的人，从小就乐善好施，成年之后也不娶妻生子。每到春耕播种日，就辟谷绝粒，只吃蔬果，秋收之后才恢复饭食。四十多岁时候，到买耶村广福堂潜修悟道。曾穿着木屐攀爬椰子树，到树梢又倒头往下爬。他用剑往树上一指，果子就纷纷坠落下来。他圆寂的时候，自己堆积柴薪，一把火把身体焚烧火化，留下许多闪光的舍利子。

位于海岛中部的黎母山，常年烟雾缭绕，云行雨施，是雷神驻锡的地方，也是黎族的发祥地。传说雷神摄受一颗南蛇的卵，于此山中生下一个妖娆的女子，称为黎母，白天食果为粮，晚间巢木为居。后来，海峡对岸交趾地方的人过来采香，与之相遇生情，在云雨中相互结合，生下了黎族的子孙（祝穆《舆地纪胜》）。对于黎族人来说，黎母山是一座神山。

一日，白玉蟾正在山路上行走，过来一个穿着破衣烂衫的人，问他："你要去哪里啊？"白玉蟾回答："想拜见名师，参传道法。"二人于是到寺庙边上的馆舍住下，一同对饮。其间，那人的双目闪出火光，十分耀眼，破衣烂衫顷刻间变成皂袍，对他说：我乃雷霆猛吏辛忠义也，看你宿有仙骨，心存济世利人之心，所以才化显形象出现在你面前。于是在桌子上拍响三声，就有一个苍牙铁面的人走出来。辛忠义告诉白玉蟾：这是天上的刘帅，掌管雷霆风雨之权，枢机二台之职，护持玉帝大驾进出，能救民疾苦，事无大小，求之即应。现在将他的法授予你，该法名为洞玄玉枢雷法（参见《洞玄玉枢雷霆大法》，《白玉蟾真人全集》上册）。整个过程就像神话故事一般。白玉蟾记得，师父陈楠的雷法，也是从辛忠义（也称辛天君）这里得传的，但他得到的是洞玄玉枢雷法，该法的本尊是刘神君，与陈楠得传的都天大雷法名称不同。二人的雷法，均得传于黎母山，可见此山在道教里的地位。

获得雷法之后，白玉蟾曾经牛刀小试，在武夷山为人消除火灾。有时也以雷霆吏自称："神府雷霆吏，琼山白玉蟾。本来真面目，水墨写霜缣。"（《自赞·其三》，《白玉蟾真人全集》中册）此外，他还自号海南翁、琼山道人、武夷散人。在道教南宗的体系里，他被赐为紫清真人。按照他个人的自叙，他与紫元真人、紫华真人，乃是紫薇天宫九皇星中的三星，因为误校劫运的记录，才被贬逐到人间来流转十世。

4

离开黎母山，白玉蟾再度渡海北上，云游洞庭和武当山、青城山等道教洞天。一路上,他的行为总是那么怪诞不经:"蓬头赤足,其右耳聋,一衲百结,辟谷断荤,经年不浴,终日握拳闭目,或狂走,或兀坐,或镇日酣睡,或长夜独立,或哭或笑,状如疯癫,性喜饮酒,落魄不羁。"(苏森《跋修仙辨惑论》,《白玉蟾真人全集》下册)。在西蜀之地,白玉蟾遇到一个老道,接受了《度人经》的教授,从此功力大增。历经七年时间,遍访名山之后,白玉蟾回到罗浮山向师父复命,得到了翠虚真人的认可。在六十四岁的那年,终于修成正果,并作了一首《大道歌》,其中有的句子颇具禅意:"年来多被红尘缚,六十四年都是错。刮开尘垢眼豁开,长啸一声归去来。"按照他的说法,这时,天上的仙籍里已经录入了他的名字。自身成就的他,怀着感恩的心情,写了一篇颂词,遥向南宗第一代祖师张伯端致敬,其中透露了自己的境界:"父母为生以前,尽有无穷活路,此身既灭之后,复有无极真机。"(《谢张紫阳书》,《白玉蟾真人全集》上册)接下来,他结庐在武夷山闭关九年,之后正式出山。

"嘉定壬申八月秋,翠虚道人在罗浮。眼前万事去如水,天地何处一沙鸥。吾将蜕形归玉阙,遂以金丹火候诀。说与琼山白玉蟾,使之深识造化骨。"(《泥丸真人罗浮翠虚吟》)1212年秋天,翠虚真人陈楠,意识到自己行将蜕形归化,便开始交代后事。尽管南宗丹法早已传给白玉蟾,但还是举行了一个郑重仪式,将金丹火候诀正式付与,奠定他作为法脉传人的地位。至此,作为师父的他,任务也就完成了。第二年(1213)四月十四日,真人在漳州梁山,与一箍桶的老头相依入水而逝,不知所终。当时,作为弟子的白玉蟾随侍在旁,目睹了师父水解的过程。此前,在一次聚会上,师父就说过他将要尸解的话,只是大家都不太当真罢了。走前留下了一个四句偈:"顶上雷声霹雳,混沌落地无踪,今朝得路便行,骑个无角火龙。"得道者总是那么的洒脱,不像凡人死得悲悲戚戚。

陈楠走后,白玉蟾自然成为南宗的第五代祖师,开始收徒授法,创立了教团组织"靖",并得到官方的认可。他先后收彭耜、留元长、谢显道、林伯谦、潘常吉、周希清、胡士简、罗致大、陈守默、詹继瑞、庄致柔等为徒,并创立了教派。弟子中道法造诣很高的人不少。集丹法与雷法于一身的他,被视为道教南宗的集大成者和内丹派南宗的实际创始人。之前秘密传承的四位祖师，都因弟子而浮出水面，显赫于世间。特别值得一提的是，他整理了道家雷法的体系，把从海南黎母山神人辛忠义那里获得的两部密法：洞玄玉枢雷法和都天大雷法，传向了内地。除此之外，他还用雷法给人治病消灾，"至如驱邪治疾之间，汲汲焉如拯饥溺"，想尽一切办法帮助别人。或者隐居于名山大泽之中，或者云游于都城闹市之内，"每所到处，间有异应"。跟他见过面的人，都不知道什么时候、什么地方还会遇见他（苏森《跋修仙辩感论序》）。

道教南宗，是于佛教普传中国的时代兴起的，因此，从张伯端起就吸纳了一些佛教的智慧，在丹道修炼中强调还虚和顿悟。在云游访道的过程中，曾经有人劝白玉蟾遁入佛门，但他的法缘在道。为此，他写了一首《水调歌头》"一个奇男子，万象落心胸。学书学剑，两般都没个成功。要去披缁学佛，首下一拳轻快，打破太虚空。末后生华发，再拜玉清翁。"虽然不愿剃发，但白玉蟾与禅宗行人多有切磋往来。成就之后的他，身通三教、学贯九流，自称"非道非释亦非儒，读尽人间不读书。非凡非圣亦非士，识破世上不识事"。他把道家的符咒法收摄于丹法，又将丹法收摄于心法，强调："法是心之臣，心是法之主，无疑则心正，心正则法灵，守一则心专，心专则法验，非法之灵验，盖汝心所以。"（《传法明心颂彭鹤林》，《白玉蟾真人全集》中册）因此，不管是对于雷法还是丹法，他都不仅是简单的传承，而有个人的参悟与发挥。他的出现，让一直以来隐秘单传于山林的道法，变得更加开放与兼容。和苏东坡一样，白玉蟾是宋代儒道佛三教合流的人格体现。所不同的是，东坡以儒立身，白玉蟾以道为本。

一个时期，白玉蟾除了外出应缘传法，多数时间都住在武夷山或罗浮山。在武夷山一曲水光石下，有他重修的止止庵。得道之后的他，"蔬肠绝粒，喜饮酒，不见其醉。大字草书，视之若龙蛇飞动。兼善篆隶，尤妙梅竹，而不轻作。间自写其容，数笔立就，工画者不能及"（彭耜《海琼玉蟾先生事实》）。除了座上以真气彩霞为食，白玉蟾还喜欢饮酒，并且热衷于茶道，亲自采摘与熏制，与道友、徒弟们汲山泉煮茶论道，"遣兴成诗，烹茶解酒"，还写了不少以茶为题的诗。其中不乏佳句："绿云入口生香风，满口兰芷香无穷。两腋飕飕毛窍通，洗净枯肠万事空。"（《茶歌》，《白玉蟾真人全集》中册）传说武夷山四大名枞中的白鸡冠,就是他在止止庵白蛇洞口栽培出来。从一首题为《卧云》的绝句,可以窥见他神仙一般的生活:"满室天香仙子家,一琴一剑一杯茶。羽衣常带烟霞色,不惹人间桃李花。"

道行臻于胜境的他,功夫更是神秘莫测。一日,有一个人不知为何持刀追人,白玉蟾出声呵斥,如同五雷轰顶,那个人手中的刀当即掉了下来。他还把刀捡起,招呼那人过来取,不要害怕(薛大训《古今列仙通纪》)。人们相信他的道行已经到了入水不濡、逢兵不害的境地。因为声名鹊起,惊动九重,皇帝还赐予他"养素"的牌匾。但他听了只是笑笑,并没有接受。

白玉蟾主持的止止庵,与朱熹的武夷精舍相去不算太远。传说晚年的朱熹虽以儒立身,但渴慕道法,致心于《周易参同契》的研究却不得贯通,曾经不止一次上武夷山,希望能从白玉蟾处获得启示。因为固执于自己那套僵化的天理,也碍于一代鸿儒地位,未能降低身段来请教,最终不得其门而入,还受到白玉蟾的嘲笑。就道学而言,白玉蟾无疑可以做朱夫子的老师。但这种说法得不到史料的支持。白玉蟾曾经为朱熹遗画像写过溢美之诗:"皇极坠地,公归于天,武夷松竹,落日鸣蝉。"(《赞文公遗像》,《白玉蟾真人全集》中册)在他看来,朱熹的前身是道教洞天里的神仙,与他似乎还有特殊的缘分,这一世出来是为了扶持儒教。因此,在给朱熹写的另一篇赞文里,还有"两楹之梦既往,一唯之妙不传"的表述。

5

据苏森的《跋修仙辨惑论》叙述,虽然在外界看来,白玉蟾行为怪异,但他潜心三教,多览佛书,研究禅学,参受大洞法录,奉行诸家大法。白玉蟾不仅是道成肉身的真人,而且是中国古典文化的集大成者,在哲学、文学、书画多个领域,都有不凡的建树,撰写的文本达九百多万言。他志于道而游于艺,自谓"有不可释然者寓之于酒,而又不能超超然者形之于诗"(《蛰仙庵序》,《白玉蟾真人全集》下册),留下的诗歌多达一千二百余首。他的著作《海琼问道集》《海琼白真人语录》《道德宝章》等,被收入《道藏》,有的则收

黎母山脉主峰鹦哥岭　孔见摄

入《四库全书》；诗文也见于《千家诗》等经典选本。他注释的《道德宝章》，深得老子心要，与河上公、王弼的注本齐名。他的诗文轻松放达，不事雕琢，既大气舒朗，又不乏细腻婉转，有天门开阖、水流物生的气象。他的"古文雄伟，排宕，缥缈，离奇，纯乎大手笔"（《紫元问道集序》）。或许是因为心无挂碍的缘故，他的行文如天马行空，从踏大方，少有同时代文人的刻意与拘谨。他的文赋，如《海琼君隐山文》（《白玉蟾真人全集》中册），对"山"与"市"之辨析十分透彻，不仅寓意深远，且文辞摇曳多姿，读起来十分畅美，是深刻悟性与丰富想象力的合璧。下面节取其中的一段——

然其人人自有所隐之山也。其清虚寂静，高爽深幽者，此人之山者，山其心也；其是非宠辱，贫富贵贱者，此人之市者，市其心也。今人以为大隐居廓，小隐居山者，不无意也。自名利之习炽，以物欲之事攻，则厌闹思静也；自恬适之兴满，修进之念冷，则嫌静思闹也。若夫人能以此心自立，虽园林之僻者，亦此心也；市井之喧者，亦此心也。不必乎逃其心之喧，适其心之欲；不必乎乐其境之胜，疾其境之不胜。知如是山，乐如是心，谓之真隐焉。欲隐山者，善隐心也。无事治心，谓之隐；有事应迹，谓之山。无心于山，无山于心也。

潘牥的《海琼玉蟾先生文集原序》指出：前辈文人，如司马迁、班固、韩愈、柳宗元等人的文字，皆是心血之作，经过反复的斟酌推敲。"前辈虽大手笔，要不可以无心而得，率尔而成也。今有人焉，不由学识而能，不假思维而得，是可以世之常法论乎？盖琼山白公之作是已。"（《白玉蟾真人全集》下册）白玉蟾"随身无片纸，落笔满四方"，"诗章立成，文不加点"，文字多是心性的自然流淌，挥洒自如，不修不整，有一泻千里之势。《全宋诗》录有白玉蟾的《别李仁甫》一诗，颇能代表他的风格与气派："君向星江结草庐，我来抵掌笑相于。三杯碧液涨瓷盏，一缕青烟缠竹炉。剑舞春风花烂熳，琴弹夜雨竹萧疏。明朝挂杖知何处，猿叫千山月满湖。"（《白玉蟾真人全集》下册）

白玉蟾的书法，笔画淋漓，元气充沛，有符咒一般的神力，却没有一点烟火之气。康熙皇帝《御定佩文斋书画谱》，赞叹他的草书"有龙翔凤翥之势"。真人在世的时候，求其书画者"踵门如市"，一度纸贵洛阳，但流传下来的只有寥寥数幅。现藏于台北故宫博物院的《天朗气清帖》，笔墨纵横恣肆，承转自如无滞，充满灵机禅意，堪称神品。他的画深得吴道子妙意，史称他"尤妙画梅竹，而不轻作。间自写其容，数笔立就，工画者不能及"。可惜如今已不复寻觅。由于被归类于道教人物，他的文学与书画成就还得不到应有的评价。

6

与佛家的绝尘出世不同，道家人物往往抱有政治情怀。老子的话语中，就有不少涉及治国方略，鬼谷子更是多有权谋之术。成为一代宗师的白玉蟾，对于天下治平之事并不完全释怀。追随他身边的弟子对此印象深刻："观其济世利人之念，汲汲也。彻夜烧烛以坐，镇日拍栏以歌。"（留元长《海琼问道集序》，《白玉蟾真人全集》下册）此时的南宋王朝，已经臣服于北方的金国，而在金的侧后，蒙古人的马蹄杂沓而起，杀气腾腾，接下来必是一场旷世的血光之灾，又不知有多少人要淹没在生死苦海之中。

嘉定十五年（1222）四月，白玉蟾下山来到临安，企图接近皇帝，"伏阙言天下事"（彭耜《海琼玉蟾真人事实》），为南宋最高统治者分析天下局势，建言献策。但不知为何，他受到了阻拦，没能如愿以偿。而正是这一年，全真道祖师丘处机带着十八名弟子抵达"大雪山"（今兴都库什山）行宫觐见成吉思汗，实现了龙马相会（成吉思汗属马，丘处机属龙）。丘处机规劝一代天骄要敬天爱民，清心寡欲，避免滥杀无辜。成吉思汗死后，西藏密教萨迦派法王八思巴，应诏到六盘山区，谒见未来的大元皇帝忽必烈，给他灌顶传法，并劝其停止屠城。两位天人师都见到了蒙古最高统治者，表达了各自立场，而在临安，白玉蟾却被挡在宫门之外。朝臣们甚至"以左道惑众"为由，将他逐出京师。万般无奈的他，只能对天长叹：宋朝的气数，看来真的是要穷尽了。

十月，白玉蟾来到临江军的江月亭，与一起出游的友人畅饮。大家都喝得差不多的时候，他从袖子里掏出一首诗来，还不及展开赏读，便纵身跳入滚滚的江流之中。众人急忙呼救，他却浮出水面笑着摇手制止。大家都以为他水解去了，可过了个把月，又见他出现在融州老君洞，接着越过桂岭，回到了罗浮山。

此后的白玉蟾，行踪不定。有时候传说他水解于盱江，有时候传说他出现在蜀地，有时候传说他仙化于武夷，有时候又传说他尸解于海丰，就连他亲近的弟子，都莫知所终。元人虞集在《景霄雷书后序》中称："琼馆白玉蟾先生，系接紫阳，隐显莫测，今百数十年，八九十岁人多曾见，江右遗墨尤多"。《正德琼台志·仙释》记载："玉蟾吾乡人，少闻诸父兄云，元末父老犹及见其还乡者，道其事甚详。"因此关于他的离世，只是一种传说而已，谁都没有见证过他的死亡。他究竟活了多少岁，始终是一个谜。学界的推算，在三十六岁到九十六岁之间，差距在一个甲子。在白玉蟾的自述性文字中，多有"翁"与"老叟"的自谓，如"琼山老叟白某"等，不像是一个三十来岁人的矫情。《大道歌》说出自己悟道的年龄是六十四岁。《水调歌头·自述十首》中，则是明明白白写着，九十岁的他依然鹤发童颜："虽是蓬头垢面，今已九旬来地，尚且是童颜。"考虑到道教自古以来修命成就很高，南宗列代祖师都相当高寿，张伯端九十六岁，石泰一百三十六岁，薛道光一百一十四岁，陈楠年岁不详，白玉蟾活过百岁并不稀奇。但佛不问姓，道不言寿。得道意味着不生不死，或者说超越生死，抹去了生与死的界线。世俗的年龄和时间观念，对于这类人物，已经失去了意义。

如果说丘濬是海南儒学造诣最高的人物，道学领域登峰造极者，无疑是紫清真人白玉蟾。他从黎母山下起步，走上了一条白云铺成的道路，演绎了出神入化的传奇，光大了自老子以来传承的道教文化。就因为出了白玉蟾这样的人物，海南岛才少了烟火之气，真正可以叫作"琼岛"。遗憾的是，时至今日，黎母山作为道教著名洞天的意义，还不为人们所认识。

The
Biography
of
HaiNan Island

海南岛传

衣冠南渡：从闽南到南溟

第十三章

宋徽宗的瘦金体书法和他画的白鹤

1

尽管宋朝文明程度很高，但在冷兵器时代，文明不见得就能够战胜野蛮。平日里远离庖厨的君子们，连杀一只鸡心里都会犯难，何况是要提着大刀去砍自己的同类。宋徽宗堪称世界史上最有艺术修养的皇帝，他的瘦金体书法，和纤细笔管里流出来的祥云白鹤，都是那个时代雅致生活方式的见证。但是，面对大碗喝酒、大块吃肉，以厮杀掠夺为快事的游牧民族，这些东西变得像瓷器那样脆弱，就连礼义与信用都成了一种自欺。过于注重细部雕琢的文化，往往在整体上丧失其恢弘的力量。不论是艺术创作还是人格建构，同时兼具整体上的磅礴大度与细部的雅致精妙，都是件困难的事情。于是，似乎只能在两端之间物极而反。

1127年，刚从辽人治下崛起的女真政权大金，在与宋朝联盟打败辽国之后，挥师兵临汴京城下。六神无主的徽宗皇帝，急忙禅位于太子赵桓（钦宗）。尽管当时民间抗金保国热情高涨，又有李纲等勇武之臣决死抵抗，但赵氏父子二人，还是幻想以割地赔款方式息事宁人。结果事情未了，招来的是国破家亡的命运。徽、钦二帝，连同后妃、宗族、贵戚三千人成了猎物被押往北方。如狼似虎的金兵，涌入汴京城内的大街小巷，就像野牛冲进了瓷器店。他们把百姓当作草原上的羊羔，恣意宰杀，兽性的洪水一泻千里。失去皇权庇佑的人们，纷纷逃离出城，向烟雾迷茫的东南方向落荒而去。

资政大夫邢肇周和管理天下粮仓的弟弟肇文，带着整个家族几十口人，赶着满载坛坛罐罐的数辆马车，加入了难民的队伍。起初，他们并没有一个明确的目标，只是想着尽快逃离金人的魔爪。当他们回首汴京的时候，这座当时世界上最繁华的都市，已经是一片火海，哭喊声如同波涛喧嚣。流亡的中途，混乱的人群中，他们有时能看见自己的同僚。听说康王赵构已经在南京（今商丘）称帝，有可能要移驾临安（今杭州）。他们便朝临安的方向赶路。然而，当他们拖着疲惫不堪的身躯，进入这座拥挤的城市时，里面已经人满为患，

邢氏渡琼先祖肇周之墓　邢越摄

到处都是露宿的难民，连租住的地方都很难找到。兄弟坐下来计议，都觉得临安摇摇欲坠，不是久留之地。于是便又收拾家当，向闽越的方向南下，寻找可能的栖身之地。此时，整个大地弥漫着一种慌乱不安的气氛，亡国灭种的忧患纠缠着每一颗心灵，到处都是张皇失措的表情，人人后背都丝丝发凉，连洞穴里的老鼠都逃了出来，唧唧唧唧地到处乱窜。

闽越之地石头屹屹，能够开垦出来种植作物的地方，都已经被人捷足先登，种上一种叫作甘蔗的草。一直走到闽南漳州，邢肇周他们都没有停留下来。进入汕尾汕头之后，家资已所剩不多，前面却是大海茫茫。他们听说，汪洋之中散布着一些洲岛，土地肥沃，人烟稀少，树上有摘不完的巨大的野果，水里的鱼更是探手可得，不劳网罗。然而，一路上风餐露宿，长途跋涉，家族中许多人已经吃不消，陆续有人染病不治，只能草草埋入土中，缺少了应有的恭敬。于是，有兄弟提出了就地落籍的诉求。或许是受到海岛上野果芬芳的诱惑，年长的肇周决意踏海南下，让这个家族能够偏安一隅，彻底逃离旷世的劫难。经过一番争论，意见还是不能统一。最终只能各随所愿，肇周和胞弟肇文乘船南渡，其他兄弟留在汕头谋求发展。从此血肉分离，兄弟星散，生生世世不复见面。

肇周、肇文兄弟及其家眷，在汕头租了一艘小帆船下水，晃荡着向想象中鱼虾腾跃、野果芬芳的洲岛驶去。好在入冬之后，风浪不大，虽然中途遇上旋流，托祖宗福德，他们得以安全渡过，也没有碰上穷凶极恶的海盗。大约

十天之后，船驶入水流平顺的清澜港，在红树林密密匝匝的文昌八门湾靠岸。经过走访，兄弟二家分别在水吼、观霄两个村子安顿下来，收割芒草，砍伐木头，和上泥巴，搭建起简易的茅屋。这时，后背的那股凉意才算是消失了。他们几近万里的逃亡之旅，历史上被称为"衣冠南渡"，他们抵达的地方属于"南溟"的范畴。而他们自身，也成了海南望族邢氏十几万子孙的渡琼先祖。

2

衣冠南渡，说的是北方士大夫家族，为逃避战乱向南方迁徙。所谓衣冠，乃衣冠楚楚者，是社会地位和文化身份的象征，代表着那个时代的斯文与体面。一般认为，中国历史上，有过三次大规模的衣冠南渡。

第一次衣冠南渡，发生在"永嘉之乱"后。西晋怀帝永嘉二年（308），匈奴贵族刘渊叛晋自立政权，举兵进攻洛阳，是为"永嘉之乱"。随后，羯族、鲜卑、羌族、氐族等相继兴兵，争夺治权。黄河流域从此烽烟四起，群胡逐鹿，混战连年，政权频繁交替，种族杀戮不断升级。在胡人铁蹄之下，汉人的生命惨遭践踏，陷入了前所未有的灭族危机。中原大地白骨盈野，空气中弥漫着血腥的味道。妇女更是被视为"二足羊"，被胡人肆意奸淫，还当作羊羔来烹煮。北方一百三十年间先后兴起十六个国家，汉族人口从约2400万人，减少到400万人以下，史家将这段历史称为"中原陆沉"。其时，中原士族纷纷南下避难，归顺司马睿在建康（今南京）建立的东晋政权，寻求休养生息。王谢堂前始有燕子飞来飞去；王羲之等群贤，也可以在流觞曲水边畅叙幽情；陶渊明还能够"采菊东篱下，悠然见南山"。中华文明因此得以绝处逢生。宋初闽南诗人詹琲，曾经这样追怀那段衣冠涂炭的日子："忆昔永嘉际，中原板荡年。衣冠坠涂炭，舆辂染腥膻。国势多危厄，宗人苦播迁。南来频洒泪，渴骥每思泉。"（《永嘉乱，衣冠南渡，流落南泉，作忆昔吟》）此次衣冠南渡，主要集中在长江中下游以南地区，但也有一些姓氏，如林、黄、陈、郑、詹、邱、何、胡等，进入闽越一带。"永嘉之乱，衣冠南渡，始入闽者八族。"（《三山志》）

第二次衣冠南渡，发生于755年爆发的"安史之乱"之后。这场由胡人发动的战乱，挫伤了大唐王朝的元气，使之陷于边疆纷战和藩镇割据并存的局面，并最终陷于江河破碎、无法收拾的五代十国。政治权力始终处在角逐当中，一再易主，战争的绞肉机停不下来。斯文扫地、丧魂落魄的衣冠家族，大量举家迁徙南方，寻找远离刀光剑影的家园。晚年落魄江湖的李白，以诗歌见证了这场恐怖的逃亡："三川北房乱如麻，四海南奔似永嘉。"在金陵凤凰台凭吊时，他还描述了这样悲凉的情景："吴宫花草埋幽径，晋代衣冠成古丘。"（《登金陵凤凰台》）这一次，南渡的难民走得更远，有更多的大族进入了闽南、岭南、西南地区，广州、泉州、成都等城市开始繁荣起来。

第三次衣冠南渡，发生在北宋灭亡的"靖康之变"之后。北宋发达时期，秦岭和淮河以北的人口，占整个中国人口的百分之八十以上。北宋政权崩溃之后，中原汉族，尤其是士大夫阶层，逃亡南迁唯恐不远，不仅进入闽南、岭南，还到了海南乃至东南亚诸岛。海南从令人畏怖的流放地，变成令人向往的避难所和诺亚方舟。卒于南宋初年的晁说之，从某个侧面写到了此次衣冠南渡："金贼忽屯城北隅，方今明日达聪俱。司门郎官上奏无，未几金贼来坦涂。城南铁骑柴奚车，焚荡辅郡陵别都。衣冠南下满江湖，白头辞臣思献书。"（《南门》）北方士族逃亡海南岛，往往都在海口神应港靠岸登陆，这里正是海南第一大江的入海口。因为接纳无数的衣冠家族，这条本来是自南向北流淌的江河，不知不觉中就更名为南渡江，仿佛改变了水流的方向。

此次衣冠南渡，一直持续到蒙元占领中原、南宋灭亡为止，时间之久，规模之大，超过以往的两次。南方的人口从此超过北方，南方的经济文化因而变得郁郁葱葱。自此，中国形成了政治中心在北，经济文化中心在南的格局，并且延续至今。元朝建立后，随着种族压迫加剧，特别是妇女初夜权被迫出让，北方汉族血统混杂，言语态度与生活作风变得粗犷鄙陋，失去了原本优雅的腔调。最为致命的是，古代草原游牧民族以掠夺攫取为能事，用强力取代公正与信义，他们的入主，给中原文化注入了一股戎狄之气。汉人中正直忠烈之士几乎被斩尽杀绝，获得荣华富贵的多是奸佞委蛇之徒。倒是南方以及南方之南，保持着汉文化的某些遗韵，只是因为失去权力的依仗，添了些阴柔的气息，显得不如北方文化那么强悍罢了。

汪洋中的海南岛，是衣冠南下的最后一站，乱世里的桃花源。尽管自然地理上，海南与广西广东临近，历史上也先后归属于两广，但在人文地理上，海南是闽南文化的一个单元。更准确地说，海南文化是宋朝文化的余脉，属于汉文化较为纯粹的一条支流。海南和闽南、潮汕、台湾地区通用的闽南话，是汉语的八大方言之一。它起源于汉文化核心区的黄河、洛水流域，因而也被称为河洛话，迄今保存着大量隋唐前汉语的发音和组词，是汉语言文化的"活化石"，隐藏着民族文化的基因密码。据统计，现在全世界说闽南话的人约有五千万，闽南语是全球六十种主要语言中的一种。

海口遵塘宋代蔡氏墓群　林涛摄

闽地文化是中原汉族文化的绵延，更是宋朝文化的存续。宋朝文化中的陶瓷、制茶、造船乃至纺织，在这一地区都有传承，尤其是最能体现宋代生活方式的瓷器和茶道，至今还得到保存和光大。北宋灭亡之后，定窑、龙泉窑相继衰落，传统的陶瓷工艺，主要由景德镇与德化来传承。德化白瓷，通过文火武火的交替烧冶，将埋在地里的一抔泥土，化为洁白如玉的器皿，化为一片片凝固的月光，这是宋朝物质生产精湛工艺的体现。

区别于北方的大碗茶，闽南功夫茶道，将儒之礼仪、道之妙境、禅之法意融于一味，是最具精神性的物质生活方式，也是中国人生活美学的典范。初春生机勃发之际，将一片片叶子，从灌木丛中采摘下来，经过巧妙的熏制，成为一种神奇饮品，演绎出无穷的意趣来，征服了整个世界的胃口。不用动刀舞枪，也不用鸦片毒品，就能换来白花花的银子，这是宋人最了不起的成就，也是极其可贵的精神遗产。

自唐宋代起，闽南人就是海上丝绸之路上最为活跃的群体，尽管他们看起来不温不火，态度谦虚，波澜不惊，不像北方人气势汹汹，剑拔弩张，以差强人意的方式行事，但内心起伏着浩瀚的情怀。他们是最先通过海洋走向世界的中国人，在欧洲许多港口，最早到达的都是闽南人的船只。闽南的文化性格，蕴藏着孔子所赞叹的南方之强："宽柔以教，不报无道，南方之强，君子居之。"（《中庸》第十章）福建、广东、海南是中国的三大侨乡，从这三个地方走出去的，基本上都是闽南人，也都是宋朝的遗民。他们与人过往不计较蝇头小利，把交易与交情泡成一杯清茶，淡化了商业赤裸的功利性，把生意做成与人共赢的文化，风生水起。和福建、潮汕、台湾等地的闽南人一样，海南人的主体属于宋朝子民的后裔，今天，他们有必要唤醒自己的文化记忆，把隐藏在基因里的宋朝遗韵抒发出来，演绎成深沉华美的乐章，冲淡华夏文化里夹杂的戎狄之气。

3

邢氏一族，可以追溯到西周武王的弟弟周公，他第四个儿子姬苴，前1035年被封于邢国（今河北河间地区），称为邢侯。成年之后，迎娶齐国美丽的公主姜氏为妻，生儿育女，子孙以国为姓。虽然国家不大，却存续了四百年之久，最终于前635年为卫国所灭，失国的子孙于是四海为家。肇周、肇文一脉落籍海南，是为岛上邢氏家族的始祖，第四代邢宣议，为文昌知县，其三个儿子中，邢禄（字梦璜）为海南万安知军，邢至为山东总兵，支脉又流回了大陆。

士族的南下，伴随着许多的矛盾，包括与地方割据势力的冲突。以政声文名著称宋末的邢梦璜，在吉阳军金判任上时，曾参与著名的剿灭"三巴陈大王"的战斗。南宋咸淳三年（1267），海寇陈明甫、陈公发，在临川镇（今三亚市）建立的割据政权，号称"三巴陈大王"，建营寨于鹿回头山上，驾驶双龙头大舟，呼啸往来于两广沿海，控制港口贸易，打劫过往外商，凌驾于州军政府机构之上，"追取州民钱粮，包占本军（吉阳军）五十余村税户"（《节录磨室碑记》）。每年都有数百人被他们抓到外番去买卖。吉阳军在临川镇，只驻有五六十疲弱之卒，根本不敢与他们正面冲突。

咸淳六年（1270）春，海岛南部地区发生动乱，进逼吉阳军城区，当地居民惶惶不宁，请求朝廷发兵。管帅马成旺携其子马扰机、马应麟，率大军前来讨伐。经过数十余次战斗，恢复了大部分地区的治安，安抚了三万多流离失所的百姓。接着，马部在当地军民的配合下，向临川港（三亚）和鹿回头发起进攻，在一片咆哮声中杀入寨中，纵火焚烧匪窝，生擒了陈公发。陈明甫先是逃到黄流峒，后又逃窜至占城、交趾（今越南）、南宁，邢梦璜所在的吉阳军派兵渡海追杀。最后，陈明甫及子孙，在南宁军南村远峒抓获。两个匪酋被钓脊挂竿，向世人展览，"穿足钉手，炮烙其肤，脍缕其肉"，就像庖厨里的烹饪煎炸。他们的子孙徒党，则用斤斧处斩，如同砍肉切菜一般，其状十分恐怖。但当地人因此载歌载舞，像是迎来了一个久违的节日。参与战事的邢梦璜，受当地人之托，撰写《节录磨室碑记》，详细记载了整个过程。

邢氏在岛上世代以耕读传家，子孙播撒琼崖各地，到了明朝，第十代出了被誉为海南三贤之一的邢宥。宥于正统十三年（1448）进士及第，曾经担任台州、苏州巡抚、都察院左佥都御史、钦差大臣，巡抚江南十一府，总理江南兵民财赋，兼理浙江嘉、湖、杭三府粮储，是一个政声斐然的清官。任职过的地方，都流传着他与豪强恶霸斗智斗勇的故事。福建、辽东、河南等地，皆有为他树立的"去思碑"。海口府城金花村的丘濬，是他至交之友。丘濬任文渊阁大学士时，同朝为官的邢宥，请他为海南邢氏族谱作序。在序言里，丘濬称海南邢氏从中州来，是苏轼所说"衣冠楚楚，礼乐彬彬"的望族，邢宥"年方五十，已官三品，守天下大郡，清名美政，播闻朝野"（丘濬《邢氏族谱序》）。《正德琼台志》称邢宥为"自唐宋以来海南人物所罕见"。现代国学家钱穆在《邢湄丘先生集》序言中，对邢宥有这样的评价："其德、功、言三者，俱得先文庄、忠介，而合称为海南一鼎三足，非偶然矣。"

两宋间迁入海南的家族中，唐氏算是较为显赫的一个。海口市美兰区有一个攀丹村，是海南唐氏子孙的聚居地。其迁琼始祖唐震，是武举进士，于南宋淳祐年间来琼州任职，眼看南宋半壁江山摇摇欲坠，遂带族人入籍海南，以"手攀丹桂"之意作为地名，还在家门口种了两棵大榕树。二榕盘根错节，气

根飘垂,数百年间长得枝繁叶茂,成了村民茶余饭后讲古说事的场所。唐氏子孙也在榕荫庇佑下欣欣向荣,蔚为海口一大望族。到了明代,唐氏家族先后出了五位进

海南丘氏祖祠屋脊上的灰雕　林涛摄

士,其中有两对父子进士,成就最高的是弘治十五年(1502)进士唐胄。唐胄曾任云南右布政使、广西左布政使、都察院右副都御史、山东巡抚、户部左侍郎,其性格刚正堪比海瑞。《明史》为他立传,称其"耿介孝友,好学多著述,立朝有执持,为岭南人士之冠"。他著有《江闽湖岭都台志》《正德琼台志》等,后者是海南现存最早的方志。唐氏的子孙,仅男丁就有四五万人。

几乎是与唐氏家族同时,王氏一支的迁琼始祖王公辅从浙江南下,在琼州安居,并且在九代之后迁至定安县龙梅村。其家族第十三代子孙王弘诲,于1565年考取进士,先后担任翰林院编修、国子监祭酒、南京吏部右侍郎、南京礼部尚书等,是海瑞和传教士利玛窦的好朋友。王氏另一支的渡琼始祖王悒,则在南宋时期落籍临高,到了明代,子孙中出现了一个举人王佐,虽然功名不高,却才情横溢,著有《鸡肋集》等,是海南四大才子之一。

南宋嘉定年间,从福建莆田过来,任琼山知县的张氏渡琼先祖,在卸任后落籍海口府城,后迁至定安。其后世子孙中,出了海南唯一的探花郎张岳崧,曾任文渊阁校理、翰林院侍讲、两浙盐运使、大理寺少卿、湖北布政使、湖北护理巡抚等职,鼎力支持林则徐的销烟行动,是清代著名书法家,位列"岭南四大家"之首。

衣冠南渡,对于中原汉族是历史性的劫难,但这种劫难某种程度上推动了南方经济文化的发展。对于处于边缘地带的海南岛,情况更是如此。出身海南的明朝大学士丘濬,有过这样的叙述:"魏、晋以后中原多故,衣冠之族,或宦或商或迁或戍,纷纷日来,聚庐托处,薰染过化,岁异而月或不同,世

变风移，久假而客反为主，蒯犷悍以仁柔，易介鳞而布缕，今则礼义之俗日新矣，弦诵之声相闻矣，衣冠礼乐彬彬然盛矣。"（《南溟奇甸赋》，《丘濬集》4457页，海南出版社，2003）

4

在宋朝，海南仍然是最遥远的流放地，流放也是衣冠南下的一种方式。八十几位流放者中，有一些人并没有被赦免归去，而是在岛上定居下来，成为自己家族的迁琼始祖。卢多逊就是其中最为著名的一位，他是岛上四万卢氏子孙共同的根。

卢多逊是怀州河内（今河南沁阳）人，后周朝的进士，当过左拾遗、集贤殿修撰兼制诰、任兵部郎中等。宋朝开国后，太祖赵匡胤先后任命他为知太原行府事、翰林学士，还曾参与《五代史》的编修。据《宋史·卢多逊传》记载，多逊"博涉经史，聪明强力，文辞敏给，好任数，有谋略，发多奇中"。有一件事情，足以证明他的聪明是多么好使。赵匡胤热爱读书，喜欢与臣属交流心得。卢多逊于是暗地里跟史馆的官吏打好招呼，将皇上取阅的书名提前告知自己，然后彻夜攻读。因此，每当太祖谈及书中涉及的问题时，他总能应对如流，令一旁的群臣黯然失色。

据《续资治通鉴长编》记载，开宝六年四月，卢多逊受命出使南唐，给诗人皇帝李煜贺寿，这其实是黄鼠狼给鸡拜年。足智多谋的他，借机骗得江南图经，探知南唐十九州之山川地理、军事部署、户籍人口等情报。还朝之后，黄鼠狼将详情奏报宋太祖，称南唐国衰主弱，建议攻而取之，得到了赵匡胤的赞许。随后，他的职位一路升迁，从中书舍人、参知政事到中书侍郎、平章事加任兵部尚书，官及副宰相，可谓一路春风。随着权力的扩大，他不可避免要与原本占据要位的人产生对立，首当其冲的就是当了多年宰相的赵普。

赵普乃陈桥兵变的主要策划者，是将黄袍披到赵匡胤身上的人，也是杯酒释兵权的始作俑者，不仅足智多谋，而且功勋卓著。入相多年之后，朝中"事无大小，悉咨决焉"，可谓权倾一时，因此也积怨不浅。赵匡胤需要有人能够制约他的膨胀，使之遵守人臣的本分，而卢多逊无疑是最合适的人选。

卢多逊的飞黄腾达和他与赵普的对垒，让身为父亲的卢亿深感不安。卢亿也是前朝进士，年轻时就以孝悌闻名，曾担任过校书郎、集贤校理、郓州观察支使、河南令。宋朝开国后，任少尹，是一个公认的清官节士。当儿子任翰林兼知制诰，成为皇帝身边的重臣之后，他就上表请求解职。据史书叙述，卢亿生性俭素，寡欲知足，不慕荣利。看到儿子发达之后"赐赉优厚，服用渐侈"，内心便愀然不乐，他对亲友们说："卢家世代皆是淡泊的书香人家，一旦暴得富贵，我都不知自己死后会葬在何处了。"听闻儿子与赵普不和，他反复劝其退让，但此时气冲斗牛的卢多逊，似乎油盐不进。临终之前，老人感慨系之："赵普是宋朝的元勋，我家小子与他作对，必将惹祸殃及于我。今日早死，看不到他落败的那一天，也算是我的幸运。"后来的结局，果然就像他说的那样。

卢多逊与赵普的摩擦，从他给皇帝拟写诏书时便开始了。每次太祖召他对策，他就会借机说赵普的不是。赵普外放河阳，跟他的挤对不无关系，至少在赵普看来就是如此："我是开国旧臣，被权幸大臣中伤。"同朝为官，总有一些事情牵扯到各自利益。赵普在宰相任上时，曾安排妹夫侯仁宝在洛阳任职。此人出身豪门，讲究生活舒适，无意功名进取。赵普外放之后，卢多逊将其调往路途遥远、条件艰苦的邕州（今广西南宁），过了三年也不给调动。太平兴国五年（980），在赵普授意下，侯仁宝向宋太宗上疏，建议趁交州（原来的交趾，介乎广西越南之间）内乱之际，将其攻取。侯仁宝本想借回京面奏之机，谋求返回中原。没想到卢多逊将交州水陆计度转运使一职，顺势套到他的头上，使他在之后的战斗中丢了性命。

赵匡胤驾崩，弟弟赵光义即位（即宋太宗），赵普请求为太祖守陵。太宗于是给了他太子少保的虚衔（从二品），让他回到京都。他的儿子赵承宗娶了宋太宗的亲外甥女为妻，千里迢迢从潭州（今长沙）奉诏回汴京成婚。蜜月还没过完，卢多逊便以某种理由，令赵承宗归任潭州，似乎对这桩与皇家攀结的姻亲不太感冒。

两件事情，加上平日里一些琐碎的摩擦，令赵普心生暗火。重新获得相位后，这股怨气就很难再忍受下去。太宗赵光义是以皇弟的身份继承皇位的，太祖为何不传位于子而传于弟，是一个让人费解的事情。这件事情有不同的版本，民间有"烛影斧声"的说法，传赵光义是通过谋杀兄长上位的。但他登基后，由赵普披露的解释，则是遵照杜太后临终的遗言，为避免五代以来皇权频繁更迭的乱局，改嫡长子继承为"兄终弟及"。然而，若按照这个所谓的"金匮之盟"，赵光义也应当传位于弟弟赵廷美，但他并没有这样做的意思，这就引起秦王赵廷美的不快。于是，就有人出来控告，赵廷美阴谋作乱。经过一番顺藤摸瓜的彻查，发现卢多逊"阴交"赵廷美的证据，遂被列为同党。按照《宋史·太宗本纪》等书的记载，自从赵普重新担任宰相之后，卢多逊心绪惶然。特别是自家祖坟后面的树林，一个晚上被雷电火击中烧焦之后，更是疑神疑鬼，总觉得有什么事情要发生。赵普曾多次以玩笑的口气劝他自行引退。倘若卢多逊顺坡下驴，过去发生的不快之事，可能也就一笔勾销了。但他留恋权位带来的荣华，迟迟不能走出这一步，最终招来了灭顶之灾。

结案当天，包括太子太师王溥在内，朝堂上竟有七十四人上奏，称兵部尚书卢多逊，身任宰相，心怀怨望，秘密派遣堂吏，勾结亲王，互通声气，诅咒君父，大逆不道，败坏纲纪，上负国家恩宠，下亏为臣之节，应当予以惩处，以正法纪。请按有司所断，削夺所有官爵，依法诛斩。太宗于是降诏，在一番谴责之后，法外开恩，称按卢多逊所犯之罪，本应夷灭全族，毁其家宅，但顾念他身居重位，侍奉朝廷多年，特免除灭族之罪，将全家一同流放崖州，所到之处皆由驿马遣送，"纵经大赦，不在量移之限"。从实际执行的结果来看，太宗皇帝确实对卢多逊从宽处理。同案的中书吏赵白、秦王府吏阎密、王继勋、樊德明、赵怀禄、阎怀忠等人，均被拉到都门外，一斧头给砍了，家财遭到籍没，亲属还都流放到崖州。

说实在的，赵普并非歹毒之人，不然卢多逊很难保全身家性命。据说，在拟议如何处置卢多逊时，赵普以为流放崖州就可以了。但"好希人主意以求进用"的开封知府李符，却建言："朱崖虽远在海中，而水土颇善。春州（今广东阳春）稍近，瘴气甚毒，至者必死，愿徙多逊处之。"赵普听了，心里十分不悦，他不喜欢落井下石的小人。不久，便以"用刑不当"为名，将李符贬逐。若干年后，一个叫弭德超的官员涉嫌诬陷，作为举荐人的李符受到牵连，赵普借机将他流放到春州。不出一年，这家伙竟然莫名其妙就死在那里了。

隔着宁远河，三亚崖州古城的对岸，有一个叫作水南的村子，以众多流放者寓居在此而闻名。一千多年前，宋朝宰相卢多逊就落户在这里，并度过生命最后三年的光阴。劫后余生的他，南下的路上，反复想起了乃父生前的教言，追悔万千。痛感身为人子，不能听从父辈的叮咛，给这个家族带来灭顶之灾，实在是大不孝。一家人开始走的是陆路，抵达闽南之后，在泉州乘船入海。由于海上熏晒日久，到了崖州时，据说他脱了一层皮，肌肤瘙痒无比。尽管如此，他仍然及时给皇帝呈上郑重其事的谢表，对天涯海角之地，有了这样的感慨："流星已远，拱北极而无由；海外悬空，望长安而不见。"

一个被剥去楚楚衣冠的人，来到举目无亲的蛮荒之地，会遇上许多预想不到的困难，何况还拉扯着大大小小数十口人。崖州是当时最著名的流放地，管理贬官是州府一项重要的工作。为了彰显流放的性质，官员们不许卢家住在城内，只能到离州城二里开外的村口安家。村边上风声很大，卢家人就在呼啸的海风中"充长流百姓"，一天天地数着炎热而缓慢的日子。

卢家小女儿长得端庄，肌肤尤其白皙，仿佛什么时候头顶都有月光在照耀，但这月光却惹来了麻烦。崖州驻军一个牙校之子，人长得黑麻麻的，五官都分不清楚，竟然带人上门来求亲。看着来人粗鄙的举止和一身熏人的戾气，卢多逊再三拒绝。没想到竟招来知州和一些官吏的百般刁难。最后，出于一家人安全的考虑，作为父亲的他只好妥协，但内心却暗自叫苦，要是还在兵部尚书的位上，还不把这帮猪狗给剁了！好在攀了这门恶缘，也就挡住了其他可能的恶缘，只是女儿身上的月光，从此便暗淡下去，眉眼之间聚起了一团阴云。没有办法，作为罪臣的女儿，就不应该长得如此靓丽。

然而，卢多逊毕竟是经历过生死沉浮的人，天命之年的他，已经能够吞咽各种人生的苦果，将它消化排放。走到了天地尽头，转身之后的他，性情反倒开达起来，特别是遇上一个老妇人之后。那天，他在路边小店吃饭，碰到一个老妪，竟然说出许多京城里的旧事，便上前与她搭话，问她从哪里来，为什么会住在这个岛上？老妪并不知道眼前这个人是谁，只是蹙着眉头，一个劲诉说起来："我本中原士家，儿子原在京城任职。卢多逊当宰相时，要他去做一件不义的事情。我儿不愿听从卢某的旨意,便被抓了起来,处以重罚,一家人全都被流放到这个地方。不满一年,全家骨肉都因饥病相继入土,只剩老身我一人形单影只,流落山谷。老天有眼,那个卢多逊蠹贤怙势,恣行不法,相信有一天,也会被流逐到海南岛来的。我今日寄居在路旁,是想在入土之前,看到此人落魄潦倒的模样。"卢多逊听了默然无应,一个人悄悄地离开了(《续资治通鉴》卷十一)。

渐渐地,经过一番自我蜕变,将一生对别人所做的糗事,与别人对自己的不公,扯平之后,卢多逊有了无欠无余的感觉,变得前所未有的轻松,海南岛上的雾霾也随之散去。他无法要求老妪她们宽恕自己,但他已经原谅了这个百感交集的世界,成了一个乐天知命的老人,为左邻右舍所喜欢。在他之前,所有关于海南岛的文学描述,几乎都是令人畏怖的,无非瘴气妖雾弥天,毒蛇恶虫遍地,风土人情诡异,诸如此类。特别是前朝的宰相李德裕,在他眼里,海南岛就不是活人的地方。但在卢多逊的诗里,人们看到的是一个截然不同的世界,充满明快的色彩和乐天的气息。当地有个教书先生叫黎伯淳,经常到卢家来拉话。卢多逊想不到这个地老天荒的地方,还有这么纯粹的读书人,称他为"幽人学士",专门给他题了两首诗《水南村为黎伯淳题》:

其一

珠崖风景水南村,山下人家林下门。
鹦鹉巢时椰结子,鹧鸪啼处竹生孙。
鱼盐家给无墟市,禾黍年登有酒樽。
远客杖藜来往熟,却疑身世在桃源。

其二

一簇晴岚接海峡,水南风景最堪夸。
上篱薯蓣春添蔓,绕屋槟榔夏放花。
狞犬入山多豕鹿,小舟横港足鱼虾。
谁知绝岛穷荒地,犹有幽人学士家。

鹦鹉筑巢、椰树结子、鹧鸪啼叫、犬鹿追逐、薯芋生蔓、槟榔开花，这些海南岛上的日常光景，都成了诗歌里的意象。他轻扬的语言，透露出欢快的旋律、温馨的气息，和节庆一样的情绪，给人以"胡不归"的家园感。这些作品艺术上堪比杜甫，近乎"舍南舍北皆春水，但见群鸥日日飞。花径不曾缘客扫，蓬门今始为君开"，但却洗去了杜诗中通常弥漫的愁苦无望。

雍熙二年（985），卢多逊以疾病为由，平静地告别了这个于心未甘的世界。临终之前，他扶笔写下了这首绝笔诗：

南斗微茫北斗明，喜闻窗下读书声。
孤魂千里不归去，辜负洛阳花满城。（引自《渑水燕谈录》）

和李德裕一样，卢多逊的诗歌艺术，在海南岛时期达到了他的巅峰状态。比起其他事物来，这个地方更适合于诗性和阔叶植物的生长。在人群密集的都城，侧身于权力和人情之间纠缠不清，并不适合人本性的抒发。

卢多逊归化后，朝廷下诏，将其家眷迁往容州（今广西北流），不久又移至荆南。儿子卢雍被起用为一个基层小官。另一个出生在流放地的儿子卢察，也于景德年间考取进士，步乃父后尘投身政治，并于祥符三年（1010）将卢多逊的遗骸归葬襄阳。但庞大的卢氏家族，多数眷属仍然落籍崖州，渐渐散落于全岛各地，像草木一般勃勃生长。卢氏血脉在海南传承至今，已有三十余代，宗亲近四万人之众。2006年，这些孝顺的子孙共同捐资，在水南村旧址筑起了卢多逊纪念馆。每年清明节的那天，都有子孙从四面八方赶路过来，一齐跪倒在迁琼始祖卢多逊的塑像前。想想死后一千多年，骨头渣都没了，还有人记得住你，还有数万子孙认你做祖宗，焚香跪拜于你的足下，感戴你的生身之恩，也是人生一种了不起的成就，更是内心莫大的安慰啊。

5

据陈铭枢《海南岛志》估算，唐宋间迁入海南岛的汉人，有一万余户，约有五万人。其中主要是来自北方的士族。除了为逃避战乱而来，还有的是到海南为官之后，将整个家族迁徙至此。根据王俞春《海南移民史志》及民间族谱记载，海南岛上的林氏、符氏、邢氏、周氏、张氏、许氏、韩氏、唐氏、郑氏、蒋氏、曾氏、翁氏、谢氏、郭氏、蔡氏、宋氏、裴氏、庄氏、高氏、叶氏、苏氏、欧氏、莫氏、朱氏、文氏、吕氏、龙氏、梁氏、凌氏、秦氏、赖氏、洪氏、田氏、连氏、何氏、杜氏、温氏、彭氏等四十多个族群，都是在这个时期落籍琼崖。每个家族都有各自的渡琼初祖，并修有详细的族谱，甚至历代祖先居住的村落、安葬的丘山及其朝向，也清清楚楚。经过一千年左右的繁衍，各个家族的子孙，都在数万乃至十数万之众，加起来的人口数以百万。这些家族，有的是直接从中原某地，直接迁入海南；更多的则是辗转闽南，若干代后再续迁海南。因为当年闽南泉州、漳州一带，到处种有大片的甘蔗，在季风的吹拂下招摇起伏，因此，许多家族的记忆里，祖宗地是福建的甘蔗园。他们一旦想到遥远的故乡，心里就泛起甘蔗的甜味，津津的口水便流了出来。海口府城一个村庄，干脆就叫作甘蔗园村。但在闽南地区，找不到一个叫作甘蔗园的村落。据统计，现在海南岛上的汉族人口，将近百分之六十是从闽南地区迁移过来的。如果在1988年海南建省、新的移民潮到来之前统计，这个比例可能接近百分之七十，是压倒性的多数。据专家考证，海南一些地方的民歌，如琼南崖州民歌，跟闽南民歌有着渊源关系。作为闽南话支系的海南话，也就在宋末元初的时候，成为海南汉区的"普通话"。

两宋之间的衣冠南渡，既是人口的大迁移，也是文化的传播与绵延。中原文化以肉身为载体，通过人口迁徙移植海南，从而提升了这里的文化阶位。这种以身体为载体的文化移植，比通过书籍等其他媒介的传播更加完整。明代的海南，之所以迎来文化鼎盛的衣冠盛事，完全是源自两宋之间的衣冠南渡。如果将各家族渡琼先祖的纪念碑，及族谱等相关资料汇集起来，建立一座海南移民博物馆；将历代流放官员的文物资料和世界流放史的资料整合起来，建立一座人类流放史博物馆，都将是蔚然可观的人文景致。

由于天高皇帝远，海南岛的社会治理十分松弛，就户口登记造册一项，官方的数据极难采信。海南岛最早的户口记录，见于《汉书·贾捐之传》："儋耳、珠崖二郡合十六县,户二万三千余。"按五口一户计算,在册人口有十来万。南北朝时期,归顺冼夫人的黎族峒就有一千多个,未归顺者尚不知多少。这就意味着黎族峒数在一千至两千峒,二十万人以上。《隋书·地理志》载,隋代于海南岛置珠崖、儋耳、临振三郡,户数一万九千五百。比汉代开郡之初还少。更少的数据见于《新唐书·地理志》:海南四州合计的户数为2997户,其中统领全岛的崖州户数仅为819户。按一户五口算,全岛人口不到一万五千人,崖州人口才四千人,摊到下面,每个县也就一千人,这个数字几近荒谬。振州的人口同样是四千,但振州别驾冯崇债护送鉴真和尚往崖州时,自备甲兵就多达八百人;韦公干的家奴就有四百多人。因此,陈铭枢《海南岛志》估算,唐代海南汉人有七万,这个数字是可信的。宋朝《正德琼台志》记录的全岛户数是10317户,意味着人口也就是五万。其中吉阳军户数251户,也就一千多人口。而在当时吉阳军佥判邢梦璜《节录磨室碑记》一文里,尚未镇压临川镇"三巴大王"之前,平复黎乱的行动,安抚百姓人数就达到三万余。可见当时吉阳军的人口,少说也在五六万以上,四个军加起来,全岛人口应该接近三十万。显然,登记的户口与实际人口之间,没有对应关系。大量的人口,尤其是黎族人口,并没有进入官方编户齐民的造册,倒是民间的族谱和一些零星的文献,从侧面反映了真实的情况。元代海南岛入户人口达到166257,比宋代增长了八倍。这并不是实际人口有突飞猛进的增加,而是蒙元政权在南方强化了"阅实户数"的工作,仅新归附的黎族峒寨地区设立的会同、定安二县,就有二万余户,十万人口(参见吴永章《黎族史》第六章)。元朝黎族地区造反频繁,杀伐镇压十分残酷,移民数量也不如宋代,不可能有较大幅度的人口膨胀。

6

南宋时期的衣冠南渡,还伴随着王权的维护与争夺,其间有一些事情的内幕并不为时人所知,也不能完整地记录于正史。

离海口西南三四十千米的地方,有一个叫作美榔的村子。大约在南宋理宗时期,来了一家子人。男主人名叫陈道叙,人称陈七公,自号明台居士。女主人周氏，比男的还年长一岁。两个年轻的女子，据说是他们的女儿，一个喊灵照，一个喊善长，听起来都不是在家人的名号。奇怪的是，随他们一起来的还有太监，照顾两个"女儿"的生活。要由太监来照顾起居的女儿，天底下还能是谁家的女儿？

不知道什么时候，他们已经看好那片泉水喷涌的地块，并很快建起一座庵房，叫辑瑞庵，庵名是琼州安抚使谢图南题写的。谢图南打击海盗，威震南天，宋光宗曾经赐他"南天一柱"的牌匾。请他来给庵子题名，足见陈家人来头不小。在离庵房不远的地方，还筑了个太监房，供太监们居住。但所有的这些，还不是当地人最感疑惑的，超乎人们想象的是，他们后来在庵房后面建立了两座造型奇特的塔，一座五层，一座七层，全都是用打磨好的青石垒起来的。塔身和塔内，刻有各种工艺精致的人物和图案，与当地土地庙里的有天壤之别，也非本地工匠所能胜任。按照明《正德琼台志》记载："道叙为捐钱一千缗建立此塔。"有人做了这样的计算："一缗是一千文钱，一千缗实际上是一百万文钱了。一般每十文钱一两重，以十六两为一斤算，一百万文钱

埋藏着千古密藏的美榔双塔　詹贤武摄

219

重 6250 斤。当时的运输工具大多是老式木轮牛车或挑夫。以载重量约为 800 斤的牛车来运输的话，需要八架牛车运输才行！若以挑夫搬运，则需 60 多人次。"（陈明卿《美榔双塔考秘》）拿这么多的钱来造塔，显然不是一般人能负担得起的，而在当时的时局下，翻山过海，将这些钱运到如此偏僻的地方，也绝非易事。陈道叙的背景可谓高深莫测。或者是为了给这些钱的来路提供说法，或者是为了收买当地人心，他们给各家各户都撒了些银子，说是女儿修道，精通法术，用变金盆变出来的。之后，又说法术不灵了。

至于说这两座塔，是为两个女儿建造的姊妹塔，这个谎撒得就太大了。不管在道教还是佛教里，只听说给死人建塔的，没见过给活着的人建塔的，而且还是女儿。即便是死人，也得是寺院里的高僧大德才有这个待遇。总之，陈道叙和周氏，不给自己建塔，反给正当妙龄的女儿建塔，实在说不过去。而塔内的各种摆设，也让人有了更多的联想。

姊塔为六角，设有石柱围栏，塔壁六面皆雕有文官武将像，每层门龛内供奉的圣像，已经不知何时被何人抽去，但与围绕周边的文武百官像对应的，应该是什么人物？这是可以想象得出来的。妹塔为四角，四角皆雕有作托举状的金刚力士，塔壁上刻有诸多佛教图案，每层塔室内都供奉着不同的佛教人物像，持有金刚杵等密宗法器。二十世纪初，经过密宗权威学者吴信如的认证，妹塔沿用唐代药师佛法塔的形制，所供药师佛像，与陕西法门寺地宫出土的造型相同。根据推断，姊塔供奉的可能是宋朝宗室的先祖；妹塔供奉的是药师佛及唐密法脉的历代祖师。显然，两座塔加上辑瑞庵，就是一座寺庙，而且是皇家宗室的家庙。陈道叙极有可能是南宋皇室的国师，他隐蔽身份，不远万里到海南岛来建庙设塔，其实是在做局布阵，祈请上苍法界护持摇摇欲坠的王朝，为之续上长治久安的国运。

为了隐蔽其真实的初衷，陈道叙老先生可谓用心良苦，设置了许多迷障。这造成方志记载上的混乱，甚至有的把他当作元代的本地人。在离双塔不到一公里的地方，就是陈道叙和周氏合葬的坟墓。2000 年出土的两块石质墓志铭，一块是"辑瑞庵明台居士墓"，另一块为"承颍川善人周氏墓"，对陈道叙与周氏的生平有极其简单的记述。根据甲子纪年与公元纪年的关系推算，陈道叙生于 1181 年，卒于 1253 年，享年 72 岁。周氏生于 1180 年，1241 年入庵诵经，时年 61 岁，卒于 1259 年，即南宋理宗开庆元年，享年 79 岁（陈明卿《美榔双塔考秘》）。二人逝世的时间临近南宋灭亡的 1279 年。墓志说他十九岁就进入庵修行，这是有可能的，但所说的辑瑞庵，绝不可能是美榔辑瑞庵。如果数十年间，他仅仅是一个隐居在荒郊僻壤的道士，哪能获得皇室秘传的唐密法宝，拥有如此巨额的钱财。令人奇怪的是，两个墓志铭均无其后人的任何印记，倘若灵照、善长是他们的女儿，为何没有任何载录？

美榔双塔基座上手持密宗法器的护法像

至于两个神秘的"女儿"，目前只发现灵照的墓地，墓的地上部分是石质墓塔，墓塔底部为须弥座，塔刹则是五层覆钵式，规制非常人所能享用。墓碑上写着"故姊陈仙化台"，看样子，收葬她的是妹妹善长。这也就意味着，陈道叙与周氏，应该已经先于灵照离世了。他们为两个女儿建塔的说法，更加不能成立。在双塔周边，还有其他地下建筑。在离双塔两三千米的地方，有一个规模颇大的墓穴，已经被掏挖一空，墓额上刻着"□□王"字样，王字前面两个字已经被敲掉。在这荒远之处，谁会以王者自居？据有关人士推断，这极有可能是一个南宋王爷的阴宅。实际上，海南民间有一种说法，陆秀夫在崖山背着幼主跳海，是作秀给蒙古人看，真正的幼主已经转移到海南，并最终病死于此。崖山战役时，元军只有二万余人，宋军水陆兵力尚有十万人，还没到非投海不可的地步。况且，幼主跳海有必要搞出那么大的场面来，让世人皆知吗？这分明是一场戏。

除了修建庵房及相关设施，捐出一千缗钱建塔外，陈道叙还将周边的田地买下,"施田于庵"。陈、周二氏及灵照圆寂后建立的墓塔,规制也十分可观,可见其财力至死都没有用尽。陈道叙墓塔坐在四个金狮莲花座上,这就暴露了他作为密宗金刚阿阇黎的身份,也就是说,他是唐密的金刚上师,法脉的掌门人。倘若没有这样的身份,设计不出形制极其复杂精准的药师法塔来。"明台"是帝皇问政之地,也是高官幕僚的称谓,陈道叙以"明台居士"为号,隐喻着他作为南宋国师的身份。他为两个由太监照顾起居生活的"女儿"建塔,完全是一个幌子。灵照、善长两个"女儿",在建塔之际应该都还活着,至少善长是活着的。为活着的女儿建塔,那是天大的笑话,欺瞒孤陋寡闻的当地百姓罢了。建设双塔的意义,除了护佑这两个"女儿"出身的皇室,还有一个意图就是,将唐代以来秘传于皇家、一度被认为已经失传的法本、法器等文化瑰宝,作为伏藏埋藏起来,以待后世有缘之人重新开掘,加以光大,避免它毁于游牧民族野蛮的掠夺。实际上,这个意思,陈道叙阿阇黎在辑瑞庵的门楣上刻着的民谣,已经写得很清楚了:"斗七星,方四象,三啊三,爻啊爻,三弓三箭三角园,埋藏九坛金,九坛银,留待后来人。"他在姊塔底层一根柱子上凿出"风孔"和在妹塔基座石板上铲出的"水池",都暗示着伏藏的方向。后来人就是顺着他的暗示,找到了历史上亡佚千年的陈抟《易龙图》和唐密药师法法本。唐代佛教的真言宗,也称为唐密,与后来的藏密是不同的法系。善无畏、金刚智和不空是这一法脉的宗师,后传于惠果、惠朗。据说惠果在国内一直找不到合适的法位继承人,会昌法难来临之前,他将金刚界与胎藏界两部大法,传给了日本僧人空海,这就是绵延至今的东密。唐密从此在国内失传。如果吴信如的认证可靠,意味着唐密在国内的传承并未中断,只是在唐武宗灭佛之后转入地下,而海南成为这一文化瑰宝的守护之地。

姊塔的每层塔室供奉有四个愿牌,刻有二十个大愿,但愿牌如今已经不知所终。或许是宋朝的国运已经穷尽,双塔的建设及塔内的愿文,都扭转不了南宋灭亡的历史结局。在那种时代背景下,通过精神感化统摄人心,还不如通过肉体消灭屈服天下来得容易。美榔双塔旁的那股泉水,至今仍然十分清澈,源源不断地流淌,看不出要枯竭的意思。这里埋藏了八百年的秘密,需要有人来解开。

（本节写作得益于庞诗武居士提供的资讯，也参照了陈明卿先生的《美榔双塔考秘》。前者的早逝，让《易龙图》和唐密伏藏再度下落不明。）

7

同样是为了保卫宋朝，赵与珞选择的是另一种方式。

南宋德祐二年（1276）初春，蒙古铁骑兵临临安，恭帝领群臣出降。文天祥、张世杰、陆秀夫等在福建拥立益王赵昰，失败之后又立赵昺，退守广东沿海。绝代英豪文天祥兵败海丰五坡岭，为元军俘虏，威武不屈。张世杰、陆秀夫携幼主退至珠江口的井澳，处境十分困难。文昌县令陈惟中率船队从海南驰出，给他们运送粮饷补给。尽管中途受到元军阻击，他们还是击溃敌人，克服重重险阻抵达井澳。

1278年正月，携幼主退至七洲洋的张世杰、陆秀夫，准备转战越南占城。为了打通琼州海峡水上通道，他们派部将王用带兵攻打已被元军阿里海牙部占领的雷州。琼管安抚使张应科组织海口周边的军民，渡海参加了这场惨烈的战斗。经过反复争夺，最终还是不能占领雷州，王用投降元军，张应科则兵败身亡。

听从降将王用的建议，为了阻断张世杰从海上逃往越南，并截断宋军后方给养，阿里海牙率水军大举南下，袭击海口浦。新任琼管安抚使赵与珞率当地军民，奋勇坚守海岸，使来势汹汹的元军多日无法登陆。退兵之后，阿里海牙想到了一个人，曾经担任过琼管安抚使的马成旺。此人在临川镇（三亚市）剿灭三巴陈大王的战斗中建立奇功，但此时已经摇身一变，成为元朝海北海南道宣慰司宣慰使。阿里海牙命他设法招降赵与珞。在劝降遭到严词拒绝之后，马成旺使出龌龊招数，花重金收买自己原来的心腹、赵与珞现在的部下，作为内应，将赵与珞的指挥船凿沉，抓捕了赵与珞、谢明、谢富、冉安国、黄之杰等抗元将领。威武不屈的赵与珞，被擒后破口大骂马成旺等奸人，最终被"裂杀"于海口。

三个月后，崖山战役爆发，延续了三百多年的大宋王朝宣告灭亡。失去庇佑的大量难民与残余士卒,如过江之鲫涌入海南岛。零星的战斗持续了许多年,传说,美榔双塔一带就发生过一场恶战,至今仍找不到墓葬的妹妹善长,就是在这个时候喋血于辑瑞庵内。她和姐姐灵照的真实身份,其实是赵氏皇室出家的公主。狂澜不挽之后,抗元军队的残余部分,水军化为疍民,以海为家,誓不上岸做元朝人;其他则隐身于海岛各地,垦殖为生。文天祥的堂弟文天瑞,落籍于万安(今万宁),成为海南文氏家族的迁琼始祖。文天祥的胞弟、惠州知府文天壁,却在早些时候就归降蒙元。这是否出自文天祥的意思,已经不得而知,但在当时,一些抗元人士都有这样的安排。忠孝难以两全,家国不能双亡,在动辄诛杀九族的情势下,自己选择赴汤蹈火、为国尽忠的同时,安排一个宗亲屈身投降,以保血脉绵延,香火不断,并非完全不可以理解。与文天祥同为丞相的陈宜中,在撤往广东阳江时,就曾让守卫广州的弟弟陈自中,遣一个儿子向元军投降,给家族留下一株种苗。

清代《琼州府志》有这样的记载:"琼郡二使君,应科死于夏,与珞死于冬,自是合州降没,天下守臣无复有拒敌者,岂不为凛凛后凋之松柏哉!"在此之前,明代海南四大才子之一的王佐,曾写诗赞叹赵与珞的节气:"末路谁当国步艰,琼州节概似常山。心悬北极天应远,血洒南荒地尽斑。上帝亦哀麟凤死,中原今放犬羊还。使君忠义言难尽,只把哀词滴泪珊。"(《哀使君诗》)可惜海口白沙津,至今都没有树立起赵与珞和张应科的雕像。

就内心而言,一直以宋朝子民自居的海南人,始终都没有归顺于蒙元政权。史称:"宋末。琼州人谢明、谢富、冉安国、黄之杰。从安抚赵与珞拒元兵于白沙口。皆被执不屈以死。于是,终元之世。郡中无登进士者。明兴。才贤大起。文庄、忠介,于奇甸有光。天之所以报忠义也。忠义之锺于人。于海外一洲一岛。殆有甚焉。天不得其子孙而报之。报之于其地。天之穷也。"(《广东新语·事语三·琼人无仕元者》)终元一代,海南没有人进京考取进士,他们不愿踩着烈士的斑斑血迹去追求功名。到了汉族重新获得政权的明代,这个宋朝遗民的集聚地,才迎来文化的鼎盛期,出现朝野瞩目的所谓"海外衣冠盛事"。

元朝武宗皇帝的次子图帖睦尔,因为宫廷内部权力倾轧,于至治元年

（1321）被流放在琼州府城观音阁。其间经常应邀到黎兵万户元帅府做客。元帅府有一个侍女名叫青梅，声色并丽，能歌善舞，而且略通词章，深深打动了这位皇子。元帅陈谦亨心领神会，多次设局促成这段姻缘。但尽管这位未来的皇帝一再示爱，但都被青梅婉拒了。直到应召启程回京前夜，皇子对天发誓要与青梅相守终生，这个地位低微的女子还是咬紧牙关不松口。多年之后，已经当上皇帝、后宫粉黛三千、阅尽人间春色的图帖睦尔，仍无法忘怀这段未了的情缘，不能理解这个唯一拒绝过他的女人，并写下这样的诗句："自笑当年志气豪，手攀银杏弄金桃。溟南地僻无佳果，问着青梅价亦高。"其实，青梅不嫁，与士子不进京赶考进士功名，表达的都是一样的意思，只是方式不同罢了。此事见于《正德琼台志·杂事》。

The
Biography
of
HaiNan Island

海南岛 传

第十四章

从五公祠到盛德堂

供奉着流放者之灵的海口五公祠　孔见摄

1

海南岛与南宋王朝的命运，似乎有着隐秘的关联。那些主张抗金和收复中原的刚烈之臣，一个个被驱逐到海南来，而这里的人，却把他们当成"公"供了起来。海口五公祠，是海南的先贤祠，里面祭祀的，除了唐代的李德裕，其余李纲、李光、赵鼎、胡铨四公，皆是南宋名臣，简直就是一个宋祠。在议和派占据主流的时期，这四位流亡岛上的大臣中，有三人最终都被赦免归去，唯有孤忠耿耿的赵鼎，在岛上绝食而亡。

赵佶出生时，其父梦见了李煜深夜来访，便以为是南唐后主的再世。他自己仿佛也信以为真，不知不觉，就进入了亡国之君的角色，浸淫于琴棋书画，不能自拔。成为徽宗皇帝之后，更是痴迷李师师滋腻的身体和各种奇木怪石。几乎是举全国之力，搜寻各种花木与石头来建造园林，对国计民生无所用心，使得社会矛盾不断积聚，大宋江山布满干柴，四处火光冲天，宋江、方腊等起义此起彼伏。而在北方，虎视眈眈的辽金政权兵强马壮，剑拔弩张。等到金人的马蹄踏到汴京城头，赵佶这才乱了方寸，完全没有了主张。在下了一道罪己诏之后，急忙将排玉方带赐予太子赵桓，暧昧地表示了禅让之意，就想携着后宫妇人出城一走了之，似乎真的是李煜要报南唐的灭国之仇。

为了保全名节与家人的平安，赵鼎绝食而亡
詹贤武摄

此时，朝廷上下乱成一团，全然没有了主宰。

狂澜既倒之际，时任太常少卿的李纲（1083—1140），慨然以社稷存亡自任。官阶偏低的他，通过给事中吴敏引荐，才获准进宫参加朝议。在廷上，他陈述了亲征、坚守、弃城上中下三策，认为若弃宫室、社稷、百官、万民而去，将京城拱手交予金人，则国家大势如黄河决堤，一溃千里。他以血写书上奏徽宗，请求给予太子实名正位，以号召天下，收拢军民之心，捍卫祖宗疆土。可是，好不容易说服了徽宗，不堪重任的太子赵桓，却在传位仪式上晕倒在地，半天都扶不起来。危难之际，李纲受命为兵部侍郎。在众臣皆认为应该放弃京城，以躲避敌人锐利兵锋的形势下。他力排众议，决意整治军马、誓死守城，等待各地勤王之师的到来。

慑于金国骑兵的气势，宰执白时中等人皆不敢领兵出战，李纲被推到了风口浪尖，他以尚书右丞的职位披挂上阵，统筹兵马留守汴京。然而，到了生死一线的危急时刻，身为大国之主的赵桓还是意向徊徨，一再起心要带领宫室南撤。最后，还是李纲连求带哄，才把他勉强留下来。可就在当天深夜，躺在龙榻上辗转反侧、睡不着觉的他还是举意南下。李纲得知消息匆忙赶到时，禁卫军已经披甲待命，钦宗乘坐的御驾已经备好鞍马，宫女们的大小包袱也装车完毕。眼前的情形令李纲无比悲愤，他竭尽全力向禁卫军喊话："勇士们！你们是愿意和我一起死守京都，还是随皇上撤往南方？"

"誓死捍卫京都！"在得到雷鸣般的响应之后，李纲入宫朝见钦宗皇帝，面陈利害："陛下已答应留下，为何现在又要撤离？六军将士的家眷都在京城，他们都愿意誓死守卫。陛下这么一走，若是他们念家心切，中途折返，谁来保护御驾的安危？况且金人已经逼近，知道皇上去城不远，以快马飞追，皇上及家眷又如何能够逃脱？"钦宗这才恍悟过来，终止了南撤的行程。李纲于是以手指天："再有敢言撤退者，杀无赦！"禁卫军将士无不为之动容，纷纷跪伏于地，山呼万岁。钦宗于是任命李纲为亲征行营使，遇事可以不经请示当机处置。

一场开封保卫战开始了，在李纲周密的部署下，十万宋军，挡住了六万虎狼之师的轮番进攻。此时，各路勤王之师已经临近京城，长途奔袭的金人，眼看取胜无望，便使出议和的招数。李纲自告奋勇赴金营谈判，却被皇帝拦住。令他万万想不到的是，朝廷派出的使团为金人气势所压，一个臭屁都放不出来，原原本本带回强盗的条款：宋朝须拿出黄金五百万两，白银五千万两，绢彩各一百万匹，马、驴、骡等各以万计；尊金国皇帝为"伯父"；割让太原、中山、河间三镇给金朝，并以亲王、宰相为人质。满足这些条件，金人才同意退兵。钦宗与大臣合计的结果，竟然是："欲如其数，悉许之。"

得知情况的李纲伤痛无比。参与廷议时，他指出，金人所索取的财货，即便穷尽全国库存都难以支付，太原、中山、河间三镇，乃大宋北方战略屏障，割让出去，国家便门户洞开，无法据守。他主张派出巧舌善辩之士，与金人纠缠谈判，待勤王军队会师京城，金人即便得不到任何赔偿，也会仓皇离去。这时再来订立盟约，我方才能占得优势。但在一片恐慌的求和声中，他孤掌难鸣，成了一只啼血的杜鹃。最终，金人提出的条件全部都得到了满足。尽管宋朝仍有足以抗拒金人的军队，但巨额金银和财物的赔付，已经让国家丧失了与外敌持续对抗的财政能力。

二十多万勤王军队陆续抵达，双方兵力对比发生了重大变化。李纲提出抢占黄河渡口，断绝粮道，收复汴京以北地区，以重兵进逼金军大营，待其渡河北撤之际突发攻击的策略，得到了钦宗皇帝的认可。但在执行过程中，急于立功的将领姚平仲，在预定时间未到，且未告知李纲的情况下率先行动，破坏了整个作战计划，事败之后，又因为害怕军法从事而率部逃跑。尽管此次行动双方死伤不过千余人，而李纲亲率的部队打退了金兵，但投降派还是乘机大做文章，称西部勤王之师和行营部队全都为金人歼灭，并且引咎于李纲等人。于是，钦宗免去了李纲尚书右丞、亲征行营使的职务。满腹委屈无奈的李纲打算回老家种地，没想到上千名太学生联名上书，为他辩护，由此引发了一场汹涌澎湃的请愿运动，参与者达数十万之众，呼声如惊涛拍岸，震动朝野。愤怒的民众甚至将内侍杀伤，破坏道路设施。钦宗见势，只好收回成命，恢复李纲的全部职务。

此时，太上皇赵佶以巡游名义南逃，童贯、高俅等人带兵护随，一度阻断了东南驿道的通信物流，阻滞了勤王之师的北上，造成了混乱和惶恐的局面，还传出他们要另立中央的说法。太学生陈东带头上书，请求诛杀蔡京、蔡攸、童贯、朱勔、高俅、卢宗原"六贼"。朝廷决定派将领前去执行。李纲认为，这不仅惊动了太上皇，而且可能产生变数，还是下诏贬谪蔡京、童贯等人，请太上皇早日还朝。最终是李纲亲自南下，做赵佶的思想工作，消除他的疑虑，将其迎请"回銮"。为了平抑民愤，宋钦宗于靖康元年（1126）七月将蔡京流放到海南岛的儋州。据说，蔡京前往海南的车马，满载金钱财物，但沿途百姓拒绝出售给他们任何物品，到了潭州（今湖南长沙）时便活活饿死了。他的儿子、英国公蔡攸也于同年九月被流贬海南万安军（今万宁市），不过在中途就被赐死。父子二人都没能登上海南岛。与蔡京父子同样恶名远扬的左卫上将军童贯，也被贬海南吉阳军（今三亚市），但才到广东南雄，又被朝廷以十大罪状加以诛杀。海南岛的净土，似乎只能接受忠臣赤子。

2

金兵退去之后，太原仍然在围困之中。针对战争中暴露的问题，李纲提出了置藩镇、恢复养马制度、加固州县城池、加强北方边防等八项举措。但向金人支付的赔偿，掏空了国家的库存，皇帝的每餐饭的菜谱，已经减少到七十余道，没有足够的财力来支撑积极抵抗的措施和皇帝羸弱的信心。李纲力排众议的进取姿态及在民众中深孚的威望，反引起一些朝臣的不快。他们给钦宗打小报告，称李纲"名浮于实，有震主之威，不可以相"。皇帝竟做出这样的批语："惟辟作福，惟辟作威，大臣专权，浸不可长。"感到自身已经不受信任，李纲接连上了十多道折子，请求辞职，却又得不到恩准。

此时，朝廷派出解救太原的部队，遇到了金军主力的反击，名将种师中战死沙场。其父种师道因对懦弱的朝廷失去信心，告病求退。钦宗又要把李纲这个文臣当作武将来使用，让他代替老将种师道，以河北宣抚使的身份，作为大帅率领军队上阵解围。李纲一再坚辞，称"臣本一介书生，不知军旅之事。京城被围，危在旦夕之际，不得已才勉强料理兵事。今让臣在军中挂帅，恐误了社稷黎民"。但钦宗还是再次把他推到了硝烟滚滚的前沿。

作为一名臣子，披甲领兵开赴前线，战死沙场，马革裹尸，对于李纲而言，是件再简单不过的事情。但要侍奉一个性格懦弱多疑、六神无主的皇帝，却十分困难。赵氏家族尽管不乏子嗣，但已生不出英明的君主。宣抚司统领的两万兵马，分前、后、左、右、中五军，有两个军是不受李纲节制的，他实际掌握的军队只有一万二千人。幸得川、广和荆湖各地的军队，陆续遵诏北上集结。可是这时，钦宗又下了一道新的诏令，让各路军队原路返回。这让李纲联想到周幽王为博红颜一笑、烽火戏诸侯的故事。如此反复，接下来要重新集结部队可就难了。然而，他的上书却得不到任何回应。钦宗敦促他北上解除太原之围，但将领们又各各听命于朝廷的调度，宣抚使无法统一指挥部队，导致各路人马难以协同行动。而每当战事出现不利，议和派便在朝廷中枢占据上风，主战派就受到排挤，于是又有诏令下来叫停进兵。身为一国之君的钦宗皇帝，始终存有侥幸心理，对和平偏安抱有幻想，企图通过一而再地割肉来喂饱豺狼，被狡诈的金人当小儿来戏弄。由于缺少必要的判断力，面对诸多不同的动议，钦宗常常举棋不定，下一些莫名其妙、啼笑皆非的宣谕。这种局面让身为主帅的李纲心力交瘁，本来壮硕的身体也支撑不住了，视觉和听力都出了问题。在无法有所作为之下，他选择后退，再度请求辞职，最终被贬到宁江。

大量的金银财宝与土地，未能喂饱贪婪的金人。1127年春，他们再度派大军南下，议和终究不能挽救宋朝的命运。急切的马蹄声中，钦宗想到了李纲，任命他为资政殿大学士、领开封府事。当他在长沙接到诏书，率领勤王军队北上支援时，开封已陷落于火海之中，徽宗、钦宗父子也成了金人的俘虏，同时被金人掳走的还有后妃、宫室、贵戚三千人，以及大量金银、简帛、图籍、国宝。这就是著名的"靖康之难"。在道路的中途，得知消息、回天无力的李纲，对着北方灰蒙蒙的天空跪倒在地，号啕恸哭。

同年五月，在老将宗泽的扶持下，康王赵构在南京（河南商丘）称帝，是为宋高宗。赵构早先就注意到李纲，登基之后，意识到社稷危殆，若非不世之才，无法挽回颓势，于是想到了"学究天人，忠贯金石"的李纲，任命他为尚书右仆射兼中书侍郎。李纲进京后，在国事、迁都等方面提出了十项措施，作为自己接受任命的条件。他指出，大宋对待周边夷族，必须在能守的基础上才能出战,在能战的前提下才可以讲和,可这些条件在靖康末年都没有具备。现在是欲战则力量不足,想和则其势不可,不如先治理内政,专以防守,等到政通人和,士气充沛,才商议北伐复国之事。他特别强调,他不能与曾经投降金人、担任过伪皇帝的张邦昌同朝为官。他担心自己会忍不住愤怒,用笏板打死这个奸人。倘若皇上一定要用张某,他就请求退出。皇帝终于还是答应了他的条件,将张邦昌加以贬谪,接着又将其赐死。但李纲与高宗之间依然不能达到默契,在招募新军和买马养马等诸多决策上,高宗都不能采纳李纲的意见。

由于担心自己会像父皇和兄长那样,成为金人的俘虏,高宗决意要"巡幸"东南。对《易经》和堪舆颇有研究的李纲,力阻南迁,他认为:"自古中兴之主,起于西北,则可据中原而有东南;起于东南,则不能得中原而有西北,大概是由于天下的精兵健马皆在西北。一旦舍弃中原,不但金人将乘机侵扰内地,盗贼也将蜂拥而起,陛下再想回到京师也不可得,更谈不上迎还徽宗和钦宗。"尽管高宗暂时接受李纲的意见,但君臣之间裂隙渐深,给离间者提供更大的机会。于是,李纲一再提出辞呈。当了七十五天宰相的他,被降为观文殿大学士。后来又因为有人落井下石,乘机告状,于是他被一贬再贬,最终如皮球一般被踢到海南岛来。

3

建炎二年(1128)十一月,李纲携次子李宗之,从湖南澧州路经广西,踏上通往海南万安的路途。对于此次流放,具有历史视野的他,似乎并不怨天尤人。虽说救世不能,但也没有必要放弃自己。在途经桂林的道上,他用诗的语言记录了自己的情绪:"时危远谪堕南蛮,犹在乾坤覆载间。瘴雨岚烟殊气候,玉簪罗带巧溪山。桄榔叶暗伤心碧,踯躅花开满目斑。惟有月华依旧好,清辉应与照云鬟。"(《桂林道中二首》)如云的心事,遮蔽不住月亮的清辉。他一路上走得不慌不忙,尽管忧国忧民,两边的美景依然让他感到轻松愉悦,与江河一同破碎的心,在和煦的南风中得到了些许的抚慰。直至建炎三年(1129)七月,他才抵达雷州半岛。听说海南岛上有叛乱发生,他便在雷州待了下来,吟诗作赋，学逆境中的周文王推究起易理。

屈原是流放者光荣的祖先，就像李德裕一样，许多流放者都会想到这位忧愤的诗人。李纲也不例外，他重读《离骚》，并写下了题为《拟骚》辞赋。其中有这样的句子："艺兰蕙兮九畹，植松竹兮百亩。餐秋菊兮落英，饮木兰兮堕露。朝吾游于翰墨之林，夕吾戏于图书之府。道既不可行于今兮，质圣贤于往古。嘉溪山之秀绝兮，聊逍遥以容与，眺翠岭兮泛清流，桂为楫兮兰为舟。有觞咏兮自适，乐天命兮何忧。"投身政治多年的他，文辞仍然充满灵秀之气。他自觉对社稷黎民已经尽心尽力，做到了俯仰无愧疚。在报国无门的时候，只能接受天命的安排，师法古贤，在山水与诗书之间颐养天性，等待机缘，避免沉溺于悲愤的情绪之中，无端地戕害自己的性命。"惟君子之出处兮，贵体道以周流。自任以天下之重兮，何一己之为谋。用则行而舍则藏兮，又何必杀身而怨尤。惟盖棺兮事始定，聊康强以保天性。"生命的存在有其自在的价值，他不想学屈原大夫，把自己当成一块石头扔到水里。任事之际他全然提撕，息事之时他全身而退，体现了儒者修持的功夫。在给朋友李光的信中，他披露了自己的心迹："进则尽节，退则乐天，死而后已，余复何道！"

雷州以惊雷霹雳著称，让李纲感到惊奇的是，到了此地，他对《易传》的诠释，正好进入"震卦"的章节，而他的一个孙儿也在这个时候呱呱坠地，哭声震响。他不认为这是巧合，煞有其事地给孙儿起了个"震孙"的名字。他将《周易》与佛教的《华严经》互参，企图穷究"一切即一，一即一切"的境界，从而窥见玄妙难测的天地之心。

海南岛上的叛乱，似乎持续了很长的时间。李纲在雷州停留了将近半年。从建炎二年十一月，到建炎三年十一月，他用一年的时间才走完从湖南到海南的路程，几乎是把流放当成了旅游度假。在渡海前夜，他遇上了与苏东坡一样的麻烦，缠绵多年的痔疮突然发作，严重到走路都困难的地步，不能前往伏波将军庙祭拜，只好让儿子带着祭文去上香。精通易理的他，专门起了一卦，挑了个吉祥的日子。冬天的南海没有大的风浪，为了借助潮流的方向，他乘坐的船中夜起航。这让他欣赏到星夜的大海，浩瀚而神秘、庄严而诡异，似乎人间发生的一切乱象，都不能使之有任何改变。他的诗兴被浪花激荡起来，胸中涌

出这样的诗句:

> 夜半乘潮云海中，伏波肯借一帆风。
> 满天星月光铓碎，匝海波涛气象雄。
> 大舶凭陵真溘洋，寸心感格在精忠。
> 老坡去后何人继，奇绝斯游只我同。
>
> (《次地角场以疮疡不果谒伏波庙俾宗之摄祭期以二十五日渡海一卜即吉夜半乘潮解桴星月灿然风便波平诘旦已达琼管东坡谓斯游奇绝冠平生非虚语也作二诗纪之其二》)

在所有流放海南岛的逐臣中，渡海最为从容快意的要数李纲。毕竟是上过战场，经历了生死考验的人。他渡海时所作的诗，仍然有气吞山河、力挽狂澜的气概。

船一大早就在海口浦靠岸，从码头到琼州府城有二十余里的路程。父子二人在一家叫作远华的旅馆安顿下来。与中原不同的风物人情，让他感到仿佛是到了另一个国度。他们四处探访行走，还专门到海口龙歧村伏波庙拜谒。晚间展纸，诗兴勃勃，笔墨淋漓，停都停不下来。原想待上十天半月，才到万安的贬所去，谁料才过三天，便有诰命下来，赦免他的罪过，准予他自由选择居住地。因为余兴未尽，父子二人又在岛上盘桓了七八个日子，算是没有白来一趟。在海南岛冬季湿润的海风中，他完成了身心的自我治愈，体格也变得强壮起来。

李纲的贬所万安军（今万宁市），有一座石磊纵横的山，人称东山岭。李纲还来不及登临，就被赦免，随后为朝廷重新起用，一路脚踏青云，担任光禄大夫、大学士、荆湖广南路宣抚使等职，因此有东山再起的说法，东山岭于是成为一个福地。后来，有些运程走低的人，也步李纲后尘，到万宁东山岭去爬坡，将身上的晦气凝成一身的臭汗，不问自己是姓李还是姓张。

东山再起，举帆北归的李纲，在琼州海峡上写下了他一生最优美的诗句："澄波不动琉璃滑，一望应须万里余。舟行冲激浪花碎，如驭白云游碧虚。"在别人那里惊魂万状的横渡，在他这里却如同驾着云鹤神游太虚。

4

李纲北归十六年后，他的精神伙伴李光、赵鼎、胡铨，追随他的足迹，相继来到海南岛上。与李纲一样，他们都是当朝的骨鲠之士，持有坚决的抗金复国立场。他们流放海南，皆与一个叫作秦桧的人有关。在自家隐秘的一德阁上，秦桧咬牙切齿地写下李光、赵鼎、胡铨三个人的名字，日夜都想着除之而后快。

李光刚生下来，就像是个有来头的人物。儿童时行止有度，言笑不苟，有大人的范儿。其父李高向亲友显耀："我儿是云中的仙鹤，李家的家业将因他而兴旺。"父亲逝世后，李光居丧执礼庄重深沉，人家送来的财物，都一一谢绝，体现了儒者的气度与行履。后来，闻司马光"学问应当从无妄中入门"一语，便对做人立身有深入的体悟。进士及第之后，曾担任县令，而后成为一名言官。钦宗皇帝受禅即位后，李光被提为右司谏。他的性格比李纲更为方刚，一度因为得罪权贵被贬。初识李纲，彼此便引为同道，惺惺相惜。宋高宗即位后，李光一路升迁至侍御史，常常因为进谏冒犯天威。

李光担任过宣州（今安徽宣城）知州，临安知府，礼部、吏部、刑部三个部的尚书，江南西路安抚使，参知政事，成为皇帝身边的副宰相。在保卫宣城，歼灭强盗戚方，缉拿叛将韩世清等一系列军事行动中，李光显示出惊人的胆魄与军政才能，个人威望如日中天。因为耿直与方刚，被宋高宗视若古人。

秦桧出任宰相时，力主与金人和议。发布谈判告示时，担心民众喧哗，便想到用李光的名望来震慑，让高宗唤李光与他一起签名。考虑到财政经济的拮据，国家需要喘息的机会，李光策略性接受了这个签名。他想利用和议，积极筹备新的抗金行动。哪料得秦桧接着要撤除黄河以南的守备，剥夺韩世忠、岳飞等人的领兵权，表露出臣服于金人膝下的媚态。对此，李光坚决予以抵制，当面斥责秦桧，并阻止其任用亲信朋党的做法，而后九次上书请求辞职，拒绝了高宗的一再挽留。开始，他还被授任为资政殿学士、绍兴知府，后来就被贬为建宁军节度副使，安置在腾州。绍兴十五年（1145），六十八岁的李光被流放到琼州。

三月清明，李光来到琼州府城（今海口），首先寻访的是东坡当年挖掘的双泉。此时的双泉，因为无人打理，已经被荒草淤泥覆盖，成为蟾蜍与蚊蝇的繁殖地。他率领众人连日清理，恢复了往日的光景，并写下"泉之泠泠，以濯予缨；泉之湛湛，以洗予心"的诗句。在府城的日子，父子二人一直住在双泉附近的馆舍。黄昏时分，常常围绕泉水漫步，发思古之幽情，写下了许多关于双泉的诗文。泉边"洗心"的碑刻，据说就源自他作品中的句子。

有天夜里，儿子李孟博做了一个诡异的梦。梦里的他，来到一座云雾蒸腾的楼院，门上刻着"空明"二字。步入厅堂，竟看到自己过世的亲人列坐其间，神情肃穆，有人指着一张空着的椅子，说是给他留好的。惊醒之后，李孟博冷汗如浸，从此一病不起，用尽药石都挽不回他的性命（参见《乾隆琼州府志·仙释》）。老年丧子，白发人送黑发人，是人生的三大不幸之一。此时的李光，家国之痛集于一身，他只能选择隐忍与坚挺。

尽管已经被抛到海外的荒岛，针对李光的迫害还是没有停止。1147年，有人上书举报，会稽士大夫私藏野史，妄议朝政。李光意识到矛头针对自己，忍痛割爱，让家人将一万多卷藏书烧成灰烬。但是，没过两年，依附秦桧的陆游堂兄陆升之，为了谋求升迁，上告李光暗地里私自撰述《小史》，篡改史实，图谋不轨。李光的儿子李孟坚随即入狱，经不起酷刑的他屈打成招。秦桧的党羽吕愿中，趁机告发李光与胡铨以诗词唱和毁谤朝廷。于是，李光罪上加罪，于1150年春被放逐到海南岛西部的昌化军。李孟坚则被除籍，李家的田宅也全部被没收。秦桧借机清洗与李光有关系的官员。垂暮之年，遭此劫难，并不能击垮李光，但他总觉得对不起昔日的朋友。

在一个仆人的陪伴下，李光赶赴苏东坡曾经流放的儋州。虽然五十多年过去，但苏公生活的遗迹依稀可见。他拄着拐杖，来到载酒堂前，抚摸东坡种下的树木，感慨万千。纷飞的落叶里，他写下了"杖藜乘兴访遗像，遐想英风伫立久"的句子。他和东坡一样喜欢吃猪肉，但儋州的集市并不时常有卖。偶然有猪肉上市，就有光屁股的小孩跑来向他报告。与当地新交的朋友一起饮酒，吃肥猪肉，是他十一年流放生涯中最快慰的时光。深感海南处地偏远、物资匮乏的他，曾经设想在海峡上建起一座凌空飞渡的桥梁："跨空结飞梁，度此往来人。"这是有史以来，关于建立跨海大桥最早的构想。

1155年，正在院子里会客的李光，见到了苏东坡曾经遇见的五色雀。这些像彩旗一样的鸟儿，在他头顶盘旋几圈之后，呼啦啦地向北飞去。李光相信这是自己即将获赦的吉兆。果然，这一年的十二月初，他接到了量移郴州的诰命。实际上，就在五色雀飞临李光头顶的时候，秦桧已经病入膏肓。这位专权长达十八年之久的著名奸臣，自感平生树敌造孽不少，且来日不多，于是让人炮制一起冤案，将李光、张浚等五十三人裹挟进去，置之死地，以绝子孙后患。但是，人算不如天算，当造好的卷宗送到府邸交秦桧签批时，他已经生命垂危，其夫人王氏将传送文件的官员挡在门外。李光他们因此得以躲过一场劫难。

在岛上学佛养生，使李光虽然屡遭磨难，还能颐养天年，把奸人秦桧熬死，等来了重见天光的那一天。在《病中自赞》一文中，他做了这样的描述："虽四山相逼，五蕴皆空，惟灵光一点，穿透地狱天空。"1158年，朝廷恢复了他左朝奉大夫一职，允许他自由选择居住地。第二年，八十二岁的李光寿终正寝，离开了这个不安宁的世界。

5

宋高宗即位后，进士出身的赵鼎（1085—1147）开始在政坛显山露水。担任谏官时，所进谏的四十件政事，有三十六件被采纳施行，因而升任侍御史。后又成为御史中丞、参知政事，跻身宰执行列。绍兴四年（1134）九月，授任他为尚书右仆射、同中书门下平章事兼知枢密院事，成为朝中主政的宰相。上任之际，伪齐皇帝刘豫之子刘麟，联合金兵大举南下，朝野一片恐慌，朝臣纷纷劝高宗移驾他方。赵鼎却力主高宗御驾亲征，与敌临江决战。他认为："多年退怯，助长了敌人的傲气，如今圣上御驾亲征，定能取得胜利！"果然，在各路军队的配合与支援下，韩世忠在大仪镇战役中大败金军。当捷报传来时，高宗刚抵达平江府，准备率兵渡江决战。这时，赵鼎却坚决阻拦："敌人远来，利于速战，不可急于与敌争锋。何况刘豫只派他的儿子出战，怎能劳动我泱泱大宋的皇上？"后来获知的情况表明，齐金军队已在对岸大规模集结，张着狮子大口等宋军过去。

战后，大将韩世忠感慨："赵丞相真敢为者。"有朝臣问赵鼎说："金人倾国而来，如洪水猛兽，人人都很惊恐，独有你说不足畏，是为何意？"赵鼎回答："金兵虽众，却是应刘豫之请而来，看似来势汹汹，其实并无死战意志，故不足畏也。"他还大力举荐岳飞，挥师长江中游，一举收复襄阳，解除金人对于临安的威胁。他养威持重、临危不乱的神态，成了皇帝的定心丸。高宗曾对身边的人讲："赵鼎真宰相，天使佐朕中兴，可谓宗社之幸也。"

绍兴五年（1135）二月，赵鼎升任左仆射、知枢密院事，与右仆射兼知枢密院事张浚搭班，赵鼎居内，实握相权；张浚居外，负责都督各路兵马。二人的合作一度十分默契，缔造了南宋初年最为升平的政治气象。后来，张浚带兵开赴长江前沿，他负责联络的部属吕祉挑拨离间，致使两位宰相之间生了疑隙。在这个情况下，肚里能撑船的赵鼎，自动选择退出。他向高宗皇帝表白："臣与张浚如同手足，因为吕祉穿梭离间而生不和。现在臣应当去职，给张浚充分施展的空间。"于是辞去相位，以观文殿大学士的身份出任绍兴知府。直到1137年，张浚因淮西兵变而引咎辞职，高宗才又召回赵鼎，让他再度出相。

绍兴八年（1138），在赵鼎等人的推荐下，秦桧出任右相，补张浚之缺。他极力推行妥协和议路线，一味听命于贪婪的金人，不惜割让国家利益。就在这一年，金人再度派来使臣，高宗让赵鼎主持宋金和议，赵鼎在疆土、赔款和国格等方面，与金人反复争取，让急于求和的宋高宗心生懊恼。敏感的秦桧趁机暗中挤对，称赵鼎"邪谋密计，深不可测"，并在涉及立储的事情上大做文章，使其失去了高宗皇帝的信任。赵鼎只好以身体原因请求辞相，于绍兴八年（1138）十月，以忠武军节度使出知绍兴府。罢相之后，秦桧惺惺作态，携同僚为其送行。但赵鼎并不领情，双手一揖就扬长而去，后悔当初识人不淑，提携了这个小人。他不愿得罪张浚那样的君子，却要得罪秦桧这样的小人，最后只能是吃不了兜着走了。

人走茶凉之后，高宗却想起他的好来，对人说："赵鼎两度为相，于社稷有大功，两次辅助寡人亲征均获大胜；又镇守建康，使御驾顺利回銮，是他人不能比拟的啊。"综观南宋王朝，并不缺少良臣猛将，缺少的是成器的皇帝。

赵鼎外放绍兴后，出于对他威德的畏惧，秦桧寻机改任他为泉州知府，接着暗中使人弹劾他治郡废弛。高宗将他调回临安，担任提举洞霄宫的虚职。秦桧还是担心赵鼎哪一天会像李纲那样东山再起，于是又操纵言官，捏造罪名连连加以弹劾，说他曾接受伪命，贪污都督府十五万缗钱。谁都知道这是子虚乌有的事情，但赵鼎还是因此被一贬再贬，于1140年被责授清远军节度副使，潮州安置。尽管在潮州的五年，赵鼎闭门谢客，不谈国是；与人接话，往往引咎自谴，不加引申，但秦桧睡梦之中，还是感到此人粗重的鼾声，最终将他迁流到天涯海角的吉阳军来。秦桧之所以机关算尽，要将赵鼎置于死地，是因为他太畏惧这个人了。赵氏人格的伟岸，照出了他龌龊的原形，令他无地自容。

曾经担任过雷州与吉阳军军守的裴瑑，是唐代宰相裴度第十四代孙。他的儿子，曾任昌化知军的裴闻义，是一个大义之人。看到赵鼎一家处境困窘，裴闻义不顾可能带来的灾难，把自己新建的宅院让出一进来，给赵鼎入住，使一家人不至于流离失所。宋时吉阳军村镇，居民住宅大多是茅草屋，裴家住宅是少有的砖瓦结构，疾风骤雨之夜，也可以高枕无忧。

贬居吉阳军三年，赵鼎一家生活十分艰辛，多年的劳心，使他和李德裕一样患有消渴等疾病。到了炎荒之地，病情日渐加重，夜里老是要起来喝水，白天走起路来步履蹒跚。门生故吏都不敢来信问候，唯有广西主将张宗元不怕连累，有时送些醪米过来。秦桧探知之后，下令吉阳军监视赵鼎的日常生活，每月向他报告，并把张宗元调离广西，还将之前厚待赵鼎的潮州录事参军石恮除名。赵鼎病痛缠身，深感自己活着无用于国家，还连累帮助自己的亲友，便想一走了之，觉得自己死去比活着更有些意义。他暗地里写好了墓志铭，表示自己要"身骑箕尾归天上，气作山河壮本朝"。然后派人传话给儿子赵汾："桧必欲杀我。我死，汝曹无患；不尔，祸及一家矣。"于是滴水不进，绝食而亡。他去世的消息传向大陆，天下人都感到悲催。整个水南村人，不论老叟儿童，皆垂泪为他送葬。但他的坟墓却筑在三百里外的昌化军（今海南昌江）旧县村,直到第二年(1148)才"得旨归葬"。

赵鼎被称为南宋中兴贤相之首。诗人陆游称他为一代伟人,辛弃疾赞叹他是佐国元勋。在他出相之前,宋王朝一直处于摇摇欲坠的倾颓状态。正是他与张浚、岳飞、韩世忠等人的匡扶,才使政权稳定下来,形成南北相持的局面。和李纲一样,他的死亡成为金人的节日。每次金人使者来访,都要悄悄打探这两个人的下落。

6

赵鼎绝食身亡后的第二年(1148),一个叫作胡铨(1102—1180)的官员,步其后尘来到水南村。赵鼎曾经居住的院子里,仍然萦绕着他清扬的气息。怀着沉重的敬仰之情,胡铨写下一首感人的诗作:"以身去国故求死,抗议犯颜公独难。阁下大书三姓世,海南惟见两翁还。一丘孤穴留穷岛,千古高名屹泰山。天地只因悭一老,中原何日复三关。"

绍兴八年(1138),金国使臣携国书来临安(今杭州)议和,在谈判席上大发淫威,侮辱甚至恫吓南宋方面。秦桧等人唯唯诺诺,为了求和一再出卖国家利益,引发朝野上下的愤怒。进士出身的枢密院编修官胡铨上书高宗皇帝,揭露金人狡诈的阴谋,声援赵鼎的强硬立场,请求砍下秦桧等人的首级,向国民谢罪。还决绝地表示,倘若不如此,他宁愿投东海而死,也决不在小朝廷里苟活。这封被称为"斩桧书"的奏疏,得到了天下人的欢呼。有人立即将其印刷发布,在街头巷尾到处传阅。金人购得此书之后,感到"南朝有人""中国不可轻"。胡铨实现了他在诗中抒发的愿望:"久将忠义私心许,要使奸雄怯胆寒。"(《乾道三年九月宴罢》)

然而,国民的义愤与胡铨的上书,并不能扳倒秦桧宰相的位置,他仍在那把雕花太师椅上坐着,反倒是赵鼎被逐出了权力的核心。有高宗皇帝撑腰的秦桧,更加完整地把握着南宋朝局。他以"狂妄凶悖,鼓众劫持"为罪名,下诏将胡铨除名,贬逐昭州(今广西平乐)管制。但朝中有多位大臣为胡铨说话,迫于公议民愤,他只好改派胡铨去广州监管盐仓,但并没有打算放过这个人。后来又使用惯招,阴使谏官以各种罪名加以弹劾,不断将胡铨加以贬逐,最终于绍兴十八年(1148)将他流放到海南吉阳军来。

绍兴十八年,胡铨乘坐的木船在澄迈县通潮驿(今老城镇)靠岸,然后进入琼管安抚司的治所府城。稍作安顿,便前往双泉拜会敬仰已久的李光。李光年长他二十多岁,尽管历经磨难,仍然气度不减,声如洪钟。他早就听闻胡铨的名字,并引为同道,如今一同沦落天涯,更是倍感亲切。二人关起门来,泡上一壶清茶,谈起

岛上乡村路边常见的小土地庙,祭祀的神祇有的是历史上有名的人物　林涛摄

朝中诸多不平的往事,赞叹赵鼎宰相的气节,惋惜他的自尽,使国家丧失中流砥柱。当然,他们还谈到共同的对手秦桧,不明白国中这么多的君子,为什么斗不过一个小人。

分别之后,胡铨给李光寄去他的新作《寄参政李光》:"海风飘荡水云飞,黎婺山高日出迟。千里孤身一壶酒,此情惟有故人知。"他们一直保持书信往来。胡铨家兄和母亲去世,都请李光撰述墓志铭。李光欣赏胡铨的一手汉隶,向他索写"双泉记""涌月阁"和《儋耳庙碑》等。

从府城前往吉阳军,应该沿东海岸行走。不知是否因为东部出现骚乱,胡铨一家舍近求远,沿西海岸绕过大半个海南岛,"徒步以涉瘴疠,路人莫不怜之"。途经临高县时,在一个叫作买愁的村子(其实是美巢村的谐音)停下来喝水,留下了一首绝句。临高县令谢渥请胡铨到自家"茉莉轩"一住,向当地士子讲授春秋大义,并应众人之请,留下了许多淋漓的墨迹。

在吉阳军,胡铨接受裴闻义的美意,住进水南村赵鼎曾经寄居的房子里。他是一个闲不下来的人,总是把日子过得满满当当。不仅坚持著述,还在院子里开设课堂,给当地读书人讲授儒家经典。周边黎族酋长得知,纷纷送小孩来

受教。他还亲自下地，参与耕作与灌溉技术的改造，并以谪仙自居，和当地墨客骚人诗酒往来，有时雅兴高致，一天写的诗达十几首之多，把流放的生活过得悠游自在，把天涯海角当成了陶渊明的桃花源。一首《青玉案》，写出了他的心态："宜霜开尽秋光老。感节物、愁多少。尘世难逢开口笑。满林风雨，一江烟水，飒爽惊吹帽。玉堂金马何须道。且斗取、尊前玉山倒。燕寝香清官事了。紫萸黄菊，皁罗红袂，花与人俱好。"

在岛上的日子，他一直保持着与李光的联系，声气相通，特别是后者迁流昌化军后。秉承"进则尽忠，退则乐天"的理念，他们在无法进入历史现场，为民族出生入死的时候，不辜负个人的生命，放弃作为人子的责任，于天地之间照顾好自己的生活，忘了身在万里之外。李光家孙女众多，他看上了胡铨的大儿子胡泳，主动向胡铨家提亲，推荐儿子李孟坚十四岁的次女李桂。在二人包办下，两家血脉汇合到了一起，胡泳与李桂组成了新的小家庭，延续了先辈深结的情义。

在海角生活八年之后，胡铨和李光一起等来了秦桧的死讯，并为之欢欣鼓舞。1255年12月，他们被赦免北归。李光移郴州安置，胡铨则量移衡州，两地相去不远。启程之前，为了向光荣的裴氏家族致敬，胡铨特地摊开大纸，挥毫为这家宅院题写"盛德堂"牌匾，撰写了两条长联："史记威名震四夷源流自有，堂颜盛德垂千古继述无疆"，还作了一篇《盛德堂铭》。这个接纳众多流放者的人家，因此名闻天涯，一度成为崖州的人文地标。

作为忠心的表达，胡铨向朝廷献上自己阐述《易》《春秋》《周礼》的著作。孝宗即位后，胡铨官复原职。在一次廷议上，半数以上的官员主张与金人议和，其他人态度暧昧，唯有胡铨坚决反对。他已经十分孤立，而且也不是一个善于通变之人。国势羸弱，人们都认为无力回天，偏安已经成为普遍的社会心理，只有少数如胡铨者不忘故国山河，中夜披衣起来，面朝北方久久伫立。

晚年，胡铨还兼任国子监祭酒、兵部侍郎、泉州知府、端明殿学士等职，1180年以资政殿学士告退，随即去世。临终之前，仍想着死后做一个厉鬼，挥刀上马，为收复故地奋勇厮杀。

The
Biography
of
HaiNan Island

海南岛 传

黄花梨：一种植物的人间传奇

第十五章

尚未被砍伐的花梨木　李再明摄

1

海南古老的自然遗产，在外边叫得响的，除了沉香，就要数黄花梨了。黄花梨其实是檀木的一种，现代的学名叫降香黄檀，在海南的俗名叫花梨母，区别于一种叫花梨公的香木。它通常生长在海拔并不太高、阳光可以照到的坡地上，与其他树木混杂在一起。作为一种乔木，它的外观乏善可陈，棵株不高也不矮，叶子不阔也不碎，枝节不疏也不密，素颜朝天的，几乎找不到一点出彩的地方，以至于你很难从林子里把它辨认出来，加以特殊地对待。然而，在不事喧哗的外相下，隐藏着堪称璀璨的品质，令所有的树木都黯然失色，那就是它的芯材。

在海南，树木的芯材被称为"格"，类似于石头玉化的部分，性质细腻而深沉，不易变形开裂，是木中的精华所在。花梨母长到一定的年龄，内里就会形成一种密度很高的"格"，与普通发白的材质泾渭分明。海南岛阳光灿烂，雨水丰沛，植物长得快不算什么能事，长出格来才算是道行。那些急于长大的树木，比如榕树、凤凰树等，枝叶纷披，很是占地方，但质地粗糙膨松，成不了什么"格"，极容易腐朽，成为虫子们的快餐，只能用于烧火或搭窝棚，做一把凳子都支撑不起。

海南是白蚁的乐园，白蚁是时间可怕的使者，只有经得起白蚁牙口检验的事物，才能在岛上存留下来。这种极具繁殖能力的顽强昆虫，洪流一般的汪洋，它们以狂欢的方式，贪婪地吞噬着形形色色的事物，连砖头、石块、金属甚至埋在地里的白银，都不能例外。许多高广的庙宇、坚实的堤坝，不知不觉中就被它们蛀吃一空。一部海南岛的历史遗存，差不多就给白蚁吃光了。但对于花梨木芯格这样诱惑的美食，白蚁却消化不起。因此，花梨木有一种近乎不朽的品质。用花梨格做的家具，是可以作为宝物传世的。作为一个祖宗，如果想让子孙记住自己的恩德，就给他们留下一张八仙桌，或是几把太师椅。

对于人们来说，时间是摸不着的存在，但在花梨母这里，却是一种具象的图案。花梨木的芯格，清晰地保存着时间的脚印，行云流水般的年轮。光阴在万物中无声地流淌，低调而坚决，它从普通事物身上流过，是一种剥夺与摧残；从花梨木芯里流过，却是一种积累与造化，而且步伐姿态也不一样。花梨木无疑是时间最为优雅，也是最为激泇的流程。木纹理中微微漾起的波澜，意味深长的旋涡，令无数恋物的人淹没其中，难以自拔。花梨格玄妙的肌理，有的像虎皮；有的像豹纹；有的像狐狸的尾巴；有的像一个人的鬼脸，诡秘地朝着你笑；有的在似什么与不似什么之间，透露出说不清却可以心领神会的意趣。除此之外，花梨母还有一种温馨的气息，闻起来带有点辛辣的味道，让人醒神开怀。正是这种气息，让它具有药物的作用，能够通窍降压，对心血管病人有很好的帮助。加工花梨木时刨出的屑儿，被当作保健茶来饮用，也有人用来做枕头。

花梨母是一种坚贞的木材，硬度与韧性俱佳，具有很高的稳定性，不会随环境迁移而变形开裂。因此，它既是做家具的上上等材料，也是做榫卯的最好选择。总之，在花梨母这里，实用性与审美性的结合，达到一种近乎完美的统一，很是让人着迷。即便是普通的樵夫和农妇，都舍不得把它当柴火烧，觉得这是一种罪过，烧了心口会犯疼。因此，它进入了人们生活的精神领域，成为一种用以观赏、把玩与显摆的物件。过去，发了财的人家，高宅大院里没有几件花梨木做的桌椅，心里就觉得亏欠了什么。在茶肆里跟人说话谈事，嘴里叼一根花梨木烟斗，底气便要饱满出许多。空闲的时候，将木珠子放在掌心里揉捏，看它无端地扮着鬼脸朝你笑，你会觉得开心，没意思的生活就有了某种意思。老人手里拄着一根花梨木拐杖，仿佛就有了德高望重的尊严，孙子也会变得听话。

2

就像人间的情况一样，森林里很多树木都是无芯的，有芯而长出"格"来的很少很少，而花梨格又是格中之格。花梨之于各种树木，如同沙堆里的金子，它之所以具有拔萃的内涵，全在于它长得慢，活得有耐心。通常认为，山林是清净隐逸之地，其实也不是那么回事。不管动物还是植物的生存，都充满纷争。且不说野兽们为了占有地盘、争夺更多的异性交配权，进行着嗜血的格斗，即使是看起来生性平和的花草树木，也在为攫取土地、阳光，相互挤兑与绞杀。在尖峰岭、霸王岭的热带雨林里，寄生植物到处可见，参天大树被藤萝绞死的情况并不稀罕。几乎所有的草木，都牢牢抓住脚下的那寸土地，踮着脚跟一个劲地往天空里拔，生怕别的树木挡住了天光。特别是那些阔叶的植物，近乎疯狂地生长，恨不得将所有的光芒都披到自己身上。

在热带雨林，只有极少数的植物，不急于开花结果，也不着急要成什么材料，完全依照内在隐秘的天机自在生长。花梨木就是其中的一种，它是慢生活的经典。它生长的节奏极其舒缓，呈现出一种近乎无为的状态，哪个季节看上去，都是一副与世无争、悠然自得的样子，像一个看破红尘的禅者。有禅修经验的人知道，尘埃落定之后，心底会豁然洞开一种宁静致远、感而遂通的境界，进入窈兮冥兮的状态。想必花梨木就是这样，在群芳争艳的时候，悄悄潜回生命的源头，用胎息去摄受天地间最最精微的元气，将其运化吸纳，凝成自身纯粹的品质。这样说来，就有点玄乎了。

茂密的热带雨林，汇集着各种各样的植物，有的是婆娑有致的灌木，如夜来香；有的是气

海南黄花梨木材上的鬼脸（转引自张志扬《国宝花梨》）

宇轩昂的乔木,如几人合抱不过来的陆均松;有的是缠来绕去的藤萝,如牵牛花,虽然身子骨都撑不起,但攀附于高大的树木之间,也蔚然成为一道欣欣向荣的景观。这些植物基本上是向外生长,向天空里攀爬,以挤占地方之大为荣耀。相对而言,花梨是一种内向的植物,它更多是往内心深处生长,在近乎静止的时间里涵养性情,陶醉于自身气质的馥郁,不动声色地生活,不在空间上四处铺张,更不攀附其他的树木。

《黎山贡木图》

花梨木让人遐想联翩的诡秘纹理,其实不过是成长过程留下的创伤记忆。海南岛地处台风的交通要冲,每年都要来几次昏天黑地的大扫荡。对于香蕉、橘子等众多以开花结果为收获的植物,实在是灭顶之灾;但对于花梨木这样靠材质说话的树木,却是难得的造化。旋转呼啸的狂风,极尽其能事,变着不同的角度,来蹂躏阻挡它前进的事物,释放愤怒的雷火。它的暴力在花梨木内芯留下了绚丽的花朵,还有一个个神秘的酒窝,造就了它迷人的质地和越来越昂贵的身价。作为万木精华,花梨堪称阳光与水的陈年佳酿。

3

汉朝的时候,鲁恭王收藏到一块极好的木头,把它制作成精美的器具,放在身边把玩。他要好的朋友、刘备的祖先中山靖王刘胜,还专门给这块木头写了一篇赋。称其"色比金而有裕,质参玉而无分。裁为用器,曲直舒卷;修竹映池,高松植巘。制为乐器,婉转蟠纡。凤将九子,龙导五驹。制为屏风,郁弗穹隆。制为杖几,极丽穷美。制为枕案,文章璀璨,彪炳焕汗。制为盘盂，采玩踟躅。猗欤君子，其乐只且"。有人从其中"曲直舒卷""极丽穷美"的描述得出，被中山靖王赞叹不已的文木，其实就是黄花梨。这就意味着，在伏波将军开琼之后，花梨木就顺着那匹白马，进入了中原王公贵族生活的细节。但此事已经很难坐实，因为那时候花梨木还没有被命名，文木只是一种形容的说法。花梨木最早的可靠记载，可能出自晋代顾微撰述的《广州志》(颜家安《海南岛生态环境变迁研究》124页，科学出版社，2012)。

《广州志》原书已佚，清李调元《南越笔记》有引述："花榈色紫红、微香，其文有若鬼面，亦类狸斑，又名花狸，老者文拳曲，嫩者文直，其节花圆晕如钱，大小相错者佳。"唐代陈藏器在《本草拾遗》中称之为"榈木"，说它"出安南及南海，用作床几，似紫檀而色赤，性坚好"。这种说法被后来的李时珍所沿用。但在明代，"花梨木"的称谓已经广泛运用，并见于各种方志。明代顾岕的《海槎余录》有这样的叙述："花梨木……皆产于黎山中，取之必由黎人。"较为清晰的描述，见于《光绪崖州志》："花梨，紫红色，与降真香相似，气最辛香，质坚致，有油格、糠格两种，油格者，不可多得。"油格出于海南岛西部，雅加大岭与尖峰岭山区。或许是因为西部缺水的缘故，这边的花梨木长得更加缓慢，密度更高，油性也更足，具有极佳的品相。

尽管生长在如此偏僻的海南岛，花梨木还是天生丽质难自弃，早早就被人发现，从茂密的热带雨林里扒拉出来，给予隆重的礼遇与恩宠，成为一种贡品。当然，比起海南沉香来，花梨木的发迹要晚出许多。虽说花梨早就列入朝贡的名单，并在海上贸易中占有重要的分量，但还是跟槟榔、椰子、吉贝、黎锦、高良姜等混杂在一起。唐宋时代，沉香的消费风靡一时，盖过了其他的物品。到了明朝，花梨木才通过精湛的家具工艺，焕发出绝代的风华。

花梨木料做得最多的，是太师椅与八仙桌，还有衣柜、几案什么的，但一般不拿来做床。在海南，做床的木材首选荔枝。花梨性质芬芳但偏于沉凉，利于缓降血压，却不利于腰脊里升机的条畅，弄不好会影响后代。而且，因为过于名贵，花梨木容易招致砍伐，砍伐之后根部随即枯死，永不再生，民间认为此木容易断子绝孙，所以也不适合做屋梁（参见詹贤武《海南民间禁忌文化》)。荔枝则是"利子"的意思，助人多生贵子。当然，这只是一种说法而

黄花梨雕刻的龙龟（图出自张志扬《国宝花梨》）

已,问题是大家都相信了。

明代是红木家具最为鼎盛的时期,而黄花梨是红木家具的首选材料,也是被使用得最多的木材。德国人古斯塔夫·艾克编撰的《中国花梨家具图考》充分证明了这一点。明式家具不似后来清代的家具,雕琢得过于烦琐,因而显得更加典雅大方。现存的黄花梨家具中,最具代表性的还是属于明代。简洁概括的线条,不加油漆涂抹的木质,显出了黄色的高贵,与黄种人肌肤有天然的亲近与呼应。打磨过后的黄花梨家具,质地柔滑,抚摸起来,手感如婴儿的脸,让人好生怜爱,找回初做父母的感觉。

数百年过去,多少宏伟的土木工程,都已经分崩离析,不复寻觅,但明清两代的花梨木家具,却成为稀世之宝。二十一世纪初,一把明代的黄花梨交椅,在南京拍出六千九百万元的价格；在纽约佳士得,四把黄花梨圈椅,拍出六千多万元人民币；一对清代黄花梨云龙纹柜子,在嘉德拍卖行拍出三千九百多万元人民币。花梨木材料,2002年还是每吨两万元,到了2012年,已经升至每吨一千万元人民币,短短十年间,暴涨了五百倍。现在,大料已卖到一斤万元以上,这岂止是天价而已。价格高到如此程度,意味着即便是在原产地的海南,也已经很难找到一株像样的花梨木了。因此,它成为国家一级保护植物。

4

虽说花梨是天赐之物，但要从道路不通的深山老林，将一棵花梨木放倒并搬运出来，是一件极其艰苦的事情。特别是明清时期，黎族兄弟手中掌握的，也就是一把砍刀，锯子都不可多得。以一把铁质的砍刀，去斩断钢硬的花梨木，将其杀死，需要付出巨大的体力与耐心。一棵树砍下来，刀基本上就废了。再从山上把树扛下来，人也差不多就废了。古时候的花梨木材，长度往往不超过一米五（张志扬《国宝花梨》，142页，海南出版社，2007），再长就无法用人力从山里搬运出来。运木出山，一路充满险情，甚至要付出生命的代价。《清代黎族风情图》对此有颇为具体的叙述：

> 花梨之可以备采者，必产深峒巉岩之上，瘴毒极恶之乡。外人艰于攀附，易至伤生，不得不取资于黎人也。黎人每伐一株，必经月而成材。合众力推放，至山下涧中，候洪雨流急，始编竹木为筏，缚载于上，以一人乘筏，随流而下。至溪流陡绝之处，则纵身下水，浮水前去。木因水势冲下，声如山崩。及水势稍缓，复乘出黎地。此水虽同归于海，而所归之海，又非出口之地，于是合众力扛曳抵岸，始得以牛力挽运抵出海之地焉。常有水急势重，人在水中为木所冲而毙，木亦随深没者；亦有木随水下，扛曳不及，随水出海付之洪涛者，运木固未易易也。（《清代黎族风情图·运木》，海南出版社，2007）

尽管采伐如此艰辛，还是不能阻止人们对花梨木的攫取。除了因为来自最高权力的摊派，也有山区住民自身对财富的需要。当花梨木成为一种贡品时，也就成了财富的象征，具有黄金的性质。明清时期，黎族人依然过着刀耕火种的生活，商品交易基本上是以货易货，很少使用货币。所谓财富，在他们眼里，就是牛群、蛙锣、山地、铳枪和花梨木五大样（张志扬《国宝花梨》

141页，海南出版社，2007）。给子孙留下几根花梨木，就算是在地里给他们埋好一坛银子。但人们对于花梨，只管大刀阔斧去砍伐，却不会浇水种植，因为这种树木长得实在太慢了，积二三百年时光，可用的芯材也不过碗口大小。七十古来稀的人，等它乘凉都来不及，还不如种甘蔗、龙眼得个甜。

俗话说，不怕贼偷，就怕贼惦记。某种意义上，人是这世界的大贼。世上的事物，一旦被人盯上，卷入人类的生活，处境就十分危险。自从成为朝廷的贡品，海南的花梨木，已经很难像不用之材那样颐养天年、寿终正寝了，而它对社会生活的干预，也愈陷愈深。慈禧太后入殁之后，还要在万里之外的海南岛，运去大量的花梨格，装潢她阴曹地府的殿堂，何况还有那么多活着的人呢。数百年来，无数花梨木在还未成材之前，就倒在锋利的刀斧之下，原生的黄花梨几乎成了绝版的生命。清代以后，雨林里花梨木的存量已经相当稀少，但对它的贪婪却有增无减。因此，花梨的身价一路飙升，成了真正的摇钱树，也成了社会的不安定因素。官员们在皇家征收贡品的名义下，加入了自己私家的利益，欺压盘剥百姓。民间因争夺花梨引发的治安案件，也是时有发生。

康熙年间，陶元谆的《请禁崖州营将肆虐状》，叙述了当时的状况："今崖营兵丁，或奉本官差遣，征收黎粮，贸易货物。一入黎村，辄勒索人夫，肩舆出入，酒浆鸡黍，攘攘罄尽。每岁装运花梨，勒要牛车二三十辆。所过村落，责令黎人放牧。或遇崇峒绝岭，花梨不能运出，黎人另采赔补。"康熙五十八年（1719），监生邢克善到黎村收取花梨木，知州董桓祚得知之后，企

《黎人运木图》

图从中瓜分。因为不能得手,便派出兵丁抓拿邢克善。邢克善看来也不是等闲之辈,他发动黎民造反,以罢耕的方式表示抗议。州府派出五营兵加以征讨,用了长达三年的时间才将其平复,伤了一百多人(《崖州志·黎防》)。至于为了盗得花梨木而入室杀人,历来都不是什么新鲜的事情。物贵自然人贱,这都是花梨惹的祸。

历史上,海南岛的影响力,来自它作为令人畏怖的流放地,来自它地处海上贸易通道的要津,还来自两种名闻遐迩的树木:白木沉香和黄花梨木。作为流放地,让人望而却步;但作为贸易港口和沉香、花梨的原产地,却一度令人神往。回顾人类的历史,似乎没有一种植物对人世间的生活有如此深入的干预。

使人百思不得其解的是,马来西亚、印度尼西亚、越南、柬埔寨,乃至我国的台湾、香港、广东各地,都有沉香出产,为何海南沉格外让人着迷?东南亚、非洲、南美洲等地,皆有檀木生长,甚至现在也都统称花梨木,为何海南黄花梨如此出类拔萃、价值连城,就连品相与其相当接近的越南黄花梨,也不能望其项背?有方家认为,这是地气使然。海南岛状似一只灵龟,这些植物都长在灵龟的背上。这种说法并没有什么科学的依据,尔等也只是姑妄听之,莞尔一笑。

255

The
Biography
of
HaiNan Island

海南岛 传

儒学的补阙与践行

第十六章

海南儒学双峰：丘濬与海瑞

1

因为不愿意归顺草原民族的统治，终元一代，以宋人自居的海南士子，都没有赴京参加会考。进入明朝，他们便迫不及待要进入权力中心获取功名。自洪武开始，就陆续有人考中进士，到永乐年间，金榜题名的就有十多位。而整个明朝，海南考取进士的人数有六十四人。这在一个人口如此稀少的边地，算是相当可观的业绩。

正统十三年（1448）春，三年一度的会考在北京举行。海南有三个学子参与了这次考试，他们是琼州府城下田村（今海口市府城金花村）的丘濬，文昌水吼村的邢宥和一个叫作冯元吉的乡党。在之前广州的乡试中，二十四岁的丘濬，获得了第一名的成绩，以解元的功名荣归故里，迎娶了崖州百户长金桂的女儿。金榜题名时，洞房花烛夜，两件美事一同落到丘家的屋檐下，可谓双喜临门。据说百户长的女儿不仅貌美如花，而且通情达理，相当贤惠。丘濬十分满意这段由母亲大人做主的婚姻，专门写了一首诗来赞颂："择配得孟光，足慰平生心。一见如凤昔，友之似瑟琴。意气两不疑，苦口时相箴。欣愿自此毕，恩爱何其深。"包办婚姻有如此结局，实在是天作之合，可惜的是，美好的姻缘并不持久。

海南岛路途遥远，赴京赶考要用上半年多的时间，往返差不多就得一年半了。在交通阻隔、匪盗横行的时代，什么事情都可能发生，何况还有风寒病疫。赶考的人死于途中或生死下落不明的情况，古来并不稀罕。1447年清明节一过，丘濬就和二位老乡渡海北上。在给他整理行装的夜晚，娘子金氏泪下如雨，竟向他下跪行拜，如同生离死别一般。多少年以后，丘濬还记得第二天在神应港登船的情景："君身上船去，妾目送帆飞。江空人去远，犹自立残

晖。"(《征妇》)

丘濬幼年就以天才见闻乡里,传说他过目成诵,六岁时就写出了令人惊叹的《五指山诗》:"五峰如指翠相连,撑起炎荒半壁天。夜盥银河摘星斗,朝探碧落弄云烟。雨霁玉笋空中现,月出明珠掌上悬。岂是巨灵伸一臂,遥从海外数中原。"一个从未见过山岭的小屁孩,仅凭大人的传说,写出如此气象超迈的词句,实在不可思议。关于五指山,历代文人苦吟的诗词汗牛充栋,但与这位六龄童相比,都不过是路边摊上的糟粕醋而已。

丘濬久负诗名,此次又以解元名次参加会考,乡人都对他满怀期待,想着即便不能进入一甲,得个三甲进士该不在话下。然而,张榜出来,他却找不到自己的名字,倒是文昌县的邢宥,进入了二甲的第十五名,并很快就出任四川道监察御史。宥年长五岁,算是丘濬的兄长,他勉励丘濬来年再考,相信一定能获得更高的功名。落榜后的丘濬,进入国子监深造,等待三年之后的下一次会试。

未能及早题名,对于丘濬未必不是件好事。进入国家的最高学府,在名师的教导下,系统学习儒家经典,奠定了他一生的学养根基和作为理学名臣的资本。但四年的国子监生活并不平静,第二年,就发生了震动全国的"土木堡之变"。瓦剌部首领也先率领蒙古铁骑进犯明境,在宦官王振的怂恿下,英宗皇帝御驾亲征,五十万大军在土木堡溃如山倒,皇帝及随从大臣与眷属都成了俘虏,北京城危在旦夕。时任兵部尚书的于谦挺身而出,拥立英宗弟弟朱祁钰即位,组织了著名的京城保卫战,并赢得了令人鼓舞的胜利。虽然没有参加战斗,丘濬还是感受到危机时期的紧张与惶恐,并为于谦的英雄行为所感动。"千锤万凿出深山,烈火焚烧若等闲。粉骨碎身浑不怕,要留清白在人间。"于谦做到了自己在文字里表达的情操,儒者舍生取义的情怀。

尽管准备更为充分,景泰二年(1451)的会考,丘濬还是再次落榜。这时候,他心底的乡愁,已经浓郁到不可开化的程度,就像他诗中所描述的那样:"壮志冷似灰,归心疾似飞。白云长在望,清泪欲沾衣。"(《一笑辛未岁下第作》)张榜过后,他急忙收拾行装,赶在下一个春节前回到自己的家乡。

下田村就在府城边上,背靠着一个不大的红城湖,时常有许多鸭鹅在边上戏水。丘濬跨进院子，首先看到的，是门洞里母亲满头的白发。妻子闻声从厨房出来，悲欣交集，流出了泪水。得知他未能如愿考取，二人都轻声和气来安慰。实际上，最需要安慰的，应该是妻子金氏，她的身体显然单薄了许多。丘濬赴京之后，她便怀了身孕，但儿子出生不久就夭折了，一直没敢告诉丈夫。丧子之痛和思夫之苦叠加在一起，加上田间灶头的劳作，已经压伤了这个女人。此时的她已病得不轻，尽管丘家算是医学世家，祖父曾是太医院的医生，丈夫的伺服也相当殷勤，但她还是在几个月后撒手人寰。临终之时，她用牙齿轻轻地咬着丈夫的手指。没有人知道，她是多么心疼这个男人。回天无力的丘濬，用诗记下了夫妻生离死别的一刻："临终齿我指，以作终天诀。双泪注不流，恋恋不忍别。气促发言迟，奄奄殆垂绝。勉我赴功名，努力立名节。"多年以后，丘濬有了新的妻子，还是念念不忘长眠在土里的金氏：

越南冀北路纷纷，死别生离愁杀人。
谁信十年泉下骨，分明犹有梦中身。（《梦亡妻》）

2

两年之后的秋天，丘濬告别老母，再度北上京师。此时的他心里多了许多沧桑，人也显得平和与沉稳。用他自己的话说，已经"把酒不如前会健，登高不复少年狂"（《舟中遇重九示同行曾光启》）。或许是有了一个持平的心态，在景泰五年（1454）春季的会考中，他的才情发挥得相当尽致。据说，在进入殿试的三百四十九人中，他的成绩排在前列，因为皮肤黝黑、个头瘦小的缘故，在皇帝钦点时，排到二甲的第一名。这种以貌取人的情况，在钦点时并不少见。在接下来的朝考中，丘濬位列翰林院十八名庶吉士的第一名。

进入翰林院后，丘濬买下了紫禁城东边的一座小四合院，当作自己的新家。因为院里有一棵老槐树，便以槐阴书屋为名。邢宥等老乡朋友，有时会到这里来谈天叙旧，喝上一杯。但在很长时间里，院子都缺少女主人。景泰七年（1456），在母亲大人的敦促下，丘濬返回家乡，续娶了海南卫一个百户宁的女儿吴氏。婚后的吴氏,还是愿意留在下田村,照顾年迈的丘母。在丘濬四十岁那年,她给人丁不旺的丘家生下了一个长孙,这让丘母格外开心。后来,丘濬还娶了攀丹村唐氏家族的一个女子做妾。这位小妾知书达理,还善于填词作诗,著有《唐夫人诗集》。

直到成化元年(1465)担任经筵讲师,长达十几年的时间里,丘濬都在安静的翰林院里度过。从庶吉士到编修,陆续参与《寰宇通志》《大明统一志》《英宗实录》的修撰,同时参照《论语》的体例,独自编辑了《朱子学的》,分纲目辑录了朱熹一生的言论,成为朱子学说的传人。在编撰《英宗实录》时,涉及于谦的盖棺定论。于谦在危难之际挽狂澜于既倒,拯救了这个岌岌可危的国家,对朱氏家族可谓恩重如山。但英宗复辟之后,竟以图谋不轨罪,腰斩于谦于西市。国人皆为他喊冤,老天都为他倾盆。然而,当时加罪于他的人,仍在朝中掌握重权。编修的团队里,有人主张维持英宗在位时的结论。曾被于谦大义感染的丘濬,坚决要还于谦一个清白,对其事迹给予公允的叙述。丘濬固执的意见最终得到了采纳,算是为于谦恢复了名誉。千锤百炼出深山的石灰,终于在光天化日之下,重现清白的颜色。

成化三年(1467)八月,修完《英宗实录》,丘濬被晋升为从五品的翰林院侍讲学士。与此同时,户部左侍郎薛远升任本部尚书,总理京储(正二品);苏州府事浙江布政司左参政任邢宥,升任都察院左佥都御史。一个孤悬海外、人口只有二十几万的蛮荒岛屿,同一个月内,有三人接连获得擢拔,在朝廷担任重要职务,引起了人们的关注,被称为"海外衣冠盛事"。海南岛也因此被誉为海上的"小江南"。经琼山知县的奏表,丘母被朝廷旌表为"贞节",在下田村道上树起了青石牌坊。丘濬在经筵上的讲授,得到了宪宗皇帝的赞许:"濬在讲筵,虽貌不扬,而音吐洪畅,宪宗悦之。"(何乔新《丘文庄公传》)他因此有了为皇上谋事献策的机会。母亲逝世时,皇帝还专门委派知府吴琛上门赐祭,这让他心里溢满了报恩之情。

丁忧期满后,丘濬又投入《续资治通鉴纲目》的编撰工作。这是一项卷帙浩繁的工程,完成之后,丘濬升为翰林院学士,成了皇帝身边的智囊,负责诏书的起草,管理史籍、考议制度等。不久,又众望所归地升任国子监祭酒，主持国家的最高学府，成化十六年（1480）被擢拔为礼部侍郎，兼管国子监事务。在国子监祭酒的任上，丘濬完成了《世史正纲》的创作。

《世史正纲》叙述自秦朝统一六国到明洪武元年（1368）的历史，时间跨度一千五百八十九年，几乎就是一部中国中世纪通史。丘濬确定的写作方向是："著世变""纪事始"。即记录社会历史转折变化，叙述重大事件的始终，公允评价人物，达到以史为鉴的目的。考虑到读者面的拓宽，丘濬在行文上"直述其事，显明其义"，尽可能做到晓畅易懂。这部三十二卷的著作，奠定了丘濬作为一个历史学家的地位，但最终确立他思想家身份的，是《大学衍义补》一书的写作。

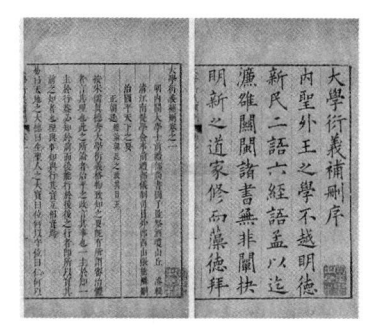

古本《大学衍义补》

自汉武帝时代起，一直以来作为民间思想流传的儒家学说，得到了专制权力的认同，一跃成为官方主流意识形态。宋代以后，儒学吸纳了道家与禅学的内容，衍成了一种新的形态：以程氏兄弟和朱熹为代表的新儒学。在儒家的三纲八目中，宋儒特别强调正心诚意、格物致知和修身齐家的范畴，于治国平天下未做充分展开，也缺少与时俱进的发明，重内圣而轻外王。南宋时期，朱熹的再传弟子，官至参知政事的真德秀，撰写《大学衍义》一书，阐释朱熹的《大学章句》的内容，被认为是"备人君之轨范"的著作，成了皇帝和大臣的必读之书。在为皇帝侍讲的过程中，丘濬发现了该书的不足：缺少经世致用的内容，而这正是王者必备的功课。作为天子人臣，除了精神人格的修炼涵养和家庭内部事务的处置，还必须懂得政治经济原理和国家的治理方略。因此，他萌生了填补该书的不足、完备儒学体系的心愿："于以衍治国平均天下之义，用以收格致诚正修齐之功。举本末而有始有终，合内外而无余无欠。期必底于圣神功化之极，庶以见夫《大学》体用之全。"（《进〈大学衍义补〉表》）在阐述"治国平天下之要"的宏旨下，全书分十二个部分：正朝廷、正百官、固邦本、制国用、明礼乐、秩祭祀、崇教化、曰规制、慎刑宪、严武备、驭夷狄、成功化，涵盖政治、经济、文化、宗教、伦理、外交、军事等各个方面，全面地荟萃历代先贤人物的论述，加以演绎与阐述。其中有诸多个人的见地发明，特别是在经济学领域。

也许是因为来自海上丝绸之路要津、"帆樯之聚，森如立竹"的神应港边，丘濬清醒地意识到自然经济的短处和数千年重农抑商政策的弊端，对商品交易的意义认识深刻。他认为："食货者，生民之根本也。"他主张扩大流通自由度，维护商人的利益，反对官府进入市场与民争利；反对政府控制市场，对盐、茶等商品实行垄断。他建议将专卖政策，改为在国家监督管理下的私人自营自销；认为货品的好与坏、价钱的高低，都要通过买卖中的供求关系来取舍。包括官府、宫廷的用品，也要进入民间市场来购买。这种强调市场主体地位、弱化政府权力干预的思想，与亚当·斯密的"看不见的手"理论，可谓异曲同工，而且早了三百年，在中国经济学说史上相当先锋。此外，他还提出了开放海禁，改变明初以来"片帆不许下海"的局面，鼓励商人从事海上贸易，恢复"市舶司"建置，以加强海上贸易管理。丘濬充分阐释了货币在商品流通领域的意义，指出："所以通百货以流行于四方者，币也。"主张实行以白银为本位的货币政策，确定好银、钞、钱三者之间的比价关系。

在经济学领域，丘濬最大的贡献还在于，他早于威廉·配第近二百年提出的劳动价值论的思想：世间之物，虽生于天地，但必依赖于人力，才能成为其所具有的使用价值。物体有大小精粗，它的功力有浅与深，它的价值有多与少，至于千钱之体不大但精，必不是一日之功所成（《大学衍义补·制国用·铜楮之币》）。自然天成的事物，必须经过人们的劳动，才能获得价值。这种价值不仅与劳动强度、劳动时间有关，还跟劳动的精度有关。丘濬的市场主体学说和劳动价值理论，即便放在整个世界历史来看，都是十分超前的，遗憾的是，他没有亚当·斯密和威廉·配第那么幸运，遇上马克思这样伟大的读者。

3

《大学衍义补》是丘濬任国子监祭酒期间，利用业余时间"采六经、诸史、百氏之言，汇辑十年"撰述而成的巨著，字数多达一百三十万字，是一项浩繁的思想工程，几乎耗尽了他生命的元气。在手腕发酸、腰腿酸痛的时候，他会围着那棵老槐树，在院子里一圈圈地踱步沉吟。如他在《进〈大学衍义补〉表》里说的："端平生之精力，始克成编。"由于长期熬夜伏案，书成之日，他已经"百病交攻""一目青盲"。但是，看着屋子里垒得高高的书稿，他仍然感到无比的安慰，觉得等身的著作，已经穷尽了自己的生命，可以死而无憾，把躯壳还给造物主了。

十年间，发生了许多无法挽回的事情。三儿子丘仑、二儿子丘昆先后失养；哥哥丘源、好友邢宥也已先后弃世；妻子、侍妾和小儿子丘京，都远在天涯海角。想到这些，他不禁流下了清泪，并写下了伤感的诗句："大半交游登鬼录，一生功业付空谈。不堪老去思归切，清梦时时到海南。"（《岁暮偶书》）尤其是两个儿子的离去，白发人送黑发人，哭干了他的泪水："通宵不寐闲思思，恨结幽怀泪湿腮；老鹤倚巢空叫月，飞雏应是不归来。"（《忆亡子》）一同赴京赶考、在朝野政声斐然的左佥都御史邢宥，是他一生惺惺相惜的朋友。邢宥病逝的消息从家乡传来，他"举首天南，望风洒泪。缄词万里，命子代祭"，还撰写了墓志铭和《文昌湄丘公行状》，赞颂其一生的为人。想当年，返琼为母亲丁忧守制期间，他曾经到文昌，与邢宥约好在东路的一棵大树下接头，彼此都有说不完的话语。临别还依依不舍，往返相送于中途。

将《大学衍义补》进献并得以刊行之后，丘濬又以副总裁身份参与《宪宗实录》的编撰。由于身体特别是视力的原因，加上老年丧子（长子丘敦又于1490年病故）的打击，丘濬一再请求退休，都得不到孝宗皇帝的准许。弘治四年（1491），年逾古稀的丘濬，被提任太子太保礼部尚书兼文渊阁大学士，成为内阁大臣，相当于宰相的地位。从天涯海角到紫禁城的内阁大殿，从边地的一介平民到位极人臣，是一条极其遥远的道路，可谓千山万水，他算是走通了，走到了尽头。为了感念皇上，丘濬让家人按照海南本地的做法，烹制了一种椰子糯米饼，托太监给孝宗献上。饼子"软腻甚适口"，深得皇上及身边人的欢喜，在京师传为"阁老饼"。但太监们却不高兴，因为孝宗命令尚膳监仿制，他们却做不出这种味道和口感来，管理御膳的太监因此还受到了责备。于是,这些人反过来责备丘濬越位,称"以饮食服饰车马器用进上取宠,此吾内臣供奉之职,非宰相事也"(明·陈洪谟撰《治世馀闻》下篇卷一)。

丘濬是一个书生气很浓的士人,生性耿直磊落,在廷议时出言率直,不免跟其他朝臣发生口舌上的摩擦,卷入人际之间的是是非非。这让他深感"行路难,不在水,不在山,只在人情反覆间",更加思念孤悬海外的故乡,红城湖边鸭鹅交颈而唱的情景。在晚年的诗作里,他反复表达了去冠归田的意思:"一天风月催归思,万古乾坤入浩歌"(《甲辰初度》);"不堪老去思归切,清梦时时到海南"(《岁暮偶书》)。入阁四年间,他曾经以"百病交攻,四肢疲倦""力小任大,必致颠覆"等理由向皇帝请辞,乞求还骨骸于故土。但此时的他,已经是"袖然为一代文宗",皇帝需要他这样有分量、说话不怕得罪人的重臣来坐镇朝廷。因此,一直都不松口答应,只是允许他在大风雨雪天气不用上朝,在他七十四岁时,还任命他为户部尚书、武英殿大学士。看来,他只能在任上鞠躬尽瘁了。晚年的丘濬,更多的乐趣在于作诗。东林党领袖钱谦益称他:"七八岁能诗,敏捷惊人。生平作诗几万首,口占信笔,不经持择。"(《列朝诗集》)

弘治七年(1494)七月,居住在府城下田村的丘夫人吴氏,因为挂心丈夫不堪的身体,赶往京城探望。途经江西九江时,梦见丘濬已故的好友戚文湍,神情慌张地跑来告诉她:明日鄱阳湖将有风波之厄,请改日启程(参见《海南明代通儒丘濬》211页,南方出版社,2016)。事情果真如梦中所说那样,第二天鄱阳湖上暴风骤起,颠覆了许多船只,不知有多少人丧身湖底。吴氏因为延期登船,躲过了一劫,顺利地抵达京都。听夫人说起此事,自感来日不多的丘濬,当即赋诗,希望明年逝世之后,老友能御风而行,在千山万水间送他一程。他还专门通过学士张东白,请当时最为知名的堪舆专家徐豹到海南,和跟自己沾亲带故的诗人王佐一同勘察陶公山、博苍山、五龙池等地的风水。

就如他自己预言的那样,弘治八年(1495)春节过后,丘濬寿终正寝,夫人吴氏携子孙扶棺归葬。孝宗皇帝派官员宋恺等率工部匠人随护。据民间传说,丘濬生前选定的坟地,并不在海口秀英的水头村。然而,当他的灵车上岸之后,路过水头村附近坡地时,固定棺木的绳索突然松脱,棺木随即滑落下来。按照当地的习俗，这是天选之地，应当就此安葬。

下葬当日，天气晴好，冠盖如云。棺椁入土之际，从丘濬家乡下田村方向飘来一片乌云，降落下来的却是数千只乌鸦，把在场的人都惊散了。乌鸦围绕着丘濬的新坟盘旋跳跃，哇里哇啦地啼喊了两个时辰，才升空而去，不知所踪。此事让人们联想到丘濬乐善好施的祖父丘普，宣德九年（1434）琼州发生大饥荒，他不仅布施稀粥救济灾民，又为死者捐赠坟地，每年清明节都带着孙子丘濬一同到旷野上祭祀亡魂。人们寻想，这群乌鸦是那些亡魂的化身，前来为恩人之灵送行的 [参见《中华丘氏大宗谱》(海南省海口分谱)]。

丘濬的坟墓规制宏大，牌坊上刻着"理学名臣"四个大字。正德年间，明武宗因敬重丘濬的学识与功业，下诏为他建祠，"以丘濬配宋学士苏轼，以风示天下"，将他的名字与苏东坡并排到一起。

4

成化八年（1465），丘濬曾在琼州府城的丹洋田洋修建一座学士庄，并写下《学士庄记》。到了曾孙丘郊的时候，因年久失修，已经破败不堪。嘉靖二十三年（1544），丘郊在学士庄遗址附近建起了一座亭子，取名"乐耕亭"，带领仆役佃农在这里劳作，延续丘家耕读传家的传统。周边的学子，包括城东出过五位进士的唐家子弟，时常会到亭子里来小聚。来人当中，有一个表情严峻、不苟言笑的青年，让丘郊刮目相看。已经三十二岁的他，仍在府学里读书，家就住在离亭子很近的地方。他羡慕丘家的家风，有空便到亭子里来，与丘郊他们说话。除了熟读儒家的典籍，他还喜欢讨论时政，对黎族地区的治理有一套大胆的设想。有一次，他还带来了一首专门为乐耕亭写的诗："源头活水溢平川，桃色花香总自然。海上疑成真世界，人间谁信不神仙？棋惊宿鸟摇深竹，歌遏行云入九天。良会莫教轻住别，每逢流水惜芳年。"笔画像是刀刻的，透露出一股苍健之气。这个腰板挺直的男儿，就是后来名震朝野的海瑞。

海瑞出身军籍，高祖海逊子，明朝开国时是广州卫指挥（正四品武官名）。曾祖海答儿于洪武年间从军，来到海南岛落户。父亲海翰是个廪生，来不及考取功名，便在海瑞四岁时病逝了。母亲谢氏"苦针裁，营衣食，节费资"，咬紧牙关，要把海瑞培养成有出息的人，但直到十四岁那年，才筹足费用让他读上私塾，入府学时已是而立之年了。母亲严厉的管教，加上家境的窘困，使海瑞十分自律。他对儒学的学习，不完全是知识的汲取，而且是人格的修炼，因此特别注重知行一致。这种对言行不二的要求，让他很早就显得庄严持重，少了孩子们身上应有的活泼与淘气。据说，在私塾时期，他沉默少言，路上遇到长辈，便恭恭敬敬地立在一边，等人过去之后才又举步。在府学的考试中，海瑞作了一篇题为《自警词》的文章，以神明的口吻来质问与教导自己：

入府县而得钱易焉，宫室妻妾，毋宁一动其心于此乎？昔有所操，今或为悃悃者一易之乎？财帛世界，无能砥中流之砥柱乎？将言者而不能行，抑行则愧影，寝则愧衾，徒对人口语以自雄乎？质冕裳而有媚心焉，无能以义自亢乎？参之衣狐貉而有耻心焉，忘我之为重乎？或疢中而气馁焉，不能长江大河浩浩然而莫御矣乎？小有得则矜，能在人而忌，前有利达，还能无竞心乎？讳己之疾，几百所事，不免于私己乎？穷天地、亘古今儿不顾者，终亦不然乎？夫人非无贿之患，而无令德之难。于此有一焉，下亏尔形，上辱尔先矣。天以完节付女，而女不能以全体将之，亦奚颜立于天地间耶？俯首索气，纵其一举而跻己于卿相之列，天下为之奔趋焉，无足齿也。呜呼！瑞有一于此，不如速死！

显然，海瑞蔑视老婆孩子热炕头的寻常日子，也瞧不上荣华富贵、飞黄腾达的生活。他决意要做节操完备、臻于至善的圣人。如果有哪一点做不到，活着对他是一种耻辱，还不如早早就死掉算了。行文间，蒸腾着孟子舍生取义的浩然之气。为了明志，他给自己起了"刚峰"的名号。同学们则不约而同把这位腰板笔挺、气度岸然的同窗喊作"道学先生"。

自元代以来，海南岛上很不平静。由于朝贡的繁重，加之两广流民的迁入，黎汉矛盾尤其是官府与黎民的对立，变得难以调和。黎族人暴动此起彼伏，自洪武以来就没有消停过。与海瑞同时代的郑廷鹄在《平黎疏》中有这样的叙述:"琼自开郡以来,迄今盖千六百余年,无岁不遭黎贼之害,然未有如今日之惨者也。"洪武六年(1373),儋州宜伦县陈昆六等率领的乱民,一度占领了儋州治城。最后,还是从广东调集大量兵马,砍了二千二百七十个人头,才镇压下去。暴乱规模最大的,要数弘治十五年(1502)儋州七坊峒的符南蛇造反,队伍一度扩展到近十万之众,先后攻陷了儋州、临高、昌化、感恩等多个州县,占领岛西近半个海南岛的面积,斩杀官军数千人。朝廷从岛外调集十万军队,经过惨烈的征战,才将其扑灭。岛上发生的这些事情,都在海瑞的情怀之中,他一直在思考着黎族地区的社会治理,并形成了自己的一套想法。

海瑞书法碑刻

嘉靖二十八年(1549),在广州举行的乡试中,海瑞以《治黎策》获得了举人的身份。《治黎策》提出了开道立县的方略,即在海南岛开通南北、东西两条大道,交会于五指山腹地,使黎汉之间人流、物流通畅,经济上互通有无,文化上相互融合,避免因为阻隔导致的排异与敌视,也避免黎族人啸聚山林与官军对抗,滋扰沿海州县。这一大胆的建言,堪称高屋建瓴,只是当时并没有被采纳。

5

中举之后,海瑞曾经两度赴京参加会试,均榜上无名。从海南到京师,再节俭也得几百两银子,这对海家可是个巨大的数目。家徒四壁,他再度赴京会考已经很难了。所幸的是,四十岁那年,他以举人身份获得任命,担任福建南平县的教谕。

襟抱天下、器宇轩昂的海瑞,注定要给这个世界带来惊愕。尽管教谕是一粒比芝麻还小的学官,连品级都没有,但海瑞并不因此轻慢自己的职责。他觉得，匹夫只要尽到责任，就是对天下兴亡作出了贡献。刚一到任，海教谕就制定了规范师生行为的《教约》，并且率先垂范地推行，清理一些弄虚作假、冒名顶替的乱象。这种先立规矩后行事、依法不依人的治理方式，贯穿海瑞宦海生涯的各个阶段。他不仅依照礼法来规训自己的部下与学生，还以礼法来规范自己的上司甚至是皇帝天子。作为孔孟的门徒，他只对苍天负责。

第二年，延平府的视学带着一行人，到南平县视察情况，照例在县学的明伦堂召见教学人员。海瑞率队步入大厅，见到视学，二位训导立即扑通跪地，唯有海瑞站在中间，拱手作揖。三个人的造型如同一个笔架。视学训问为何不跪，海瑞并不慌张，只是从容作答：按照嘉靖《宪纲七条》之规定，学官在学府回见上司，只拜不跪，以示师道尊严。本人只是遵诏宪纲规定而已，并没有怠慢视学的意思。我不能像别人那样，为了讨好上级，随意违背王朝的纲纪。

视学心里顿时冒起无名之火，却又无从发作，索性甩袖而去。海瑞冒犯了上司，也冒犯了习惯于阿谀奉承的官僚，人们从此以另类待他。这给他的工作带来了阻力，于是，一气之下，海瑞愤然辞职，并且很快得到批准。但得知消息的福建安抚司提学副史朱衡，却认为当下浑水摸鱼的官场，需要有海瑞这样的人来提振正气，澄清河水。他极力把这位"笔架先生"挽留下来。

嘉靖三十七年（1558），因为在教谕任上的业绩，海瑞被提拔为浙江淳安县的知县。上任不久，就颁布了《兴革条例》，废除各种繁文缛节和劳民伤财的活动，严格管理各项开支，杜绝铺张浪费，特别是人情世故方面的开销，以减轻淳安百姓的负担。

明朝开国皇帝朱元璋，出身底层流民，深知民间的苦患与无告，对官员抱有厌恶甚至敌视的态度，给出的薪水低得可怜，不用说养廉，就连养命都困难。即便是像李贽那样当到一州知府的官员，俸禄也不能养家糊口，还得打发老婆孩子回老家种地。可见这种制度的设计已经突破人性的底线，将人符合天理的身体需求加以剪灭。因此，把绝大多数的公职人员推入了贪官的行列，违反了法不责众的原则，实施起来也阻难重重，只能依靠严刑酷法高压。他在位的时候，尽管动辄采用碎剐和剥皮实草等恐怖手段，还是不能杜绝假公济私的行为。他至死都不明白，为什么贪官是杀不尽的。

朱元璋及朱棣死后，后来的皇帝虽没有那么暴虐，却也没有改变这种制度，只是任它在实施过程中渐渐松弛。于是乎，在收取各种税费时追加份额，在公务开支中扣留一定的比例来弥补微薄的薪水，渐渐成为官场里通行的做法，自上而下都心知肚明，心照不宣。但这些所谓的"常例"，其实都来自征收各种苛捐杂税时增添的摊派，而且只增不减。海瑞到任以前，淳安县令收入的"常例"名目十几项，全部合计起来，每年约有一千两银子。这些收入除作为招待费和人情往来的礼金之外，相当一部分进入县令的腰包。如果海瑞将这一千两碎银中的一半收入囊中，他的收入立刻就膨胀一百倍，别人也不会认为有什么不妥，因为他拿了，别人拿起来才觉得理所当然。然而，海瑞一来，就让人仔细核算这部分灰色收入的情况。当他看到这些名目繁多的"常例"数额如此之大时，正义之剑便从胸中竖起。他下令中止非法收取的"常例"，削去各项税费中追加的部分，以减少淳安百姓背上压着的石头。所有人员除了应得的俸禄之外，一根毫毛也别想拿到。至于原来开展各种活动时的聚餐和给上级官员的"朝觐礼"也一律取缔。官吏外出参谒，必须自带干粮，而且不能征用人力。对于他而言，全部的生活来源，就是每月可怜巴巴的五两银子，这是城市里低端家庭的收入。为了弥补开销的不足，他甩开膀子，在府衙后面开出一片地来，种上一些瓜菜。然而，其他人却是做不到的，他们不仅薪水比海瑞要少，也不愿把官吏做得还不如一个农夫，在治下的百姓面前昂不起头。于是，有官职的设法调离，没有官职的干脆就撂挑子，回家种地去了。一时空出的岗位，海瑞只能自己充任，一个人干几个人的活。不过这都是他自己愿意的，倒是苦了他家里人，一年都吃不上几回肉，衣服缝缝补补，出门都不好意思见人。一县之长穿着打满补丁的官服出出入入，连给母亲祝寿上街买块猪肉，都成了地方上的头条新闻，被总督大人传为笑谈。

做海瑞的妻子和儿女，是件困难的事情。据明人《万历野获编补遗》记载：海瑞先后娶过三任妻，另有两个小妾。首任妻子许氏，在老家生了两个女儿后，就被海瑞休了。第二任妻子潘氏进家门不到一个月，又被海瑞撵走。第三任夫人王氏十分贤惠，给他生了两个儿子，一个取名中砥，一个取名中亮；

后来还生了个女儿，他们跟海瑞一起过着清水无鱼的生活。从政之后的海瑞，始终面临着修身与齐家顾此失彼、不能兼而得之的问题，这似乎是从孔孟到程朱都未曾想到的。《中庸》里"大德必得其位，必得其禄，必得其名，必得其寿"的说法，在他身上还没有应验。

在以圣贤标准要求自己及家人的同时，海瑞想尽各种办法，来减轻淳安百姓的生存压力。在进一步的调查中，海瑞发现，户籍里登记的很多丁口，已经不在淳安，变成流民逃散外地。个中的原因相当明了，一些豪富家族隐瞒大量土地偷漏赋税，致使缺少田园的人家赋税繁多，不堪重负，只好背井离乡谋求生路。海县令深知，世间没有比离开土地的农民更凄苦的了。他立即在自己权力范围内，大规模地清丈土地，重新确认各家各户赋役的多少，从根子上改变阶级剥削的现状。还发布了《招抚逃民告示》，呼唤流亡在外的贫民回归故土，安居乐业。海瑞在淳安的执政，很大程度上改变了下层人民被欺凌的处境，得到了当地百姓的强烈拥戴。在他离开淳安之后，人们还筹资为他建立了一座生祠——海瑞祠。这意味着他还活着的时候，在百姓心中就享有近乎天上神灵的地位。由此可见，中国的农民是多么渴望平等啊。

6

在七品县令的任上，海瑞做了两件震惊大明官场的事情。

时任浙江总督的胡宗宪，是一个能力出众的官员，在剿灭倭寇的战争中屡建奇功，但却管不好自己的儿子。这个纨绔子弟，借着父亲的威势到处招摇显摆。每到一地，当地官员都奉为上宾小心陪侍，又是山珍海味，又是厚礼相送。可没想到进入淳安，县里给他安排的是简陋的驿馆，吃的是粗茶淡饭，县令也不出来捧场。早被惯坏了的胡公子，哪受得了这般待遇，于是当场发飙，掀翻餐桌，将负责接待的人员吊起来打。这下子他算是撞到了枪口上。

得知消息的海瑞，决定假戏真做，好好教训一下这个无法无天的恶棍。他宣称胡总督为官清廉，持家甚严，向来考察巡视，都令各地不得铺张浪费。此人一路摆阔，糟践公帑，显然不是胡公的儿子。遂以冒名撞骗的名义将其拘押，还没收其囊中的数千银两,并且在取得口供之后,向胡总督报告,称有江湖无赖假冒总督大人公子之名,到淳安等地胡作非为,招摇撞骗。为维护大人的名节威望,在下已将其收押审讯,其本人对所犯罪行供认不讳,现已将其驱逐出境云云。海瑞在处理此事时表现出的大智大勇,令总督大人一时也无可奈何。

嘉靖三十九年(1560),都御史鄢懋卿出巡两浙、两淮盐政。作为监察文武百官的最高长官,鄢大人自称"素性简朴,不喜承迎",却一路上耍尽威风。他带着自己的小妾,坐在五彩大轿上,让十二个盛装美女抬着,大张旗鼓地从街上走过,"仪从煌赫,道路倾骇"。屁股夹屎的地方官员,为了巴结这位握有生杀大权的重臣,在接待上竞相攀比,以至于一顿酒水,就要花上三四百两银子,甚至入住馆舍的便溺用器都要银子来装饰。海瑞听说之后气冲脑门,他宁愿被充军杀头,也决不干这种捧臭脚的恶心事。一番考量之后,他提笔直书,给鄢懋卿写了一个"禀帖",称接到上方下来的公文,知道都御史将巡视本县,深感荣幸。公文要求各地接待一概从简,饮食供账不得铺张浪费。然而,本人听说大人到过的地方,皆大摆酒席,每席费银高达数百两。这显然与大人您"素性简朴,不喜承迎"的品行相悖,也不符合公文的要求。都御史大人下来巡视,本来是要体恤民间疾苦,减轻黎民百姓的负担,但他们这样的结果恰得其反,严重损坏了大人在百姓中的形象。面对此情,淳安如何做好接待工作,下官颇费踌躇,还请鄢大人明示为好。这封《禀鄢都院揭贴》,话语已经到了戳破脸皮的程度。接贴后的鄢懋卿,恼羞又难堪,真没想到竟碰到这么一个主。他把禀贴撕碎,急忙绕道而行,连淳安所属的严州都没有踏进。得知此事,本来期待借机巴结都御史的严州知府,气不打一处来,把海瑞传到州府,狠狠地教训了一通。此时的海瑞只是敛容长跪,不做任何辩答。

嘉靖四十一年(1562),海瑞升任嘉兴府通判,但因为鄢懋卿暗中指使巡按御史袁某上疏弹劾,朝廷以"调简避用"的名义,将他调出浙江,到江西兴国县任知县。这对海瑞似乎没有任何影响,一坐上县太爷的椅子,他就出台《兴国八议》,作为自己的施政纲领,对糜烂的吏治发起冲击。一年之后,因为业绩突出,被提升为正六品的户部云南主事。

7

人们通常认为,皇帝是一个最美的差事,真实的情况不见得都是如此,尤其是明代的皇帝。自从杀掉胡惟庸,株连砍掉三万个人头之后,朱元璋便觉得宰相是一个危险的职位,弄不好就架空皇帝,颠覆政权,而他已经无法相信任何人了。于是罢了左右丞相,废除中书省,将相权并入皇权,自己直接面对六部,包揽朝廷各项事务,事无巨细都亲自处置。当过乞丐、做过和尚、一度衣食不保的朱元璋,却有着异于常人的体魄与精力。据说,他一天处理的国家大事多达四百件,需要阅读的文牍接近二十万字,堪称劳模。然而,他无法保证子孙的体格都像自己这样魁伟。事实上,在朱棣之后,皇帝的身体便一代不如一代了。

大明江山辽阔,家业庞大,前廷每天都有大量递上来的折子;后宫又有三千粉黛春色荡漾。桌面上的文牍,加床笫间流水落花的宠幸之事,娇生惯养的皇帝们根本吃不消。最终的结果,就是把政务交给大学士和宦官们去处理,自己跑到道士那里寻问丹药,以此来填补少年时就被掏空的身体。嘉靖皇帝就是一个典型的例子,在位之初,他也曾"励精化理,澍濯海内观听,挈清政本,杜塞旁落,奋武撰文,网罗才实"(何乔远《名山藏》)。但到嘉靖十八年(1539)后,他的执政变得消沉起来,从他羸弱的身子和空虚的心灵里,散发出的更多是疲惫与懈怠,对于权力与异性,都有一种说不出的厌倦。为了充补亏损的龙体,他听信道士邵元节、陶仲文的进言,长期服用含有砒霜、水银、雄黄、朱砂的丹药。不能生育的他,还多次遴选民间少女入宫,每次多达数百人,当作药材来使用,让她们清晨起来,用舌头舔采树叶上的寒露,给他兑服参汁,致使这些宫女纷纷病倒。

嘉靖二十一年(1542),以杨金英为首的十数名宫女,趁着嘉靖熟睡之时,用黄绫布套住他的脖颈,然后一同发力拉扯,企图将他活活扼死。因为情急之下绫布打了个死结,嘉靖得以幸免。从此之后,他移居西苑,设醮炼丹,二十余年不上殿视朝亲政,听任首辅严嵩和宦官们把持政务,相互博弈,玩弄权力游戏。由于嘉靖性情喜怒无常,"忽智忽愚""忽功忽罪",曾经斩了不少直臣；加上明代的禁城开国以来就充满阴森的杀气，对于他的失职，以及由此导致的朝纲混乱、社会动荡，群臣皆噤若寒蝉。

进入中央机关任职，让海瑞对整个国家的情况有了较为全面的了解。他惊讶地发现，自己从小就发心要报效的这个皇朝，其内核原来是如此的空虚。作为君临天下、掌握社稷江山与黎民生计的皇帝，自己为之忠心耿耿的天子，竟然可以二十多年不谋其政，任由几个大学士与一帮太监相互角逐。在权力中枢，纲纪已经乱到了难以收拾的地步；而地方上各个州县，旱涝灾害此起彼伏，到处都有无家可归的流民，暴乱事件时有发生。这个帝国其实已经岌岌可危，却没有人出来发声，谋求改变现状的途径。"大臣持禄而外为谀，小臣畏罪而面为顺"，都在欺上瞒下，敷衍了事。作为孟子的传人，他秉承民贵君轻、社稷次之的理念，并不害怕杀身成仁。他不允许一个集天下大任于一身、为社稷黎民做主的天子，如此玩忽职守，违背天命民意。因为，"君者，天下臣民万物之主也。惟其为天下臣民万物之主，责任至重。凡民生利病，一有所不宜，将有所不称其任"（海瑞《治安疏》）。这个发现让他愤慨无比、寝食难安，他决心昧死竭忠，好好训斥开导这个昏庸的君王。这个时候，他心中有了一种替天行道的凛然。

经过许多个夜晚的反复斟酌，一篇被称为《治安疏》的奏折终于完成。就像当年对付胡宗宪的公子那样，海瑞虽说是一个耿直方刚之士，但并非不懂得策略上的迂回。在折子里，他首先赞叹皇帝陛下天资英断，睿识绝人，具有成为圣明君王的品质。即位初年，在铲除积弊、革新政事等方面多有建树。然后笔锋一转，指出嘉靖二十多年来荒疏朝政，以至于君道不正、臣职不明，导致纲纪松弛、吏治败坏、贪渎成风、乱象纷起。并用儒家的"三纲"来批评他：与方士在一道炼丹服药，不与儿子们相见，缺失父子之情；以猜疑诽谤戮辱臣下，缺失君臣之礼；成天隐居西苑不回后宫，缺失夫妇之情。现今天下灾难频仍，民不聊生，暴乱如野火春风愈演愈烈。接着，他谴责嘉靖把英明用到荒谬的地方，沉湎于无稽的玄修，追究一己的长生不老，贻误了天下江山与国计民生。而到了如此地步，竟没有一个人为陛下正言。这些人臣虽然当面不敢说，背后却少不了议论，他们表面上顺从陛下，却把真心藏起来，其实已经犯了欺君之罪。最后，他披露了自己的肝胆：臣蒙受国恩，宁可直言得罪陛下，也不想以谎话欺君。看到这种情况，臣痛心疾首，因此冒死竭忠向陛下进言。天下治与不治，民物安与不安，都在于陛下"一反情易向之间"。倘若陛下能幡然悔悟，重新振作朝纲，便可跻身于尧舜汤武之间，流芳千古。那将是我国家社稷的幸运，也是天下黎民百姓的幸运！

当这封"言天下第一事疏"送到嘉靖手上时，已经在位四十五年的皇帝勃然大怒，当即将奏折摔在地上，嘶声叫唤身边的人："还不赶快去把人抓住，别让他给跑了！"司礼监掌印太监黄锦赶紧上前报告："此人素来就有痴名。听说他上疏时，自知如此犯上当得死罪，已经买好一口棺材，与妻子诀别，主动待罪于朝中，家里的僮仆也都打发走了，看样子应该是不会逃跑的。"嘉靖的神情顿时沉静下来，久久不出言语。过了一会儿，又拿起奏折再三阅览，在殿上转圈，不时出声长叹，还说："此人可比作比干，但我也不是商纣王。"看来，这会儿他还能分辨出是非忠奸来。

海瑞的上疏刺中了皇帝内心的穴位，折子留中不发长达数月之久。后来，嘉靖龙体有恙，召首辅徐阶商量传位之事时，还特地做出了辩解："海瑞说的是对。可我患病已久，又怎能亲理朝事呢。只能怪我不自我珍重，以至于疾病缠身。倘若我能够上殿，就不会受这个人的诟骂了。"显然，他已经"幡然悔悟"，只是来不及挽回了。尽管如此，天子的威严不可侵犯，海瑞还是被投入诏狱，接着又被刑部判处死罪。然而，断案的卷宗呈到嘉靖那里，仍然留中，不作任何圈画。有人主张将海瑞处以绞刑，但被内阁首辅徐阶按了下来。嘉靖真的还不想背上杀害忠臣的千古骂名。

身陷囹圄的海瑞相当平静，他觉得，自己已经尽到一个臣子的天职，扪心自问，可以俯仰无愧，对得起苍生鬼神，剩下来的一切就任由处置，要杀要剐且随他便。得知老乡被打入大牢，一年前才刚刚考取进士的翰林院庶吉士，来自海南定安的王弘海，通过关系想到狱中去探望海瑞。人们告诫他，上头正在搜寻海瑞的同党，劝他不要自找麻烦，去给别人陪葬。但这位二十四岁的年轻人不为所动，还是提着饭盒到诏狱里来探监。尽管入狱之初被打得浑身是伤，看到小老乡一张稚气的脸和他带来的喷香酒菜，海瑞还是深受感动，露出了难以得见的笑齿。他表示自己求仁得仁，没有什么遗憾的，还将一些未竟事宜托付于王弘诲，嘱他日后将自己的灵柩运回故乡。后来，王弘诲还来过几次，除了可口的饭菜，还带着敷伤的药膏。

第二年正月，一年中最冷的时候，牢头送进来一顿丰盛的饭菜，还有一壶小酒。海瑞以为，期待中行刑的日子已经到来，这是士人杀身成仁的节日。他不问缘由便开怀畅饮，把酒菜吃得干干净净。牢头问他："你怎么就不问一下，今天的饭菜为何这么好呢？"海瑞笑答："不就是让我死得痛快一些吗？"牢头说："不是的，海大人，今天皇帝驾崩，您肯定要出狱了，等着升官发财吧！"听到这话，海瑞一下就愣住了，随即跪伏号啕，吐出了所有的食物，绝倒在地，哭了整整一个晚上。

8

按照嘉靖皇帝的遗诏，海瑞获得恩释，恢复原职，接着调任兵部武库司主事，后来又提升尚宝司司丞，调任大理寺右寺丞，后福连连。然而，他的此番入狱，给自己家庭带来了灭顶之灾，年幼的儿子中砥、中亮相继夭折，母亲和妻子王氏经受不起如此打击，陷入极度伤痛之中。母亲更是病情危殆，如风中残烛。出狱之初，海瑞立即给新登基的隆庆皇帝呈上《乞正赦款疏》。在感谢浩荡皇恩，请求清理嘉靖后期的冤假错案，并亲自参与积案的会审与昭雪之后，一再恳求皇帝恩准他回琼州，照顾年近八旬的母亲，以克尽人子的孝道。但是，他的请求迟迟得不到应允。在新的权力格局中，皇帝需要他这样忠诚而又没有派别的朝臣。

隆庆元年（1567）年底，海瑞被任命为南京通政司右通政，接着一路升迁，直至南京都察院右佥都御史，提督军务、巡抚应天府。应天府下辖当时最富庶繁华的苏州、常州、镇江、松江等十余州，许多位高权重的官员都出身于此。海瑞人还没有到达，就在这里引起了不小的震动，一些裤裆不干净的官员知道来者不善，便自行辞职引退；一些平日作威作福的豪门大族，竟把门楣刷黑；原来超标坐八抬大轿的太监，也主动改回四抬。海瑞的执政雷厉风行，隆庆三年（1569），他刚一走马上任，就颁布《督巡条例》，总共三十六条，对官员的行为做了详细的规范。借着皇帝都敢骂的声威，条例立即得到施行，一阵风似的改变了应天官场的气候，大大减轻了平头百姓的负担。与此同时，他大力兴修水利工程，疏浚吴淞江、白茆河，使淤积的泥水通流入海，漫漶多年的灾情从此消失，清理出大片被淹没的肥沃田地，安置了十三万灾民。此举得到了当地民众的欢呼，也得到了朝廷的旌表。

接下来，海瑞要碰的，是历代王朝都难以解决的问题：土地的兼并以及由此造成的两极分化。这就意味着，他要自不量力，凭着一己孤勇，向整个既得利益阶层发难。他先以都察院名义发布公告，勒令治内的豪富退还侵占贫民的土地，使已经成为社会不安定因素的流民，得以回归田园，生得其所。公告明示："本院法之所行，不知其为阁老尚书家业……令民各自实田，凡侵夺及受献者还原主。"公告专门提到的"阁老尚书家"，尽管没有点名道姓，但让人即刻就联想到一个人，那就是刚刚脱冠还乡的内阁首辅徐阶。然而，此人可算是海瑞的恩人，海瑞入狱之后免于杀身之祸，出狱之后得以升迁，多少跟徐阶在一旁使力有关系。在徐阶与另一位阁老高拱的争斗中，海瑞也曾站到徐阶一边，难道现在他要昧下这份恩情不成？

在海瑞看来，他现在所做的事情，是要为国家长治久安和民生的福祉扫除天下不平之事。不能因为自己与某个人的私情，而坏了这一天下为公的大计。自己未曾为免于杀身之祸或职位的升迁求助过任何人，包括徐阶。徐阶所做的一切，应该出自其内心的良知和社会的公义，这才符合君子的作为，而不是为了日后的知恩图报。君子与君子之间，应该坦荡相见，不能投桃报李，像小人那样相交于利。如果他还期待我海瑞利用公权，照应他家族的非法利益，那他就不是什么正人君子，既不值得我的尊重，也不配与我这样的人为伍。

在徐阶看来，海瑞这样做，是一种恩将仇报的不义之举。但他深知，这个连皇帝都敢骂的人，是个不要命的主，不能正面跟他硬顶。于是，在接到退田令之后，主动退出十分之一的田产。可这十分之一，就是一万二千二百亩！然而，海瑞并不以此为足，还得寸进尺，接着行文要求徐阶，至少退掉一半以上的田地。这下子徐阶不干了，他让人传话给海瑞：就这么多，不可能再退了。可海瑞不仅写信，还一再登门拜访，做徐老首辅的思想工作，称徐家"产业之多，令人骇异"，"若不退之过半，民风刁险可得而止之耶！为富不仁，有损无益，可为后车之戒。区区欲存翁（徐阶号）退产过半，为此公百年之后得安静计也，幸勿以为讶"。差不多将这位阁老当学生来开导了，还说多退些田地，是为他将来免于无妄之灾。但从徐阶的角度来看，若照海巡抚的意思继续退田，不仅一生的经营付诸东流，也坐实了自己侵吞百姓、为富不仁的罪名。不得已之下，他只能求助于自己的政敌——当朝内阁首辅高拱，为自己过去对他所做的种种赔不是。这样，两个老对手走到了一起，达成默契。徐阶找了一个叫戴凤翔的给事中参海瑞一本，称他"包庇奸民，鱼肉乡绅，沽名乱政"。高拱在上面大笔一挥，海瑞应天府巡抚的职权就到此终止，被打发去管理南京的粮食储备。这离他上任还不到一年的时间。怒发冲冠的海瑞，只能无奈地选择罢官，再度给隆庆皇帝呈上了《告养病疏》。指出：当朝群臣都犯了因循苟且之病，"皇上虽有锐然望治之心，群臣绝无毅然当事之念。互为掣肘，互为排挤，而又动自诿曰：'时势则然，哲人通变'"。这些臣僚其实已经成为妇人，请皇上切勿听之。他向皇帝倾诉，称自己"尚欲以身为障，回既倒之狂澜，以身为标，开复古之门路"，但身体已经衰老，"痰气交作，血气益虚，每一动发，昏迷半日，勉强视事"，且老母亲已经八十有一，在万里之外的天涯海角无人照顾，伏望皇上能够体察臣下的苦情，"赐臣回籍，永终田里"。此时的海瑞，内心充满着失望之情，不仅对同朝的官僚，也对这个王朝，甚至对这个世俗世界。他私底下对知心的朋友说："此等世界，做得成甚事业！从此入山之深，入林之密，又别是一种人物矣。"

此次上疏很快就批了下来，恩准他回海南原籍，等候调任。然而，这一等就是十六年，他作为儒者为往世开太平的大愿，到此便化为梦幻泡影了。听说为他们代言的海青天被迫离任，应天的百姓哭声载道，不少人专门请人绘制海瑞的画像，焚香点烛供奉于中堂。

9

万历初年，张居正取代高拱，成为首辅主持内阁。张居正与海瑞有过交往，海瑞在应天府时，曾经给他写过信。对海瑞针对豪绅的退田行动，他予以道义上的支持，并对海瑞被弹劾罢官表示过同情。主政之初，许多人向他推荐海瑞，他也曾经派巡按御史到海南来考察。但御史到了下田村，海瑞端出来的是粗茶淡饭，家里更是空徒四壁，就像刚刚被盗贼打劫过一样。看到此般情景，御史便摇头叹息而去，没有了下文。后来，张居正因长子张敬修在甲戌科会试中落榜，竟决定当年不在甲戌科选拔庶吉士，引起了公愤。海瑞上书内阁，批评了这种损害公义的做法。这让张首辅切身地感到，海瑞是无法掌握的双刃剑。这个人只考虑天理正义，不懂得中庸之道，也不顾及他人的情面、权衡方方面面的利益关系，而且生性耿直，过于铁面，不能收买也不听招呼，行为不具有可控性，是一个麻烦制造者，只能作为道德楷模来树立，不可以作为可靠的官员来任用。他不能成为你的亲信与同党，但政治斗争中必须有自己的派系，一条绳上的蚂蚱，进退与共的死党，否则无法在朝廷上站稳脚跟。搁了很久之后，在恳求起用海瑞的折子上，张首辅斟词酌句，批上了一行小字："海瑞秉忠亮之心，抱骨鲠之节，天下信之。然夷考其政，多未通方。只宜坐镇雅俗，不当重烦民事。"

作为历史上数得出的名相，张居正对海瑞的结论有相当的道理。他对人情社会有深入的洞察，对人性的欲望持有包容的态度，其行政之道，是在硬性的制度框架与软性的人情利益之间加以委蛇变通，这需要一种机敏狡黠的智慧。在这条道上，他已经玩得轻车熟路、如鱼得水。然而，在海瑞看来，中国的问题，就在于依据天理设计的制度体系，无法在地面上有效运行，规范好人们的行为，建立起一个太平社会。其中的原因在于，人们之间的情面关系与利益交缠到一起，像白蚁一样，从内里蛀穿了社会的框架结构，使之形同虚设；也使已经成为意识形态的孔孟思想，变成了人们掩耳盗铃的套话、空话。行之有效甚至大行其道的，是一套浑水摸鱼的潜规则。所有的墙都成了虚掩的门，而真正的门反倒成了推不开的墙。以天下为己任、肩兴亡于自身的他，并不想像张居正那样，将两套规则糅到一起来加以随机运用，去挽回大明眼前的颓势，同时谋取自家的一份恩惠。他选择了向瓦解制度、导致社会大面积腐败的情面关系与潜规则宣战，耻于以利害交换与任何人结盟，即便牺牲自己的家庭幸福与身家性命，也在所不惜。他追求的是剥离利益人情关系纠缠的正义。这种悲壮的抉择，是一般人做不出来的，因此必然是孤独和势单力薄的。海瑞这个烈士，也就无法避免遭到同僚痛恨与嘲笑的命运。然而，即便到了今天，要想在中国文化背景下，建立一套具有普遍约束力的平等制度，堵住任何漏洞，使任何社会分子都不能成为破网之鱼，恐怕还需要海瑞的刚峰精神，来树立律法的权威，而不是张居正的人治手腕。当然，这种制度设计，必须充分体谅人性的现状与接受的可能，而不仅仅出于某种高标绝俗的道德理念。

　　万历五年（1577），张居正父亲逝世，按礼作为儿子的他，必须离职返乡丁忧守制二十七个月，但他担心因此失去权力，再也回不到首辅的位置。于是，通过亲信的共同运作，让皇帝准许他"夺情"，留在内阁继续主持工作。有人假冒海瑞的名义弹劾张居正违制专权，请求免去他的首辅职位。虽然事情最终真相大白，但首辅因此对海瑞更加警惕了。在他主政的十年间，海瑞一直被晾晒在海南岛的阳光下，自食其力地过着自耕农的生活。可怜的妻子王氏和母亲谢氏相继病逝，母亲下葬时用的棺材，还是靠朋友捐助来的。但他依然不改其志，关心着时局与地方的事务，只是像许多老人那样，性情变得更加峻急与偏越了。

　　万历十二年（1584）冬，一代名臣张居正病故，神宗朱翊钧于第二年正月召海瑞为南京右佥都御史。未及到任，又改为南京吏部右侍郎。其时的海瑞，已经是七十二岁的老人，他带着童仆，从海口神应港登船启程。与做事的高调相反，他做人的姿态低到了尘埃，每到一地，他都"寂寂而过"，很少有人知道。但到南京，城里的百姓纷纷涌出街巷，争相目睹青天大人的姿容。安家之后，还陆续有人成群结队上门来求见。海瑞问他们有什么事吗？来人都说没事没事，只是"愿一见海爷的相貌"而已。让海瑞感到遗憾的是，来人中没见到小老乡王弘诲。曾经担任南京国子监祭酒、吏部侍郎的王弘诲，刚刚调任京师礼部侍郎兼经筵讲官，与他失之交臂。

尽管英雄迟暮，身体交病，海瑞的锐气与锋芒依然不减当年。在南京吏部右侍郎任上，接到民众举报，五城兵马司平日作威作福，敲诈百姓，无法无天。他立马贴出布告，鼓励市民到他这里来告状，他将为他们做主！但还来不及出手，他又被升调南京都察院右都御史。南京都察院其实形同虚设，但海瑞却把它整肃起来，成为威严的机构，开始动用棍棒，惩治那些纲纪松弛、玩忽职守、盘剥百姓的官员，使这些混吃的官油子不得安宁。于是，又有人弹劾海瑞。为此，他上疏皇帝，称自己衰老垂死，愿意效仿古人尸谏的意思，列举朱元璋时代剥皮实草等刑法，声称应当用这些严刑酷法来惩治贪腐。当时的体制框架，限制了海瑞的想象力，他已经想不出别的法子来疗治社会的溃烂，空抱一腔偾张的热血了。

到了这时，万历皇帝才意识到，老爷子已经不堪任事，只能作为高标绝俗的榜样了。他朱笔一挥，做出批示："瑞在世庙时，直言敢谏，有披鳞折槛之风；清约自持，有茹檗饮冰之节。虽当局任事恐非所长，而用之以镇雅俗，励颓风，未为无补。合令本官照旧供职。"海瑞的政治生命就此终结。

万历十五年（1587）十月十四日，海瑞的肉体生命结束于南京。死前三天，兵部送来的柴薪多出七钱，他如数扣回。实际上，他已经病了好长一些日子，但拒绝使用任何药物。也就是说，他已经不想再活在这个世上了。对于身后之事，他连一个字都没有提及。他三个儿子和一个女儿，成长过程缺少慈祥的父爱，没有得到应有的照料，早早就夭折了。明末姚士麟的小说《见只编》，和明人沈德符撰写的《万历野获编补遗》，叙述了这样一个故事，说海瑞某日回家，看到五岁的女儿在津津有味地吃一块饼子，便问是谁给的，得到的回答是某个小仆人给的。海瑞当场怒斥女儿，称"女子岂能随便接受男人的东西呢，今日你若不饿死，就不算是我女儿！"女儿恸哭一场之后，便拒绝进食，家人想尽办法也无能为力。七日之后，女儿饿极而亡。此事应该出自坊间的传言，正史一般不予采信。但海瑞为自己的孤忠与清廉，承担了一切人伦的后果。他已经无后，也就无所谓什么身后之事了。他也堪称"忠绝"，佥都御史王用汲走进他的住处，看到的是"葛帏敝衣，有寒士所不堪者"的情景，不禁潸然泪下。王用汲找了海瑞生前的友人，凑钱买了口棺材，将海瑞入殓。灵柩出城的那天，南京城内的商铺自发停业致哀，长江两岸挤满了穿戴白色孝衣的人群。灵柩经过的地方，市民焚香洒酒，哭声绵延百里。闻此情景，苏州诗人朱良写下感人的七绝：

披鳞直夺比干心，苦节还同孤竹清。
龙隐海天云万里，鹤归华表月三更。
萧条棺外无余物，冷落灵前有莱根。
说与旁人浑不信，山人亲见泪如倾。

时在南京兵部供职的许子伟，是海瑞的琼州老乡，也是他的学生，奉旨护送海瑞的灵柩回家乡安葬。在府城小北门外，人们为海瑞建立专祠，将他与宋苏文忠公、明丘文庄公并祭，合称为"三公"。与海瑞深有交情并一同活跃在大明政坛的两位老乡，后来出任南京礼部尚书的王弘诲和后来担任湖广巡抚的梁云龙，以及李贽等当朝著名人士，都为海瑞立传。《明史》也给他留下了足够长的篇幅。

如果说白玉蟾是海南道教的最高成就者，那么丘濬和海瑞便是海南儒学的双峰。丘濬以等身的著述，衍义治国平天下的义理；海瑞则是以浩然正气和特立独行，实践了圣贤正心诚意、舍生取义的精神，二者皆在不同程度上影响了中国社会的进路。他们是较早一批跨过海峡的岛民。自丘、海之后，海南岛上的士子，都不愿做历史剧场的后排观众，他们渴望渡过海峡，进入政治经济文化的中心，投身风云激荡的历史现场，出演一个出彩的角色，施展自己的平生抱负，报效家国黎民。"过海"二字，成为一个人是否有出息的标志，而彼岸才是他们投奔的方向。也就是说，他们总是在眺望与投奔之中，并未真正生活在这座小小的岛屿之上。

有明一代，海南岛渡过海峡到中原去投身政治的人，除了丘、海二人，还有出身文昌，曾任苏州、台州知府和左佥都御史的邢宥，曾任安德知府和布政司布政使的邢祚昌；出身海口，曾任都御史的唐舟及其家族的唐胄、唐亮等，曾任江西布政司右参政的郑廷鹄，曾任荆南布政使、湖广巡抚的梁云龙,曾任户部尚书的薛远,曾任常州知府的陈实,曾任镇江知府的陈天然;出身崖州水南村,曾任兵部侍郎的理学家钟芳;出身定安,曾任南京礼部尚书的王弘诲;出身万州,曾任南京兵部尚书的廖纪;出身临高,曾任高州、邵武、临江知州的诗人王佐等。一个人口稀少的孤岛上,竟然有那么多人活跃在明代的政治舞台,其中不乏政声斐然的人物,实在是令人刮目的事情。

由于岛上人文日见兴盛,加上人口增加与经济发展,还有欣欣向荣的自然风光,这时候,将罪臣贬逐到这里来,已经实现不了惩罚的

海瑞墓园里的石翁仲 林涛摄

目的。也就是说,海南已经不再适合作为流放地了。因此,在洪武年间,吏部就向皇帝上奏:"凡庶官有罪被黜者,宜除广东儋、崖等处。"朱元璋做了这样的批示:"前代谓儋、崖为化外,以处罪人。朕今天下一家,何用如此?若其风俗未淳,更宜择良吏以化导之,岂宜以有罪人居耶?"(《太祖实录》卷四八)有明一代,海南真正意义的流放者,只有洪武年间的汪广洋等数位大员。到了清朝时期,流放的重点已转移到新疆伊犁、黑龙江、云南等地(参见周泉根等《海南历代贬官研究》)。

海南岛终于结束了自隋朝以来一千多年的流放史。

The
Biography
of
HaiNan Island

海南岛 传

利玛窦的中国朋友

第十七章

利玛窦神父是第一个抵达北京的西方传教士

1

嘉靖四十年（1561）七月，正好是多风的季节，刚刚年满十九岁的王弘海，与众多琼州学子乘船前往广州参加乡试。父亲王允升正好也被推举入京，参加官员的遴选，于是父子同时启程，到广州之后才依依别过。考试结果公布出来，排在第一名的却是王弘海。尽管从小就以聪慧出名，读书时代备受县令太守们的关注，但在海峡对岸的大陆，一下获得解元的功名，还是让他喜出望外。然而，就在他准备北上参加三年一度的会试时，一封家书传来了父亲病危的消息。往返京城的遥迢路途，以及路途中变幻不定的气候，使王允升一病不起，在等到心爱的小儿子回来见面不久，便瞑目西去。这让弘海顿感山崩地裂，他静坐灵堂，在萦绕的香烟中为父守孝三年，放弃了那一届会试的机会。父亲饱读诗书，但一辈子都没有考取功名，只能把希望寄托在儿子身上。

嘉靖四十四年（1565），弘海终于背起行囊，越过千山万水，参加了礼部的会试，一举提名，入选翰林院庶吉士。在北京，他走访了时任户部云南主事的海瑞等老乡，并把新婚不久的妻子接来城里安家。此后的许多年里，他投入《世宗实录》和《大明会典》等史籍的编撰中，成为国史馆的一名史官，在故纸堆里度日。

工作的间隙，他总会想到自己远在天边的海岛，以及岛上生活的乡亲，希望能够为他们做些什么。在查阅整理各地呈报的材料时，他发现琼州考生缺考、弃考的情况相当严重。隆庆三年的恩科选拔试，只有四个县的部分生员渡海赴试，其余全部放弃。这让他想起了嘉靖年间发生的两桩沉船事件。

嘉靖十六年（1537），乡试临近的日子，数百儒生乘三艘帆船从海口出发，赴雷州应试，中途忽然遇上狂风巨浪，人们呼天不应，船体很快就翻覆解体，无有一人幸免于难。嘉靖三十六年(1557)，又有满载考生的船只，在渡海过程遭遇不测风暴，五百人全部葬身鱼腹。带队的临高知县杨址连同身上的官印，也随之沉入海底。赴考应试成了一件赌命的事情，这让弘诲感到无比沉痛。

王权时代，身处边地的子民要想进入等级森严的权力体制，参与治国平天下，只有考取功名一条羊肠小路。然而，海南与大陆之间，横亘着一道惊涛骇浪的海峡，舟船翻覆的事情时有发生。历代督学和考官们不敢逾越，将琼州的考场设在对岸的雷州，使得科举之路变成凶险的畏途。况且乡试举行的七八月份，正是台风肆虐的季节。岛上十年寒窗的莘莘学子，哪怕要考取一个小小的秀才的功名，都要带着干粮、盘缠涉过千山万水，特别是波谲云诡、海盗出没的海峡，才可以进入肃穆的考场。有的一去便杳无音信，非但功名没有拿到，身家性命都不知丢在何方。几次渡海有惊无险的过程，在弘诲的心头一再重现，让他夜里辗转反侧。海南每年都有上千儒生渡海应试，他们不仅要与别人拼才情，还要跟老天爷拼命！弘诲暗自发心，绝不能让这种状况持续下去。从隆庆四年（1570）起，他就为此事给皇帝上了奏疏，但得不到任何反馈。

万历四年（1576），朝廷招考贡士，作为考官的王弘诲不肯善罢甘休，再次向皇帝呈上《奏改海南兵备道兼提学疏》。奏疏称：当今天下最为边苦者，莫过于广东；而广东最为边苦者，莫过于琼州。这里远离京师水陆近万里，上官大吏很少能到这个地方，因此当地民情隐不上报者十有八九。作为生长于斯的臣子，本人感触最深的是儒生之苦。而儒生之苦，除了路途遥远，还在于"其渡海率皆疍航贾舶，帆樯不饰，楼橹不坚，卒遇风波，全舟而没，往往有之。异时地方宁静，所虑者风波耳，近来加以海寇出没，岁无宁时。每大比年，扬帆海上，儒生半渡，尽被其掳。贫者陨首而无还，富者倾家以取赎。其幸而无事者，皆出一生于万死耳！"在备述海南儒生赴考的艰难险阻，以及付出的生命代价之后，他恳求朝廷施恩布德，在海南设立提学道及院试考场，让海南学子能够就地参试，避免灾难的发生。

此次上奏，终于得到万历皇帝的批准。从此，海南考取举人进士的人数越来越多。人们将这件事情称为"奏考回琼"。王弘诲为人低调，不事喧哗，直到十几年后，岛上的人们才辗转得知，此事是他一再力谏的结果。

2

万历二十年（1592）九月，王弘诲在南京礼部尚书任上届满。多次进谏得不到接纳的他，内心颇感疲惫，他请求皇帝允许自己告假回家。在得到准复之后，他带着一家人经镇江、宜兴、无锡、杭州次第南下，一路游山玩水，填词作赋，好不轻松。多年担任会试考官和主考的他，门生遍布江南岭海，其中就有董其昌、焦竑、陶望龄等。听说老师路过，纷纷前来拜见迎请，叙旧之余，说些地方上有趣的事情。在广东韶州地面，听人说起一个有关番人的故事，让已经有些劳顿的王尚书兴奋起来。

几个金发碧眼的番人，在韶州向当地人传播一种神秘的教法。他们住的庙宇，不久前遭到打劫，不仅破财，人也被打伤了。官府通过侦查，将一伙赌徒缉拿归案，准备加以严惩，但番人们却请求政府宽恕这些罪人。王弘诲对这些人有了兴趣，便起意到他们的住所去看看。一个长着鹰钩鼻子的番人接见了王弘诲，他就是后来在中外交流史上赫赫有名的利玛窦。

利玛窦出生于王弘诲闻所未闻的意大利，比尚书本人年轻十岁。有着良好家境的他，十九岁时就违背父亲的意志，加入了耶稣会，到罗马学院系统学习哲学、神学和几何数学，成为具有深厚文化素养的传教士。二十五岁被派往东方传教，途经非洲、印度、斯里兰卡、交趾、澳门等地，经历风暴、海难与打劫，九死一生。由于明朝实行海禁，"片板不许入海"，直到1583年，在肇州知府王泮的允许下，他们才进入中国内地，并于次年在肇庆建起教堂"仙花寺"，后来又被驱逐到了韶州。当地人把他们当作佛教的僧侣，许多官员和士人甚至和尚都来教堂里行拜。为了消除隔阂，他们正在学习中国文化，特别是《四书》，并打算改穿儒服。

听说来人是堂堂礼部尚书、正二品大员，利玛窦异常高兴。这会儿他正盘算着如何通过上层路线打开局面，传播耶稣的教义，实现自己的伟大使命。他拿出从欧洲带来的物件，包括圣母像、地图、钟表、历书、星盘和三棱镜等，还有欧几里德《几何原本》，让王尚书观赏，并用结结巴巴的汉语做些解释。王尚书对地图、钟表和星盘兴致极浓，一张辽阔的世界地图，颠覆了他对世界的观念。他觉得，番人在历法的计算方面，比国内通行的阴历似乎要精确一些。他们差不多谈了一整天，中间还共同品尝了天主教徒的午餐。利玛窦对这个"宅心平恕，休休有容"的尚书，印象甚佳，在教王尚书如何使用刀叉的时候，他谨慎提出了一个诉求：能否将他引见给贵国的皇帝陛下？王弘诲当即表示，等他休假结束，上北京拜见万历皇帝时，可以一同前往。之后，番人们还到船上回拜了尚书大人，希望维系这种特殊的缘分。在利玛窦看来，"我们的朋友王尚书正回他的故乡，皇帝准许他辞官回乡，是因为一些同他竞争的大臣妨碍了他晋升到他应有的荣誉地位"（《利玛窦中国札记》第三卷）。

万历二十三年(1595)十一月，王弘诲满假北还。困顿之中，早早就算好时间的利玛窦神父，派传教士与他联系，并在南昌等待他的到来。此时，蓄发留须、身穿儒服的利玛窦，已经可以运用四书五经来阐释天主教义了，而且还应邀到过白鹿洞书院开坛讲座。一年前，他成功预测了一次日食，引起不小的轰动。这次重逢，二人的对话比三年前要通畅与深入许多。神父给王尚书赠送了一件别致的玻璃三棱镜，再次表达了自己的夙愿，希望能够赴京朝觐大明皇帝，路上的一切费用由他们来承担。同伴麦安东神父等人的相继病逝，使他越来越感到使命的迫切了。根据他们的调研，温文尔雅的王尚书人望甚佳，此次复出，很有可能进入内阁。王弘诲爽快地答应了他的要求。于是他们雇了艘大船，沿水路一同驰往南京。但在那里，他们却遇到了不好的形势。

此时，日本在朝鲜半岛发起战争，明军出征的行动屡被敌人预知，处境相当被动。南京城里正在盘查形迹可疑的外国间谍，窝藏外贼者将受到严厉的裁处。尽管麻烦交缠，但王弘诲还是决意兑现自己的承诺，在万历皇帝生日到来之前，携利玛窦一行，乘坐"快马船"沿大运河赶赴北京。之前从澳门专门调运过来的特殊礼物，也随船带上。

仿佛是得到神的护佑，他们的船一路上风平浪静，于万历二十六年(1598)八月七日，顺利抵达大明帝国的首都。听说王弘诲到来，他的门生故吏及好友八十多人，已经在离城还有二十里地的地方提前等候。这让传教士们惊讶王尚书的人望之高，但此事却影响到王弘诲的仕途，他仍然被安排在原来的位置上。巩固政权是中世纪王朝的头等大事，皇帝最担心朝臣结党营私，形成一股不可分解的势力，使国家暗流涌动。

北京之行，让利玛窦成了史上最早踏入中国首都的西方传教士，象征着中西方文明的大河，开始交汇到了一起。利玛窦神父也被誉为"沟通中西文化的第一人"，而王弘诲也成为最早接触西方文化的中国人。走在开阔无比的长安街上，利玛窦神父心情雀跃，他感到，"这真是一桩令人欣喜的事，我们不应缄默着把它放过去；只要想想基督信仰跨过多少海洋，经过这样长时期的接近之后，终于进入这个国度，它的使者终于进入了皇都"（《利玛窦中国札记》）。花了整整十七年的时间，他才走完从澳门到北京的路程，进入这个庞大帝国的核心。而这一历史性事件的背后，晃动着王弘诲这个海南人的身影。

安排神父入住后，王弘诲联系上宫里的太监张公公，烦请他向皇上转达传教士的请求。张公公对外番之事略有耳闻，他提出先得看看利玛窦他们带来的礼物，是否符合皇帝的喜好。特别是要见识一下这些洋道士的法术，听说他们可以把水银变成真的银子。神父解释说这只是民间的传说，他们并没有这样神奇的法术。张公公的神色于是有了微妙的变化，他转而说起朝鲜战事，称时下乃特殊时期，战争正在激烈进行当中，每天都在流血死人，国库里的银子哗啦啦往外流。皇帝正在为此烦恼操劳，他对外邦人没有好感。你们来得不是时候，眼下实在不是向皇帝献礼的最佳时机。

张公公的话语和怪异的腔调，让神父十分焦急，他蓝色的眼睛变得有些发绿，一脸疑惑地看着对面的王尚书。作为王朝资深的官员，王弘诲知道天子龙颜的严重，倘若仍然坚持觐见皇帝，会有无法预测的风险。到了这般年纪，他已经不做内心没有把握的事情。他劝说神父们，来日方长，还是先回南京停留，等待恰当的时机为好。眼看事情快要告成却要放弃，这让利玛窦于心不甘，意志坚韧的他，企图寻找通往大内的其他门道，最终还是不能如愿。一个多月过去，在京停留的期限已到，神父只好听从王尚书的意见返回南京。

因为听说是尚书大人的朋友，又刚从京师访问回来，南京人对这些番人的态度变得相当友善。利玛窦明显感到，他们出入走动方便了许多，没有在广东与江西时受到的种种盘查。他的汉语水平也日见提升了。城里六部的官员以及地方上的闻达之士，纷纷前来拜访这群"天外来客"，并以此为荣耀。他们带来的稀奇古怪的器具，以及那张迥然不同于官方绘制的地图，成为坊间流传的话题，让人们对海平线以外的世界，有了别开生面的想象。王尚书的面子似乎具有一种说不清的魔力，给利玛窦牵引了许多人脉关系，打开了一个开阔的界面。南京文化思想界的代表人物，如叶向高、徐光启、李贽、焦竑、李如祯等，也来与神父们探讨关于道德与神灵的问题。利玛窦发现，比起创造世界的上帝，中国人更加关心人性和世俗的事务。在王弘诲的帮助下，他暂时安居下来，并陆续翻译《道德经》《论语》等典籍。从王尚书那里，他学到了许多中国文化知识和中国人的行为方式。他试图以《圣经》的内容来感化这位朋友，让他成为耶稣的信徒。按照他的判断，倘若不是因为妻妾所累，王尚书很可能会皈依他信奉的天主教。他有所不知，作为曾经的国子监祭酒，"学识渊宏，器资醇笃"的王弘诲，兼具儒道佛修养，并不轻易信仰某一种神祇，但他的教名叫作王保罗的儿子，却是最早皈依了天主教的中国人之一。王弘诲死后的崇祯五年（1632），王保罗到澳门耶稣教会，请传教士到海南来传教，几年间，接受洗礼的人数就达到三百三十五人。

南京礼部尚书毕竟是个闲职，在这个位置上，王弘诲已经坐得太久。即便把椅子坐坏，也不能有多大的作为。许多激情洋溢的上疏，最终都泥牛入海，让他空抱一腔家国情怀。他觉得与其待在南京，看一江春水东流去，不如卸职为家乡做些实在的事情。为此，他先后十三次上疏，请求致仕。万历二十七年（1599），他终于得到皇帝的恩准，脱掉尚书的帽子返回海南。据说，临行前他还不忘那位传教士朋友，给利玛窦留下几封书信，算是为利玛窦接下来走进紫禁城铺垫几块砖头。

万历二十八年（1600）年五月，利玛窦神父再度启程。第二年开春，他将自鸣钟、《圣经》、《万国图志》、西洋琴等作为贡品，呈献给皇帝陛下。万历对这些新奇的事物兴趣盎然，耐心地听洋教士一一为他介绍。他把挂在十字架上的耶稣称为神仙，将圣母玛利亚像送给母亲慈圣太后，两架自鸣钟则留给自己。他喜欢钟表报时发出的清脆声响。利玛窦一行被准许长住北京，作为外邦使节享受大明王朝的俸禄。这位天主教师父终于敲开了紫禁城的大门，实现了他一生的夙愿。但中国的皇帝并不了解他真实的目的。

3

离开供职近二十年的南京，王弘诲有些依依不舍。喜爱松树的他，让人收集了一大麻袋的松子，随身带回了海南，种在家乡的荒坡上，后来长成了一片"尚书林"。在海南诸多过海的闻人中，最为热心家乡建设的要数王弘诲。还在回乡休假期间，他就出资在定安建立了"尚友书院"，用于藏书与讲学。退休之后，书院开始招收学子。曾经担任过国子监祭酒和会试主考的他，亲自编制课程，为学子们上课，修改文章。书院的经费开销，全都由自己家承担。为了解决一些生员的生活问题，他还设立义田义仓。他的慈善活动不仅局限于小小的定安，还延伸到岛上各地。文昌的蔚文书院、玉阳书院，澄迈的天池书院，都是在他的资助下建立起来的。作为文学家的王弘诲，著述与编撰一直都在持续，刊行了数量可观的作品。其中有《尚友堂稿》《南溟奇甸录》《天池草》《国朝名臣录》等。

常言说地灵人杰，青山绿水出美人，穷山恶水出刁民。古代的中国人，特别重视地灵的维护与修缮、自然生态与人文环境的和谐。他们对地球磁场的方位、阳光照射的角度、风和水的流向等都有颇为精细的计算。甚至在什么地方建造什么，在什么时间点上动土，都有整体上的讲究。这种人文地理学与中医一样，有着深刻的道理，只是有人将其衍化成为一种迷信罢了。晚年的王弘诲，对道教文化兴趣

王弘诲倡建的七星岭斗柄塔　蔡小华摄

浓厚，在堪舆方面颇有心得，特别注重改造地方的人文地理。万历三十二年（1604），他几乎是倾其一生的积蓄，在定安龙梅村边上，建起了一座龙门塔，将自己收藏的典籍库存于内。海南岛最北端的木兰角，有一脉不高的山岭，绵延着七座山峰，人称七星岭。从岭上眺望，海里排列着七个小岛屿组成的七洲列岛，二者皆对应天上的北斗星座，在堪舆上有特殊的说法。在王弘诲的推动下，政府与百姓一同合力，在七星岭主峰上建立了一座八角塔。这座三十多米高的七层砖塔，被称为"斗柄塔"，与海口的明昌塔遥相呼应，皆是当时海南岛上最高建筑。四百多年过去，至今仍然耸立在山上，是琼州海峡过往船只的方向标。令人遗憾的是，等不到斗柄塔建成，发起人王弘诲就已经与世长辞了。

海南岛传

The Biography of HaiNan Island

第十八章 憨山大师与琼州大地震

明憨山德清禪師

憨山大師是明代四大圣僧之一

1

尽管皇帝后宫春色荡漾，粉黛成千上万，但子嗣的生产始终是一个问题。万历九年（1581），被誉为明代四大高僧之一的憨山德清，应慈圣皇太后之请，到五台山出席祈求皇嗣的大法会，随即归隐崂山。一年后，为慰劳法师，皇太后特派专使赴崂山，请他入京受赏。憨山谢而不就，太后只好送上三千两金子，作为庙宇建设之用，但法师仍然婉言回绝，最后还是将钱款转去赈济山东饥民。因为意犹未尽，太后后来又出银两捐助了印经和修寺事宜。没想到，这些功德却给憨山引来了麻烦。沉迷道教的神宗皇帝，对母后将财富用于供奉佛教早有意见，终于在万历二十三年（1595）借机发难，将憨山抓捕下狱，并以私创寺院罪名，将其流放广东雷州半岛。期满之后不久，法师又因道友紫柏真可的事情被牵累，再度发配雷州。

此时，乞养在家的王弘诲，得知憨山德清足迹近在海峡对岸，便萌生了请他过来传法交流的念头。早在南京尚书任上，他就听闻大师的洪名和他传奇的故事，知其道行非普通僧人可以比拟。经与许子伟等人商量，共同发出了盛情的邀请。

两度流放雷州，憨山都遇上了大规模的瘟疫。从州城到村落，到处布满可怖的尸体，空中散发着难闻的气味。不能入土为安的死者，被鸟类肆意啄食，有损人类的尊严。大师发动信众，将数以万计的尸首掩埋，并举办水陆道场进行超度。法会结束之后，天上突然响起雷声，哗啦啦降下了一场大雨，将地面冲刷得干干净净。雨停云散之后，法师才于万历三十三年（1605）三月浮渡海峡，到琼州地面上来。师徒一行住进建成不久的明昌塔院（今海口市海府大道旁）。

明昌塔一共七层，高四十八米，乃当时海口最高建筑，号称"琼州第一塔"，是进士出身的许子伟为昌明海南人文而发起建立的。许进士乃海瑞的学生，曾经在南京兵部任给事中，后来为青天大人扶棺返琼。此时他年近六旬，已经辞官在野，和王弘诲一样热衷于家乡的公益事业，在士子中人望颇高。

六十开外的憨山大师，相貌端严，气度饱满，看上去洁净清明，自带光华，没有常人脸上缭绕的烟火气。早在三十岁时，他就证入圆镜般的大光明藏，山河大地都如幻影化现其中，"翻身触极太虚空，万象森罗从起灭"。据年谱记载，他还于梦瑜伽中进入兜率天，得到弥勘菩萨的开示："分别是识，无分别是智。依识染，依智净。染有生死，净无诸佛。"（《憨山德清自述年谱》）让王弘诲感到意外的是，这位传奇高僧性情疏朗，似乎跟谁都可以说得来。他们一同拾阶登上塔顶，瞭望海天之内的琼北平原。清明刚过的海南岛，天空祥云流布，风气湿润，大师兴致颇高。在他的记录中，明昌塔"独立中天，高标云汉。登览四顾，若御泠风而游空瀣。潮音动天，水色澄虚，又若钧天而临明镜，巍然一大奇观也"（憨山德清《琼澥探奇记》）。在塔楼上，他吟了一首五言："大地浮香海，孤标涌梵幢。水天灵鹫现，火窟毒龙降。日月悬空镜，乾坤照夜缸。望云弹五指，花雨堕虚窗。"（《登琼州明昌塔》）王弘诲也作了七律一首："春深乘兴登此台，奇甸风烟四望回。五指云山皆北向，七星芒耀自东来。无边渺渺龙楼迥，海上溟溟蜃阁开。千载明昌逢泰运，伫看南极会中台。"彼此以诗文唱和，可谓雅兴高致。

一个多月的时间里，他们在"椰棕槟榔，处处撑天"的海岛四处走动，寻访苏东坡和宋代高僧惠洪觉范的足迹，琼州第一丛林天宁寺，以及火山口地区的村落与湖泊。憨山大师不仅精通佛法，而且融会儒道二家，对《易经》《四书》《老子》《庄子》的意旨皆有深入的领悟与发凡。他有一句名言："为学有三要，所谓不知《春秋》，不能涉世；不精《老》《庄》，不能忘世；不参禅，不能出世。"（《学要》，《憨山老人梦游集》卷三十九）

憨山随口而出的话语，闪烁着禅者的灵机，这让王弘诲他们兴趣来潮，特别是《易经》与堪舆方面的话题。他们就海南的自然与人文地理，求教于大师。憨山在静观之后，做了详细的阐述。在他看来，中原气脉南行，于南岳衡山转往广西,到桂林分支苍梧,蜿蜒而下,从钦州潜入大海,至海南岛突然涌起,伸出参天五指,回头北望中原。如此回环三千里,真乃天壤之间一大奇观也。"南溟浩瀚,中有奇甸数千里。"若无天眼,难以通览。憨山称自己曾经历览方舆,从南岳衡山而下,脊分五岭,山水背倚中土,而南奔大海。按环海的大形势看,左边是朝鲜,右边是越南,如大鹏之两翼,日本、吕宋、暹罗诸岛星列外围,海南岛堪为海外之大都会也。而"五指回拱,特起中天,为琼之祖龙"。五指山北向,南渡江北流,腰结于定安。然后水左旋右折,如一条蛟龙逶迤前行,横跨州城之东,扑入大海;山则右走,于西北方向结成马鞍形石山,举首开口,朝天吐出真脉。遗憾的是,南渡江下游形似弯弓,"以背向郡城而不顾。如形家所谓气散矣"(憨山德清《琼澥探奇记》)。他认为,许子伟建明昌塔于艮山方向,塞住水口,将来还要引石湖之水,绕城南,抱东郭,会白龙于金粟泉,让其过明昌塔再入河及海,这样就能够保住生气而不泻。此番理论,高屋建瓴,闻所未闻,王弘海、许子伟听了,始觉得真是遇上了地理大家。

州城的东北角,苏东坡当年开掘的双泉,历经五百年,泉水依然可以饮用。其中一泉仍有粟子顺流浮出,"粒粒灿然,如珠泛瀣眼。人取而试之,去壳出精,宛如北方之布谷。至冬日气敛泉温,其粟出芽。如秧针刺水是则实非幻出也"(憨山德清《琼州金粟泉记》)。数百年过去,人们一直都觉得怪异,不知粟从何而来。某日,府学廪生、《琼州府志》纂修陈于宸,到明昌塔院拜访大师。邀请他和王弘海一同到天宁寺,与方丈一起喝茶。话语间提到了浮粟之事,恰好泉水就在附近,便移步泉边视察。从泉边的沙泥中,找到了几粒粟,捻掉皮后得到的米粒,就像新碾出来的一样。法师于是提议,将此泉命名为金粟泉,取维摩金粟如来的意思。

民国初期的明昌塔

一番考察之后，他们汲取泉水，返回天宁寺生火烹茶，没想到喝起来十分甘洌，毛骨清凉。被憨山称为博雅之士的陈于宸，悄悄将大师请到一旁，就泉中之粟事单独咨问："粟产于北土，泉涌于南天，相悬万里，且隔瀣津，胡为乎来哉？此智者所必疑，常情所未测也，敢问其故。"憨山回答说：这其中的道理很难跟一般人说清，大地浮在水上，如一片叶子。水之潜流地下，如人的血脉流注周身，出于心而滋养五脏，外达四肢肌肤。下至脚底的涌泉穴，上极头顶泥洹穴，发毛爪齿，无不充足。不充足就麻木不仁了。"由是观之，天地一指也，万物一体也。水火相射，山泽通气，风云呼吸，潮汐吞吐，乾坤辟阖，昼夜往来，无一息之停机。"万象融通，只是人心有阻碍罢了（憨山德清《琼州金粟泉记》）。陈于宸不时点头称是，这些话已远远超出了他经验的边界。

2

憨山德清之前，来过海南的高僧，知名者除了鉴真大和尚，就是北宋末年的诗僧惠洪觉范。惠洪出身江西，十四岁时父母双亡，遂入寺院做小沙弥，十九岁时赴京师参加试经，因无法交纳昂贵的度牒费用，只好冒用天王寺旧籍中惠洪的名字，因此留下了一生的麻烦。他曾随侍临济宗黄龙派祖师真净克文，长达七年之久，深得其身教心传。一代禅门硕德大慧宗杲，曾叹服他的"妙语辩慧"。虽然与自己仰慕的东坡居士失之交臂，却与苏门学士黄庭坚成为好友。生性放达的他，喜欢与文人官宦交游，并以诗文相互酬唱，因此招来不少是非。他并不漫长的一生，先后四次入狱，可谓九死一生，但他早已把生死置之度外，并将其作为修炼的功课，声称自己"因祸以得尽窥佛祖之意"。禅宗向来不立文字，以心传心，于扬眉瞬目与棒打喝骂之间，顿悟无尽真意，但惠洪却以倡导文字禅闻名于世。

惠洪的朋友中，有一位是当朝宰相张商英。张曾帮助已停牒三年的他恢复僧籍，赞叹他是"天下之英物，圣宋之异人"，使他声名远播。政和元年（1111），张商英大刀阔斧改革朝廷积弊，冲击到蔡京一党的既得利益，被对手罗集罪名投入牢狱。惠洪因为与张宰相关系亲善，再度被剥夺僧籍，并在挨了脊杖和鲸刑之后，带伤发配海南珠崖军。他把流配当作累世业债的偿还，并视为一次公派的游山玩水，一路上蓬头垢脸，衣衫褴褛，却谈笑风生，不知人间有耻辱忧患之事。初到琼州府城，他被安排在破败不堪的开元寺里。知州张子修看他刑伤未愈，心生悲悯，便在东坡发掘的双泉附近，给他造了一间小庵。他每日乞食于市，虽然困穷万里，仍不忘怀于道，专心《楞严经》的解读，还反复玩味开元寺院墙上的一段偈文："假借四大以为身，心本无生因境有。前境若无心亦无，罪福如幻起亦灭。"终于在某一个时刻，顿入无生境地，身心脱落，对整个世界放怀大笑。他走过的地方，都会留下一些耐人玩味的句子，府城期间也不例外。其中就有："道人何故，淫坊酒肆。我自调心，非干汝事。"有人认为，失去僧籍的他，在琼州时曾出入于青楼酒馆，效仿禅宗二祖慧可，以酒色之事来调伏自心，在欲中行禅，火中取栗（参见陈自力《释惠洪研究》45页，中华书局，2005）。返回大陆后，也曾一度纳妇同居，勘探色空不二的境界。寻常看到的僧人都是在静中修，座上悟。他却是在动中修，事上悟。

在府城盘桓了两个月后，惠洪告别张子修，前往贬所珠崖军（今三亚市崖城镇）。快到的时候，还不忘给张知州题诗答谢，其中也有惊人之句："久为白骨今重肉，已卧黄泉复见天。"（《出珠崖驿与子修》）进入崖城，正好遇上荔枝上市，他吃上苏东坡最爱的果子，还兴致勃勃口占了一首绝句："口腹平生厌事治，上林珍果亦尝之。天公见我流涎甚，迁向崖州吃荔枝。"（《初至崖州吃荔枝》）瞧他这乐天知命的德性，真是一个没治的人。

政和三年（1113），惠洪期满释放，对他的处理是"听其自便"，就像是对一条鱼的放生，一只鸟的放飞。他折回琼州，然后在澄迈通潮阁渡海，并用诗歌通报自己衡山上的朋友："天风吹笑落人间，白发新从死地生。"他对自己在琼崖的经历甚是在意，一度以"海南逐客"自称。尽管写诗给他带来太多的困扰，他也曾多次发心要戒掉诗瘾，但淡泊生死、却贪恋名闻的他，对自己的才华沾沾自喜，每得佳句便欢呼雀跃，忘乎所以，始终做不到手起刀落，斩断写诗和游山戏水的恶习。

禅者之中，心性放达而又不至于流荡失守者，实在少之又少；而戒律精严、战战兢兢者，往往又做不到随缘放旷，与天地万物打成一片。在《题鹿苑虎苓》一诗中，惠洪内心纠缠的葛藤暴露无遗："平生文彩照诸方，暗谷行藏草木光。要使丛林想高韵，故将名字挂虚堂。"一生倡导文字禅的他，最终还是落在文字的窠臼当中，并因此留下了《冷斋夜话》《石门文字禅》等数量可观、妙趣横生的著述。

同为临济宗的传人，憨山对惠洪的身世与诗风相当了解，但已言语道断的他，十分重视坐上功夫，对文字般若始终保持警觉。还是在三十一岁、逗留雁平兵备胡顺庵公馆的时候，有位姓高的施主听说有大师至此，便通过胡来请他为其家亭子题诗。憨山当即回答："我胸无一字，怎能作诗？"但高施主再三恳求，憨山只能随喜。当他顺手翻开桌上的诗集时，灵感忽然袭来，于是笔走龙蛇，一口气写下了三十首诗。禅者的内省让他意识到，这是文字习气的魔性发作，于是当即搁笔。但如潮的文思还是无法抑制，佳句绮语汹涌而来，纵使全身长满嘴巴，也倾吐不尽。他立即遁入卧室，关上房门打起坐来，深入禅定之中。人们千呼万唤甚至以木撞门也不见回应。五天之后，胡顺庵以为出了大事，挥杆破窗而入，却见他趺坐床上，如一尊古佛，却怎么也唤不醒。最后是用引磬在耳边敲打，他这才渐渐从定中出来。

憨山、王弘诲一行来到开元寺，看到的只是一处堆满瓦砾、藤蔓交错的遗址，里面传出野猫幽怯的叫声。五百多年过去，狂僧惠洪的踪迹已经泯灭得一干二净，而双泉边上他曾住过的小庵，已经成了百姓的菜园子。一行人默立良久，才悄然离去。然而，惠洪的文字般若以及洒落的辞意、超迈的气质，还是一度影响了憨山。与他同时代的学者、翰林院侍读吴应宾有过这样的归结：憨山德清"纵其乐说无碍之辩，曲示单传，而熔入一尘法界，似圭峰（宗密）；解说文字般若，而多得世间障难，似觉范（惠洪）；森罗万行以宗一心，而产无生往生之土，又似永明（延寿）"。在他看来，憨山的成就，是唐代圭峰宗密、五代永明延寿、宋代惠洪觉范三位高僧的合璧。在践行与弘扬禅法的同时，憨山留下了大量的著述，文字简洁、干净而空灵。

3

在海南的每一个晚上，憨山都会登上明昌塔顶层，观看繁星密布的天象。临行前夜，他看到周边的山川一下就没有了气息，琼州城内更是人气索然，如同一座空城。这意味着地底上升的能量已开始塌陷，只是没有达到地表的层面。他反复告诉来访的人士特别是地方官员，琼州近日必有大的震荡，很多房屋都要倒塌，还会有很多人因此死去，让他们赶紧做好预防，躲避这场恐怖的灭顶之灾。但并未引起人们的重视。有人甚至说，出家人就是喜欢说些叵测之事来吓唬人，让人生信。看到情况如此，大师只好作罢。没人相信的话，也就不必多说了。

在写完《春秋左氏心法序》后，憨山谢绝王弘诲、许子伟等人的热情挽留，挥袖北返，去完成自己重兴禅宗祖庭南华寺的心愿。初到韶州，在掬饮一口曹溪水后，他曾以诗明志："曹溪滴水自灵源，流入沧溟浪拍天。多少鱼龙从变化，源头一脉尚冷然。"发心要让六祖慧能的法脉弘扬开来，灌溉已经荒芜的世道人心。

半个月以后，大师预言中的事情终于发生，一场旷世的大地震，降临了琼北大地。明朝万历三十三年（1605）五月二十八日亥时，随着雷暴一般的轰鸣，海南岛北部的土地剧烈地摇晃起来，琼山县曲口、塔市至文昌铺前，澄迈县北部海岸，临高县马袅港等地，面积一百多平方千米的土地顿时砰然陷落。七十二个村庄，房屋连人都被汹涌而来的海啸吞没，沉入幽暗的水底。州城里，民房、公署、城池、仓库崩倒殆尽。正在沉睡的人们，还来不及呼救，就被埋在瓦砾之中。整个城市如被巨轮碾轧过的一样。很多地方的大地出现了裂缝，浑水和泥沙从裂缝中喷涌而出，形成一个个深不可测的潭坑。死去的人悄无声息，活着的则都成了鱼鳖。住在官署里的州府同知吴筬被巨响惊醒，发现自己已埋在砖瓦梁椽之间。他以为自己只是偶然遇到房屋倒塌，挣扎着爬了出来，听到哭天喊地的声潮从四方传来，才意识到灾难的严重。于是，他奔走于州城各处，企图寻找拯救的办法。在事后向官府呈上的"申文"中，这位称职的官员描述了自己的亲身经历——

二十八日亥时，忽然震动，初如奔车之辗，继如风楫之颠，腾腾掣掣，若困盘涡，若遭拆轴。寐者魂惊，醒者魄散。须臾之顷，屋倒墙颓。幸存者裸体带伤而露立；横死者溘焉碎骨以如泥。

职（卑职）覆压中偷存喘息，犹以为公廨中之偶难耳。旋闻哭声喊声喧传远近，始知城内外一时俱灾矣！少选，传城东门为流沙壅闭矣。再传望云楼忽没不见，而四门无睥睨之旧观矣。达曙，徒跣奔祷于文庙、城隍庙、社稷坛及各神祠，则又见金碧威仪荡然渐败，而明昌塔且斩焉如截矣。及查视东门内外一带，则裂坼十余处。而海口所裂陷最多。总总居民，死者死，徙者徙，而人烟且断绝矣。及查各乡村，则陵谷变易，鸡犬寂寞，仳离死丧，父子茫然。而田苗之青青者，且为黄沙掩，而蚓螺乘木且从中迸起矣。尸骸枕藉，腥血熏沾，触目摧心，恸哭流涕。

职犹以为一方之偶难耳。随即斋戒修省，捐俸赈给，清刑狱，戢抢掠，平米谷之价，禁排夫之借，令其毋信讹言，毋轻移徙，自力葺补，阖闾存活，以需上恩蠲赈，庶几调剂万一。岂知东西州邑同是遭罹，颠倒死伤，处处大变。所可骇者，莫如烈楼都（今海口长流镇）之雨血；所可伤者，莫如豨豕之攫人。缕缕怪异，不能枚举。

职犹以为一时之偶难耳。通行各处，令其将山河崩塞、倾倒、死伤各地址姓名，廨宇各数目，造册具呈，以便转报。满望疮痍复起，奈何震动转危，风雨更妒。致使拮据补葺者，将成而复败；扶伤卧病者，加症而云亡。烟岚色惨，日月光微，脱或免于陆沉，业已见其穷蹙。千年幅员，亿姓黔黎，固皇祖所目之奇旬，上所供亿之编户也，载胥及溺，伊谁为之？（《万历琼州府志·灾祥志》）

由于余震绵绵，风雨交加，加上死伤比例过高，很难组织实施有效的抢救。许多伤者因为得不到及时的治疗，在痛苦的挣扎中丧失了性命。最为惊骇的是，受伤的人赤身裸体，血流不止；被压死的人血肉模糊，与泥浆混淆到一起；被覆压在残垣断壁下的人苟延残喘；而无人喂养的猪狗，争相撕扯着死人的尸体。烈楼港附近地区，还下了令人惊悚的血雨。开始，幸存的人们本能地想到仓皇外逃，但很快他们就发现，到处都是灾难的现场，于是陷入了茫然无助之中，不知所措。

此次大地震，震中位于调塘都（今海口塔市至曲口海滨），波及的范围甚广，距震中三百多千米的广西、广东部分地区，都有六度的破坏；距震中六百多公里的湖南省临武等地，也有四度的震感。根据方志记载，余震绵延了很长的时间，大的震荡持续三日，小的震动长达数月。受灾最严重的是琼山、澄迈、临高、文昌四县和海口千户所；其次是定安、乐会、万宁三县（参见冯仁鸿《琼崖史海钩沉》517页）。各县的史志均有相似的记载。清光绪《澄迈县志》载："五月廿八夜亥时，地大震，有声如雷，海岸崩裂，或深至一丈见水，高岸成谷，深谷为陵。宇居坊表，倾塌殆尽，人死数百。连震数月不止。"清光绪《临高县志》载："夏五月廿八日，地大震三日夜，城垣、学宫、民舍尽圮；近海地多龟裂，马袅盐田没于海，损课额过半。"清咸丰《文昌县志》载："五月廿八日，地大震，官署、民舍多倒，压伤人畜，南五图有村平地忽陷成海，连震数月。"清光绪《定安县志》载："五月廿八日，午夜地震，声响如雷，民房、廨宇、坊表崩坏大半。其后不分昼夜，相继而震者经年，海滨州邑较定安尤甚。"

地震到底吞噬了多少人，至今都无法计算。根据琼州府的同知吴篯的描述，州城里，直接被压死的有几千人，全家老少皆为齑粉者少见，但一家十余口人仅存二三者并不稀罕。如果算上沉入海底的七十二个村庄，加上各县的人数，死于地震的，恐怕要有两三万之众。建成不久的明昌塔，算是最为坚固的建筑，塔身也被狠狠折断，塔院里憨山大师入住过的文昌阁，却是完全坍塌，碎成一片瓦砾。府城及海口周边的地势，发生了很大的变化。灾情最为严重、无法进行任何救助的，是从海口塔市到文昌铺前港一带陷落下去的七十二个村庄。至今，海水潮退时，依稀可以看到水底村落的遗址，残垣断壁、牌坊水井、石磨舂臼、坟墓石椁等历历在目。成群结队的热带鱼，若无其事地漫游其间，寻觅充饥的食物。曾经人间烟火鼎盛之地，已成为水族栖息的洞府，这实在不是沧海桑田这样的词汇所能形容得了的。

4

幸运的是，王弘诲和许子伟在地震中得以幸免。灾情缓解之后，许子伟来到毁了一半的明昌塔前，久久徘徊。自己曾经付出大量心血的地标性建筑，落成不满八年就毁于一旦，这让他本来已经十分沉痛的心雪上加霜。在他看来，明昌塔是海南人文地理的支撑。骨鲠如铁的他，发心要用余生的所有力量来重建。经过无数次台风与灾变洗劫过的海南人，已经习惯于从头再来，东山再起。在后来的岁月里，经过多方人士的努力，这座八角高塔，终于重新耸立在海南岛的云空下。他终于可以告慰平生的夙愿和乡亲父老，含笑于九泉之下。

1939年春，侵华日军登陆海口。在一阵残酷的杀伐扫荡之后，在大英山一带修筑军用机场，准备进攻东南亚地区。为了飞机起降方便，同时避免塔身成为盟军轰炸的校准点，日军强行拆毁这座古塔。当拆到第四层时，发现塔内竟然盘蜷着两条巨大的蟒蛇。他们惊为天龙现身，于是慌忙撤走，明昌塔因此残留半截，保持着一副惊愕的表情。直到1958年"大跃进"时期，人民公社群众为了搭建猪舍，最终拆掉了古塔剩余的部分，塔基的铜鼎也成了大炼钢铁的材料。2019年，海口市政府增其旧制，重建了这座象征明代海南人文昌盛的建筑。塔内保留"观文成化"和"臣许子伟稽首敬祝"两块残碑，是历史记忆的凝固。但在高楼大厦林立的今日，明昌塔已经不如当年看起来那么巍峨了。

海峡对岸的憨山德清，也感到地震的强烈摇撼，他回头南望，双手合十，只能以一声深情的"阿弥陀佛"来祈祷。此时的他，已经回到五羊城广州。当他赶到韶州南华寺时，祖殿的修复已完成大半，拖欠的工料费已高达千金，他便为化缘之事忙碌开来。

第二年，神宗皇帝的长孙诞生，朝廷行大恩赦，大师也在赦免之列。寺院修好之后，他便迁籍曹溪，除了外出行脚，更多的时间是在南华寺里为弟子升座说法。天启三年（1623）十月，大师身体略示微疾，遂告知众弟子："老僧世缘将尽矣。"侍者广益法师启请他垂言付嘱，他微笑着说："金口所演，尚成故纸，我又何为？"（《憨山老人梦游集》卷五十五）当夜沐浴更衣，焚香跌坐，安然而逝，享年七十八岁。弟子们照跌坐姿势，将他装入灵龛。二十年后开龛时，大师坐姿依然不变，面色鲜红，爪发还在生长，只是见风之后，衣服开始飘碎。此时，不知从何处来了一个陌生的僧人，建议仿照古印度的方法，用海南岛的栴檀末涂抹大师肉身，然后披上千佛衣，安放于塔院之内。迄今四百年过去，历经风雨与战火，肉身像仍然保存下来，与六祖慧能的一样，供奉于南华寺内。

The
Biography
of
HaiNan Island

海南岛 传

清代诗人的生活

第十九章

1

在清代海南的世象中,文学或许是值得一提的。尤其是诗人们的生活,有许多不同常人的拐转、旁枝斜逸的意趣,甚至比他们的文字更耐人寻味。

乾隆十八年(1753)广州举行的乡试,儋州有两个人考取举人:陈圣玙和黄河清。前者高中第一,是这一届的解元。据说,主考官刘墉对陈圣玙的才华相当激赏,称他的文章胸有成竹,水到渠成。在之前的府试中,陈圣玙也名列头筹,因此,他被认为是广东最有希望登榜的人。然而,在后来的会试中,排名靠后的黄河清一跃成为恩科进士,陈圣玙却名落孙山。

成为进士的黄河清,当年(乾隆二十六年)并没有获得授官,而是列入少数"归班铨选"的名单,等待吏部日后的选拔。个中的原因,是皇帝接见时,他出了事情。那天,在接见新进进士仪式上,乾隆御览名单时,看到"黄河清"三个字,寓意河清海晏,天下太平,相当吉祥,便在三甲名单里提前点了他的名字。这让没有心理准备的黄河清一时惊愕,他抬起头来,愣愣地看着皇帝。一旁的太监阴声训斥:"大胆黄河清,竟敢斜眼藐视皇上!"冒犯龙颜,弄不好是要掉脑袋的。但黄河清急中生智,扑通跪倒在地,高呼:"皇上万岁!万万岁!卑臣来自海外,上京之前,家中老母千叮万嘱,此行若能上朝拜见明君,一定要端详圣颜,以便回去告慰老母。失礼之处,恳求皇上恕罪!恕罪!"乾隆听来不无道理,看他冷汗淋漓,也不想在喜庆的场合弄出煞气的事情来。但因此,他没有和众多的进士那样,随即获得封官,只好空着双手,一步一步地回到儋州王五镇徐浦村。陪伴他的,只有高高挂在天上的冷月,就像他在诗中所描绘的那样:"夕阳斜照射山巅,鸟宿喧哗乱绿隈。归去不须燃火烛,高携明月送公回。"

回到村子里的黄河清，一边侍奉高堂老母，一边当起教书先生，"余瑕则牵牛犊饮溪边，持竿垂纶，兀坐忘倦"（《民国儋州县志·人物志》），日子过得相当自在，颇有些陶渊明采菊东篱的意思。他还特地抄了明代状元罗念庵的诗句，挂在大厅里："笼鸡有米汤锅近，野鹤无粮天地宽。"据说，母亲病逝之后的乾隆三十六年（1771），朝廷曾经派员前来儋州，招其赴京任职。但他以"慈母归天，孝期未满"为由，坚辞不就。来人见其田园之心已切，也不多说，便索要堂上的"野鹤"对联回京复命。于是，"野鹤进士"的名声便传扬开来，都知道儋州地面有一只闲云野鹤，与世无争。

离徐浦村不远的长坡镇书村是陈圣玙（1718—1782）的家乡。此君算是书香弟子，十二岁上私塾时，深得老师薛复俊的垂爱。因读书用力过猛，身子十分单薄，常常被人骂作病鬼。但他倒是泰然任之，还作了一副对子自励：今日被君称作鬼，他年加斗便成魁。后来在府乡二级考试中，他果然加斗成魁，名列前茅。传说他特别善于对对联，某个夏天，有位风水先生路过书村，看到放学回村的陈圣玙正和一伙同窗在树荫下玩耍，便上前给他们出题："我出一上联，你们谁能接得着，就赏钱十文。"说完便坐在树下，把扇子一摇，念道："红罗盘，四面转，东西观其所行，南北察其所向。"陈圣玙把食指往嘴里一吮，便说出了下联："白纸扇，两边开，春夏用之则动，秋冬舍之则藏。"风水先生大为吃惊，掏出钱来他还不接，非要人家手中的那把扇子。

看这孩子灵气充沛，将来必定有出息，薛老师便把自己的千金许配给了他。陈圣玙果然不负老师重望，到广州把解元考了回来。那时候的他，可谓春风马蹄，趾高气扬："夜半归来月正中，满身香带桂花风。流萤数点楼台静，孤雁一声天地空。沽酒叫醒茅店主，高歌惊起石潭龙。来朝试看青锋剑，万丈毫光透九重。"一股豪气竟化为万丈光芒，穿透了九重云天，不逊于李白当年仰天长啸出门去。

与黄河清他们赴京会考的路上，陈圣玙依然信心满满："骏马扬尘驰万里，追风指日抵京华。科场角逐千军扫，祖德高悬辅国家。"然而，这匹骏马并没有在科场上横扫千军，反而被折断了前蹄。到底是因为他一路车马劳顿，适应不了北方的气候；还是像传说中的他行文过于古奥、不合考官的趣味，已经不得而知,但落榜的结果确实让他深受挫伤,心灰意懒。由于家道中落,支付不起往返京城的百千银两,陈圣玙没有像《儒林外史》中的人物那样,将科考进行到底。

在海边的野菠萝林里彷徨多日后,他走进陈氏宗祠。大厅里高挂的一副长联,给了他许多的安慰:"谁为孝子,谁为贤孙,日蒸日尝,果能庙食常新,方不愧前人创业;何必达官,何必显秩,尔耕尔读,只要书香勿断,这才算海内高明。"在那个时代,举人的功名也可以获得授官,何况他还是举人中的魁首。但他自忖性格孤傲的自己,并不适合跻身官场的门缝,为五斗米折腰,于是像黄河清那样,选择做一名乡村私塾教师。但才子的那份傲气,依然潜藏在他的胸臆之间的肋骨里。

或许是家里安排不开,陈圣玙的私塾办在村口的关帝庙里。自小积累的文名,加上解元的身份,使前来求学的学子络绎不绝,都快把庙门挤扁了。他因此有了一份稳定的收入。薛氏虽然不至于沉鱼落雁,但却"虚掩生质之美华",进门之后,侍奉二位老人也相当殷勤。陈圣玙除了教书,还帮助乡亲写写对联碑铭,红白喜事摆宴时被奉为上宾,喝上几碗番薯酒,灵感来时以诗文自娱自乐,日子过得还算平顺。谁知道,一件不该发生的事情,改变了他一生的命运。

某天,正好是个庚子日,一位据说是姓胡的官员路过书村,看到村口有个关圣帝庙,便下马进来祭拜。没想到庙宇成了私塾,杂乱堆放着书册与教具,香火还找不出一根来。在海棠树下看书的陈圣玙,也不起来行礼照应,于是逮住他就是一通训斥。这下子触及了陈解元某根神经,把他给点着,引爆了埋藏心底的那股冲天傲气。此时已经四十不惑的他,非但不俯首服软,还出言不逊,像头野牛一样与胡某顶撞起来。事情于是就闹大了,胡某回去后,立即派人到书村来,以私占公庙、亵渎神灵、不服王法等罪名,要将陈圣玙绳之以法,还到处张贴布告通缉他。这时候,私塾教师才清醒地意识到,自己原来不过是路边的一根蒿草,在儋州这个地方,已经没有他的立锥之地了。于是,匆匆将衣物往布兜里一裹,星夜落荒而逃。临行前,将家里老人和一个女儿托付给薛氏,嘱她等他三年五载,待事态平息之后,会回来与她团圆。

谁知道，他这一走就是二十多年。

2

出村之后，陈圣玙沿着海岸一路往南流浪。他是怎么到了离家乡四百多里的崖州乐罗镇的，已经没有人知道。但事实上，他成了陈姓大户人家的佣人，居人篱下，靠缚鸡之力给人家打理庭院，换一口不干不稀的饭吃。平日里，他话语很少，头不多抬，看起来是一副老实巴交的样子，手脚相当干净。据说，陈家妻妾多房，人丁兴旺，但子孙性情却像山上的野猴，难以调教。曾请过多位老师上门，都被几个顽童用恶作剧给气走了。后来延请黄流地方的陈二美，此人不仅有些文名，武功也相当了得，总算是把这帮泼猴给镇住了，但论读书还是稀里糊涂。

有天，陈老师有事回黄流那边，交代四个题目让学生作答。回来之后，发现卷子竟做得清清楚楚，毫无错漏，于是心生疑窦。追问之下，这几个猴崽才说出是用人代笔的。于是陈圣玙被叫到书房，担心丢饭碗的他，赶忙向陈二美作揖赔罪。陈老师想不到一个头都抬不起来的用人，肚子里竟然有些晃荡的墨水，看他头面白净，眉眼之间还透出几分书卷气，便客气地给他让了把椅子，说看你这副柳枝模样，不像是个干粗活的人，屈身到人家里来当奴，恐怕是有什么不可告人的隐

琼南富贵人家的门楼　林涛摄

衷吧。已经憋闷得快受不了的陈圣玙,经不起多问,便把自己的身世和盘托出。接下来,二人谈起四书五经、唐诗宋词,竟忘了还有吃饭这件事情。他在纸上随手挥洒的笔迹,更有一种不凡的气韵。陈二美自愧才识不及眼前这个用人,便主动向陈家主人请辞,同时推荐了陈圣玙,说此人乃饱学之士,望郑重对待。从此,用人摇身变回了教师的角色,穿起了衣袂飘逸的长衫。

陈圣玙执鞭之后,陈家子弟学业颇有起色。于是,陆续有富家子弟前来拜师求学,他声名的锣鼓越敲越响,陈家人也对他另眼相看,以先生相称。近人林元法先生搜集民间传说,撰述了《魂萦儋崖——陈圣玙在乐罗轶事》一文。其中有这样的叙事:看好陈圣玙后,陈家人特意安排族里一个未出闺的女子,照料这位落魄书生的起居。该女子不仅姿色不俗,而且颇通诗赋琴棋,跟陈圣玙一来二往,双方便生了情愫。然而,尽管美人秋波横泻,陈圣玙始终未敢越雷池一步,甚至言语上的暧昧都做不出来。他毕竟是有妇之夫,心里还挂着儋州书村,海棠树下的薛氏。最后,还是女子按捺不住,到野外采来一束野菠萝花,悄悄送进他的房间。晚上,当他赏玩野花的时候,发现夹在花瓣里的纸条,展开一看,竟然是两首诗:

　　新月清凉应气生,
　　罗衣不耐坐深更。
　　一钩未有团圞意,
　　照着侬来分外明。

　　孤影疏灯怕上楼,
　　润珠常向枕函流。
　　秋来心事谁能晓,
　　诉与天孙不解愁。

沦落天涯的陈圣玙,看着诗句里披露的一片痴情,泪水便涌了出来,止都止不住。于是,他投入了这个崖州女子的怀抱,成为一个幸福的负心汉,几乎忘了海棠树下那个糟糠之妻，忘了自己三年五载的千斤重诺。崖州与儋州之间的路途，便变得越来越遥远了。

当时，当地德化书院正缺人主持，听说陈家的用人原来是儋州才子，便有意要聘请，却不了解他的底细。于是，他们拟了个上联："西鸟东飞，遍地凤凰难立足。"声称他们当中没人对得出来，特地上门来"请教"。陈圣玙会心一笑，当即接笔在纸上写出了下联："北麟南走，满山虎豹尽低头。"众人看了，都竖起了大拇指来，说他真不愧是个解元。

入主德化书院的陈圣玙，可谓如鱼得水，平生才华得到了充分的施展。崖州西六里一带的学子，纷纷前来书院，并以做他的学生为骄傲。然而，当他正沉浸于集英才而育之的时候，收到了一封儋州书村的来信。从信封上他一眼就认出，那是好友黄河清的手笔。

家书回顾了薛氏踏进陈家时，"虽不如月下秀花，足邀君郎之眷恋，亦不至沉鱼落雁，虚掩生质之美华"。叙述二人"自成姻以来，一双鸿雁，情遍江山；两姓鸳鸯，身栖枫木"，共浴爱河，"雪深三尺不知寒""顿忘东方之既白"的情景。然后倾诉了这些年来别离与思念之苦楚："无药可医长夜恨，千金难买少年春。况君作客他乡，伤心欲泪，弃我青春守帐，情实可怜。丈夫乎，岂不知者乎！"过去曾经海誓山盟，要生死同穴，而今却天各一方，望眼欲穿。最后发出了撕心裂肺的呼喊："江河长流，韶华不再。丈夫乎，胡不归来兮！"

这封堪比杜鹃啼血的家书，仿佛往深井里扔了块石头，打破了陈圣玙刚刚平静下来的内心。这些年来，他并非不思念海棠树下的亲人，尤其是高堂父母。在一首题为《九日偶吟》的诗里，他有这样的抒怀："蓼花红淡菊花开，路阻蛮烟日几回。不见故人书一纸，秋高空有雁飞来。"然而，尽管一直都在盼望着音信，但等到家书传来，他却始终不作回复，连一个字都没有送出，似乎要坐实自己是忘恩负义之人。

应该说，那起冒犯狗官的事件已经过去多年，姓胡的也不知到了何地，甚至是死是活都不得而知，他回到儋州不会有麻烦纠缠。但他之所以迈不出这一步甚至连一句话都不能回，可能是因为与陈家女子的血脉交通，已经有了子嗣，旧情新恩难以取舍。此外，就是一个读书人天大的面子。作为一度扬名海外的士人，曾经"孤雁一声天地空""高歌惊起石潭龙，万丈毫光透九重"的他，觉得那件事情扫尽了自己的斯文脸面，无颜再回儋州去见"江东父老"了。

3

也不知道过了多少年，在煎熬中等不到回音、泪水流干的薛氏，又到王五镇的徐浦村去，找那只正在池塘边钓鱼的野鹤，絮絮叨叨地说了家里的情况，请他无论如何，再给写一封书信。此时的黄河清，已经应州府之请，掌教于东坡载酒堂。看着已经年过半百的薛氏，深陷的眼窝与枯萎的头发，黄河清噌地站了起来。他想起了民歌中"爹娘养俺忒苦楚，苦过海棠仁煮茶"的词句，对自己曾经的至友生起莫名的憎恨，于是再度提笔疾书。这一封信言辞更加恳切，篇幅也更长了——

父生母育，乾坤之德难忘；夫唱妇随，山海之盟已定。唯愿百年好合，讵堪一旦分离。今君浮梗于东吴。妾系匏瓜于西蜀。迨妾送君之日，忆君嘱妾之言，近则一岁两周，远则三年五载。岂料人情反复，蹉跎二十余年，道路迢遥，睽违一千余里。秋雁传信，传不到君家之几席；春燕叫友，唤无尽妾氏之情怀。堂上抛弃翁姑，膝下又无男儿，家庭瓦解，囊橐罄空。靠将值而不能，乏米钱而谁济。一年十二月，月月受饥寒，一月三十朝，朝朝无温饱。欲去寻旧盟，则山遥路远；欲抱琴别调，则变节名污。欲赴水投河，必葬江鱼之腹。欲悬梁自缢，难免蝇蚋蛄嘬。欲贪生畏死，不忍凤只鸾孤。闻雨滴，则点点生愁，听鸡啼，则声声带恨。长流眼泪，枕边滴湿衣襟。久历风霜，身穿衣裳破裂。形容枯槁，云鬟转为蓬松。君无思蔡邕之忘箕帚，遗臭万年，宋弘不弃糟糠，流芳百世。乌鸦何义，尚知反哺之恩。戾虫无情，亦晓好合之义。况人为万物之灵，反不若鸟虫乎！昔汉高祖之弃吕后，刘玄德之弃甘糜，实乃争地图王，赵子龙之别家口，百里奚之弃废彦皆为忠君报国，君既非争地图王，抛妾何故？又非忠君报国，弃妾何为？然妾实无弃之由，而君又有弃之实。昔卓氏淫奔之女，相如犹感白首，莺莺改嫁之妇，张洪犹忆故友之情而求亲。妾乃明婚正聘，非卓氏之可比。守节存贞，非莺莺之所同。君何反正归邪，忘恩负义。视新欢如掌上明珠，弃旧盟如道旁苦李。然下抛贱妾，理固不容；上背翁姑罪更难逃。凡人养子，历苦多年。十月怀胎，承严父之血脉。三年哺乳，食慈母之膏脂。才能行，则喜气欣欣；稍得病，则忧心忡忡。子行而亲不往，则三回四顾；亲行而子不至，则万唤千呼。及其成长，请师启蒙教读，娶妇偕伉俪之欢。望子成龙，报答亲恩。晨省昏定，视膳问安。君何弃双亲而不顾，舍棺椁于荒郊，风吹雨洗，忍双亲于道旁水浸沙埋，令千人之痛惜！君不闻董永卖身葬父，仙姬降世为妻。吴起杀妻弃母，五雷作马分尸。天人报答之警，捷于影响。未有不孝其亲而得孝身之理，未有不葬其亲而得葬身之地。世间岂有不孝亲之子哉？妾闻崖州境地，花锦城池，朝游柳巷，暮宿花街。日复一日，任笙歌之乐耳。年复一年，忘好合之初心。劝君舍乐土之荒音，寻回故园之桃李。上葬双亲归土，下慰妻子初心，免双亲为有子之孤魂，免妾为有夫之寡妇。将功赎罪，转妖为祥。倘或钟停漏断，君身便作崖神。若蒙浪浮生，君身则厚儋耳。君若不归，预卜终身不结果。那时摇尾乞怜，悔过已不及。安知旷野荒丘，非君葬身之地。江河流水，非君抛骨之滨。书到君前，宜当泪读，指天誓日，速速返家。

这哪是什么家书，分明是一纸血泪斑斑的诉状，一个弃妇的苦难史。信中诉说了一片狼藉的家况："堂上抛弃翁姑，膝下又无男儿，家庭瓦解，囊橐罄空。……一年十二月，月月受饥寒，一月三十朝，朝朝无温饱。"由此可以得知，此时陈圣玙在儋州的家，父母已经入土，没有丈夫陪伴的薛氏，孤独一人守着空空荡荡的家门，过着饥寒交迫的生活。她曾经想到去寻找丈夫，又不知路在何方；她曾经想到改嫁他人，又怕染污名节；她曾经想到投河自尽，又怕丧身鱼腹；她曾经想到悬梁自尽，又怕成为孤魂野鬼。在丈夫缺位的二十余年里，一个妇人供奉公婆，独自支撑起这个破损的家庭，直到老人寿终正寝，埋入黄土。一个妇人的瓷心，要装下这么多的艰苦、病痛、孤独、幽怨、无助而不破碎，实在是难以想象的。信中谴责陈圣玙"君何弃双亲而不顾，舍棺椁于荒郊"，将自己置于不孝不亲的境地，还特别提到了"天人报答之警"，希望他指天誓日，速速返家，"免双亲为有子之孤魂，免妾为有夫之寡妇"。

怀着对无助之人的悲悯，黄河清在信的后面，还附上了一首山歌，那是他以薛氏口吻作的《妻劝夫》：

> 滴泪磨墨登纸面，五寸金刀代为添；
> 烦劳鸿雁传音讯，言语敷宣到案前。
> 连年夫拆妻嗟怨，不识何因夫避偏；
> 耳听人家夫唤妇，单身孤坐在门前。
> 嫁夫不见夫君面，徒劳父母配当先；
> 算作浮生没有用，虚空寄托立门前。
> 昌化崖州能几远，未曾海角远天边；
> 千里做官都满任，为何夫主尽拖延。
> 有言难诉当人面，偷偷滴泪浸枕边；
> 七月十四三十夜，谁将酒礼奉神前。
> 钱财欠缺妻不怨，妻怨是因夫避偏；
> 无钱妻便寻人借，枕边蜜语共谁言。
> 妻出与人装笑面，嘴上装笑肚怀冤；
> 一旦不思夫妇义，分伴如同弓断弦。
> 年情十恶妻不怨，百件工夫妻抢先；
> 奈怨单身难作主，想过夫心然不然。
> 夫拆离妻几下贱，有个女儿谁顾牵；
> 有爹生是无爹带，抛家弃子好惨然。
> 妻总顾及夫体面，名不扬播在村边；
> 坚心守候不更改，不予人讲后与前。
> 一离哥叔不亲近，二离朋友远村边；

久落人乡成荡子，漂泊流荡被人嫌。
佛离乡贵人离贱，离多人得贵从先；
上亦远兄下远弟，有紧与缓谁上前。
早起谁端水净面，夜晚谁接火吃烟；
衣衫污秽谁洗涤，三餐谁办上桌前。
运高夫主身方便，防有运低谁顾牵；
该知出路多艰苦，凉水就饭也用钱。
世间的事夫该见，莫废志气下江边；
不思合枕夫妻义，该记嫡生母在前。
几好人情风过面，老话前人讲过先；
瘦田不负家中宝，几好春光是眼前。
三娘不负刘知远，曾有回头信一箴；
花园分伴十六载，后也修心坤配乾。
江洋海底深不浅，该念同床合枕边；
千里回龙念故祖，如般月缺转月圆。
纸短情长莫尽怨，见信慢看妻信篇；
狗莫尽吃夫心胆，莫将妻话当闲言。
肉做夫心该转变，勒马回头万共千；
淡浓都是初情酒，回来日子就安然。
好话不须讲百遍，结尾收头信此篇；
人心自古肉来做，忖过夫心然不然。

  黄河清一生写过许多诗文，但真正能够传世的，就是上面的两封书信和这首山歌。在长长的歌词里，黄河清控诉了自己的同窗，直接质问他被狗吃了的良心。和黄河清与薛氏一样，陈圣玙也是山歌的好手，并有歌词行世。在看完起诉书一般的第二封信后，他反复咏叹了这首山歌，不禁泪流滔滔。埋藏心底的情愫终于释放出来，一决千里，掀掉了他臭酸文人的脸面。他痛恨自己的无情无义，让一个爱着自己的柔弱女子，承担本该由他承担的责任与困苦，制造了一个在编造的戏剧里才会发生的悲剧。第二天一早,他便告别陈家人和德化书院的同人,赶着一匹瘦马向西扬尘而去。这时已经是1782年的夏天,解元陈圣玙已经六十三岁。

从崖州到儋州,要渡过一条叫作昌化江的河流。这条发源于五指山的水系,按长度是海南第二大江,但当时的流量却是第一。经过两天的跋涉,陈圣玙一路风尘滚滚,来到了昌化江边的三家村。这里接近河流的出海口,江面宽平,水势舒缓,却有诡秘的回流和旋涡。对面就是古老的昌化城,还有传说中仙人下棋的棋子湾,距离他的家乡已经不远了。艄公说天色不早,远处有闷雷传来,待明天再渡江吧。但归家心切的陈圣玙还是坚持要走。他不知道,就在他快马加鞭赶往江边时,昌化江中游的雅加大岭,一场暴雨正在垂天而降。当他坐的船眼看快要靠到对岸的时候,滔天的洪峰轰然而至,船与人马一同卷入咆哮激流,朝着大海的方向翻腾而去。此情此景,应和了家书中"安知旷野荒丘,非君葬身之地。江河流水,非君抛骨之滨"的叙述。

儋州书村这边,海棠树落叶里可怜的薛氏,没有等来负心人归家的身影。崖州那头,德化书院的学子得知恩师遇难的消息,如晴天霹雳、惊雷炸响。悲痛的门生和乡亲,在书院举办了庄严的祭奠仪式。一百一十四名门生署名镌刻的"报恩碑",隆重地送到了书村陈氏祠堂。上面刻着:

> 吁戏!先生不忘禀天地之阳刚,窥濂洛之毫芒。皎皎松筠,节操巍巍,山斗文章,荐于乡而首出,栽多士以名扬,闻风廉顽,端立启后,桂馥兰芳。怅哲人兮渺渺;衍教泽兮汪汪,是以没世不忘。

4

时人编辑的《中国词学大辞典》,海南岛只有二人的作品收入其中。一个是明代内阁大学士丘濬;另一个则是自号海山仙人的清代女子吴小姑,《海山仙人词》(署名琼山吴小姑著)收入她的十首词,但前面的序文与题咏多达八十余篇,可见其身后哀荣之盛。但关于这位灵秀的女子,没有专门的文献记录,只能从她残存的词篇、旁人所写的诗话中,窥见其斑驳的身世与行迹。

"休停展,学士庄瑶峰侧,是侬家第宅。"从她的文字可以知道,其家就住在州城西北边一个叫高坡的村落,丘濬所建的学士庄附近,去丘家与海瑞家都不远,是一座上规模的宅院,应该是富贵人家的千金。上辈先人是进士出身,在翰林院待过。她通常把州城叫作琼城。《七娘子·高坡晓望》一词的上半阕,描绘的大概是她家外围的场景:"银云铺遍千株树。此中大有幽人住。忽睹遥村,微闻犬吠,荷樵人踏山花路。"高坡地方树木扶疏,十分幽静,住着许多像她这样的幽人。从楼上眺望,远处时常有担柴人,在开满山花的小路上走过,惊起一阵阵犬吠。下半阕则是她日常生活的内景:"昨宵看月香犹炷。小姑偕向门前步。罗袜轻寒,筠帘映影,晓鸦啼破琼城雾。"穿着罗袜,房间的窗户挂着竹帘子,赏月时还不忘燃上一炷香,而且可能就是海南的水沉或鹧鸪斑。可见,她的生活精致雅逸,没有泥土与牲畜的气息。作为富足人家的小姐,她似乎不为生计操劳,除了读书填词,更多是四出游冶,赏花弄草。她曾经穿着绫罗的衣服,在杨姓小妹陪同和春婆的向导下,游步到憨山大师曾经到过的玉龙泉,并用词记下了那里的光景:

苍山一桁,过桥头古刹,此身如画。树罩小溪云渗渗,真向罗衫轻泻。导路春婆,携笺小侄,兴会淋漓者。银涛喷涌,讶龙头欲变化。

正合涤笔冰池,泛觞石濑,任凤鞋游冶。新荷幽香通佛座,四面阴寒苔瓦。半幅村墟,阖家行乐,添几重佳话。摹成粉本,后人情亦牵惹。(《念奴娇·杨氏娣偕游玉龙泉》)

她轻盈的脚步,曾经跨进新坡的冼太夫人庙,仰望这位让男人羞愧难当的巾帼英雄,赞叹她的赫赫威仪与千秋功业:"想当日、锦幢宝幰,灵旟猎猎。铜鼓声传儋耳峒,银刀影冷骊龙穴。到而今,奇甸仰鸿慈,留旌节。"(《满江红·梁山谒谯国冼太夫人庙》)完了,还咋舌嘲笑当世将帅害怕寇雠,连一个妇道人家都不如。颇有李清照"至今思项羽,不肯过江东"的意思。

在偏僻的琼州,如此才情出众、纤细精巧的女子,男人见了都觉得自己

窗上雕着"双喜"的人家　林涛摄

俗，手中的绣球寒碜得抛不出来。事实上，她嫁过了海峡，成为潮汕秀才邱玉珊的小妾。千里姻缘如何相会，邱因何与小姑相遇于琼城，已经杳不可考。邱秀才著有《粤海镜要》《松寮诗话》等，还是个地理专家，热衷于海岸疆土的勘察，"海疆厄塞，了如指掌，总戎争延襄幕"。因此极有可能，他是到海南来做地理调查时，通过一同在广州考举的朋友牵线，与吴小姑结缘的。此时的他已是有妇之夫甚至儿孙满堂，年龄至少是小姑的两倍，堪称老牛嫩草。按说，这样的婚姻并不平等，而且缺少生理基础，是不应该幸福的。然而，这对老夫少妾，后来琴瑟和鸣，过得十分令人羡慕。他们共同酝酿的蜜汁，不仅渗透了生活的细节，也流入了文字当中："侬是女书生。小住灵山山秀灵。夫婿善调金缕曲，词成。常付双鬟唱不停。"（《南乡子·古长乐州旅次》）看来，这个老男人颇为浪漫，不仅会填词，还会弹琴谱曲。小姑的新词出来，他便跟进谱曲，交与丫鬟一同弹唱开来。

小姑称丈夫为"金门夫子",想来邱玉珊的祖籍可能是金门,但此金门究竟何处,也不得而知。她像女儿一样爱着这个老人,并给他写了许多温馨却不肉麻的诗。一次,她不知何事到海口千户所去,回高坡自己家时,途经大云寺,看到刺桐花开得正艳,便即景填词,献给了心爱的金门夫子。她已经无视世间千万男人的起起存在,不再伸头窗外去东张西望了。嫁给邱秀才后,她便随夫君渡海到了潮汕。在海上,云鬓低挽的她频频回首,含泪写下了《法驾导引·前题》。

进入一个新的家庭,跟素昧平生的人,朝夕相处在同一个屋檐下,不免磕磕碰碰,弄不好会陷溺于纠缠不清的是非旋涡。但小姑似乎很幸运,婚后的生活依然轻松而温馨。当着私塾教师的金门夫子,对这位小妾呵护备至。一首题为《踏莎美人·村居乐》的词,呈现了中世纪士人的家庭生活:

竹外有梅,柳间有月。况兼泉涧流声活。便携雅嘴掩柴门,好把唐诗几句教稚孙。

灯影机声,茶香松韵。商量明白开香酝。夫君家塾说书回,好事多陈蔬果共传杯。

她生活的道具有诗卷,也有袅袅沉香,甚至还有微醺的美酒:"新诗一卷,芸窗细读,合把浓香熏透。笑檀郎、耽清坐、难掩侬、短长吟口。……消闲却忆,小园梅绽,曾酿半壶冬酒。好沉醉、研磨私评,那人领首。"(《李紫醋先生惠寄〈香梦春寒馆诗选〉,吟谢》)

从文字作品看,小姑离开家乡之后,并非一去不还。迷恋旧巢的她,曾经携夫回来琼城,并留下诗踪词迹。渡海返琼的途中,她也填了新词,此时跃然纸上的,完全不同于离岛的心情:"珠帆挂,珠帆挂,碧海蹙银涛。漫说湘灵能鼓瑟,天风不藉紫檀槽。龙女兴犹豪。"(《法驾导引·随金门夫子渡琼海》)

在岛上的日子,她曾经陪夫君出游一些名胜,其中就有被道家列为全国二十四福地的陶公山。很多人都把自己的先人葬在那里。她们此行的目的,是祭拜娘家的祖坟,希望祖宗能够保佑子孙的安康与发达。回来后,她写了一首题为《步蟾宫》的诗,还附了序言:"陶公山道,书称仙家二十四福地,中有清泉洒于崖壁。居人产女尤美。随金门夫子游此,前往桃客村,拜先太翁媪墓。"

在历史的夹缝里,一个女子能遇上此般光景,就算是十分侥幸的了,可惜是自古红颜多薄命,良辰美景奈何天。据海南诗人周济夫考证,她仅仅活了二十七岁,而且还是虚岁。在《海山仙人词》所附的题咏里,有罗嘉蓉秋圃氏题的七绝四首,其中有这样的句子:"记得前年秋送郎,病中脱钏助行装";"岂料郎归伊已仙,华间露结泪珠圆"。诗句透露了小姑香消玉殒的过程:那年秋天,金门夫子出门远游,到底是去上京应试,还是考察地理,已弄不清楚了。临行前,已经生病的小姑,还帮助夫君整理行装,叮嘱他路上多加小心。但等不到夫君回来,她就已经一命归天了。时间"当为咸丰一年(1851),假如小姑卒于此年,则往上推二十六年,小姑当生于道光五年,即1825 年"(《吴小姑与其〈海山仙人词〉》,周济夫《琼台说诗》147 页,线装书局,2015)。

金门夫子回到家里,已经不见小姑的影子,看得到的只是她留下的绝命词:"妾命危如花上露。持不律、待檀郎顾。写不成诗,醒翻如梦,身暂尘寰住。金甲神君来保护。恨只恨、命难逃数。鸳枕轻抛,云輧急驾,忍向蓬莱渡。"(《雨中花·绝命词》)心魂不宁的她,感叹自己生命如同朝露,抱着深深的遗憾与怨恨驾云西去。

小姑的夭亡,对金门夫子无疑是极大的打击,但这种打击只能由他自己承担。据《柳堂诗话》叙述:"小姑既逝,翁日趺坐松寮,焚香供像,年近九旬,犹手作蝇头楷字,抄小姑诗词,千里外邮寄柳堂,属采入诗话。"金门夫子活得很长,将满九十岁的时候,人们还看到他用蝇头小楷,一撇一捺地抄写小姑的诗词,并嘱托远方的友人,将其收入选本,使她灵性的生命得以传续,可见其用情至深。茫茫人海中,小姑嫁给这样痴诚的老夫子,实在也不算冤枉了。

清光绪二十二年(1896),南陵徐乃昌刊印《小檀栾室汇刻百家闺秀词》收吴小姑《唾绒词》一卷(即《海山仙人词》),有词十首。罗汉民所作的序言中，说小姑"庶知不忝进士，无愧翰院家风"的说法。周济夫先生据此推断，吴小姑极有可能是《四库全书》编修、一度掌教琼台书院的吴典家族的后人。

5

海南女性诗人，有记录者始于明代。丘濬的小妾唐氏；琼山那邕都教谕冯源之女冯银；官员符骆的一妻一妾：黎瑜娘和苏微香；还有生员沈鲂之妻林淑温。有意思的是，被誉为闺阁诗人的她们，全都生活在琼山（今海口市琼山区）一带。明代文昌诗人陈是集编辑的《溟南诗选》，收录了她们的作品。冯银有五首，篇数最多。其中《暮春》一诗算是她的代表作：

绿暗红稀春已深，东风吹度小墙阴。
凋荣何限人间事，独倚幽窗数过禽。

冯银享寿不永，过世之后，丈夫唐继祖找到当时著名的诗人王佐，请这位表亲给自己的亡妻撰写墓志。铭文收入了《正德琼台志》，但冯银是以列女身份留名于史的。她最感人的地方，不是"博通经史，诗文信口而成"，而是"奉姑陈氏极其孝敬。一味之甘，姑未尝，不敢食。自奉甚粗粝，而所以奉姑必精洁甘美。凡姑之心所愿欲，微见其意即顺奉必至，须姑之心悦乐然后已"（《正德琼台志·列女》）。

仅留下一首诗的林淑温，是生员林继统的女儿，家住文昌白延都茂亭村。十六岁许配给琼山的儒生沈鲂。重阳节时题的《白菊》，道出了她的操守："丰姿皎皎接东篱，贞白寒芳缀满枝。月朗霜明色共赏，冰肌玉质影难移。重阳山笛催秋节，五柳家庭送酒时。露滴幽枝通造化，铅华洗尽晚香宜。"

还没有等来花烛洞房，沈鲂就在赴广州应试的途中忽然病逝。从此，淑温"朝夕哀恸不禁"。明朝隆庆六年（1572），数百名海寇洗劫白延，冲入看起来颇为殷实的林家大院，强行抓走林继统夫妇。看到淑温姿容净美，也一并挟持到海边。淑温奋力挣脱,并投入浪涌以求一死。贼寇合力拉她上船,但她仍然万般抗拒,于是便以杀死父母相要挟,逼她屈服。她对天怒吼:"辱吾身及吾父母,亦何颜于天地?"随即再度跳海,嚼舌流血而死。她的贞烈气节震慑了在场的数百盗寇。这些豺狼释放了她的公婆,并将尸体打捞上来,给她鞠躬。与林淑温一同赴死的,还有一名姓丁的女子。为了捍卫自己的清白,她也跳海自溺而亡。《乾隆琼州府志·列女》给了淑温多出旁人的篇幅。她的诗,不仅是笔墨的轻描淡写。

6

岛上女性书写者中,最有才华、留下作品最多的,要数定安的许小韫。即便是放在全国的背景下,她也是清代优秀的诗人。海口市秀英区甲子镇仕梅头村,至今保存着这位节烈诗人的墓葬。她的一生,曾经是那么的惊世骇俗。

道光十九年(1839)秋天,国子监生员张钟彦从北京南下,到广州参加乡试,寄宿在父亲同僚加好友林则徐的公馆。他顺利地考取了举人,这让林叔叔十分欢喜,在日记里专门记上一笔:"张翰山方伯之子钟彦,第六十三名。"还赠了些银子,作为上京会试路上的盘缠。遗憾的是,他在次年的会考中落榜了。正当他为来年备考的时候,家乡传来了父亲张岳崧逝世的消息。

为父守制三年之后,张钟彦于道光二十五年(1845)题名进士,开始步入仕途。返乡路过广州时,他不忘前去探望被革职的林叔叔。没想到,此时林则徐已经东山再起,刚刚启程赴任陕甘总督。于是,他便拐到番禺,做客在一个姓许的朋友家。在这里,他见到了主人的女儿小韫。这个看起来窗明几净的女子,不仅善解人意,而且熟读诗书,还能填词作画,功夫茶也泡得有滋有味。顺着茶的清香,张进士想到了侄子熊光,正与小韫年纪相近,身材相貌看来也十分般配。于是向朋友表达了结亲的意思。海南与番禺相隔海天,但林家还是爽快答应了这门婚事。就这样,许小韫千里迢迢,坐上轿子来到了定安的高林村,成为海南望族张家的一名媳妇。

传说新婚之夜,为了考考丈夫的才情,也为了制造一点浪漫的意思,她

定安高林村，清代诗人许小韫生活过的地方　王蛇摄

在洞房门口贴了一副上联："尹公他拖孟姜女之女入张子房之房非奸则盗"，声称新郎对不出下联，便不能入洞房。一个夜晚，张熊光都在走廊与书房间徘徊，到了深夜还对不齐整。最终是家里老人帮他将下联接上："闵子骞牵冉伯牛之牛耕郑子户之户为富不仁"，这才圆了花烛之夜的巫山云雨。才女的郎官真的是不好当，不过，做张家的媳妇也不是那么容易。

张家的大厅里，挂着公公张岳崧（1773—1842）的彩色画像，表情极其严肃。他是海南仅有的探花郎，先后担任文渊阁校理、翰林院侍讲、两浙盐运使、浙江按察使、大理寺少卿、湖北布政使等职，并在琼台书院、雁峰书院、越秀书院、端溪书院执掌过教鞭，还主持了《琼州府志》的编纂，与丘濬、海瑞、王佐并誉为海南"四绝"：丘濬为著绝，海瑞为忠绝，王佐为诗绝，张岳崧为书绝，位列清代岭南四大书法家之首。

张岳崧在为官期间，曾多次与林则徐共事或成为前后任官，二人一生保持着良好的情谊。道光十一年（1831），他奉旨协同林则徐总司江北赈抚事宜；道光十三年至十八年（1833—1838），在湖北布政使和护理湖北巡抚任上，他配合湖广总督林则徐开展禁烟运动，用一手漂亮的楷书写了不少奏章，为禁烟运动鼓呼。其中《议奏查禁鸦片章程摺》，向道光皇帝强烈提出了严禁鸦片的主张。中国第一历史档案馆的资料表明，张岳崧曾多次与林则徐合写奏书，内容涉及救灾、治水、修城、禁烟等方面，是清末官场难得的搭档。道光皇帝曾多次接见张岳崧，他六十五岁那年（1837），皇帝看其步履有些蹒跚，还专门垂问林则徐："湖北布政使张岳崧昨来京陛见，询以地方公事，奏对尚为明晰，唯年逾六旬，于该省一切公务能否经理得宜，精力是否能照料周匝？"林则徐的回复，给了张岳崧中肯的评价："伏查藩司张岳崧，从前与臣同在翰林，知其品学俱优，众皆推重。迨道光十一年（1831）臣在江苏，见其于常镇道任内，督查赈务公正严明，能除积弊。此次该司由楚进京，与臣在途中相遇，询以楚省政务，所言均属详明，唯年逾六旬，正精力易衰之候，藩司为钱谷总汇，若不能照料周匝，所系匪轻。俟该司回楚后，容臣随在留心，察其精神果否周到，公务果否得宜，定当据实具奏。"（见《林则徐集》403—404页）

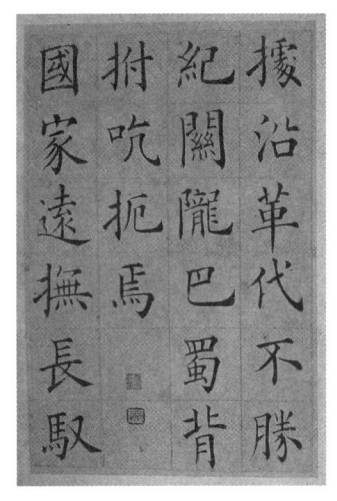

张岳崧书法

道光十九年（1839）五月，张岳崧回琼州奔丧，途经广州，正在忙于虎门销烟的林则徐，专门来到他下榻的越华书院叙谈，将琼州、雷州禁烟事宜委托于这位老同事。守制期间，虽然疾病缠身，张岳崧仍为禁烟之事多方视察督办，数次致函林则徐，汇报雷琼禁烟情况。"时查禁到文昌县城，以积热发痔，力疾握管，竟不成书，不胜惶汗。"（见《林则徐通信集》）在信末端，张岳崧还不忘感谢林则徐对儿子张钟彦的垂教与资助。

小韫踏进张家时，公公已经逝世三年。但张家的女人个个都不简单。家婆吴氏来自浙江，是宁海知州吴嗣瑚的孙女，出身书香门第的大家闺秀，是这个显赫家族的大管家。二婶符素文，是湖广九任知县符其珍的女儿，从小读书临池，笔墨功夫不凡，丈夫张钟彦还是经她调教，才从一个厌学贪玩的浪荡子，最终成为一名进士。传统琼剧《高林学馆》，便是依据夫妻二人真实故事改编的。据说当年她刚过门,丈人张岳崧就给她一条鞭子,让他负责丈夫和族内弟子的学业,并授权她:"打今日起,你们床上是夫妻,床下是师生。要是他不服管教,就拿鞭子说话!"她执家法甚严,以至于丈夫张钟彦受不了时,只好跳到床上去耍赖。三婶赵淑芳,是浙江按察使赵德麟的女儿,诗词歌赋、琴棋书画样样皆通。她与小韫年纪相近,因此成了闺中密友。张家开有规模不小的私塾,叫作高林学馆,基本上都是由这些媳妇们掌教,成为海南当时的一道人文景观(参见王姹《清代才女的寂寞与哀愁》11—13页,南海出版公司,2014)。

作为张家的长房媳妇,小韫配合家婆吴氏,操持这个大家庭的内务。由于家公张钟銮早逝,吴氏在这个院子里总显得有些落寞,幸得这个知书达理的媳妇陪伴左右。《张氏族谱》记载:她"事亲教子孝慈备至,随翁历任内整然",身后被旌表为"节孝"。

7

虽说之前连面都未曾见过,但小韫与张熊光的结合,却是十分美满。从留下的诗歌可见,她对走进自己生命的男人用情甚深,以至于终生都难以自拔,成为一个独立于世的人。在这个男人的怀里,她度过了七年温暖的时光。后来收入《柏香山馆诗卷》的作品,记叙了这段光阴的潋滟。

从早期诗歌来看,小韫的生活过得悠闲适意,没有衣食之忧,也感觉不到什么压力,跟明代词人吴小姑略微相似。除了在高林学馆授课,便是观花、赏月、闻香、读书,等等,没有太多劳心费力的事情。一首《柏香山馆即事》,呈现了她生活的某一个片段,文字清新自然:

小池微雨绉清波,荡漾秋风卷碧荷。
独倚栏杆无一事,闲将蚱蜢饲巴哥。

荡漾的荷风中,一个人独倚栏杆,看小雨的水珠洒落到池里,泛起微妙的圈圈。觉得无聊了,便到草坪上抓来蚱蜢,喂饲笼子里呀呀叫的鹩哥,教它说说人话。也许,一个半天就这么过去,不知不觉就到了用饭的时间。

在人间,自然得过人间的生活。但在张家大院,柏香山馆,耕地种田、担柴洒扫等苦累的劳动,都由下一个阶层的人去承担了。剩下来的部分,更多表现为一种消受。《寒食有感》表现的,正是滤掉苦涩之后的甘饴:"年年寒食写新诗,细雨东风忆旧时。谁谓禁烟厨灶里,小堂日暮尚频炊。"虽说还是人间烟火,但其中之味已不再呛人。即便如此,她的诗极少书写世俗的琐事。许多时候,她都是徘徊在廊亭之间,访花问月,思绪如流云一样四处缥缈,仿佛活在梦中一般。在她的文字中,不时会有月色洒落下来,《柏香山馆诗卷》有三首以月为题的作品。其中《圆月》意象颇佳:

盈盈金阙彩云开,乍见冰轮焕镜台。
神女无心遗珮去,鲛人有意送珠来。
描形拟作班姬扇,对影应浮太白杯。
会遇良宵诗兴好,愿教铜漏且停摧。

这样的日子重复多了,人的心里也会发慌,觉得有什么不对,觉得会有什么变故要发生。一种世道无常的觉受,云影似的飘浮在她头上的天空。在陶醉于眼前光景的同时,她内心深处似乎有着某种惴惴的预感:"绿阴庭院午风凉,阶砌名花各吐芳。植就两株青翠柏,他年留得凛风霜。"(《柏香山馆即事》之一)对于叵测的未来和可能发生的种种,她并非没有任何心理准备。在赏花弄草的同时,她也不忘在心头种下两棵柏树,以备抗御随时可能袭来的风霜。这大概是她把自己的住所题名为"柏香山馆"的原因。

县学生员出身的张熊光,没有做过进入历史记忆的事情,但从"秋阴半林尽,晚照一溪分"这样的诗句,可以看出是个性灵之人。他没有辜负越过高山大海、投入自己怀抱的女子,给了她一个男人能够给予的恩爱与呵护,但这种给予却不可持续。结婚七年之后,在一场随初春细雨降临的瘟疫中,他走进了一个看不见的地方,任她千呼万唤也不再回头。预感中的风霜终于刮起,而且还不是一次性地刮过。第二年春天,同样的瘟疫,还刮走了他们生命共同的结晶——一个活泼可爱的女儿,这等于又剜掉了她心头的一块肉。那个时代,被人们歌颂的春天,其实并不美好,有时甚至很残酷,它是疾病流行的旺季,一声咳嗽都会让人惊慌。与定安相邻的澄迈,一千多年的老县城,就是因为一场恐怖的霍乱,导致大面积的死亡,不得不搬到百里之外的金江。

接连两个春天,小韫种植的那两棵柏树,都被风霜折断。就像她自己告白的那样,她之所以不随他们父女而去,完全是因为家庭的责任,特别是已经守寡多年的婆婆:"所以不殉者,以孀姑在堂耳。"在小韫看来,婆婆吴氏早年丧夫,中年丧子丧孙,受到的打击更甚于己,她弯曲的脊背,已经承受不了任何一根稻草。就这样,两个失去另一半的女人,彼此抚慰,通过对方获得某种完整,过起相依为命的日子。

《柏香山馆诗卷》共有一百三十四首,其中有不少是追悼与怀念夫君的。仅《悼张锡卿夫》题目下,就有十一首之多。其中不乏这样的佳句:"不道文章与命乖,香泥玉树恨同埋";"从此见君空有梦,九原无路慰相思";"肠断归来天又暮,虫鸣阶砌鸟栖枝"。但最能表达小韫哀思的,应该是这首七律:

　　九原路杳绝飞鸿,幽思离情梦不通。
　　黄鹄惊分头未白,紫鹃声咽泪啼红。
　　江山千古留余恨,顽石三生少化工。
　　谓问昔言君忆否?此诗惆怅更何穷。

对于小韫而言,张熊光是唯一的。他的离去,抽掉了她生命的支柱,生活的屋顶也随之坍塌,成为满地的瓦砾,无从收拾。"自君之逝矣,赖上旧妆楼。蠹蚀琴书冷,萤飞枕簟秋。"在她看来,没有恩爱的生活是不值得过的,甚至是一种耻辱。她百事不关心,懒得梳妆打扮、打理房间,也无心抚琴开卷、赏花问月,萤火虫飞入枕帐来也听之任之。据说她"哀毁数月,不出庐寝",每看到夫君留下的遗物,就伤心欲绝:"罗衣制就线犹新,每一开箱泪满巾。睹物伤人心欲碎,忍将遗物假他人。"(《悼张锡卿夫》)那个阴阳两隔的男人,似乎并没有走远,一直徘徊在她的幽怨之中,风声雨声都是他的脚步声。古典文学总是强化女性的痴情,让她们愈陷愈深,积重难返。这种指向给了小韫深深的暗示,让她一辈子都走不出。

然而,生活还要继续下去,她需要说服自己:"莫怨霜鸾命早孤,神仙富贵岂同途?由来伯道原无子,何必罗敷定有夫。屋固斯无风雨漏,身安却少是非诬。闲时一觉庄周梦,赵绣陶诗足自娱。"(《自劝》)通过诗歌的阅读与吟咏,她最终还是勉强把自己劝住了。

在平均寿命不及四十岁的时代,死神总是不期而至,丧偶夭折之事也寻常发生。在与她往来的人家中,这种情况时而有之,只是用情深浅不同罢了。居住在定安县城山椒村的莫家,保德知州莫兆文的两位公子,年纪轻轻便相继离世,留下胡英花、魏淑媛二位姊娌独守空帷。漫长的夏日,她们有时会结伴到柏香山馆来,倾诉心中的凄苦。同病相怜的小韫,只能用言语来抚慰两位年轻的姐妹:

> 天涯方叹命多穷,又遇名姝绣阁中。
> 嗟我如萍漂业海,怜君似叶堕秋风。
> 离怀欲语浑难诉,会面无由只梦通。
> 闻道年来俱白发,些些愁病总相同。

> 与君心迹久相亲,来往神交入梦频。
> 两地相思同气味,一般薄命任沉沦。
> 流光电火原难驻,威势冰山岂耐春?
> 养就岁寒松柏质,愁缘却尽了前因。

小韫勉励二位闺蜜,既得"一般薄命任沉沦",又要"养就岁寒松柏质"。这也是她对自己的要求,但这只是为了"了前因",她并不打算抹去伤痛的记忆,回归天真活泼赴初心,开始无忧无虑的生活。在她的观念里,快乐意味着背叛,幸福意味着薄情与忘恩负义。因此,接下来的生活,对于她只是尽责任而已。在这个让她伤透了心的世界,她已经没有任何的诉求。在回答邻家女子的慰问时,她就有过这样的表达:"一自檀郎越玉楼,残灯无整复无修。香奁冷落芙蓉粉,绮席抛残玳瑁瓯。玉佩金花非我愿,天宫月窟任君游。竹篱茅舍心知足,不敢人间更有求。"(《答邻女》)命运叵测,做不了主的人们,都有一个如何接受的问题。

道光三十年(1850)考取庚戌科榜眼的许其光,是许小韫的同胞弟弟,一度与小韫叔叔张钟彦同僚,后来还深得李鸿章的赏识。这位弟弟始终念念不忘远嫁海外的姐姐,曾经数次渡海前来看望,给姐姐消心解闷,并且出资给她翻修院子。小韫家婆吴氏逝世时,弟弟还专门来到高林村上香祭拜,撰写了挽联。他万万没想到,自己前脚刚离开海岛,姐姐便以他无法接受的方式与世界了断,不知道她为何如此决绝。

同治八年(1869),婆婆吴氏归入土,许小韫侍奉家婆的使命完成,孝道已经尽到。方志里记载,她"痛哭几绝",在恭恭敬敬地办完丧事之后,她向家人宣布:"吾可以死矣!"于是水粒不进,亲自结束了自己四十七岁的生命。显然,她把死亡当成另一种生活的开始。或许是遵照她遗嘱的意思,甲子镇仕梅头村旁,她的坟墓与婆婆并排相依,碑石规制相等,立碑时间都是同治八年。婆媳二人不求同生,但求同死。

许小韫与吴小姑,两个清代女子,一个是才高命薄,一个是才高命蹇,都有着令人伤惜的命运。

8

清代岛上的诗人中,于文治武功方面有所作为的,要算崖州的吉大文(1828—1897)。他是崖州吉氏家族的第十五代祖宗。初祖吉士铨来自福建甘蔗园,曾任昌化军教谕。尔后各代皆出有文人墨客,虽都功名不高,但也算书香之家。吉家居住的镜湖村,位于热带雨林最为茂密的尖峰岭下,有一片颇为宽阔的水体,夏天里开满荷花。湖上的月色,与岭上的白云遥相掩映,成为崖州有名的景致。父亲吉春喜欢白居易的文字,取白氏《祭卢虔文》中"名因文著,位以才升"的意思,给两个儿子起名:老大叫吉大升,老二喊吉大文,寄托着读书传家的家风。"谁知绝岛穷荒地,犹有幽人学士家。"吉家高宅大院,房屋连比,是卢多逊诗里描述的"幽人学士家"。

在把一本《康熙字典》翻烂了之后,兄弟二人学业蒸蒸日上。哥哥吉大升考取了国子监生员,入京城深造,为弟弟树立了榜样。但吉大文还有另一个榜样:明代崖州水南村的进士钟芳,在岛内士人中,学识造诣仅次于丘濬的才子。一首《鳌山》气象宏阔,高屋建瓴,被吉大文背得烂熟:"鹏味高骞吸晓虹,却怜孤绝自为宗。舆图垂尽地十里,峰势半开波万重。华夏封疆分徼外,斗牛光焰直天中。似嫌川渎涓流细,独向重离阆会同。"

海疆诗人吉大文画像

少年吉大文勤奋用功,志气高狂,这个时期写的诗,透露了他不可一世的姿态:"少年立志要登科,有甚文章奈我何?书读五车犹算少,诗吟万卷不嫌多。若将海水如砚视,愿把江山当墨磨。敕赐苍天为白纸,挥毫写出太平歌。"从中可见,镜湖荷叶上的这只小青蛙,已经有点不知天高地厚了。为了将来投身天下,有大作为,他每天鸡鸣时分就起来习练武功,据说剑术颇为了得,一把青龙剑舞得呼呼作响,神出鬼没。除了四书五经,他还读鬼谷子,喜欢韬略与兵法。当然,他的古琴也弹得可以,还懂得一些医术。

镜湖一带,至今流传吉大文少年时期的故事,不少是关于对对子的。其中有个,说的是崖城那边一个陈家姑娘,嫁到姓孟的人家。因感情不好,女的又颇有姿色,孟某便怀疑妻子红杏出墙。时身任崖州教谕的孟父继德和叔父继光合谋,安排二子在村口的酸梅树下,持刀伏杀从娘家回来的陈氏,一连砍了十三刀。尽管血案真相众所周知,但官府却不了了之。从此之后,村口酸梅树下时有阴魂显灵的传说,夜里弥漫着阴森之气。少年吉大文撰写了一副长联,对孟氏一家加以谴责:"教术孟家奇,父继德,叔继光,七八年教育身膺,忽成道上丑闻,命子杀妻超高手段;呼冤陈氏惨,夫真仁,伯真义,十三刃伤痕血溅,太息路旁埋恨,行人到此吓断孤魂。"也算是在道义上为陈氏鸣冤。

咸丰元年(1851)秋天,在乡试中,二十三岁的吉大文考取了举人。据说他应试的诗是《江风吹月海初潮》:

> 浩荡诗怀壮,凌风跨碧霄。何当江上月,遥接海边潮。
> 桂魄光明灭,芦花影动摇。青鸟群乱绕,白马气方骄。
> 玉宇流云涌,银涛逐浪飘。猛思连弩射,狂欲举杯邀。
> 槎客途曾识,舟人语渐嚣。欣逢恩湛渥,万派共来朝。

此作得到了考官们的赞许,他本人也被誉为"海滨之秀"。然而,在后来的三次会试中,吉大文都榜上无名,只是被授予内阁中书的职位。考虑到父母年事已高,体况日下,这个从七品的芝麻官也不能有什么作为,他便辞官回家,在德化、鳌山两个书院执教。海岛南端的烈日下,他时常骑着一匹马,驮着一捆书,往来于崖城与乐罗之间。施展不开的抱负,便以赋诗的方式抒泄。《镜湖秋月》是他刚回到家乡时的作品:

> 云气天光淡入秋,大湖明月浸波流。
> 芙蓉写照空中镜,桂魄生香水上楼。
> 长笛客声飞鸟渡,短蓑人影钓鱼舟。
> 归时拟向君王乞,一曲清歌彻夜游。

在教书之余,吉大文喜欢游山玩水,并在名胜留下自己的诗踪词迹。在有一首题为《咏七鳌井》的诗里,他隐晦地表示,自己在尖峰岭下隐居,如同一条潜龙待机而起:"壶心玉润冰如贮,石眼泉甘醴尽倾。应有蛟龙深处隐,要归湖海待云行。"镜湖景色虽然美好,但他并不愿像许多乡村秀才一样,在小村子里默默地终老一生。

镜湖是黎汉交接的地带,出村口往西北望去,云气萦绕的尖峰岭脚下,就是黎族同胞居住的村落。时常会有炊烟袅袅升起,化为天上的云彩,晚间不时有篝火熊熊燃烧。黎汉之间一直都有经济往来，以物易物。山那边有的是木材和山货，海这边则是鱼虾和盐，可以互通有无，但黎汉之间极少通婚。吉大文打小就进入黎村玩耍，对山里的生活相当熟悉，也结交了一些同龄的伙伴。据说他还促成过族内子弟与黎家姑娘的和亲，在那一带传为佳话。一首题为《黎村》的诗，是当时黎族生活图景的生动描绘：

> 岭半炊烟起，随牛远入村。
> 编茅安石灶，种稻蓺山园。
> 祭鬼柴门肃，迎宾卉服尊。
> 新年婚嫁日，席地闹盘樽。

9

由于社会治理中的不公与失信，文化差异衍生的误解与隔阂，加之外来人口的不断迁入，元明清三代，南部地区暴动接二连三，始终得不到有效的安抚，族群的裂痕如同伤口反复感染。崖州的情况更是如此。同治二年(1863)，多涧峒人麦秀芳率众作乱，政府军在其弟麦松的协助下，征剿多日才将其抓俘。同治六年(1867)六月，官坊峒（今乐东三平）人刘雪映发起反抗，周边黎峒相继响应，攻入乐安城，杀了三十八条人命。光绪元年(1875)，三亚抱寨村符亚殿，联合万州李有章发起暴动，屡屡挫败政府军。光绪四年(1878)，黎族头领高亚厚、符怕凯等人，伙同符亚殿、李有章联合举事，起势凶猛，成燎原之态。与此同时，儋州临高一带发生了杀人如麻的"土客之乱"。

鉴于社会动荡到了可能失控的程度，两广总督张之洞委派钦差大臣、太子少保冯子材，率部上岛主持军务。他的兵马一度深入海岛腹地，开通了海瑞早就提出的"十字大路"，"收抚黎众十万人"，并在五指山石壁上勒刻了"手辟南荒"四个大字。吉大文乐善好施，"凡修学宫、建祖祠、筑桥、修堤诸善举，不惜倾囊以成之"。这次，他捐资一千四百金，给冯子材作为开拓山路的经费。

乱局之中，吉大文的功夫与韬略有了用武之地。个头矮小的他，杀伐决断，干净利落，毫不含糊。起初，他只是组织家丁与乡兵，参与了附近地区的作战。同治七年(1868)，在官军不济之际，他出资并自备口粮，招募了三百乡勇，投入了乐平、官坊峒、乐安城（今乐东县城）等地的军事行动，抓拿了组织暴动的首领，以军功被保举为崖州的同知。在收复乐安城的战斗结束后，他宝剑入鞘，于昌化江边挥笔作诗：

  百峒严关键，安危此一城。
  水嫌烟瘴恶，山廓虎狼清。
  变俗书生气，宣威草木兵。
  防边资策士，望阙请长缨。（《乐安城》）

吉大文很少吟哦闲花野草，也没有低回悲戚的情绪流露。他的诗意境苍莽，气氛宏阔，有一种悲壮的情怀，颇得唐代边塞诗人的遗韵，在海南诗人中具有很高的辨识度。另一首题为《石门》的诗，充分体现了他的个性："凿险通黎界，雄关石启门。风腥山踞虎，泉远壁悬猿。世乱轻人命，天阴泣鬼魂。将军谁破虏，百峒隶屏藩。"

光绪三年(1877)，岛南暴发了规模更大的骚动，非政府武装围攻崖州城，情况十分危急。刚到任的知州克星额不谙民情地势，无法有效指挥作战，便向吉大文求助。系统学习过兵法的他，巧妙地派出奇兵，并跟当地百姓"谕以大义"，平定了整个事态。出于感激，克星额在大捷之后，为他向清廷请功。吉大文"以知府升用"。与此同时，皇帝还诰封他的曾祖父、祖父与父亲为资政大夫，曾祖母、祖母和母亲也成了诰命夫人。第二年，吉大文上京接受皇帝和太后的封赏，慈禧赏赐他汉代灵光殿瓦砚铭砚一方。之后，他以"福建候补道加四级"的身份，被派往闽地，督办全省税厘总局。前去福建的路上，已经年过半百的吉大文，依然心潮澎湃，写下了激情洋溢的诗篇。还在船上的时候，他就吟了一首《渡海》：

> 一发中原地，青苍海接天。
> 胸吞无芥蒂，杯渡即神仙。
> 岛屿争离合，鲲鹏倏变迁。
> 风波扬不得，金谷太平年。

过海之后，一路经过雷州、江门、崖山等古战场。他触景生情，想到了南宋灭亡的历史往事，陆秀夫与十万军民投海的情景，不禁心潮翻覆，自任可以力挽狂澜的他，恨自己生得太迟。在寻访明代大儒陈白沙钓台遗址时，他用诗歌记录了自己当时的思绪："罗浮西望路多歧，仰止高山系我思。拟托梅花问流水，江山于我独生迟。"（《江门访白沙钓台》）在广州，他登上羊城第一楼镇海楼，借粤地的气象来抒发自己的豪迈："北来五岭山遥伏，南去三门海近流。平粤威灵销霸气，胜朝形势问高丘。"到了大庾岭，又用一首五言，唱出这座山脉磅礴的气势：

> 寒暑分南北，舆图划半山。
> 两江通远道，百粤负雄关。
> 地控仙霞上，天低大庾间。
> 梅花知客意，沿路任寻攀。（《渡大庾岭》）

此时，吉大文作为海疆诗人的风格，已经成熟。胸次畅达，筋骨开张，孤峰插天，凌拔霄汉，读起来令人情绪激昂，热血沸腾。而这一切，都与他一生得不到充分施展的抱负有关。

光绪七年(1881)，崖州东部又发生了大规模的骚乱，"附近村墟尽遭焚掠"，州城再度告急。应州府的恳请，吉大文告假返乡，参与指挥戡乱的战事，并"计诱匪首正法"，使地方恢复了暂时的平静。此后吉大文数次往返于福建与海南之间，"宦游辜负十闽春"，前前后后在福建游宦十余年。据说，躲在山里的作乱分子，特别畏忌吉大文的存在，每次举事前都派探子侦察，看他是否还在崖州。这个时期，吉大文还受湖广总督张之洞和崖州知州唐镜沅的委托，前往多港调查李德裕后裔之事。

光绪二十一年（1895），清政府将台湾割让给日本，闽浙总督为加强沿海边防，发文调用吉大文，委托他总办省会善后总局、兼理营务处。正在家乡治疗足疾的吉大文应召启程。临行前，他不改诗人习气，拈笔留下七律二首，其一云："鉴湖已乞贺知章，奉诏重登傀儡场。攘臂漫贻冯妇笑，折腰几为督邮忙。枯鱼纵壑新逢雨，古树生梯喜向阳。为语故人双桨去，折梅应寄一枝香。"（《闽藩移文到崖行查应诏赴闽之作》）本来已经乞老还乡的他，没想到还会奉诏出山，但他照样抱着枯鱼逢雨的感恩之情，愿意为江山攘臂折腰。

在福州的日子，工作之余，一个人面对喧嚣的大海，不免又想到漂浮在海上的家乡："涉世人如不系舟，帆随宦海载沉浮。葫芦堪诮书生画，升斗徒承病客羞。晚景功名强弩末，故乡心事大刀头。近来野性偷闲惯，不为莼鲈不为秋。"（《闽中书怀》）不知是因为身体欠安，还是厌倦于官场的倾轧，写这首诗时的他，内心显得萧条了许多，透露出一种身不由己的慨叹和倦怠的情绪。

光绪二十三年（1897）十二月，六十九岁的吉大文，病逝于福州行馆，继而归葬故里。葬礼上，赠送挽幛花圈的有闽浙总督边宝泉，内阁学士、南洋大臣陈宝琛等政要名流，可谓哀荣备至。墓志铭文刻有这样的话语："平生所学，百无酬一，士林惜之。"表明对他的死有一种深深的遗憾。吉大文死在异乡的馆舍，没有人见证他是如何死的，遗物中留有一首《示儿诗》："临亡不恨转怜君，身后遗叮堪可闻。宦海风波徒险恶，镜湖乡里好耕耘。"他的诗通常洋溢着一股豪迈之气，但《示儿诗》却显出几分消沉。他告诉自己的后人，官场险恶，宦海叵测，嘱咐他们就在镜湖边上知足常乐，过好晴耕雨读的生活。

关于他的逝世，镜湖吉家一直有这样的说法，称吉大文是因为遭人陷害而死的，却又没有提出确凿的证据。然而，几十年后发生的事情，让人对吉大文的死生出一些疑惑来。

就如吉大文所嘱咐的那样，他再传的孙子辈并没有涉足官宦，更没有像他那样有出息。二十世纪三十年代，一个国民党大员，得知上海市保安总团总团长吉章简将军，出自崖州吉氏家族，便通过他打探吉大文的后人，将吉大文三儿子所生的孙子吉进铜招到上海，授予他校级军衔，让其进入军中带兵。但是，吉进铜实在不是这种材料。最后只好赠予许多金条银锭，包括雷达手表之类财物，把他送回老家。这件事情，让人们再次想起吉大文生前的情景。当年赴闽时，他"精神之矍铄，气度之冲和"，可第二年就突然逝世了。他是一个仗义疏财的人，"办事慷慨，有同乡官闽者，欠库数十余两，倾囊代偿，免其遗累，时人啧啧称之"（《吉观察大人墓志铭》）；但他也是一个才高气傲、嫉恶如仇的人。到底是因为他曾经接济过那位国民党要员的祖上，还是对方做过什么伤了阴德的事情，才以如此隆重的方式来补偿，实在无从考证。如今，吉章简与吉进铜皆早已作古，那段历史旧账，不论是恩是怨，都算是结清了。

The
Biography
of
HaiNan Island

海南岛传

海盗与烈女

第二十章

海盗出没的海岸

1

天高帝远，鞭长莫及，港湾曲折，洲屿遍布，加之海上贸易中转站的特殊位置，使海南岛很早就成为海盗猖獗之地。唐朝时代，冯若芳、陈振武等江洋大盗，便已经臭名远扬，载入史册。北宋时期盘踞三亚的陈明甫也一度在鹿回头山上称王称霸。那时候的海盗，主要从事打劫过往商船的勾当，在洗货销赃的同时，也开展一些暴利商品的贸易，带有亦盗亦商的性质。对于岛上百姓的日常生活，他们没有多少介入，甚至还在地方上做些修路搭桥的事，来补偿天良的亏欠，把自己装扮成好人。作为黑社会组织，他们体现一种非政府、不合法的权力，填补着政府职能的不足，挤对着合法权力的边界，使之扭曲变形。

元朝之前，中央政府对海南及南海的治理能力薄弱，无法对这一领域实施有效的控制，撑起一片安稳的天空。过往的商船必须兼顾黑白两道，除了给政府纳税，还要给海盗组织缴纳保护费，才能安全通过这一海域，获得补给等方面的便利。白道上的税还可以偷漏，黑道上的费却是万万不能少的。任何地方，政府的权力一旦弱于非政府组织，就会陷入失序的状态。有元一代，中央政权军事统治力度加大，山区黎族人的反抗相当激烈，但海盗活动见于史志记录者却不多。进入明清时期，海南岛及其周边海域，海盗活动日益猖獗，州城县治被攻陷的事情时有发生。很多时候，在与盗寇的对抗中，政府军并不占多少便宜。

明代初年，出于维稳的需要，也出于对未知世界的恐惧，实行海禁政策，"片板不许入海"。民间一切海上贸易行为皆视为违法，并予以严惩，连出海捕鱼这样的营生，也被粗暴地阻止。这让祖祖辈辈靠海吃海的渔民和商家没有了生活来源。于是,铤而走险、暗度陈仓的走私与打劫,成为一种获得暴利的途径。

海禁时期,官方的朝贡贸易并未停止,"琼与安南、占城诸夷接境",是通往东南亚贡道的必经之地,"凡番贡多经琼州",在这里补充给养,采购物资,躲避风暴。海口发达的造船业,也为舰船维修提供了方便。于是,便有强梁之人阴造船只,啸聚无业游民,出没于波涛之间,干起杀人越货的勾当。有的甚至联合海外势力,包括日本倭寇和越南等地的番贼,购买大炮枪械,装备双桅舰船,形成跨国越洋的暴力集团,在南海周边遍布眼线,像猎人一样搜寻攻击目标。

洪武时期,活跃在岛上的大多是本土海盗,加上一些倭寇与番贼。倭寇成分复杂,其中真正来自日本的只有十之一二,更多是各地的流氓无产者,在社会上丧失生存根基的草民。番贼是除日本人之外的他国海寇,其中相当大的部分来自越南。自洪武纪年起,有关海寇的记载,在方志上连篇累牍。洪武三年(1370)八月,陈志仁、林公望率领盗众攻陷了陵水等县。洪武六年(1373)五月,陈昆六等率众攻陷儋州治城。广东都指挥使调兵围剿,杀死儋州海贼二千二百七十余人,生擒五百二十四人,缴获船只十八艘。第二年三月,朝廷又"以兵讨儋州贼陈逢衍,斩之。生擒其党杨玄老等五百六十余人,剿其属一千四百余人"。一次围剿连杀带擒近三千人,可见这帮盗贼人数,要在六千人以上,远远超出一个州县的驻军人数。

1368年至1521年,上规模的海盗劫掠活动,有记录者二十余次,其中,倭寇劫掠的次数达十三次。永乐九年(1411)二月,倭寇攻陷了昌化县城池,大开杀戒,千户王伟英勇殉职,军士伤亡甚多,城中人口、粮食、军器皆被劫掠。广东都司上奏朝廷,指责副总兵李珪备御不严,欲以死罪论处,明成祖下诏令其将功赎罪。永乐十九年正月,倭寇劫掠靖海千户所,李珪率众冒死杀敌,最终将其击退,还生擒了十五个盗匪,算是把罪给赎了下来。正德十二年(1517)二月,倭寇在澄迈、临高一带海岸登陆,进入白庙等村烧杀掠夺。指挥徐爵统领政府军及当地义勇,与倭寇火拼并取得胜利,"贼败溺死无数,斩获贼级一十五颗,船四只,夺回被掳男子五名"(明谊修、张岳崧《道光琼州府志》卷十九）。

自洪武纪年开始，海南卫陆续设立了五个内千户所，和清澜、万州、南山、崖州、儋州、昌化六个守御千户所，操守旗军满编一万多人（《万历琼州府志·兵防志》），约等于海南户籍人口的二十八分之一，加上政府衙门开销，治理成本实在不低。这时的海口浦，已经改为海口千户所，所城建于洪武二十八年（1395），人口一万多人，旗兵一千多人。

但以这样的兵力，应付频仍的海盗袭击，还是捉襟见肘，与装备精良、穷凶极恶的匪寇短兵相接时，很难占据上风。因此，盗情严重时，必须从岛外紧急调兵，以远水来救近火。据巡抚广东的都御史吴琛等的奏报："琼州孤悬海外，所辖州县，凡十有三。原设海南一卫及在外州等六千户所，去广城二千余里，分巡分守官，经年不一至，遇有警急猝难驰报。"（《明宪宗实录》卷七七）在作战中失利、折兵损将的事情相当寻常，千户长、百户长被杀者不在少数。方志里，类似"海寇登澄迈县，县治民居烧毁一空"；"海寇入临高县港掠民财，县丞仓卒率众御之，为所杀"的记载，实在不胜枚举。宣德九年（1434），倭寇登陆文昌清澜港，在文昌县城及清澜千户所大肆劫掠，千户陈忠等战死，千户刘某、陈某逃窜，后被以坐失战机之罪典刑。

海瑞退养家乡期间，曾经用文字描述了当时的状况："琼二十年来至今，皆有海寇之患，百姓苦之。心讼口罾，已谓官司不能抵民一保障矣，然害止濒海地方。日甚一日，年甚一年，今正月突有船先后分入，攻围临高、定安、万州等城，破文昌乐会治，屯据于中，来来往往，杀掠村市，如入无人之境，任彼所为。其惨其害，从前以来无有也。平时养兵，迄与不养之时无异。晏游击来援，亦既月余矣，如斯而已矣。"（《海瑞集》卷五《启殷石汀两广军门》）盗寇来如闪电去如风，等到官军追来，盗贼已经满载而去，而海路渺茫，未留下任何追寻的踪迹。

生活在岛上的居民，完全寄希望于官军的护佑并不现实，更多的时候还要依靠各个村庄组织的联防。明清两代，乡村有相当健全的保甲联防体制。那时候的乡村，都有武术功法流传，大的村落还会有某个门派的教头，招徒传习功夫。有钱人家皆有家丁看家护院。一旦发生匪情，即便深更半夜，村中的乡勇也会立即行动起来，施展平日练就的身手，自发组织抵抗。对付小股匪徒，一般都有胜算，但面对大规模的海盗集团，却是无能为力。在海岛周边沿海，许多村庄如今只剩下地名和一些散落的瓦砾，这都是匪难的见证。

2

嘉靖年间，海盗与倭寇、番贼合流，以汹涌澎湃之势冲击东南沿海。这个时期，出现了众多规模庞大的海盗集团。他们活动范围不仅越过省界，也越过了国界，成为国际性的犯罪组织。与他们相比，唐宋以来地头蛇性质的海盗，便显得小巫见大巫了。他们不仅打劫商旅，从事非法贸易，还经常扫荡沿海村庄甚至攻城略地；在掠夺财物的同时，还杀人绑架，给居民生活带来的灾难，堪称水深火热。国内许多著名的海盗，如吴平、曾一本、林道乾、林凤等，都先后出没于海南岛周边。他们每次一来，就围着海岛纵横转掠，如同台风旋扫。

嘉靖四十三年(1564)，俞大猷奉旨率领三万人马开赴汕头，围攻盘踞在南澳岛上的海寇吴平。吴氏拥有寇众上万人，商船数百艘，呼啸于东海与南海之间，势力延及东南亚诸国，是当时最大的海盗首领。吴平曾经卖身为奴，据说主人对他尚可，但主妇却极其苛刻，因不堪忍受入山为匪，继而加入倭寇，专门引寇来洗劫主人的家，强迫主妇当着众人脱光身子磨米，可见其怨愤之深。吴平的匪帮一度被俞大猷招安，接着又重新反叛，成为海上的江洋巨盗。这个矮小的福建人，不仅勇力过人，而且工于谋略，极难对付。他特别擅长潜泳，据说含一根苇管，便可以在海里潜泳数里，神鬼不觉。当时，东南海岸的许多海盗头目，如林道乾、曾一本等，皆不是等闲之辈，但他们都共同推举吴平为酋首。吴平看好南澳岛地形险要，在上面修筑了土堡水寨，将它经营成自己的老巢。

俞大猷堪称大明王朝的救火队长，曾经担任过崖州参将，平定嘉靖二十八年（1549）海南岛上大规模的叛乱，一举俘虏、杀死叛众五千三百多人，招降三千七百人。还曾单骑孤身深入山寨，与黎民商榷社会治理方策，向朝廷提出了合理建议。移兵闽浙沿海之后，俞大猷屡建奇功，令倭寇闻风丧胆，可这次到了南澳岛，他却怎么也施展不开。三万兵马围攻三个月，付出了巨大的伤亡，还是拿不下一座小小的岛屿，这让他觉得丢尽了面子。朝廷不得不急令浙江总兵戚继光千里驰援。

嘉靖四十四年(1565)春，五千戚家军在南澳岛东南安营扎寨，曾与吴平过招的戚继光，丝毫不敢轻敌。据说他"犹惮（吴）平，平所设奇，皆与相当，号为劲敌"。经过连日的视察地形，绞尽脑汁反复推演，他还是拿不出制胜的方案。一天夜里，长须飘飘的关羽，忽然在他梦中现身，并给他面授机宜："欲要破敌，惟有智取，前后夹攻，定能决胜。"海寇营地临海而设，背后是石壁陡峭、荆棘丛生的金山，一般认为不可攀缘。二位将军合计之后，做出新的部署：俞大猷主力从正面发起强攻，戚继光亲率三千精兵，乘夜幕悄悄绕到金山后面，攀岩而上，披荆斩棘，潜伏下来。待前方铳炮齐鸣，发起强攻之后，从敌后一吼而起，形成夹击之势，最终突破敌人防线，杀入贼窝。此役毙死加俘虏三千多人。贼头吴平见局势不可挽回，便带领残部驾船逃亡。据说，他与妹妹一起，将多年来打劫的金银财宝，分装成十八个罐子，运到一个叫作金银的小岛上埋藏。因为掩埋时有官军追来，他担心妹妹被俘后供出，便将其杀死，与金银财宝一同埋入洞窟里。

嘉靖四十五年（1566）一月，吴平率残部几千人南下，袭击海口的白沙门一带；二月，又辗转奔袭岛西的昌化，焚掠城外的村庄，为了泄愤，他大开杀戒。在突击岛南的崖州城时，受到了广东总兵汤克宽的重挫，吴平的压寨夫人和一些头目落网，他只好逃往安南（今越南）躲避。但明军并不就此罢休，继续遣舰队乘胜追讨，并发檄文要求安南方面出兵协助。四月初一日，在一个叫作万桥山的地方，两国军队将匪帮团团合围。

那天正好逢上日食，吴平的末日终于降临。黄昏时分，政府军借着大风发起火攻。猛火以燎原之势吞噬了贼船，寇众纷纷跳水，溺死者无计其数，吴平乘坐的指挥船也被烈焰吞噬。这个在东南海域横行十几年的海寇集团，终于土崩瓦解，但狡诈的吴平却下落不明。《明史·汤克宽传》有记："都御史吴桂芳檄安南协讨，遣克宽以舟师会，夹击平万桥山下。焚其舟，擒斩四百人，平远窜。"或许，他又含着一根苇管，潜离火光冲天的战场，辗转回到汕头南澳，按照藏宝密语"道向南北，东西藏地壳，水涨淹不着，水退淹三尺。九坛十八缸，一缸连一缸。谁人能得到，铺路到潮州"，从金银岛上挖出财宝，到南太平洋某个岛国上去，娶一个皮肤黝黑的胖女人，过起富贵安逸的生活。

吴平的消失，并没有给南海和海南带来多久的安宁。从嘉靖十年（1531）到万历初年，四十多年的时间里，海南岛上的居民几乎每年都遭受海盗的烧杀掠夺。而制造这一系列惨案的，是来自闽粤的曾一本、林道乾、林容集团，他们是南海上最险恶的波涛。吴平溃败之后，手下幸存的大小头目又成南海上兴风作浪的枭雄。就在当年的十二月，吴平同党何乔、林容等便进犯崖州，突入大疍港，在一番烧杀掠夺之后，还掳走了数十人。隆庆元年（1567），曾一本收集吴平遗部，人数多达数万，开始攻掠福建与广东，并伙同林容侵扰海南。

曾一本是吴平之后名震江湖的大盗，出没于潮州、雷州与琼州之间的海域，隆庆元年（1567）曾两度进犯海南文昌、临高。出于策略的考虑，他曾接受汤克宽的招安。但请降不到八个月，便又突然反水，在潮汕一带作案，抓走了澄海知县，焚杀潮郡百姓。第二年，他率领三千多名盗匪，乘几十艘船旋击雷州，打败参将魏宗翰率领的四千官军，杀死了东莞守备李茂才，引起广东沿海的恐慌。朝廷指派俞大猷入粤荡寇，但造船募兵工作还在进行，配有弗朗机（葡萄牙）火炮等利器的曾一本舰队，就气势汹汹地杀将过来。他们首先向珠江口葡萄牙人占据的澳门发起突击，占不到便宜之后，又沿珠江溯流而上，兵临广州城下。码头上快要竣工的百余艘战舰，除了可以为他们所用者之外，全部付诸炬火。来不及组织有效抵抗的俞大猷，只好选择关闭城门自守，任由盗贼们在城墙外四处劫掠，长达半月之久。

不久，尝到甜头的曾一本，又"复引俊夷寇掠琼、崖、高、雷、褐石、大堤诸卫所"（俞大猷《洗海近事》卷上）。与此同时，林容、陈高番等匪帮轮番袭击海南各地，大肆掳掠百姓。直至隆庆三年（1569），朝廷调集闽广二省军队，经过几个月的会战，才最终将曾一本集团铲除。曾一本在入狱之后病死，被枭首示众。

与曾一本同时在南海兴风作浪的，还有广东潮州人林道乾。此人曾经在衙门做过小吏，因不满足于微薄薪水，暗中参与货物走私，被官府追缉，于是纠集二百余人的队伍，开展海上武装贸易，打劫番贡船只，很快就做大起来。周边百姓都惧怕他身上的杀气，不敢向官府举报。偶然有人查问他的行踪，就会受到残忍的报复。一个阶段，在政府军的穷追之下，林道乾曾率三千盗匪归降，得到一千多亩肥沃的安置田，还应征参与围剿曾一本的作战。据说他"为人有风望，智力无二，好割据一方自雄。所至辄不忍贪淫之性，掘人坟墓，淫人妻小，蚕食人田土。常擅山海之禁以为利"（明《万历武功录·林道乾诸良宝林凤列传》）。不过多久，自称不能久居人下的他，还是选择叛变，重新下海成为盗寇。或许是因为武备不足，明廷对海寇采取边剿边抚的方式，海盗集团接受招安之后，降而复叛的事情屡见不鲜。

嘉靖四十二年（1563），在俞大猷的穷追猛打之下，林道乾逃到台湾的鸡笼（今基隆），并以此为据点经营了若干年，不时出击闽粤沿海，一度再被官军打败。慑于俞大猷和戚继光二位天将的威武，他率众逃往占城（越南中部），不久又重新返回，率三千多人的舰队，冲击海南与雷州半岛沿岸。隆庆四年（1570），林道乾再度被朝廷招安，但经过多次反复，他已经无法获得任何人的信任。意识到这一点的他，将官府的公文原封交还，率众突破官军的包围，遁入南海波涛深处，登陆柬埔寨，将大量黄金和锦帛奉献给国王，换得"把水使"的委任状。行踪被明廷探知之后，他重返潮州，发掘过去埋藏的财宝，率两千人驾着一百多艘船逃往暹罗，于万历四年（1576），在一个叫作北大年的小国安家，成为泰国华侨的先行者。在这里，他深得北大年国王的欢喜。该国王"划出所属之地若干，使道乾率众居之"，还将自己的女儿嫁给了他（温雄飞《南洋华侨通史》）。他把在国内抢来的财物，在暹罗地面上挥洒。当地人尊他为"客长"，甚至把一个港口改名为道乾港。然而，明王朝还是放不过这个作恶多端的老贼。万历九年（1581），在明廷的压力下，"暹罗番王授计合擒乾，乾发觉，调动舳舻往佛丑海屿而去，竟莫知所终。道乾之遁已鼠窜也"（瞿九思《万历武功录·林道乾诸良宝林凤列传》）。最后，林道乾据说是在同党内讧中被杀，而对外说是自制土炮时不慎炸死。不过，在泰国华人的传说中，他仍然保持着一个颇为正面的形象。

3

从隆庆到万历,在海南岛上作案最多的海盗,要数林容与李茂。据《万历琼州府志》记载,李茂出生于琼山,一个叫作小林的地方,十八岁那年被海寇掳走,卖到东南亚某地,后来成为林容的部众,当上了一个头目。跟随林容打劫海口麻锡港时,他曾悄悄告诫部下,不要骚扰自己的家乡,并且托人告诉村里的里长,自己很想回到家乡来。

从方志记录看,从嘉靖到隆庆年间,林容团伙曾多次扫荡陵水、崖州、临高、澄迈、琼山、海口等地,除了打劫财物,杀人放火,还绑架人口,少则数十,多则百计,可谓十恶不赦。指挥高卓曾经多次与他交手,一直未能将其擒获。最后,他却是败在自己的同类手中。

隆庆三年(1569)七月,林容率众"入麻锡港凡三十日,杀掠兵民数百人"(《万历琼州府志·海寇》)。之后,他将船开到放鸡山,看见一些船只停在那里不动,便引帆靠近,没想到那是另一个海盗许瑞设伏的船。在双方船体即将靠近的一刻,许瑞那边一下抛出火筒,把林容的船炸得底朝天,他本人也"舟溺被擒",从此人间蒸发。见势不妙的李茂等人,收拢残部,向临高方向逃窜。

第二年,李茂沿着海岸线由西而东,接连劫掠澄迈、儋州、昌化、陵水、万州等地。高卓所部的政府军一路跟踪追击。高卓虽然手下兵力不多,但其武功高强,每一出场便视死如归,气势如山,让匪众远远看到就心寒胆战。临高、儋州两场搏杀,李茂的船队受到重挫。在一个叫作煎茶头的地方,本来留下待命的高卓,竟以两条小船,向李茂三十七条船组成的舰队发起突击,杀掉了他的要将王璁及手下一百多人。狡猾的李茂命人驾小船,迂回背后向高卓开炮。被击中的高卓血流如注,仍然急令部下,披上自己的盔甲督战杀敌。这位骁勇的将领,当晚便因伤势过重牺牲了。在他死前的夜晚,人们看到有一颗耀眼的明星陨落海里(《万历琼州府志·海寇》)。

隆庆年间,是海南岛海盗最猖獗的时期,高卓是这个时期最杰出的将领。在与各大海寇的对抗特别是与林容集团的对决中,人们总能看到他口衔大刀、奋不顾身的英姿。隆庆二年（1568）的临高追击战，他缴获白艚船五艘，夺回四十五个被绑架的百姓；隆庆三年，他率部从琼山、临高到昌化，一路追击林容的船队。七月的那场恶战中，在都指挥陈曰然、百户周缙等纷纷倒下的时候，高卓仍然衔刀勒马，冲在队伍的最前锋，腰间挂满了海寇的首级。好多年后，李茂被招安时，还发出这样的感慨：如果海南的将官都像高卓那样，这个地方哪还会有什么盗贼！实际上，自从那场与高卓惊心动魄的对决之后，李茂便萌生了归降的意思。想当初，他走上这条险恶的道路，也是迫不得已。

高卓死后的第二年，是海南盗情最集中的一年。先是许万载匪帮登陆澄迈、临高等地；接着，福建海寇庄酉联合倭寇，从雷州一路打到海南的琼山、文昌。因与庄酉同为福建老乡，私下有秘密交易，庄酉打劫蛟塘等村落时，参将晏秋元一直按兵不动，任其烧杀掠夺。庄酉攻到文昌时，县官已经闻风逃跑，倭寇纵火烧毁城内的公署民舍，唯有文庙被有意保存下来。李茂趁火打劫，驾八十艘舰船，进犯万州（今万宁市）、乐会（今琼海市）的博鳌。当地守军兵力悬殊，无法抵挡，乐会和会同县城都被其攻破。他们除了强奸杀人，烧毁公私房屋，还掳走了许多青年男女（《万历琼州府志·海寇》）。

海盗们攻下一地，除了劫掠财物，奸污妇女，还绑架富人和青壮人口。绑架既是为了勒索赎金，也是为了充实势力。多的时候，甚至一次性绑架数百人。由于多股匪帮交叉反复扫荡，许多村庄几乎被洗劫一空，因此，入室劫财不如抢人索赎合算。当活人也抢不到时，他们便开始挖死人的坟墓。庄酉率领的倭寇，在劫掠澄迈、定安之后，仍然无法满足贪欲，于是打起死人的主意，去挖掘理学名臣钟芳的坟茔。当他们砸烂碑石，正在开掘墓穴的时候，突然乌云翻卷，雷鸣电闪，风雨大作。盗众以为是天神震怒，便跪地叩首，落荒而逃。这场匪事结束之后，坊间舆论沸腾，游击指挥、参将晏秋元承受不住，只好以一条白绫结束了自己的性命。

万历二年（1574）五月，令官军头痛的闽广巨寇林凤，率领一百二十多艘舰船闯入清澜港，这已不知是他第几次打劫清澜了。令他高兴的是，本土海盗李茂带着残部前来投奔，成了自己锋利的爪牙。然而，行动并不像第一次那么顺利，一进港口，便受到清澜千户丁其运的拦截。林凤一怒之下，命令寇众发起猛攻，把官军打得落花流水。军民商贾和水上的疍家人，被掳杀者多达二千二百人。在劫得满盆满钵之后，群贼扬长而去，但到汕头南澳岛后，却遭到官军大规模的围截。为了躲避追讨，林凤领着五千五百人的舰队，转头向菲律宾吕宋岛进发，一举攻入马尼拉，击毙西班牙驻菲律宾总指挥戈尹特（Maytln Goiti）。之后，他在林加延湾（Lingayen G.）建立都城，自称国王，还得到了当地土人的拥戴。不过，他没能笑到最后，在被西班牙人与明政府军的合围下，他的国家很快就土崩瓦解。

林凤远走之后，李茂正式自立门户。经过与官军的反复较量，狡黠的李茂觉得，公然以海盗的身份与政府对抗，靠明火打劫来获得财富，于利于名，都不是合算的做法。何况在自己家门口、祖宗坟地旁边干这种杀人越货的事情，多少让他觉得难堪。相比之下，他更喜欢以不见血、神不知鬼不觉的方式来谋求富贵。此时的他，已经看好海南小粒珍珠在海外的行情。因此，当得知朝廷派福建巡抚金事许孚远率兵来琼征讨时，势力足以决一雌雄的李茂，出人意料地向政府表示了接受招抚的意愿。经过一番争论，官府最终接受了李茂的请降，并授予他"把总"的职位，安置在郵前（今文昌铺前港），他手下的头目也被授予哨官的名分。此后，他将功赎罪，协助官军打击海盗与倭寇，取得了不错的业绩，但暗地里，仍然聚集同伙，干着偷盗与走私珍珠的勾当。他的爪牙经常驾船潜入养殖珍珠的海域，盗取小粒珍珠运往合浦、安南市场，牟取暴利，时间长达十年之久。然而，就像不断吹大的气球，最终会炸掉自己，不断膨胀的贪婪，还是断送了李茂的性命。

万历十六年（1588），巡按御史蔡梦说查知此事，将李茂及另一个头目陈德乐，安置到琼州府城加以监视，同时驱散他的同伙，打发回家乡种田，还烧掉一些用以走私的船只。李茂表面上很顺从，乖乖把铺前的宅院都拆了，但暗中仍然操控着小粒珍珠的走私。他与陈德乐还跟同伙签订了协议："每十吾与乐取其六"。这群改不了吃屎的狗，依旧"鼓棹而入池，专以侵珠为务"，势力越做越大，便暴露得越来越充分。于是，在摸清情况之后，官军发起了一场大规模的围捕，将贼众一网打尽，李茂和一个受贿的参将被供了出来，在自己的家门口被斩首示众。与他一同被砍下的，还有五百七十个鲜血淋漓的脑袋。

4

清兵入关之后的第四年,也就是顺治四年(1647),总兵阎可义率辫子军登上海南岛。史称:"百姓郊迎安堵,遂定琼州。"(《民国琼山县志·杂志》但实际的情况并非如此。自顺治到康熙,三十多年的时间里,海南岛上极不平静。从琼州到南部的崖州,都有殊死抵抗。当年四月,禀生吴履泰散尽家财,十日内募集起壮勇三千余人,在文庙庄严誓师,不少人当场"涕泗鸣咽",十分悲壮。这支未经训练的队伍,分水陆二道向州城进军,但在清军骑兵的冲击下,很快便溃不成军。吴履泰抱着一块火山石,沉入了南渡江的水流,算是为大明殉国。五月,万州曹君辅降而复叛,召集周边黎峒造反,带来一帮人从西门杀入州城,处死了新任知州戴纶。

同年六月,刚刚走马上任的崖州知州于有义,因为督促剃发过于严厉,引发从官坊(今乐东三平)到乐安、乐罗、黄流等地的强烈抗拒。于有义率三千人马进攻乐安、黄流等地,遭到了彭信古为首起义者的伏击,人仰马翻之后自刎身亡,整个崖州因此陷入乱局。接着,彭信古与黄流地方百姓,迎接从海上过来的南明桂王总兵陈武,集聚起近万人的队伍,成立"宫保府",占据从崖城到乐安、感恩、昌化等地。攻入坚固的儋州城后,陈武老婆蒋氏以"女总兵"身份坐镇府署办事。这些抵抗与反叛,几乎遍及全岛,直到康熙十八年(1679)才算是平定下来。清朝初年实行的海禁,也在平定台湾郑氏集团之后,于康熙二十三年(1684)终止,正式宣布:"今海内一统,寰宇宁谧,满汉人民相同一体,令出洋贸易,以彰富庶之治。"

清政府废除市舶司,并设立了江浙、闽、粤四大海关。海口是粤海关下属的七个总口之一,外贸与造船业一度十分兴旺。据康熙五十五年(1716)记载:"每年造船出海贸易者极多,数达千余只。"(《清圣主实录》卷二七〇)当时的三桅"方洋船",大者可载万余石,小者亦可载数千石。往来于中国东南沿海与日本、菲律宾、印度尼西亚群岛、印度支那半岛、马来半岛之间。其中,"商人中去东洋者十分之一,去南洋者十分之九"(《皇朝文献通考》乾隆五十年,卷二九七)。而去南洋者,往往都要经过海南岛。

"涛岸千尺，群盗宅焉。"偏僻复杂的地理形势和作为海上贸易通道要津的位置，使清代的海南仍然成为海盗猖獗的区域。据统计，顺治元年至康熙四十三年（1644—1704），上规模海盗劫掠多达四十三次。他们除了打劫装载丝绸、茶叶、瓷器的本国商船，也打劫载满银圆、毛织品和鸦片的番船，还开展贩运珍珠、走私食盐和鸦片的活动。在清代海盗的行为中，最令人诅咒的是绑票和贩卖人口。一次性掳走的人数，动辄数百，最多时数以千计。康熙年间，海南有记载的掳掠人口事件就有七起。康熙元年（1662），杨三集团在铺前一次掳走五百多人；康熙十二年（1673），海贼再次袭击铺前，同样抓走了几百村民。被绑架的人，家属必须近期内支付赎金。赎金的行情，通常是山贼索要数额的二三倍，具体多少，则由盗匪观面相衣着做出判断，一般不少于九十两银子，多则没有准数（参见王永历《清代海南岛海盗研究》）。光绪二十九年（1903）七月初二夜，海寇打劫澄迈大场村，禀生王乃昌二人被绑，"十一月赎回，花白金一千余元"（《光绪澄迈县志·海寇》）。要是被绑的是官员的亲属，价位就更高了。道光二十三年（1843），海寇梁亚球率数百人攻陷感恩县城，连抢三天三夜，知县夏某只身逃匿，老婆及县印被劫走，勒索赎金一千余串（《民国感恩县志·海寇》）。至于穷苦人家，拿不出金银财宝，就拉一头牛或挑几担谷米，再跪下来求告，也勉强可以放生。常常是这样，一次支付赎金，就足以令一个家庭倾家荡产。但是，倘若支付不起，就会毫不留情地撕票甚至纵火烧毁整个村庄。"在华南沿海，所有村落——除了处于重要军事营地、口岸附近者或散居大山深处者外——都有可能成为海盗的勒索对象，凡不从命的村庄往往会被夷为平地。"出来江洋上做盗贼的，都是些不要命的主，自己的命都不当回事，更何况是他人的。杀人对他们而言，就像是在路边割草。顺治十八年(1661)，杨二、杨三率领的盗众，先后在崖州南山、黄流、岭头一带靠岸，打劫村庄，掳掠人口。在岭头的那次，他们将番人塘等村庄数百名男女赶到海边，令亲属以金帛牛酒来赎，无人来赎的一百多人被全部砍杀，绝命的喊声压过了海浪的喧嚣，整片海岸都染红了（《光绪崖州志·海寇》）。

顺治至康熙年间，杨二匪帮在海南可谓作恶多端，罪债累累。康熙初年，杨二集团曾六次突入铺前港，掠夺人口最多的一次超过五百人；还两度攻陷海口所城。康熙二十年(1681)二月，杨二进攻海口港，击溃守备王世贤，迫降水师副将王珍。受官军招募的商人谢谦，是一个民间高手，曾有过率人夺回过被掳男妇数十人的纪录，但这次他回天无力，只好投海自尽。于是，海口"全城之地尽为蹂躏"，只有极少数人躲到荒郊野外。与此同时，黎贼杨鬍鬚也相继攻陷澄迈、定安，兵临琼州郡城。危急时刻，广东方面派出顺德镇总兵蔡璋、虎门副将张瑜率水师驰援，终于将匪帮击退，并夺回被掳的一千多人。

5

嘉庆十年（1805），啸聚南海的各路海寇，举行了一次联盟大会。这是人类有史以来规模空前的海盗大会，活动在广东、海南到越南、菲律宾一带的各帮派首领济济一船，在一番豪饮狂歌之后，签订了长达七张纸的联盟公约。

公约取天地玄黄、宇宙洪荒之义，将各帮派分为七个旗，其中以红、黄、青、蓝、黑五旗力量较强，被称为"五色帮"。联盟对各旗的船艇进行编号登记，划定各旗的势力范围、活动区域，并对打劫行为做出明文规定："快艇不遵例禁阻截有单之船，甚至毁卖船货，以及抢夺银两、衣裳，计脏填偿，船艇、炮火一概充公，行纲分别轻重议处"；"打货船，所有船艇货物，系某先到者应得。倘有恃强冒占，计其所夺赃物多寡，加倍赔偿。如有不遵者，合众攻之"；"有私自驶往各港口海面劫掠顺校贩卖之小船，以及带银领照之商客者，一经各支巡哨之船弩获，将船烧毁，炮火、器械归众，该老板处死"；等等，可谓盗亦有道。

在各旗中，势力最大的是郑一的红旗帮和乌石二的蓝旗帮。乌石二（1765—1810）是琼州海峡对岸的海康人，原名麦有金，生于雷州乌石村（今乌石镇），在家中排行第二，故号"乌石二"。哥哥名叫麦有贵（乌石大），弟弟名叫麦有吉（乌石三），从名字看，应该是穷苦人家出身。据民国《海康县志》所述，麦家的祖墓，离乌石港大约一里路。行人经过时，足音会咚咚作响，似乎地下中空，其实是因为墓门面对的海岸，堆满了乌黑嶙峋的怪石，激荡起潮水的声音。有人说："石之黑者为煞，宜其子孙为盗魁也。"这种说法似无依据，但麦家成为匪窝，却是无争的事实。弟兄三人心硬如石，哥哥乌石大更是以歹毒著称，喜欢以人的心脏酹酒："其兄有贵，更嗜啖人心，肆毒实甚。"（温承志：《平海纪略》，《丛书集成续编》第 25 册，375 页，上海书店，1994）

乾隆六十年（1795），麦氏弟兄聚众造反，高举抗清旗帜，在雷州、海南、越南之间的水域活动，行敲诈勒索之事。在狗头军师黄鹤的谋划下，一年之内就拥有了二三百艘船，部众七八千人。和南海上一些帮派一样，出了名的乌石二受安南（今越南）西山政权的拉拢，认西山朝国王阮惠为"主公"，成为其军队中的水师将领，纵横于北部湾海域。因协助安南王攻打农耐国有功，先后被授予"宁海副将军"和"清海大将军"的称号。

阮惠统一南北越之后，开始觊觎中国两广领土，企图当古南越国的赵佗。他向两广总督福康安递交文书，提出"申明故疆"的要求。福康安以两国疆界早已确立为由，加以坚拒。愤愤难平的阮惠，转而谋求武力方式，并暗地里扶持华南地区的帮会，包括天地会、白莲教和南海海盗。有了安南这个后方，乌石二进可攻，退可守，清兵连年追讨，都奈何不了他。全盛时期，乌石二拥有船舶一千多艘，人马号称数万。该帮的《蓝旗歌》歌词更是牛气冲天："蓝旗飘飘，好汉任招。海上天子，不怕清朝！"

嘉庆七年（1802），越南西山王朝灭亡，失去依靠的中国海盗只好返回华南沿海。由于势力范围不清，各帮派之间开始摩擦走火，屡屡发生血腥事件，于是便有了嘉庆十年的结盟。乌石二的蓝旗帮，在联盟中地位仅次于红旗帮，涠洲岛是他盘踞的老巢，海南岛则是切割给他的一块肥肉。"有金则为作示布告，以恐乡愚，敛财物岁记得银不下六七万，凡隶高、廉、雷、琼，濒海居民均为所制。"（清·温承志《平海纪略》）

嘉庆前期，乌石二袭击海南的记录，遍见于方志中"海寇"的章节，1802 年至 1810 年，蓝旗帮在岛上大规模的抢劫就多达十次，地点集中在海南岛北部，从文昌铜鼓、铺前到海口海甸岛、澄迈石矍港一带。其中铺前港与石矍港是乌石二最喜欢光顾的地方。或许是经济较为发达，铺前是明清时期受海寇冲击最惨重的港湾，这里的人们饱受盗匪的荼毒与蹂躏。在这里，乌石二也领教了琼州军民的顽强与英勇,他的盗众一再被击溃。

6

红旗帮的帮主,原是来自台湾的郑一。在嘉庆十二年(1807)十月的一场突如其来的风暴中,郑老大来不及归港,便葬身海底。他的老婆、被帮众称为"龙嫂"的石香姑,继承了他的位置,这就是在世界海盗史上名闻遐迩的郑一嫂(1775—1844)。出身新会疍家女的她,在当上寡妇的同时,也登上了帮主的座位。她以不同凡响的魄力,颁布了新的帮规:

> 凡擅自专权或是违背上级命令者,斩无赦!
> 窃取公家财物或是到村民家中偷盗者,斩无赦!
> 强奸良家妇女者,斩无赦!
> 男女私通者,男方斩首,女方腿绑石头沉入大海!
> 开小差或擅自缺到者,割掉耳朵示众,等等。

在她的铁面整治下,红旗帮纪律严明,作风勇狠,常常在颓势之下反败为胜,规模不断壮大起来。该帮以香港大屿山为基地,活动在珠江口与琼州海峡之间的水域。他们最早冲击海南的记录,是嘉庆二年(1797)的夏天打劫铺前、清澜二港,践踏周边的村庄。但红旗帮的收入,更多地依靠收取商家的保护费,打劫海上过往的官商船只,绑架商人等途径。一位名叫格拉斯普尔的英商,曾经不幸成为红旗帮的肉票,最终以七千六百五十四西班牙银圆赎身。这可是一个不菲的身价,但也正是他赎身之后出版的

19世纪初西方报刊上刊登的女海盗郑一嫂

回忆录，使郑一嫂闻名天下。

虽然有严明的帮规，但要让数万如狼似虎的盗贼听命于自己，还得有心腹之人来驾驭。对于郑一嫂来说，这个人就是张保仔(1783—1822)。

张保仔出身江门渔家，也是一名疍家子弟。十五岁那年，一群海盗打劫他家乡的渔港，长相俊朗可爱的保仔，被贼人抓去。原以为就此殒命，枉费了父母的养育之恩，哪想得到，当他被带到帮主郑一跟前时，这个恶名远扬的匪首，竟然对他绽开慈祥的笑容，露出洁白的牙齿，并把他留在身边听候使唤。接下来，还被郑一夫妇认作养子加以栽培，教他练习武功招数。年龄与他相差八岁、风韵迷人的龙嫂，对他更是关爱有加，不时给他送上好吃的。

义父死时，保仔已经练就一身本领，不仅头脑聪慧，而且勇武过人，在帮中享有很高的威望。开始，郑一嫂只是分一大队人马让他指挥。每次行动，他总是带着众人在前面冲锋，一旦有人畏退，他便手起刀落，毫不留情地加以斩杀，但抓来的百姓，却不让手下随意伤害，搜刮来的财物也悉数上缴，手里不留一分。经过一番考察，龙嫂看好这个帅气的义子，将整个帮的队伍交他统领。于是，保仔与龙嫂之间，形成了一前一后、一阴一阳之的领导核心。带着帮众在前面怒吼厮杀的保仔，对运筹帷幄的龙嫂言听计从，不敢有丝毫怠慢。不知从哪一个夜晚开始，这对名义上的母子，演变成实际上的夫妻。母爱与情爱交集在一起，可谓是亲上加亲了。龙嫂也称得上是驭人有术。

那时候，在海上谋生的人，几乎没有不信神的。海盗们在漂浮不定的洋面生活，干着出生入死的危险勾当，随时都可能有灭顶之灾，说不定哪天就死于刀下或淹没在水里。他们的内心渴望归靠的海岸、停泊的港湾。因此，各帮派都有自己供奉的神祇。和众多海上作业的渔民一样，红旗帮信仰的是"三婆"（妈祖的一种称呼）。当上头目之后，保仔专门请来一个道士，随侍在自己身边。每次，他和郑一嫂商量好策略之后，便提前悄悄告知道士，再举行公开会议，让大小头目发表意见，然后请道士上香问神。这样，得到的神旨往往与保仔谋略相同。他自己因此变得越来越"神"，手下人也就更加服帖了。

当然，保仔得到众人的拥戴，更关键的还在以他为人豪侠爽义，以及隐藏在勇狠背后的柔慈。有一件事情足于证明他人格的魅力。一个姓刘的番禺人,父亲到安南去做生意,一年一次往返。嘉庆初年,刘父在半道上遭到海寇抢劫,慌忙跳入水中得以逃生。但丧了钱财又受了惊吓的刘父,回家不久就病死了。刘某以为,海贼中最强的是张保仔,一定是他干的。于是怀着杀父之仇,专门请良工制作一把尖刀,磨得锋利无比,还敷上了毒药,怀揣着来投红旗帮入伙。每次聚会,他总是尽可能靠近保仔身边。有一天,保仔看他脸色有异,便突然命人将其摁住,从衣服里搜出那把寒光逼人的利刃来。保仔叱问曰:"你到底想干什么?"刘某嗔目回答:"我就是要杀死你!"保仔说:"你我素无仇怨,为何要杀?"刘某这才说出缘由来。保仔婉转问起刘父遇劫的时间、地点,最后告诉他:"那个时间我人在香港,杀你父亲的人,应该是雷州的乌石二。"于是,令左右给他松绑,说:"我杀的人父多了,只有你来找我报仇。你不愧是一个壮士!如今,你父仇未报,但心已经尽到了,就回去好好过日子吧。"说完,给了他四两金子,并派人送刘某回家去(《谱荔轩笔记》)。这样的帮主,难怪有那么多人愿意跟着他卖命。

红旗帮鼎盛时期,拥有大小近千艘船,部众号称七八万人,有自己的造船厂,舰队装备洋枪洋炮。其中有几千斤的大炮,每颗炮弹重达十几斤。配备的"快蟹船"快速机动,火力充足,非官军水师所能追赶。清政府多次派兵征剿,最终都以损兵折将告终,虎门副将林国良在开洲兵败被俘,接着,参将林发折戟于阿娘鞋,总兵许廷桂在桅夹门失利自刎。此外,红旗帮还给葡萄牙人的舰队以沉重的打击,把澳门围困得快要断粮。1809年,红旗帮还在珠江上俘获英国殖民者的舰船,杀死了几十名英国士兵。

尽管已经做成江湖老大,但郑一嫂、张保仔并不像乌石二那样,抱有政治企图,也不愿与官军正面硬碰,拿手下兄弟的性命去开玩笑。随着年龄增长,二人对海上流寇的生活有了厌倦,向往起岸上安稳的日子,榕树底下的那片阴凉。张保仔原本良民,走上匪道完全是因为被人劫持,逼上梁山,违背良心的事做多了,自己也觉得受不了。不知从什么时候起,他和龙嫂就像宋江那样,开始探寻回归主流社会的机遇。当年擒获虎门副将林国良时,他并不是有意杀害这个七十岁的老人,只是这位刚烈的将军怒发冲冠,切齿狂骂,怎么都劝不下来,激怒了手下的弟兄,才有人忍不住将其刺死。为此,张保仔十分愤怒，说"我等露宿风餐，漂泊海面，正如浮萍断梗，浮沉莫定。幸藉一战之威，暂免诸官之捕。厚待镇军，送之回港，以通来往，然后徐图归正，我等方可无事也。乃不奉我命而无故杀之，意欲何为！且彼既轻败师徒，失舟被获，杀之于我何加？纵之或归就戮。今徒使我有杀协镇之名，后虽欲投降，其可得乎！"（袁永纶《靖海氛记》，转引自彭崇超《清嘉庆年间的粤洋海盗》）话一说完，他就把刺死林国良的部下给杀掉了。

著名的"赤沥角之战"，成为郑一嫂、张保仔投诚的契机。

嘉庆十四年 (1809)，年逾六旬的张百龄出任两广总督，老谋深算的他，经过一番考量之后，改变过去武力追剿的策略，采取坚壁清野的方针，禁止商船出海，杜绝一切为匪盗销赃、接济水米的行为，盐运改由陆路运输，阻断海盗集团的财源。同时派人向各路匪帮送去劝降招安的文书，敦促早日弃暗投明，重新做人。

张百龄的这一招果然奏效，因为海上无商船可资攫取，数万弟兄的生计成了问题。郑一嫂、张保仔他们不得不冒险深入内河，行偷盗打劫之事。内河行船不便，容易受到来自水陆二路的围追堵截。这一年五月，张保仔率领船队，到新会、开平、香山、东莞、南海、番禺、顺德等县抢掠，一路受到官军的穷追猛打，人员船只多有损伤，不得不转入香港大屿山赤沥角基地休整。十一月，船队踪迹暴露，被广东水师和澳门葡萄牙海军合围，数百艘船尽困港中。情急之下，张保仔派人潜水而出，向郭婆带的黑旗帮和乌石二的蓝旗帮求援。与张保仔素有积怨的郭婆带按兵不动，摇着扇子等着看好戏。乌石二则率蓝旗帮一部，向珠江口万山群岛附近佯攻官军水师，策应他的行动。当时，正好水面刮起东南风，有人提议以巨舰堵截红旗帮出逃水道，并立即发起火攻。多谋寡断的水师提督孙全谋在船上来回踱步，一再犹豫不决，给了郑一嫂、张保仔突围的机会。

待舰船维修竣工之后，张保仔燃香问卜于三婆神，挑了一个日落黄昏的时辰，"扬帆鼓噪，顺风破围而出。数百舟势如山倒。官军不意其遽逸，不能抵当"（袁永纶《靖海氛记》，转引自彭崇超《清嘉庆年间的粤洋海盗》）。还将广东水师追出几里远，才从容列阵向东驰去，并在广州湾海面与乌石二会师。

水师提督孙全谋因此被张百龄逮捕问罪。

因在赤沥角之战中坐山观虎斗，黑旗帮首领郭婆带害怕张保仔前来寻仇，便于十二月向官军投诚缴械，获得"把总"的赏衔。这件事情，让郑一嫂与张保仔看到了柳暗花明的出路。此时，与他们关系非同一般的澳门医生，带来了总督张百龄劝降的使者。夫妇二人合计之后，表示同意，但狡黠的郑一嫂却提出了两个条件：一是督府大人必须亲自前来，他们方可俯首听命；二是允许他们贩卖食盐，作为今后的生计。

对于郑一嫂提出的条件，总督府人员颇有顾虑，但张百龄当即应允。他对身边的同僚说："粤人苦盗久矣！不坦怀待之，海氛何由息？"于是带着十几个部属，乘一艘单船驰出虎门，登上红旗帮的指挥舰。张保仔的数百艘船整齐列队，"轰炮如雷，环船跪迓，立抚其众，许奏乞贷死。旬日解散二万余人，缴炮船四百余号"（《清史稿·百龄传》）。投诚之后，张保仔被授予"守备"之职，戴红顶花翎，成为清王朝的三品武官，终于漂白了自己作为强盗的身世，可以告慰列祖列宗。为此，他改名为张宝，与改称石香姑的郑一嫂正式结为夫妻。因为清代女性不能授官，石香姑被封为诰命夫人。

接受招安之后的张保仔，成为张百龄手中的一把利剑，跟《水浒传》中的宋江一样，反过来屠杀曾经与自己结盟的匪帮。先是在七星洋俘虏黄旗帮的李宗潮部，后在放鸡洋歼灭青旗帮的船队，最后轮到了蓝旗帮的乌石二。他曾经代表官府，不止一次向乌石二发出招抚的劝告，并传达了张百龄"许以不死"的承诺。但性情刚狠的乌石二，心中一直响着"海上天子，不怕清朝"的歌声，决意将一条死路走到尽头。

嘉庆十五年（1810），蓝旗帮的主力船队被官军水师阻截于海南岛西部的儋州洋面。在张保仔的引诱下，乌石二驰往雷州半岛的双溪港。在这里，他陷入了张百龄预设的水陆重围，岸船枪炮火力一同向他的船队倾泻。混战中，张保仔看到乌石二的身影，便迅速驱船靠近，纵身跃上甲板，大喝一声："张宝来了！"接连血刃了几个小匪后，他冲到了乌石二面前，高声呵斥："吾数劝汝降，汝何不我听？今复何言！"（袁永纶《靖海氛记》，转引自彭崇超《清嘉庆年间的粤洋海盗》）一度横扫北部湾的海上天子，顿时惊慌错愕，手中的大刀竟砰地掉了下来。至此，除了青旗帮的李尚青带着残余远逃吕宋岛外，喧嚣多时的南海海盗集团，就基本被肃清了。就像张百龄在给皇帝的奏折中说的："全省洋面，一律荡平！"

乌石二入狱之后，断饮绝食，以示抗争到底。由于一生在海南岛上作恶多端，血债累累，他与手下七个头目被解押到海口市，处以磔刑，肢解而死。行刑过程如同庖丁解牛。狗头军师黄鹤等一百一十九个骨干，也被砍头弃市。

嘉庆二十四年（1819），张宝被擢升为福建闽安副将，驻守澎湖。孤寂的日子，他想起自己的义父郑一，当年就是追随天地会首领林爽文，在台湾举旗抗清的。几十年过去，身为义子的他，站到了他们的对立面。差不多是这个时候，监察御史林则徐，在一份奏折中意味深长地提到了"勿忘台湾郑氏"。张保仔自此便没有再升迁，两年后，得不到上方信任与同僚尊重的他，郁郁病死于任上，年仅三十九岁。郑一嫂带着家小以及埋藏多年的财宝，回到广东南海，过着富足而平静的生活。但二十年后，她的一纸诉状，让人们再度想起这个曾经在南海上叱咤风云的女匪酋。

海盗王乌石二最终在海口被处以磔刑

道光二十年（1840），正忙于虎门销烟的林则徐总督，看到了一份诉状。有个叫张石氏的老妇人，以诰命夫人自谓，称自家曾于嘉庆十五年（1810），将二万八千两白银交给十三行一个富商，托其办理代购房屋事宜，但时至今日尚无落实，要求该商家退还款项。经过一番调查摸底，林则徐发现，这个张石氏可不简单，竟是嘉庆年间令人闻风丧胆的郑一嫂，于是起了憎恶之心。他以案情已过三十年、证据不清为由，不予受理张石氏的申诉，还向朝廷上奏，请求剥夺其诰命夫人的封号。原因是，这个妇人原本是郑一之妻，后来改嫁张保仔，早已名节俱亏。且命妇夫亡再嫁，按律尚应拟罪追夺，张石氏竟然请封诰命夫人，属于冒混行为，而且有伤风化。作为一代匪酋，其荼毒生灵之事，至今仍流传于街头巷尾，令人痛心劫骨。

不仅讨不回来半厘钱，还被褫夺了昔日的荣光，这着实让见过大世面的郑一嫂深感挫败。四年之后，她以六十九岁的年龄入土。在香港、虎门等地，张保仔和郑一嫂的传奇故事广为人知，被编成各种戏剧影视。但中国以外的地方，人们只知道有一个郑一嫂。在著名作家博尔赫斯的小说中，郑一嫂"身材瘦削，轮廓分明，老是眯缝着眼睛，笑时露出蛀牙"。她的暴行令人闻风丧胆——

> 趾高气扬的寡妇率领六百条战船和四万名得胜的海盗，长驱直入，进了西江口，所到之处烧杀掳掠，害得许多孩子丧了爹娘。不少村庄被夷为平地。仅仅从一个村庄里掳走的人就超过一千。一百二十名妇女躲进附近的芦苇丛和稻田，由于止不住一个婴儿的哭声，被发现后给卖到澳门。这次掠夺造成的哭喊虽然相隔遥远，仍传到嘉庆天子的耳边。（《博尔赫斯全集》小说卷，25页，浙江文艺出版社，1999）

当然，这是文学戏剧化的描写。实际上，作为水上人家的女儿，郑一嫂堪称中国历史上第一个女权主义者，她以明文的律条，禁止部众侮辱良家妇女、打劫穷苦百姓，同情之心恻隐于怀，算是一个有道之盗。

7

海口市的得胜沙，如今是一处颇为繁华的街区。但在十九世纪中叶，这里还是一片金黄的沙滩，被称为外沙，是海盗时常登陆的地点。外沙之所以改称得胜沙，起源于道光二十九年（1849）那场海口所城保卫战。

道光年间，频繁攻击海南的有两股海匪。一是多次进犯岛南崖州等地的梁亚球；二是频频劫掠岛北海口和文昌清澜、东郊的张十五。比起张保仔、乌石二，他们的规模不算大，但危害却是不浅。尤其是张十五，机敏狡诈，人称"秃头贼"，是海峡对岸的雷州人，活动范围甚广。据说，他曾公然向钦差大臣徐广缙索要二十万两白银，作为暂停对福建、浙江沿岸行劫的条件。道光二十八年(1848)四月初六，张十五驾船三十多艘，扫荡清澜东岸的乡村，抓走了来不及躲藏的村民。后来，又以近百艘船两度突入铺前港，抢走了炮台的十二尊大炮，洗劫了港内的商船和岸上的商铺。

道光二十九年四月，张十五匪帮的几十艘贼船，趁着涨潮时机，突然冲上外沙，侵犯海口所城。当时海口镇人口大约三万人，但海口营仅有区区二十余艘船，守备许颖升、署守黄开广几无准备，来不及组织有效的抵抗，便溃若决堤。来自海北的盗寇，潮水般涌入海口城，如同狼群冲进了羊栏，狂欢似的洗劫商铺与民宅。人们纷纷逃往琼州府城避难，而最最恐惧的莫过于妇女，她们的贞操比财产性命更为要紧。

广东水师提督、"建威将军"吴元猷

一个月后，尝到滋味的张十五，又领着数百盗众再度袭击海口。此次，备受责难的守军已经有所预防，而且调来了威武善战的崖州副将吴元猷（1803—1871），做好了周密的谋划部署，在一些地段安排了伏兵，还到庙里请求冼夫人派天兵助阵。

从五月初二到初四，张十五连续三天恶狼般的进攻，都在外沙受到了重创，最后只能收拾残部撤回雷州。半年之后，元气大伤的张十五，只好接受官府招抚，被安置在海口，成为居民唾骂与嘲笑的对象。同治元年（1862），当地政府应居民的请求，将外沙更名为"得胜沙"，以纪念那场来之不易的胜利。因为之前与海寇的许多对抗都以失败告终。百姓们认为，此战之所以获得全胜，有赖于婆祖冼太夫人的赫赫神威，于是在得胜沙建起了一座婆祖庙，作为供奉。

吴元猷是海口灵山道郡村人，自小习武，擅长使用双刀，因在此战中表现突出，被提拔为琼州总兵。在任上，他剿灭了儋州刘文锴的海盗船队。刘某武功高强，胆大过人，其船队游弋于岛西和北部湾海域，让这一带的人们生活在恐慌之中，也令雷琼兵备道备受责难。最后，这个海霸还是栽在吴元猷手里，被生擒，处以极刑。从海口到儋州，人们奔走相告，欢呼雀跃。时任两广总督的叶名琛，上奏为吴元猷请功。他因此获得皇帝赏赐的顶戴花翎，并被任命为广东水师提督，参加第二次鸦片战争，成为民族英雄关天培的接班人。官至一品武官的吴元猷，曾被授予"建威将军"的称号，是继明代湖广巡抚、兵部左侍郎梁云龙之后，海南人中战功最为卓著的将领。

8

明清时期，由于程朱理学的滥觞，加上朝廷的倡导，社会伦理中贞节观念强化到无以复加，牌坊遍及城乡各地的街头巷尾。仅有明一代，全国有事迹、姓名可考的烈女，就有五万八千多人。对于生活在这一时段里的女性而言，贞节事大，生死事小。"女子守身，如持玉卮，如捧盈水，心不欲为耳目所变，迹不欲为中外所窥。然后可以完坚白之节，成清洁之身，何者？丈夫事业在六合，苟非渎伦，小节犹是自赎。女子名节在一身，稍微微暇，万善不能相掩。"（明·吕坤《闺范》）倘若在节操上有了瑕疵，不论做了多少善事，都洗不清世间的污辱，挽不回自己的清白。

在海南岛的方志里，有大量烈女（或称列女）的记载。烈女乃贞节孝烈之女，有为己守贞如玉者，有为夫守节不改者，还有为公婆尽孝不渝者。为贞节不惜性命、舍身赴死者，是烈女中的烈女。为丈夫守节者，往往是因夫君不幸早亡，于是终身不再他聘，是所谓忠臣不事二主，贞女不事二夫，这种情况相当普遍。《光绪崖州志·列女》记载：崖州番塘村（今乐东丰塘）一个姓蔡的女子，被父母许配给香山村陈士养。端午节那天，身体壮实的陈士养，大概是与人打赌，将一只巨大的风筝缠到自己腰上，因为把持不住，被风筝一路拖进深海。当时年仅十六岁的蔡氏，伤痛欲绝。尚未结婚的她，挺身过门，以处女之身，在岸上为陈士养守节终身。不过，这还不算是最典型的例子。

守节最极端的情况，是不求同生，但求同死，自己了断，与夫同赴九泉之下。万历年间澄迈的徐氏，丈夫二十一岁病逝，她解下身上的金环玉镯交与母亲，便绝食上吊身亡，为丈夫殉葬。文昌县的林氏，丈夫被作乱的贼人杀害。她在收葬丈夫之后，吞吃沙土直至哽咽而绝（《康熙琼郡志·烈女》）。清代澄迈县的陈氏,年方二十丧夫,带着女儿与母亲相依为命,生活极其艰难,但誓死不嫁。顺治年间,海南发生大水灾,饿殍填道。母亲眼看一家人活不下去,便私下将她聘于他人,直到出嫁前一日,才告诉她。林氏抱着女儿恸哭,泪干之后自缢而死。

女子守节,皆因丈夫早殁,至于夫殁的原因,则是各种各样,最为普通的自然是疾病。然而,在岛上的节妇中,丈夫不少是出岛参加科举考试途中去世的,有的人干脆就是人间蒸发,尸首都找不回来。儋州生员林维翰,嘉靖年间前往省内参加科举,死在广州。新婚不久的妻子陈氏,将他入土之后,便穿上崭新的衣裳上吊了。琼山举人张玉,在赴京参加会试途中弃世,其二十岁的妻子王氏,拒绝家庭内外的劝告,誓不再醮,靠织布为生,横经教子。崖州生员伍岳在渡海赴考途中,葬身海底,妻子刘氏,哀毁数日而死。同样故于科考途中的定安人吴邦光,家里因为穷困,反复催其年轻的妻子刘氏改适,但刘氏竟然毁容自伤,誓死不移。

女子守节,"谨护其身,如执玉、如捧盈、如临大敌、如防小窃,可生可杀,可饥可寒,而不可使偶涉于不义,稍沾于不洁,值变不得从权以偷生,不得惜死以改节"(李晚芳《女学言行纂·四德篇》)。在遭遇到人身侵犯时,为了如玉之身免受污损,悲壮赴死的情况,在海南烈女中数量惊人。这种情况,多发生在山匪海盗洗劫城乡的时候。因此,要想了解海盗给海南人带来多大的灾难,几乎没必要做更多的考据,只需翻阅史志中"烈女"一章,便完全可以想象了。

嘉靖年间,在乡试中考取次元的琼山举人张子翼,到广州参加选拔考试期间,匪寇围攻县城,打劫府库,张妻陈氏被当作人质。她怒斥群匪,"咬贼手,啖其肉",被残忍杀害。《康熙琼郡志·烈女》里,这样的事例比比皆是,不胜枚举。

文昌一韩姓女子,在海寇劫掠村庄时,与母亲和孩子一同被掳到船上。海寇企图在船舱里强奸她。韩氏表示,只要放走母亲和孩子,我就听任你们处置。等到孩子和母亲上岸之后,韩氏便纵身投入海里。匪贼入水捞她,被骂不绝口。最后,韩氏被连刺多枪,流尽了最后一滴血。几天后,哥哥梦见她撑着一把伞，在村后的一处海滩行走。家人依照梦中情景到海边寻找，果然在一张破伞下面，发现她的躯体，面色如生。

隆庆六年（1572），海盗攻陷海口所城，十六岁的女孩陶金娘被抓。愤怒的金娘唾骂不已。贼匪为了将其震慑，在她面前接连砍杀了几个人，接着向她施暴。金娘咬住匪徒的肩背，死不松口，使之血流如注，最终为贼刺死。

明清之际，巍峨的贞节牌坊遍布全国各地

万历二年（1574），海寇林凤攻陷清澜所城。生员王高宾和妻子华氏及十六岁漂亮的女儿，皆不能逃脱。在受到强暴时，母女二人誓死不屈，奋力抗拒，双双被难。

文昌迈犊的李七娘，被数十个匪徒擒获。十六岁的她不甘受辱，"啮舌求死，昏迷仆地"。匪徒看她刚烈，知其不可侵犯，便松绑走人。苏醒过来后，七娘对亲人说："吾被贼所擒，不死为何？"尽管亲人百般抚慰，日夜防范，她还是在椰子树上自缢而死。

万历二年，澄迈县林有源的妻子，才二十岁，在一次海寇劫村时被抓走。到了海边，海寇们要侮辱她的身体。她"厉声奋骂，延颈于石，令其速刃"，最终殒命于刀下，保持了节操的完整。

匪盗横行的时期，百姓的安全无法保障，而灾难最为深重的要数妇女，男人们已经保护不了她们。然而，面对恶魔歹毒的暴行，为了捍卫自己的尊严，维护名节免遭侮辱，她们或者引颈，或者啮舌，或者跳海，或者撞石，表现出比男人更为壮烈的气概，实在令人为之感叹。

明清两代，尽管国家高度集权，但中央政府的权威，仍然不足以澄清玉宇、踏平风波，完全慑服各种非政府组织的暴力。合法机构的职能，始终处于被挑战与分割的状态。包括海南岛在内的东南沿海，百姓的生活风雨飘摇。就海南岛上的居民而言，劫掠家园的，除了来自洋面上的海盗，还有深山密林里的山贼。如果加上每年夏秋从菲律宾刮来的台风,初春季节随冷空气南下流行的瘟疫,夏天夜里虫子叮咬传染的莫名热病,以及旱涝灾害与蝗灾,他们能够获得的安宁,以及支配自己生命的可能性,实在是少之又少。这座岛屿上的生存,曾经是那么艰难与慌乱,即便是对于腰缠万贯的富人来说,也同样如此。而女性的命运,更是如风中的芦苇。现在,集权的体制已经为人们所痛恨,被看作一种恐怖的暴力,但在那个遥远的时代,生活在岛上的居民,曾经是多么渴望强权的庇佑啊。在得不到地面上的庇护时,他们只能仰望苍穹,祈求来自云层之上的慈悲。

The
Biography
of
HaiNan Island

海南岛 传

第二十一章

踏海南洋

骑楼老街：南洋文化的物质形态

1

光绪十年（1884），海南岛上发生两件事情，惊动了两广总督张之洞。一件是乐会（今琼海市）知县徐汉章，在深夜里吞食了大量的鸦片，家人发现后往他肠里灌水，救治不及而身亡；另一件是定安林开信聚集周边匪众数千人四处作乱，放火杀人。徐汉章的死一度传说是被掌管刑狱的典史所逼，但经张之洞派人查实，乃是因肝病复发，不堪其苦而自行了断。定安的叛乱在付出不少牺牲之后，也被镇压下来。就在这些事情吸引着人们视线的时候，乐会县一个叫作王绍经的年轻人，悄悄登上开往南洋的帆船，加入了"去番"的人流。

出生在角边沟村的王绍经，曾经读过两三年的私塾，因为交不起学费，三兄弟中排行老大的他，开始垦地种起了苦瓜。他白天在瓜园子里忙活，晚上还睡在棚子里守候，谨防有人来偷瓜。收瓜的日子，他便挑着苦瓜到墟集上去卖，卖不出去的就成了自家的菜，皱巴巴的苦瓜吃到了作呕的地步。这样的日子实在不是滋味，而且看不见尽头。听说南洋那边，有许多发财的机会，人们纷纷下海而去，王绍经也动了心。这一年夏天，他告别妻子林氏和年幼的儿子，揣着四块光洋和两罐辣椒酱，跟几个伙伴赶路到海口港，坐上了人货混载的大帆船。那一园子的苦瓜，就让它烂在地里了。

上百吨的木船，除了货物，其余的地方都挤满了人，几乎清一色都是青壮男子，他们神情不安，满怀希望又忧心忡忡。船开出不远，身后的海南岛便像一个土堆子，淹没在晃荡的水波下面。整个世界唯有一片汪洋和汪洋之上飘忽不定的云。木船在海浪的撞击声中颠簸行进，散发着难闻的腥味，有人开始呕吐苦水，王绍经担心船会在某一刻忽然翻过来，沉入海底，成为鱼的食物。这种顾虑并非完全出自他的胆小，实际上，往返南洋的船只，沉没的情况时有发生；在那边淘金赚到大钱的人，归来时丧身鱼腹的事情也时有耳闻。但是，等到第二天醒来后，他发现自己的心不再忧患，富贵在天，生死由命了。在海上的日子，他用自带的辣椒酱就着饭团吞咽，尿都比别人少许多。他觉得合算，想要赚钱就得亏欠自己。

差不多就在这个时间甚至就是在这条船上，还有一个同样来自乐会县的青年人，也和王绍经怀着同样的盼望，踏上了下南洋的路程，他叫何达启。与许多来自乐会的人一样，他们外表温和，说起话来柔声慢气，但内心却隐藏着闯荡江湖的胆魄。个头矮壮的王绍经，看起来十分沉着；眉目清秀的何达启，则显得要斯文一些。何比王小三岁，结婚不满一年。还在蜜月里的时候，妻子林氏就开始嫌弃他破败的家境，数落他的种种不是甚至摔起了盘子。受不了女人唠叨的他，无法在家里安生，只好跑到海口来找事做。此时的海口，已经是一座三万多人的城镇，与旁边的琼州府城规模相当，而且建起了几处洋行。何达启特地到英国和德国领事馆门口转悠，看着鼻梁嶙峋的洋人，高视阔步地进进出出，心里十分羡慕。码头那边，正在售卖开赴南洋的船票，他便排队给自己买了一张，心里还暗暗发狠：不混得人模狗样，绝不回头是岸。

海南人下南洋的历史，可以追溯到很远。早在汉唐时期，就有船只往来于东南亚各地，不过，那止于做些以物易物的生意，留在那边的少之又少，除非犯案在身，或者被马来女人缠上。毕竟相比之下，经济文化方面那边要落后许多。直到近代沦为西方殖民地，这些边缘地方才开发起来。大规模地开掘锡矿、种植橡胶，带动了其他行业，垦荒、筑路、开矿、建厂、掘河，都需要大量廉价劳动力。而此时中国的南方，福建、广东、海南等地，人口急剧膨胀。在海南岛的北部的文昌、琼山、乐会，普遍出现人多地少的局面，有的地方人均耕地不过一亩多，加上旱涝蝗灾，根本养不活嗷嗷待哺的家口。

第二次鸦片战争后的1858年，清廷与英、法分别签订《天津条约》，海口被辟为十大对外通商口岸之一。两年之后签订的《中英北京条约》，改变了康熙以来"凡出洋久留者，该督行文外国，将留下之人，令其解回立斩"的做法，允许国人自由出洋。福建、广东、海南沿海出洋谋生的人潮，一浪高出一浪。海南从一个接收移民的岛屿，变成一个输出移民的地方；从一个流放政治犯的边地，变成了国家对外开放的前沿。据有关资料统计，从 1876 年至 1898 年的二十三年间，仅通过客运出洋的海南人就达二十五万人，平均每年一万多人，最多的年份超过二万。其中以文昌、乐会、琼山为主。王绍经与何达启是当年一万多人中的两个，他们乘坐的三桅帆船借着北风，经过北部湾，沿着印度支那海岸逶迤前行，陆续抵达越南、暹罗、马来西亚、新加坡等地，整个航程大约需要一个月时间。和这个时期出去的人一样，他们都把自己的老婆留在了家乡。这些可怜的女人，在海岸上望眼欲穿，站成了成千上万的望夫石。

2

初到新加坡，王绍经没有像大多数人那样，急着去找一份苦力干，而是在街上转悠。他发现这里的人，不论男女都喜欢嚼槟榔，猩红的口水吐得到处都是，像一朵朵凋谢的梅花。街边摊上均有槟榔出售，而作为配伍的蒌叶石灰，则需要从城外挑来配送。于是，他早早挑着担子，从马来人居住的村庄收来蒌叶石灰，挑到牛车水一带去推销。到了下午，他还用剩余的力气卖起了菠萝。这种本小薄利的生意，如同针上削铁。一分一厘攒来的钱，他都舍不得花，除了寄回给妻子养家，其余都积蓄起来。晚间没事的时候，便拿出来数数，这样睡起来就会很香。

箱子底存到二百元后，王绍经与四个老乡，凭着茶桌上的口头协议，合伙做起了布伞的生意。资金充足后，又到马来柔佛州的印尼山区设点，收购各种皮货运往新加坡和海南，卖给鞋厂做原料。有了盈利，一伙人便开始贩卖煤油，不仅赚了钱，彼此也合作得十分愉快。若干年后，四个合股的老乡先后病故，尽管没有任何合同凭证，王绍经还是将本钱和红利，分毫不差地交到他们后人手上，甚至还出资扶助这些晚辈的生意（参看王裕超编著《王绍经公五代史略》）。由于为人重义守信，他在海南华侨中的人望不断攀升。

事业上路之后，王绍经陆续把孩子接来南洋，送进新加坡学校就读。但在很长时间里，他都不敢让家里的女眷过来团聚。南洋各地，特别是新加坡，到处都是男性民工，空气中充满着雄性荷尔蒙的气息，女性的出现会令他们发狂,很容易成为攻击的目标。陈序经在《珠崖篇》中写道:"我记得少年在新加坡,曾看到有人从海南乡间带妻女到新加坡,一上岸就被一些新加坡海南青年殴打,结果是不得不乘原船回去。"1904年,一位海南妇女辗转香港,来到新加坡,入住一家客栈时,曾经引起很大的轰动。她被认为是第一个下南洋的海南女人。直到1923年,文昌人陈时新秘密带妻子到新加坡,隐居在山村里。被人发现之后,还酿成一场风波,惊动了当地的政务司。琼侨林树兰的老婆是第一个抵达泰国的海南女性,刚上码头就受到了侮辱(参见唐若玲:《海南人下南洋的历史考察》,《南海学刊》2015年第1卷第3期)。

七十岁的王绍经仍然坐有坐相

进入二十世纪,汽车工业飞快发展,西方各国也在为战争磨刀霍霍,火药味日浓一日,这种局势反而拉动了南洋经济的发展。嗅觉敏锐的王绍经,闻到了金子落地的声响。完成了原始积累的他,开始涉足橡胶和房地产业,在马来西亚收购了大片的橡胶园,将新加坡一条街上的数十间店铺买下,把它变成"绍经街",而另一条叫作"桂兰街"的大多数铺面,也渐渐归属到他的名下。此外,他在银行、保险等领域的投资也均有斩获。不知不觉中,他成了新加坡十二富商之一,当上了新加坡琼州会馆首任主席,新加坡中华总商会董事。当地流传着这样的说法:福建有个陈嘉庚,海南有个王绍经。在新加坡街头,人们有时能看见穿着粗布对襟唐装的王绍经,坐着一辆小马车,嘀嘀嗒嗒地从路上经过,嘴角留着短短的八字胡子。赴南洋的侨民,绝大多数来福建、广东和海南。如果深入了解,你会发现,他们基本上都是闽南人。

种苦瓜出身的王绍经,发财之后生活依然俭朴。孩子们每天上学,他只给五分钱,让他们搭乘公共汽车,但对公益事业却毫不吝啬。他发起创办新加坡育英中学,并捐资建造"王绍经礼堂",后来两个儿子也跟随他的脚步,在该校捐建了"王先树楼"和"王先楠楼"。在家乡,他捐建了乐会县"王绍经图书馆",还建造了当地最早的水泥桥。就像许多衣锦还乡的人士那样,他在家乡的那块苦瓜地上,建起了占地五亩、共有大小近三十间房屋的王家大宅,光耀了自己的门庭。

晚年的王绍经,遇上了二十世纪三十年代初的全球大萧条。一个时期,社会上风传四海通银行濒临倒闭,储户纷纷到营业所挤兑提现,情况相当危急。身为董事的王绍经,来到四海银行大厅,一次性存入了大量现款。并挂着拐杖,站在门口向客户致敬,感谢他们对四海的支持。此举稳定了人们的信心,使四海银行度过了危难时期,至今仍立于不败之地。抗战之初,他还响应民国政府的号召,购买了许多抗战公债,表达自己的家国情怀(参看王裕超编著《王绍经公五代史略》)。

王绍经不仅事业有成,而且子孙满堂。大儿子王先树,颇得乃父真传,二十世纪初带着十万光洋,回到海口来创业,建造了当时岛上最大的旅店——大亚旅店,和裕大纱布公司,一度引领海口的消费潮流,成为时尚的地标。

3

何达启没有赴新加坡,中途就在越南上岸了。起初,他在新开垦的胶园里,找到了一份卖体力的工作,砍掉原始森林,然后挖坑种上橡胶树苗。这种活劳动强度大,经常要跟花花绿绿的蛇打交道,一天下来疲惫不堪,全身都是泥水,但能够解决食宿的问题。没过多久,斯文的长相与内在的教养,便给他带来了运气。一个德国船长家里需要一个用人,在若干应征者中,他被船长夫人

何达启是下海"去番"的人中少有的成功者

相中。接下来服务得细心周到，更令这个德国家庭十分满意。

有一年，船长夫妇从越南返回汉堡。匆忙中，他们将一个装满财宝与文契、票据的箱子遗落了，而且还想不起丢在哪了。倘若找不回来，这将让他们蒙受巨大的损失。几个月后，一家人重返越南。没料到一进家门，何达启就送上原以为已经丢失的箱子，里面的东西一件也没有动过。于是，他成为船长的家庭总管，后来又被派到远洋轮船上工作，往来于南洋与西洋之间，职位不断上升，竟当上了威风八面的船长。作为忠诚与勤勉的回报，他被送往德国学习深造，成为一名出色的管理人才。

1890年，在德国船长的支持下，何达启回到海南，创办了海口第一家经营远洋业务的公司——森堡船务公司，并从汉堡进口一艘大轮船，运营海口至马来的航线。之后业务不断拓展，鼎盛时期拥有十艘远洋轮船，被称为海南船王。此外，他还开拓石油、橡胶、房地产、戏院、书局等方面的业务。1906年，他和叔父何麟书等人合股，成立了琼安垦务有限公司，斥资五千银圆从马来西亚购买胶种，突破殖民地的严密盘查运回海南，在乐会崇文乡合口湾，开辟了海南岛第一个橡胶园——占地十七公顷的琼安胶园。当然，作为龙头的仍然是他的船务和石油公司，几乎垄断了岛上的船务运输与石油交易。曾经令他羡慕不已的洋人，成了他旗下的员工。

已经成为商界大亨的何达启，也开始布施，捐助地方公益事业。其中包括海口福音医院、西庙菜市场、大英山环海中学等，可谓福泽一方。从清政府那里，他还捐来了一个"花瓶候选同知"的散官。同知相当于琼州府的副职，"花瓶"二字却含有某种隐喻的意味。除了商业投资，何达启有纳妾的爱好，一共娶了十五房妻妾，她们给他生了十三个男儿和四个女儿。为了安置这个庞大的家庭，他在海口关厂坊（今海口市义兴后街）筑起了占地近三千平米的宅院。由德国设计师根据他的理念进行设计，既有供奉祖先的厅堂与神龛，又有现代化的通风和卫生设备，还布置了大量的黄花梨家具，堪称中西合璧，是二十世纪初海口最奢华的大院。其中主要的建材，瓷砖和木材及配套设施，包括梳妆用的镜子，皆从南洋专船进口。他与八个妾及儿女住在其中，高挂的大红灯笼下，烟火气与脂粉味混杂在一起。另外，他有六房太太分别居住广州、香港等地，静候他随时的临幸。性格强悍的原配林氏，似乎始终未能得到何达启的恩爱，她没有生育儿女。但是，情去义在，或许没有这个女人的逼迫，他还不一定有后来的飞黄腾达。念及这点，何达启按海口何家大院的图纸，在老家为这位第一夫人盖了一座占地三千八百平方米的宅院，并雇请女佣照顾她的起居，把她像土地神一样供奉起来。其中的许多房间，常年都没有人入住，成了蝙蝠的安乐窝。这些似鼠又似鸟的奇怪物种，如同黑夜的碎片，撒满了黄昏的天空。

4

民国时期，海口最高的建筑，除了明昌塔，就要数落成于1935年的五层楼。它集酒店、舞厅、电影院、咖啡厅于一身，被称为海口第一楼，是往来海口的有钱人出入的地方，也是当地上流社会交际的场所，记录着那个动荡时代的浮华与幻梦。那时候的海口人，都把进入五层楼吃个茶点，看作人生特殊的荣耀。

楼的主人叫作吴乾椿，出生于文昌铺前港中台村，一个不知多少次被海盗光顾过的村子。吴家只有四分水田，种出来的稻米还不足以糊口。因此，尚未成年的吴乾椿，早早就当起了泥瓦工，靠一把灰刀到处给人家砌墙、筑猪圈，换取零星的收入勉强维持家计。清朝末年，文昌地面已经有三十多万人，是海南人口最密集的地方。因为没有像样的河流经过，干旱的土地已经养活不了这么多的子孙，"去番"差不多成为唯一的出路。出去的人，混不出模样的便渐渐没了音讯；混得好则会寄钱回来甚至衣锦还乡，在市镇上盖起了耀眼的高楼大厦。那时的中台村，就有几个混得不错的，他们激起了吴乾椿"去番"的决心。

儿子有这样的志气，母亲自然极力支持，她毅然卖掉了作为家底的四分水田，为他筹措下南洋的费用。就这样，吴乾椿恶狠狠地扔掉手中的灰刀，换上一身新裁的衣裳，从铺前港坐上了开往越南的帆船，去投靠已经在那里站稳脚跟的两个叔叔。

起初，吴乾椿在一个叔父的店面里当伙计。生性贪玩的他，口袋里一有几个钱，就往娱乐场所里钻，和越南风尘女子混到深更半夜，迷失在河内的花花世界。这让靠勤俭持家的叔父很不高兴，不断地训斥和数落他。受不了这份气的吴乾椿待不下去，便跑了出来。好在海防那边的叔叔，愿意借给他钱，但说好是第一次也是最后一次。这下，他正正经经做起了生意，在城乡之间来回倒卖一些山货，赚了平生的第一笔大钱。除了偿还叔叔的本金，还回到铺前老家，买回了一些田地，盖起了两间大房子，算是告慰了年迈的母亲。

吴乾椿天生是个冒险家，不愿意像王绍经他们那样，一分一文地攒钱，他要发的是横财，或者是命书中说的偏财。在新房子里完婚之后，他再度来到越南，倾其所有，收购了大量的蔗糖囤积起来。不久，第一次世界大战爆发，糖的价格一路攀升，他赚得盆满钵满，甚是开心过瘾。几笔买卖下来，他便有了一定的资本，在河内两条街上拥有数十家铺面。文化程度有限的他，到了1930年，竟然成为法国某银行驻越南防城的总代理，可见其能量真的不小。

1932年，为了拓展海南这边的业务，也为了完成出人头地的梦想，向父老乡亲证明一下自己，给那些曾经看衰他的人一记响亮的耳光，吴乾椿决定在海口得胜沙修一座大楼，作为海口的标志性建筑。为此，他斥资从南洋买来钢筋、水泥、红木、瓷砖、电灯等建材，轰轰烈烈地动土开工。然而，这一次他彻底失算了。缺少国际视野的他，看不到正在降临的全球大萧条。工程推进到一半的时候，资金便出现断流，这让他骑虎难下。为了完成自己多年来的夙愿，极具冒险精神的他，利用职务之便，挪用了法国银行的资金。

就在这座海口第一楼封顶之际，他的行为东窗事发，法国银行方面将其告上法庭。在审理与调解过程中，吴乾椿面临两种选择：要么立即变卖资产，还清一切款项，换得一个自由身；要么牢底坐穿，赎清自己的罪过。在财富与身家性命之间，他选择了后者。据后人追忆，当妻子千里迢迢，到越南的丛林去探监时，看到正在酷暑下劳改的他，浑身沾满了沥青，面目都看不清楚。没有等待刑期结束，他便病死在牢里，可谓是鸟为食亡。

1935年，建筑面积六千多平方米、建造精致的五层楼终于落成。开业的那天，海口各界名流云集一堂，场面无比壮观，鞭炮雷霆般地响彻云霄，令全城的鸽子无法降落。一家人应接不暇，忙得不亦乐乎。吴乾椿九岁的孙子无人照看，独自一人在楼顶上放风筝，不知什么时候失足，掉到了楼下红艳艳的炮屑里。就这样，一场喜事办成了丧事。十五年后，五层楼以十万元的价格为政府收购，换了新的主人。吴乾椿的儿子吴坤浓被发配新疆，从此不再回来。他在中台村做的那场肥皂梦，算是彻底破灭了。

5

和王绍经、何达启、吴乾椿他们一样，在南洋发迹的人，二十世纪初陆续衣锦还乡，将银两源源不断地带回海口、嘉积、铺前等地，建起中西合璧的楼房，并将生意业务延伸到国内，使海南社会面貌发生了崭新的变化。而一个特殊人物的出现，将这股回流推向了高潮。他就是出身广西海防大陶村的传奇军阀邓本殷。

靠编织草席为生的邓本殷，是一个十足的酒徒。1899年秋，因赊账买酒还不起钱，便报名入伍当兵。他身材魁梧，在战场上挥起刀来如入无人之境，很快就因军功从伙夫升到巡防营管带，成为广东陆路提督龙济光手下的一员虎将。辛亥革命后，邓本殷先后担任粤军第四支队司令、第四独立旅旅长，在援闽和返粤的战斗中战功卓著，得到孙中山和陈炯明的赏识。

1920年年底，孙中山重返广州整顿军政，将全省分设为十个善后处。身为粤军第一军第四独立旅旅长的邓本殷，兼任琼崖善后处处长，于次年初率部进驻海南岛。在独掌琼崖的五年时间里，邓本殷实行"琼人治琼"的原则，大量起用本土人才，加强基础设施建设。他拆除狭小的海口所城，重新进行规划，将原来五六米宽的石板路，全部拓宽为可以通行汽车的街

民国传奇军阀邓本殷

道，马路也从四五条增加到三十多条。与此同时，他通过当地耆老贤达，动员海外琼侨返乡投资，参与城市开发建设。短短两年时间，海口地面就建起骑楼数百幢。一个以骑楼为主体、洋溢着南洋风情的全新街区展现在世人面前，市场贸易额也显著飙升，拥有四五万人口的滨海城市，从此初具规模。1925年，邓本殷在海口成立海南第一家地方银行"粤南实业银行"，发行三千万元的"八属银毫"，可与各种外币自由兑换。邓本殷因而被人称为是海口黄金时代的缔造者。

陈炯明与孙中山分裂后，邓本殷申明脱离陈炯明，但在乱局中，他也没有站到孙中山一边，而是盘踞广东南路的琼、崖、高、雷、钦、廉、罗、阳八个州，成立所谓"八属联军"，自任总指挥。后来又投靠北京段祺瑞政府，企图谋求建立广南省。然而，就在他势力不断扩大的1925年，广东国民革命政府决定收编八属联军，并派员前来谈判。邓本殷仍坚持继续依靠北京政府，但他手下二十四旅旅长邓承荪则认为，归属革命政府更符合历史潮流。因为担心邓承荪与广东方面私通款曲，一锅把自己给端了，邓本殷抢先下手，派侄子、同时也是邓承荪的义子邓兆恩，进入海口少史巷（今大兴西路东口）九和庄公馆，将正在卧榻上抽大烟的邓承荪，乱枪打成了一摊血污。

1926年1月，张发奎、陈济棠率领国民革命军强渡琼州海峡，八属联军全线溃败，邓本殷见大势已去，遂带了几个随从乔装出逃越南，然后绕回上海，住进一家医院，对外宣称暴病而亡，还找个替身煞有其事地运回广西，举行了隆重的葬礼。自己则像一条狡黠的狐狸，在深宅大院过起神鬼不知的隐居生活。

1937年，淞沪抗战爆发，销声匿迹十几年的邓本殷突然满血复活。他派人铲平自己的假坟，收集国军溃败时丢下的武器，拉起一支三百人的游击队，出没在敌人后方，伏击鬼子，清除汉奸，在无锡一带闹出了很大的动静。队伍一度扩展到三个纵队一千多人。之后，在共产党人的帮助下，这支游击队编入了新四军江南抗日义勇军，成为新四军挺进纵队的前身。新中国成立前，邓本殷再度归隐香港，下落不明，彻底消失在人们的视野之外，但他的名字，已经无法从海口城市的历史中抹去。

6

十九世纪至二十世纪，是东西方文化激烈冲撞的时期。东洋文化与南洋文化，是两种异质文化在太平洋上交汇时涌起的浪花，属于亚文化的类型。南洋文化糅入了东南亚自然与人文因素，洋溢着浓郁的热带气息和雨季缠绵的情调，具有耐人寻味的内涵，无法言表的魅力。海口骑楼街区是南洋文化的物质形态，是那个时代生活方式的凝固，建筑风格兼容并蓄，既有巴洛克风格的雕饰，又有适应热带阳光与风雨的跨廊与水门；既有古罗马的券柱，也有本土的花梨木和荔枝木家私。它把各种文明的碎片，荟萃成和谐而有机的整体，散发着一种典雅的气派。连绵骑跨的楼群，悠长别致的廊道，似乎在讲述着很久很久以前一个雨季的故事，十字街口一个决绝的转身，一个至死都无法完成的承诺，一次义无反顾的道别，一场覆水难收的付出，一种追悔莫及的遗憾，一生无有尽期的守望……沉淀着的百感交集的历史记忆，使走进去的人有了梦幻之感，使走进去的人再也走不出来。

大亚旅店、何家大院、五层楼，是海口骑楼街区标志性的建筑，也是民国时期市民生活的现场。王绍经、何达启、吴乾椿，则是那一代不甘埋没的海南人的代表，他们的命运并非殊途同归，而是各有各的收场。在下南洋的历史中，进入人们记忆的，大多是一些有所成就的人士。在这些人的背后，是大量无名无姓、没有出头之日的劳工。

近世海南人下南洋，除了自备经费到那边经商找工作者，还有很多人，是通过"客头"和洋行的招募，签好协定，以自己将来的工资做抵押，由"客头"和洋行带着，乘坐最廉价的船赴目的地，当作"猪仔"转让给实际用工的雇主的。这其中往往采用欺骗、讹诈乃至绑架的手段。德国"森宝洋行"、法国的"哩哩洋行"和"几利幺洋行"，都在海口设有"招工馆"；全岛各港口皆有"客头"在活动。这种非人的苦力贸易，直到1912年，中华民国临时政府颁布禁止贩运"猪仔"与保护华侨的法令，才得以终止（参见唐若玲《海南人下南洋的历史考察》，《南海学刊》2015年第1卷第3期）。1930年海南区善后公署调查统计，海南岛人口总数为2195645人，南洋移民人数占到人口总数的

南洋华侨宅院蔡家宅　林涛摄

近五分之一（参见王翔译著《棕榈之岛——明末清初美国传教士看海南》，192页，南海出版公司，2001）。抗日战争之后，"去番"的人数更是有增无减。这些人中，又有几个混出人的模样，风风光光地回来？很多人都是有去无回，甚至连个老婆都找不到，在异乡的土地上郁郁终生，最终滑入了遗忘的渊薮。就像当时一首民歌所唱的："夫郎离家南洋去，一去十年无回书；坐在石上望夫回，泪流成河浸石浮。"

崖州五区番塘村的陈毓杰，二十世纪二十年代，因为跟当地豪绅结怨，与几个老乡远走新加坡。他至死都没能忘记，那个临行的早晨，新婚不久、怀孕在身的妻子正在庭内筛米，眼睛里含着泪珠。他伸手揉了揉妻子细细的发丝，让她等自己回来。然而，这一等就是六十年。七十年代末，在新加坡儿孙满堂的他，富态十足地回到了番塘村，当年一头青丝的发妻，已经是快八十岁的枯老婆子。见面时她骂了一句没良心的，便再也说不出话来。海南岛上，像她这样孤独守候了一辈子的女人，实在是不计其数。她们内心的苦难，已经深重到无人能够体谅的程度。而与陈毓杰一同出去的几个人，有的早就不在人间；有的则因为落魄潦倒，无颜回来见江东父老。他们是下南洋人潮中的无名氏。一首流行于十九世纪初的民歌，唱出了那一代侨民的辛酸：

> 十岁离开爹和娘，苦仔下海漂远洋。
> 金山银山难挣到，白发苍苍回文昌。
> 只求落叶能归根，只求尸骨葬故乡。

7

走出孤岛，远渡重洋的海南人，除了谋生路、做生意者之外，还有一些求学问道的士子，他们当中最为著名的，当数物理学家颜任光和人文学者陈序经。

出生于崖州乐罗（今乐东县乐罗村）的颜任光（1888—1968），自小聪慧过人，因为家境没落，读完私塾后就无法升学，一度在荒坡上放牛。族内有个兄长觉得可惜，便支持他上了附近的教会小学。在这里，他得到美国牧师冶基善的帮助，被送往海口的圣经学校读书，之后又被保荐到广州岭南中学。

1912年，从岭南大学毕业的颜任光，考取了公费留学。他先后在康奈尔大学、芝加哥大学攻读硕士和博士学位，致力于气体离子运动的研究，测定了氢气、氧气和氮气的粘滞系数，修正了当时通用的物理化学用表中已被公认的粘滞系数表，获得该校物理学博士学位后留校任教。1920年应邀回国，出任北京大学教授、物理系主任，成为中国现代物理学的奠基人。1924年，颜任光到英国访学，在参观剑桥大学卡文迪许实验室后，他感触很深，觉得没有精良的仪器设备，再好的理论推断也无法求证。于是，回国后他立即辞去教授职务，和物理学家丁佐臣携手创建了我国第一个现代科学仪器工厂——上海大华科学仪器公司。

颜任光曾应邀兼任私立海南大学的首任校长，扶持家乡的教育事业。他的儿子颜瑞璘博士，是世界工程学界超长基干理论的创立者，曾获得爱因斯坦奖、爱迪生奖、罗诺福奖和赫芝奖，是美国杰出的华裔科学家。

陈序经生于文昌清澜港，父亲早年下南洋，生意做得风生水起。他自小随父去新加坡读书，后又返回国内。1925年复旦大学毕业后，前往美国伊利诺伊大学，三年之内拿到硕士与博士学位，回广州岭南大学任教。1934年发表的《中国文化之出路》一文，提出"中国的问题，根本就是整个文化的问题"，并主张全盘接受西方的文化，引发了一场全国性的大论战。他于文化学与历史学的治学卓有建树，特别是在东南亚史、华侨史、匈奴史等领域，他的研究极具开拓性，出版过《中国文化史略》《疍民的研究》《文化学概观》《南洋与中国》《社会学的起源》《匈奴史稿》等，堪称著述等身。

1948年，陈序经出任岭南大学校长。政权更替之后，先后担任中山大学副校长、暨南大学校长、南开大学副校长。以狷狂怪诞著称的学者梁宗岱，声称在中山大学只佩服两个人：一个是陈寅恪，另一个便是优容雅量的陈序经。

The
Biography
of
HaiNan Island

海南岛 传

一个显赫家族的发祥

第二十二章

位于文昌古路园村的宋氏祖居

1

在下南洋的人群中，有一些人走得更远，走到了西洋北美，走到了世界的尽头。有个名叫宋耀如（1861—1918）的男儿，就是其中的一个。

宋耀如本不姓宋，他出生在海南文昌昌洒墟古路园村，一户韩姓的人家，原名韩教准。他幼小时胆气十足，虎头虎脑，因此被喊作阿虎。古路园村离海有几十里路，水田很少，为了养活家口，阿虎的父亲韩鸿翼除了耕种土地，还要隔三岔五挑着椰子或阉鸡到墟市和码头上去兜售，补贴家用，日子过得有些吃力。因此，三个儿子中，老大韩政准才十五六岁，便跟人结伴到安南去谋生。光绪元年（1875），遥远的爪哇岛上，一个表舅的企业正需要人手。按照文昌人的习惯，他们喜欢用一些沾亲带故的人，政准于是被招呼过去。其时，读过短暂的私塾、刚刚十四岁的阿虎，也跟着哥哥跨渡重洋，到那个遥远而神秘的地方，当了一名学徒工。对于这个少年而言，家乡是老人们居住的地方，而越是有意趣的事物，就离家乡越远。爪哇岛都已经越过了火热的赤道，他似乎还嫌不够远呢。

阿虎婶婶宋氏有一个哥哥，十多年前就被招到美国当劳工，修完铁路后在波士顿落户，开了一家不大不小的茶丝店，经营从中国来的茶叶与丝绸。他们算是那一代华工中境遇较好的，但却有一个很深的遗憾：娶了老婆却生不出孩子。这将夫妇二人置于极其不孝的境地。于是，他们想到了万里之外的老家，希望能从妹妹所嫁的韩家过继一个儿子，来传承眼看就要断灭的香火。为此，他们专程回到文昌，带上厚礼来拜访古路园村的韩家。有着三个男丁的韩鸿翼，家里香火烧得正旺。没有多少犹豫与要价，他便爽快答应下来，让调皮捣蛋的老二改名换姓，将原先的伯伯喊做爸爸。就这样，韩教准便摇身一变，成了宋耀如，还赐了一个"嘉树"的字号。耀如主火，嘉树为木，可见他命中缺火，故以火为其用神，并取佳木来点亮命格里缺少的火，使之耀然生辉。两家人所做的这些，远在爪哇、作为当事人的阿虎，一点也不知道。

按照养父母的要求，耀如必须尽早融入新的家庭，以继承宋家的家业。爪哇是一个无比炎热的岛国，高空倾射的烈日和海里蒸腾的腥风混合在一起，把人熏得如同腊肉。坐在椰子树下乘凉的人，也照样浑身冒汗，像是干了什么苦活似的。阿虎感觉自己快成

刚到美洲不久的宋耀如

了热锅里的青蛙，待下去就会被煮熟。在接到生父韩鸿翼的信后，他便告别自己的哥哥，只身一人乘坐运茶叶的船，从东印度群岛出发，前往美国的马萨诸塞州。这一漫长而艰苦的航程，差不多要绕地球一圈，需要约半年的时间。每天面对的是无穷无尽的海水，喜怒无常地拍打着船舷，除了靠近陆地时会有海鸥飞来和偶尔浮出水面的鲸鱼，多数时候都是单调的色彩与节拍。有时遭遇大风，整条船就跟疯了似的，把人晃得晕眩恶心却睡不着觉。少年宋耀如是如何度过这段旅程的，现在已经很难搞清楚了。据说，他乘坐的船跨越太平洋，然后从智利的合恩角绕过南美，再纵渡大西洋北上，抵达波士顿港。但也有人认为，他是往西穿过印度洋，绕过非洲好望角，北上英吉利，然后横渡大西洋到美国的。总之，一到目的地，他就给生父写信报了平安。此时已经是1878年的4月，腥咸的海风把他的脸烧灼得像一块铁矿石。

认一个连面都没有见过的人做父亲，喊他爸爸爸爸，并不是一件容易做到的事情，这需要一些情感的铺垫，何况虎仔已经不小了。应该说，养父母这边对阿虎是不错的，除了安排在店里做学徒，还给他报名上补习学校，希望他能够尽快掌握语言，熟悉经营生意的门道，将来当好这家店面的掌柜，然后娶妻生子，传宗接代，小富即安。除此之外，他们不可能有更大的设想，也无法理解一个来自世界角落里的农民的儿子还能有什么样的奇思妙想。实际上，这个海南岛的少年，并不愿意重复他们的生活，他的内心回荡着一种冲天的狂

想。他觉得，要实现这种狂想，当务之急是要进入正规的学校读书，而不是整日价在柜台上摆弄算盘。于是，他顽强地提出了自己的诉求。这让养父一时难以接受，养母更是觉得这个孩子不懂事，内心的不悦难以掩饰。

在这种情况下，虎仔选择了沉默。毕竟不是亲生父母，他不好跟他们撒娇耍赖，但暗地里已经打定主意。一天早上，养父差他到某个地方去办理事情，没想到，直到天黑都不见人回来，这可把夫妻二人给急死了。他们想尽一切办法，找遍了整个波士顿，都没有找回虎仔。这个年轻人仿佛从人间蒸发了似的。若是找不回来，不仅宋家的香火延续成了问题，也无法给万里之外的韩家一个清楚的交代。

尽管来到宋家不满一年，但阿虎的行动可谓蓄谋已久，他这一出走就不打算再回头。在后来的岁月里，没有记录表明他曾经回到波士顿，拜访自己的养父母，但他名字里"宋"字的发音，却一直保留下来。波士顿茶丝店的经历，除了让他领会一些做生意的窍门，还认识了到店里来喝茶的牛尚周、文秉忠——两个国内公派留学生，为他后来的婚姻埋下伏笔。

1879年1月7日的晚上，气温相当寒冷。美国海岸卫队缉私艇"加勒廷"号接到指令，从波士顿港快速驰出，到了指定的海域之后，并没有看到异常情况，倒是在船舱的一角发现一个亚裔男孩。没有人知道，他是什么时候偷偷溜上这条船的。理所当然，他被带到了船长的值班室。看到男孩纯净无辜的表情和一双会说话的大眼睛，身材高大的埃尔森船长心生怜悯，他没有粗暴地加以训斥，而是给了他一些食物和水，耐心地询问他的身世。宋耀如和盘托出，并恳求不要把他送回那个茶丝店里，只要能够留在船上，让他干什么他都愿意用尽全力。

这次，宋耀如算是遇上贵人了。埃尔森船长是一个虔诚的基督徒，他遵循耶稣的教诲，善待命运带到身边的每一个人，并将其接带到主的面前。他帮宋耀如剪掉受人歧视的辫子，安排他在船上当一名服务生，并将名字登记在缉私艇警员的名册上，使他成为领取美国财政工资的人员。接下来，这个亚裔男孩表现出来的聪敏、勤劳与勇敢，令船上的人都感到欢喜。在之后遭遇风暴和救援遇险船只的行动中，他的表现十分出色。远渡重洋的经历，早早练就了他面对未知世界的气魄。

后来,埃尔森便被提升为级别更高的"斯凯勒·考尔法克斯号"当船长,耀如也跟随恩公的步伐,到"斯凯勒·考尔法克斯号"服役。这个时期,经埃尔森船长介绍,他认识了当地著名牧师、身材枯瘦的托马斯·佩奇·里考德,换上西装接受洗礼,成为一名基督教徒,获得查理·琼斯·宋的教名。由于他是北卡罗来纳州接受洗礼的第一个"天朝"人,此事还成为新闻上了当地的报纸。其时,包括美国在内的西方基督教界,正在不断增派前往"天朝"的传教士,以拯救那里受难的灵魂。宋查理的加入,自然纳入他们传教的计划当中。于是,宋查理被当作特别人才来加以培养。为此,里考德牧师向达勒姆圣三一学院院长做了推荐。该学院主要捐助人朱利安·卡尔答应资助宋查理学习期间的所有生活费用。

1881年4月,宋查理跟着里考德来到了达勒姆城。卡尔先生的马车已经在车站等候,他给了查理一个温暖的拥抱,并把他带进自己的家里。在查理随身携带的行李中,卡尔发现有一个渔民用的小木梭。查理告诉他,这是用来编织吊床的,他希望通过织造吊床,解决自己生活中必需的费用。卡尔对此十分欣赏,把他当成自己的孩子一样对待。在卡尔身上,查理找到了父亲的感觉(参见斯特林·西格雷夫《宋氏家族》第一章)。

由于没有过正式的学历,英语还不到熟练的程度,宋查理是作为圣三一学院的特别预备生注册的,他的课程也需要另外设置,由院长大人及夫人专门进行辅导。至于住宿,则是安排在卡尔的哥哥卡尔教授家里。这种待遇几乎是空前的,但他本人也不辜负于此。就像克雷文院长在学期总结中说的:他每一个方面都很出色。而且,他很快就跟同学打成一片,融入了新的群体。在一切都进展顺利之后,他给自己的生父寄了封信。信中这样写道:"亲爱的父亲:我写这封信是想告诉您我现在在哪儿。我于1878年与哥哥分别,离开东印度群岛来到美国,并幸运地找到了我们的救世主基督。因为基督的缘故,上帝就在我的面前。现在达勒姆主日学校和圣三一(学院)在帮助我,我急于接受教育,以便能回到中国,把达勒姆朋友们的友善和上帝的仁慈告诉您。他派他的独子在这个世界里为所有罪人受死。我是个罪人,但由于上帝的恩典而得救。

我记得我小时候,您带我到大庙里去拜那些木头做的神像。哦,父亲,木头神像不会帮助人,纵然您礼拜一辈子也没有一点好处。"(《宋耀如生平档案文献汇编》5页,东方出版中心,2013)。

这封信是通过在中国上海的传教士林乐知转的,不知什么原因,信始终都送不到古路园村的韩鸿翼手中。

在圣三一学院期间,宋查理与商人的女儿安妮·索思盖特有了朦胧的感情,经常一起在马路边散步。他对安妮小姐做出过表达:"我必须承认,我对你的爱比对任何女孩子都要深得更多。"但一年之后,宋查理就转到维尔范德堡大学神学院,以正式生的身份专修神学。离开三一学院的前一天,他给克雷文院长的太太送了一件礼物——那是他亲手编织的最后一张吊床,缺少母爱的他,还情不自禁地抱着太太哭了起来。

在神学院,宋查理身上的一些品质渐渐为同学们所喜欢。在人们的印象中,"他天生是个快乐的人,喜欢纵情大笑。所有的学生都喜欢他。他头脑聪明,成绩处于中上等水平。塔特尔牧师听过几次查理的布道,确信他的布道对所有的听众都极具精神上的启迪"(斯特林·西格雷夫《宋氏家族》第一章)。当然,查理也有人们看不到的一面:远离自己的亲人同胞,孤单,渺小。他觉得自己就像一块密西西比河上漂流的船木,偶尔会有抱着一个人痛哭一场的渴望。

2

1885年夏天,宋查理迎来了大学毕业。他原想再学习一些医疗方面的知识技能,以便将来的传教,但教会那边急切要将他派往中国,加入著名传教士艾伦(中文名林乐知)的教团,在上海附近的昆山工作。林乐知的"孔子+耶稣"的传教模式,在中国收效显著,还被清朝政府赐予四品顶戴花翎。第二年初,宋查理所乘坐的轮船抵达上海。此时的他,渴望尽快回到海南岛的古路园村,去看望父母亲人,以解十余年来的思念之苦,但这个请求没有得到林乐知的同意。在这位老传教士看来,侍奉上帝比看望父母更加要紧。

原以为，作为具有中国血统的西方传教士，回母国来开展工作更为方便，其实并非如此。在国内老百姓的印象中，基督教是洋教，传教士应该是洋人才是地道的，现在却来了一个与自己一模一样的人，不像是个使者。宋查理"最多是一个失去民族特征的中国人"（林乐知语），在人们看来有些怪味。而且，他操的是带有浓重海南文昌腔调的汉话，上海人听起来十分费劲甚至不知所云，还不如洋人说的容易明白。这给宋查理的传教带来了一些不便与困扰，好在这时林乐知批准了他回琼探亲的请求。

1886年的下半年，宋查理辗转回到古路园村，椰子树旗帜一样飘摇的家乡。正在院子里忙活的韩鸿翼，看到来了个戴着礼帽、西装革履的生人，脸上满是疑惑。查理喊了几声阿爹之后，他才从声音里听出是自己的儿子。这让一家人喜出望外，马上就开始杀鸡，但宋查理最想喝的还是椰子水。听说阿虎衣锦还乡，古路园村的老老小小都涌进韩家低矮的小院。查理把带回来的洋饼干分发给了各位乡亲，他的故事听起来如同天方夜谭。此时的海南岛，发生了移民与原住民激烈冲突的土客之乱，山区黎族人的反抗汹涌澎湃，文昌一带海盗十分猖獗，几乎就是一场乱局。受两广总督张之洞的调遣，冯子材将军率部登岛，平叛的战斗正在紧张地进行之中。查理在家乡没有停留多久，便北渡上海。在那里，有一段世纪姻缘正等待着他。

刚抵上海，宋查理就给索斯盖特先生写信，专门说到自己回海南岛探亲的情况。但是，令他意想不到的是，盖特的复信传来了噩耗，他所心爱的安妮小姐，那个脸上长着雀斑的女孩，已经因病去世了。这令他万般悲痛，并深感生命的脆弱。在1887年2月致索斯盖特的信中，他这样写道："上帝把最甜美的花朵摘下，并从我们身边拿走；但是，这朵花正盛开在主的天国花园里。"他相信，"当我们完成生命中的一切，都将与她相聚于没有分离的幸福彼岸"（《宋耀如生平档案文献汇编》5页，东方出版中心，2013）。

安妮小姐的早逝，使宋查理的情感出现了真空，他的年龄也到了该谈婚论嫁的时候。仿佛是上天的安排，恰恰就在这个节点上，曾经到波士顿茶丝店里喝过茶的牛尚周上门来拜访他。牛此时是上海电报局官员，刚刚与美丽的妻子倪桂金完婚。阔别十余年之后，在国内重逢，二人都十分感慨，也有了说不完的话语。或许是因为谈得投机，牛尚周主动提出，他想把妻子的大妹妹倪桂珍介绍给查理，这样他们就能成为亲戚，亲上加亲。

刚满十八岁的倪桂珍是牧师的女儿，正在教会的培文中学当教员，是当时罕见的天足女性，有着一张端庄而洁净的脸庞，仿佛什么时候都有月光在散出，而且还弹得一手好钢琴。与倪家的背景相比，每个月只有十五美元薪水的宋查理，显得不甚当对。但第一次见面，两个人就有了感应，三四个月下来，就到了无法分开的程度，于是携手走进婚姻的殿堂。

成为丈夫之后，宋查理不能不考虑经济问题，特别是1889年女儿宋霭龄出生以后。在与朋友的谈话中，他表达了自己内心的想法："有时候我认为，如果我真的从布道团脱身，我能够为我的人民做更多的事情"；"那绝不意味着我放弃了为钉在十字架上受折磨的基督传教。我将继续始终为这一使命尽力"。实际上，他已经开始寻找可能的生财之道，给美国圣经协会当代理人，传售《圣经》和基督教宣传资料。在这个过程中，他发现定价三美元的《圣经》，对于中国人来讲是太过昂贵了，而且有的版本是古文翻译，阅读起来不是那么容易理解。于是，他说服妻子拿出嫁妆，作为种子基金，再从亲友间筹措钱款，在法租界租赁房子，购买印刷设备，成立华美书馆，开始干了起来。他印刷出版的《圣经》等宗教读物，尽管比原先的要便宜许多，但还是有盈利的余地。后来，华美书馆还秘密印刷革命党的宣传资料，从宗教涉入到政治领域。

1892年，宋查理正式退出教团，但他真正发大财，是成为"买办"之后。1900年，孙氏家族投资创办的阜丰面粉厂开始建设，由于技术设备从国外进口，他们迫切需要一个通达中西方语言文化又善于与洋人打交道的代理人，而在当时，宋查理无疑是最佳人选。于是，他成为该企业的英语总经理和其中的一个股东。当时，国内的许多企业都在进行生产方式的更新，兴办的工厂都需要从国外进口设备，这种民间的洋务运动，需要像宋查理这样可以信赖的"买办"，而他又是天神的信徒。查理可谓生逢其时，好事接连而来。此外，他还开始投资自己看好的企业，比如中华书局，成为其股东与大存户。然而，使他名垂青史的，不是家里积累的五六十万两白银，而是他和吕不韦一样投身政治和国家命运的博弈，参与了中国的共和革命。

3

1894年年初，出任澳门西医局医师才两年的孙中山，目睹数十年来国家可悲的局势，已经无法安心于自己的本职工作。他奋笔疾书，给北洋大臣李鸿章写信。在前往天津的途中，他到了上海，与自己的同道陆皓东会合。经过这位发小的介绍，见到了比他大五岁的宋查理。三人的竟夕长谈，特别是宋查理的世界视野，令这位职业革命家终生难忘，他的事业也因此获得了不小的财政支持。查理也感受到，孙大夫是一个具有感召力和领袖气质的人，值得自己倾力资助。但在接下来的革命活动中，查理虽然慷慨出资，却极少抛头露面。因为他不求闻达于天下，因此被称为革命的"隐君子"。

也就在这一年年底，孙中山在檀香山创立了兴中会，提出了"驱除鞑虏，恢复中华，创立合众政府"的政治主张，到海外四处演讲游说，拥有越来越多的同道与追随者，被称为"孙大炮"。但做企业的宋查理，更注重实际的行动。看到清廷兵败朝鲜，旅顺沦陷，情势岌岌可危，他便致信孙中山，让其回国来组织武装起义，干就干真格的。就在这个时期，他完成了从一个传教士向革命者的转变，所做的工作，不再是把世间的人救度到遥远的天国去，而是要在这个苦难世间建立他想象的天国。当然，他给予孙中山举义的支持，绝不仅限于一纸书信甚至不仅限于金钱。

1895年10月，革命党人策划的广州暴动，由于准备仓促，行动泄密等原因，还未发动就流产了。宋查理和孙中山失去了他们共同的战友陆皓东，这是革命所流的第一滴血。就像动物王国权力的更迭一样，人类政治制度的改换，大都无法通过理智的协商，和平而体面地加以完成，总得演绎成为一场血光之灾，一场劫火熊熊的暴力，通过惨重的人道灾难，才可以实现。这不能不说是一件悲哀的事情。

在此后长达十六年的时间里，孙中山都在海外流亡，其间曾经七次潜回上海，有时候就住在查理的家里。此时的宋家，已经是儿女成行。容颜秀丽的倪桂珍，为查理生下了三个如花似玉的小姐妹和一个小公子。为了给处境艰难的孙中山筹集资金，查理1905年登上了前往美利坚的轮船。在德勒姆小镇，他见到了自己一生的恩人卡尔先生。义子的到来令卡尔十分高兴，已经是美国大富豪的他，把查理当年结识的老师同学都召集起来。他们看到，当年十分青涩的东方少年，如今已是富态十足的商人，并且卷入一场国家轰轰烈烈的革命运动当中，为推翻腐朽的王朝不懈努力，他的故事听起来是那样激动人心。此次美国之行，查理为同盟会募集了两百万美元的款项，其中相当大的部分来自向来慷慨的卡尔。在美国，他还见到了正在卫斯理学院读书的大女儿宋霭龄。

1911年的武昌起义，最终迫使清政府下台。孙中山毫无悬念地当选中华民国临时大总统，并于第二年元旦宣誓就职。作为隐者的宋查理，也走向革命的前台。但百日之后，孙中山不得不将大总统之位拱手让给了袁世凯，革命进入了低潮。

解职后的孙中山和夫人卢慕贞一起，来到了老朋友上海的家里。刚刚从美国归来的宋霭龄，当上了他的秘书。宋教仁被刺杀之后，孙中山与袁世凯决裂，发起二次革命。关键时刻，宋氏一家紧紧跟随在孙的身边，宋查理扮演了孙中山私人办公室主任的角色，并在孙与黄兴发生矛盾时，坚定地站在他的一边。他打心底疼爱这个朋友，为了实现国家从独裁到共和的转变，把自己弄得像一只丧家之犬。在后来的信件中，他表达了对这位行者的赞叹："您致力于缔造一个伟大的中国，然而有些人对此并不领情，但我们绝对是领情之人。您生活在一个超前的世纪，因此鲜有人能理解您，您所珍爱、挚爱的事业也几乎得不到世人感激。现在的中国不配拥有您这样的子民。但是未来人们将还您公平、尊您为神，他们将像尊崇改革先驱孔子一样给您荣耀。他也曾遭到邪恶当权者的驱逐，而您也被驱逐出了您所挚爱的土地。"（《宋耀如生平档案文献汇编》55页，东方出版中心，2013）

1913年8月，孙宋两家人一同流亡日本。也就是这个时候，宋家的二女儿庆龄乘船从美国来到日本，与他们相聚。不久，宋霭龄嫁给孔子的第七十五代孙子孔祥熙，宋庆龄接替姐姐的位置，成为孙中山的秘书。居日期间，宋查理的身体出了严重的问题，他得了肾病，出现了明显的糖尿病症状，高血压，经常头疼，右眼几乎完全失明，感觉自己十分虚弱。然而，就在这个时候，发生了一件让他和倪桂珍都无法接受的事情。

宋庆龄温婉含蓄的性情，以及颦笑间散发的东方女性的妩媚，让接近她的男性很难做到坐怀不乱，更何况孙中山又是一个多情的人。尽管已经有了三任妻子，还是一名伸张民权的政治领袖，他的感情还是得不到应有的节制。1905年10月，宋庆龄因为家事返回上海，已经五十岁的孙中山，竟然整日坐卧不安，茶饭不思，摊开书本一个字也看不下去。待宋庆龄返回日本，他便迫不及待地表白了。得知此事的革命党人，包括胡汉民、朱执信等亲密战友，纷纷要求孙中山放弃这段有损革命形象的不伦恋情。但这个革命的罗密欧，对宋庆龄的情执，似乎更甚于他的革命事业："只要能和她结婚，哪怕第二天就死去，我也在所不惜！"

要想娶到宋庆龄，不能绕过情同兄弟的宋查理。孙中山运用他政治家的狡黠，给查理写了封信。在信中，他巧妙地提到罗莎蒙德（宋庆龄的英文名）已经承诺嫁给一个有妻室的人，并且期待着婚姻的到来，她一回到上海就会结婚，并偕同丈夫重返东京工作。但他闭口不提那个要跟她结婚的人是谁。以查理的智慧和对孙中山的了解，他应该明白那个人就是自己视同手足的孙中山。为了将事情扼杀于萌芽状态，他立即回信，申明自己的态度："您却告诉我不一样的消息，让人难以置信，我总觉得这只是一个笑话。这听起来太奇怪了：如此荒唐，我只能认为是一个小孩子的玩笑话。……她根本不可能嫁给这样的坏人。此外，我们是一个基督教家庭，我们的女儿不会给任何人做妾，不论他是这世上最伟大的国王、君主抑或总统。也许我们贫于'世俗之物'，但我们既无贪心，也无野心，更不会低贱到去做违背基督教教义之事。您似乎担心她想成为皇后，她没有这样的打算。让我再一次重申，这世上没有任何力量足以引诱我们以任何方式去伤害您及您所珍视并近乎全心全意奉献之事业，我不会容许此等事情发生。……我们绝不会允许我们的女儿嫁给一个有家室的人，无论他是谁。对我们而言，一个好的名声比一切现世之光环和特权都来得重要。……我们宁愿看到庆龄死去、遭埋葬，也不会让她嫁给我们的敌人做妾，即使是做妻子也不行。我们将竭尽全力阻止此类事情的发生。"（《宋耀如生平档案文献汇编》55—56页，东方出版中心，2013）在信的末尾，他特地提到了"我的家人今年夏天都生病了"，而他自己身体仍感虚弱。

尽管老朋友的态度如此坚决，但孙中山并没有回头的意思。他所做的，仅仅是派人到澳门，跟原配夫人卢慕贞谈判离婚。这个厚道的女人没有任何纠缠便爽快地答应下来。出于对领袖的尊敬和对革命事业的忠诚，宋庆龄经过考虑，答应了孙中山的请求。但当她向母亲大人说出的时候，立即遭到了倪桂珍的无情痛斥，说她要跟两倍于自己年龄而且是与自己父亲称兄道弟的人结婚，是一个疯狂到极点的想法。

新婚不久的宋庆龄与孙中山

当孙中山出示与卢慕贞的离婚协议书时，宋庆龄已经没有了后退的余地。她从日本返回上海，企图说服父母接受这桩婚事，结果引发了一场激烈的家庭冲突，父亲高血压发作，她本人也晕了过去，被抬到楼上锁了起来。最后，宋庆龄是在仆人的帮助下，深夜从窗户逃出，东渡日本与孙中山完婚的。事已至此，生米做成了熟饭，查理夫妇只好接受下来，并按照中国习俗，给女儿送上嫁妆：一套红木家具和绣着百子图纹的被褥。他们算是当时最通达的中国人了。

袁世凯废除帝制之后，流亡海外的革命党人纷纷返回国内，但民国的草创十分艰难，宋耀如也已经力不从心。好在宋子文、宋美龄从美国学成归来，一家人得以团聚，三女三男围着父母照了一张难得的全家福，那是一个阴阳极其平衡的组合。

病愁之中，宋耀如常常拄着拐杖，在院子里转悠。他想起了如烟的往事，海南岛的童年，漂泊南洋和北美的日子。生父已经逝世多年，义父卡尔先生也已垂老,而且刚刚失去亲密的伴侣。也许是预感来日不多,他致信卡尔,邀请他到中国来。

1917年,在宋耀如的邀请下,卡尔爷爷乘船来到上海,得到了子孙们热情的迎接。他们像对待一位皇帝那样隆重地款待了这位老人,

宋氏三姐妹是中国现代史上十分耀眼的花朵

使他万分开心。孙中山以女婿的身份出席了欢迎的宴会,还两次做东宴请了卡尔老人。三十多年前浩荡的恩情,终于有了令人感动的结局。

在迈着沉重的步履送走卡尔之后不久,宋耀如便在病痛中离开了人世,但由他奠基的宋氏家族,却是越来越兴旺了。三女儿宋美龄1927年12月嫁给了蒋介石,成了第一夫人。她长袖善舞,凭借才情和美貌,与蒋介石一起参与了不同历史时期的各种活动,在西安事变与抗日战争时期有不俗的表现,影响了历史的进程。大儿子宋子文,曾先后担任财政部部长、行政院副院长、中国银行董事长、最高经济委员会委员长等职务,长期执掌国家经济命脉。大女婿孔祥熙,历任国民党政府实业部长、财政部长、行政院长、中央银行总裁和中国银行总裁等职。宋氏家族是民国最为显赫的四大家族之一,而其他三大家族中的蒋氏家族、孔氏家族,都与宋氏血肉相连、盘根错节,因此,有人称之为"宋氏王朝",而宋氏三姐妹,更成为中国现代史上极其耀眼的花朵。

宋子文与宋子良兄弟,曾于抗日战争前的1936年乘专机降临海口。环岛视察一圈之后,在军政要员的簇拥下,他们回到祖居地文昌古路园村,给韩家祖坟上香。在与家乡父老的讲话中,天庭饱满、气度不凡的宋子文,宣称自己是遵照父亲的遗嘱回来的,之所以迟迟不归,是因为父亲有话在先:做不成人,就不能回文昌去认祖宗。

这时的他,已然是人上之人了。

The
Biography
of
HaiNan Island

海南岛 传

第二十三章

革命的行者

时任新四军副军长的张云逸

1

二十世纪之初，大清王朝的江山摇摇欲坠，一种风雨欲来的不安弥漫着整个国土，撼动着人们的内心。1906年，高小毕业后辍学在家的张云逸，心情十分郁闷，时常望着村外的荒野默默无语。似乎有一种召唤，使他无法在这个岛上，重复祖祖辈辈习以为常的生活。叔叔张璟起是个民间的邮差，常年往来于文昌与越南之间，为侨民及眷属鸿雁传书。看到侄子的困窘，他未免心惜，听说附近横山村乡绅赵仲昌的儿子回乡探亲，便带着云逸上门去拜访，希望人家能够带他出去找个事做。赵家公子士槐可不一般，先后毕业于广东武备学堂、日本振武学校和日本陆军士官学校，是孙中山的同盟会战友。此次回乡，上门来投的除了张云逸，还有他自己的外甥林少波，都是刚到十四岁的少年，看起来相当懂事明理，他不加推辞，当下就一口答应了下来。

刚到广州，正遇上云南讲武堂招生，赵士槐让他们都去报考。身材高挑的林少波虚报年龄，被顺利录取，毕业后成为黄埔军校的一名教官。张云逸因报的是实岁，加上身材偏矮，硬条件不达标，便暂住在赵家边做勤杂边自习。因为勤勉忠厚，深得赵家人的喜欢。张云逸视赵士槐为恩师，从他这里，接受了一些民主革命的思想，暗自发心为了家国的自救，甘愿赴汤蹈火。

1908年，张云逸考入黄埔陆军小学。因为是公费学校，录取率极低。同学中有许多后来赫赫有名的人物：黄琪翔、张发奎、薛岳、叶挺、邓演达、陈铭枢、蒋光鼐、陈济棠、余汉谋、李汉魂等，可谓英才济济。许多人后来都成为国共战场上的对手，杀得鲜血淋漓，你死我活。

在黄浦江滚滚的涛声里，张云逸除了学习文化课，还接受了严格而系统的军事训练，体魄变得强壮威武起来。临睡之前，他觉得自己身体里热血涌沸，如江河之水，想让这些血流到该流的地方。他把生活津贴与奖学金省了下来，寄给父亲还清家里的债务。第二年，经教官邓铿介绍，他举手宣誓，秘密加入了孙中山的同盟会，成为一名革命的行者，并连续参加了同盟会组织的第九、第十次起义。

第十次起义在广州举行，行动仍然以新军为主力，总司令黄兴从革命党人中挑选五百（后增至八百）人，组成"先锋"敢死队，张云逸自告奋勇，加入其中并担任炸弹队队长，提着一箩筐炸弹，走在前面为队伍开路。这一次，他的脚步离死亡已经很近很近，心里相当紧张，但他对这种紧张无所畏惧。

1911年4月27日，起义者分四路展开行动。一百二十名敢死队员臂缠白巾，在螺号声中冲进总督府，击溃卫队，焚烧督署衙门。两广总督张鸣岐仓皇逃跑。当黄兴带着敢死队追杀出来时，正好遭遇水师提督李准的亲兵大队。尽管起义者十分英勇，但寡不敌众，在付出牺牲之后不得不后撤。张云逸投完炸弹之后，和几个同志躲进一处民宅，寻找撤出的时机。第二天一早，他乔装买菜，提着篮子上街探测敌情，没想到出去没几步，一队清军就杀入宅中。听到身后枪声响起，个头矮小的他，混入惊慌失措的人流迅速逃离。多年以后，当他回忆起这段经历时，这样感慨："倘若当时我不是出去买菜，就成黄花岗第七十三位烈士了。"

此次起义虽然失利，但撼动了清王朝的根基。随后举行的武昌起义，轻而易举就取得了成功，并得到全国各地军民的响应。张云逸所在的新军开进了广州城，他仍然是这支队伍炸弹队的队长。副队长则是同为海南文昌人的陈策(1893—1949)，此人毕业于广东海军学校，也是个不要命的主，后来成为孙中山的广东舰队司令。陈炯明军队炮轰广州总统府时，正是此人接应孙先生登上永丰舰突围出去。

辛亥革命胜利不久，张云逸被保送到虎门陆军速成学校步兵科，与邓演达等人再度成为同学。此时的革命党人，都怀着一腔的热血，对国家的前途充满乐观的情绪，并被这种情绪所鼓舞。1914年毕业后，张云逸受国民党南方支部的委派，打入龙济光的部队，成为一名连长，驻防在海南三亚一带。借此机会，他回到了文昌的上僚村，跟父母亲给他订好亲的王碧珍成婚。差不多是在他举行婚礼的时候，袁世凯在北京称帝。走出温馨的洞房，他投身到讨袁驱光（龙济光）的轰轰烈烈的战斗中。1917年，张勋复辟，孙中山南下在广州，成立大元帅府。经赵士槐介绍，张云逸进入元帅府参谋处当上校参谋，成为蒋介石的同事。他浓重的文昌口音，与蒋的江浙口音交谈起来，颇有些戏剧的效果。

1921年6月，为统一两广，做好北伐的准备，孙中山发动了第二次粤桂战争，令陈炯明率粤军以援桂军名义进入广西。陈炯明主张联省自治，避免革命过多的流血；而孙中山则要通过武力统一全国，实现他理想中的民主共和，二人的分歧势如水火。为分化桂军内部派系，也为了借刀杀人，斩除孙中山在粤军中的势力，陈炯明有意派第三路军参谋长赵士槐，前往广西龙山去劝降有师生之谊的桂系将领。赵将军明知此行凶多吉少，仍带着一个侍从，单骑前往龙山。通过特殊渠道，张云逸得知陈炯明的阴险意图。他立即策马追赶，截住恩师所乘船只，劝其不要落入敌人设置好的圈套。但赵将军已做好赴死的准备，他对自己的学生说："我此次只身深入虎穴，是为了国家民众。事成，则是民之福；不成，则以身殉职，二者皆是天意。作为读书人，我深明大义，出入戎马二十年，岂能因怕死而有辱使命！"

9月30日，粤军攻下龙州，张云逸得知恩师已经遇害，立即将噩耗转告林少波。在得到孙中山的指令后，二人一同前往龙州，通过当地老人的引路，在一处幽暗的丛林，找到了赵士槐将军的遗体，并装殓入棺运回文昌横山村，算是尽到了做学生的心意（参见王婷《赵士槐将军——张云逸的恩师》）。作为革命军人，他们都和恩师一样，做好了随时捐躯的准备。在革命的大背景下，死亡固然令人悲痛，但更是一种无上的光荣。

1923年，在与陈炯明粤军作战的间隙，因为风湿性关节炎发作，张云逸回广州治疗。踏进家门，看见有个秀气的姑娘在厨房里忙活，一脸羞涩，也不敢正眼看自己。王碧珍告诉他：这是她做主给他娶的新媳妇，名字喊作韩碧珠。结婚都快十年了，她只生了一个女儿，希望这个新媳妇能给他生几个崽子。张云逸听了，觉得事情做得太离谱，表示坚决不认这门亲事，让妻子立即将人送回。没想到两个女人都哭了起来，王氏边哭边诉：现在父亲大人和两个兄弟相继逝世，张家只剩下你一根独苗，香火不能就这么断了。碧珠是文昌老家来的姑娘，是个苦孩子，心好又勤快，还是个理发师，有什么不可以！

看不得女人流泪的张云逸，态度有了松动，他说："我是个军人，说不准哪天就回不来了，你这样做，可不就耽误人家一辈子！"治病期间，王碧珍让韩碧珠天天给张云逸送饭洗衣，照护得服服帖帖，事情也就心照不宣地定了下来。家里珍上加珠，有了两个亲如姐妹的妻子，更不用他操心了。没过多久，他就被派往粤军许崇智部，担任一名少将旅长，开赴生死未卜的东征战场。他率领的部队势如破竹，所向披靡，被誉为"胜之旅"，而"胜之"正好就是父亲给他安的字号。东征结束后，张云逸成为张发奎的参谋处长。他在战场上表现出的沉稳、坚毅与果决，得到了同僚的高度认可。蒋介石想要把他挖走，却被张发奎一口拒绝：拿一个师来也不换！

2

由于本位利益的不可让度，人间的诸多事情无法通过沟通对话来完成，必须诉诸暴力，以抛头颅洒热血等非人的方式来实现。因此，自古以来，革命都伴随着一场人道主义灾难。二十世纪是革命的世纪，广州则是共和革命的中心区。地利的方便，让海南人第一次获得了投身历史现场、施展家国抱负的机遇。1924年，为了给新建的民国培养文武人才，孙中山在广州创办了"国立广东大学"（后改为中山大学）和"中国国民党陆军军官学校"，后者因校址设在黄埔岛，简称为黄埔军校。海南人是孙中山国民革命的热烈追随者，除宋耀如外，早期加入同盟会的人数甚多，其中就有林文英、陈侠农、林树椿等，他们都是中华民国第一批国会议员。黄埔军校设立之初，毕业于云南讲武堂的徐汉章、林少波、严凤仪、叶佩高、符昭谦等，担任了军校的教官。而在第一期四百多名学员中，海南人就有二十六人，第二期增加到五十一人，接近总人数的百分之十二。第六、第七期则超过一百三十人。崖县官村的青年张忠中，得知军校招生的消息，当即变卖家产，换了匹栗色的高头大马，一路风尘滚滚骑到广州来报名，他成为林彪的同学。从黄埔走出的海南籍将领，将级军官数以百计，仅文昌一县就将近二百人。

1924年年底，黄埔军校第一期将要毕业，经中山先生批准，组建"建国陆海军大元帅府铁甲车队"。在周恩来谋划下，来自海口演丰的共产党员徐成章被任命为队长，来自海南乐会的周士第为副队长。在这支由共产党人掌握的装备精良、作风雷厉的部队中，海南人占有颇高的比例。

1926年，国民革命军开始北伐，此时的张云逸，是张发奎第四军二十五师少将参谋长，刚从苏联学习归来的老同学叶挺，任该师独立团的团长。独立团是在大元帅府铁甲车队基础上组建的，团参谋长便是张云逸的乡党周士第。该团在北上的路上披荆斩棘，特别是在汀泗桥、贺胜桥战役和武昌城的攻坚战中战功赫赫，被誉为铁军。叶挺因此升任二十五师的副师长，周士第也同时被擢拔为独立团团长。

北伐时期的周士第

革命从共和到共产，中间几乎没有多少间隔。孙中山逝世后，国民革命丧失了具有感召力的精神领袖。他的武力统一全国的路线，被蒋介石继承。"四一二事变"之后，蒋介石露出了狰狞面目，令许多革命党人感到失望。也就是这个时候，张云逸改变自己的信仰，在武汉秘密加入了共产党。他相信，自己以生命祭献的革命，能够重构这个黑暗社会的框架，使它成为一个美满的天堂，让人人都享有天使般的幸福。身材不高的他，是一个正派的军人，无抽烟喝酒等嗜好。平日里，他喜欢端坐内室，整日以读书自娱。出入则是一袭长袍，说起话来，喜欢捋着下巴上参差不齐的胡须。在同道眼中，他是一个气识宏深、温和敦厚、谋事周密的人。一旦亲临生死交割的战场，他的身上便散发出一种深沉的静气，令人不敢出声。

攻下武昌之后，二十五师驻防江西九江市。1927年7月的一天，特别联络员聂荣臻突然出现在张云逸面前，要求他组织可靠部队按时开拔南昌。张云逸遂向师长李汉魂建议，乘战事休停，将二十五师拉出去野营。此时的李

405

汉魂,已经隐隐感觉到这位参谋长亲共的倾向,他意味深长地说:"张总指挥(张发奎)很欣赏你的才能,将来必会加以重用,可不要跟共产党混到一块儿啊。"张云逸只是以岂敢岂敢加以敷衍。

与老成持重的张云逸不同,周士第身材高大,相貌孔武,目光炯炯,堪称器宇轩昂。按照参谋长传达的指令,他把部队带到通往南昌方向的马回岭拉练。8月1日上午,他和聂荣臻、李硕勋一起,率领二十五师参加起义的部队,截击张发奎、李汉魂五百多人的卫队,乘火车赶赴南昌,与周恩来、叶挺、贺龙等相会。这支以独立团作底的三千人劲旅,经过补充,编成了完整的二十五师,是南昌起义的主力之一,也是战斗力最强的部队。周士第任师长,陈毅是该师七十三团的党代表,而林彪、许光达则是该师的连长。

为了开辟根据地,也为了冲突敌人的包围圈,起义部队在全歼南昌守军之后陆续撤出。二十五师作为后卫,掩护部队南下。然而,途中遇到许多预想不到的困难。作为主力之一的第十师师长蔡廷锴,突然脱离了起义的队伍。虽然在朱德军官教育团协同下,二十五师攻占了会昌城,但也付出了不小的伤亡。整个部队不得不折回瑞金,改道福建长汀。一路上,周士第的部队除了掩护主力,还负责近千名伤病员和辎重的转运。在一次渡江的时候,身负重伤的陈赓营长受到了围攻。危急关头,幸得周士第率部及时赶到,击溃了敌人,救出了这位后来成为开国大将的指挥员。

部队进入广东后,二十五师三千人和第九军军官教育团一千人留守三河坝,归朱德副军长指挥,保护主力的侧背。然而,进入潮汕的主力寡不敌众,无法支撑。前委在一个叫作流沙的地方开会,下达了就地分散的最后命令。坚守三河坝的部队,受到了国民党两万兵力的合围,在激战三天三夜之后,不得不撤出阵地。他们是南昌起义仅存的硕果,此时已失去了与上级的一切联系。朱德和周士第他们将队伍缩编成三个营,号称工农革命军第一师,在赣南山区的凄风苦雨中艰难跋涉,一路减员不断。到了一个叫作天心的村子时,只剩下一千多名衣衫褴褛、饥寒交迫的战士。得知主力已经溃败之后,部队何去何从成了一个严峻的问题,大家意见各异,难以统一。经过党的会议讨论,部队由朱德、陈毅掌握,周士第与李硕勋等人去找党组织汇报情况。七十三团党代表陈毅，专门找人把周士第他们送上一条开往上海的运纸船，自己则协助朱德，将部队带往"三不管"的湘粤赣边区，在井冈山上与毛泽东的秋收起义军会合，完成了一次伟大的握手。

史沫特莱在《伟大的道路》一书中，有这样的叙述："朱德的参谋长周士第心灰意懒，在一部分干部的支持下，要求解散队伍"；"他的参谋长是第一个离队前往上海的。就是在十年后的一九三七年，朱将军提到这次'开小差'事件，还满怀愤恨。"（该书244—245页，生活·读书·新知三联书店，1979）这段未经朱德校订的叙述，引起了人们的误会，其实，周士第并非朱德的参谋长，当时剩余的部队主要是二十五师的。据许多当事人的回忆，周士第、李硕勋等的离开，是集体会议决定的，并非个人擅自行动。史沫特莱的文字并不完全可靠，正如她在序言里说的："我写这本书虽然得到朱德将军的同意，却不能认为它是正式的传记。时间、地理的距离，和他作为震撼着全世界的中国革命事业主要领导人之所负担的工作，使得他无法对这本书中涉及的事实与说明做出最后的核实。"

周士第几经周折到了香港，向李立三、聂荣臻汇报了三河坝部队的情况，并等待上级党组织的指示。这期间，他患了疟疾，一阵寒冷，一阵高烧，流落香港街头（杨弘著《周士第将军》245页，解放军出版社，2003）。就在面临绝境的时候，意外遇上了他在黄埔军校的教官、铁甲车队的长官徐成章，并通过他见到了正在香港活动的张云逸。这位兄长给了五十块钱，让他进医院去治疗。后来，在一个同乡的接济下，周士第辗转马来西亚投亲。妻子翁祚昆闻讯从海南赶去，悉心照顾他的身体。病好之后，他曾受聘在一个富人家里，当一名掌勺的厨子。

1929年秋天，与组织失联两年的周士第，经香港来到上海，加入了"中国国民党临时行动委员会黄埔革命同学会"，与以蒋介石为会长的"黄埔同学会"分庭抗礼。第二年，他联系上许继慎、黄琪翔等同学，一起密谋刺杀蒋介石的行动。海南万宁老乡、黄埔二期生蔡劲军，是蒋介石的侍从副官，侍从室第一组组长。周士第与他私交甚好，多次约他交谈，他也想引周士第与蒋介石见面。然而，就在这时，许继慎通过妻子带信给周士第，信中写着："父亲叫

八路军第一二〇师参谋长周士第与贺龙师长在抗日前线　引自新华社

你回来。"这是中共上级召唤他归队的暗语。

于是,周士第重新入党,接受派遣,到西安参与组建陕西省委。在那里,他被逮捕入狱,押往南京总司令部拘留所,与邓演达等"中国国民党临时行动委员会"成员关在一起。邓演达很快就被秘密杀害了,周士第也列入接下来要枪决的十一人名单。一身义愤的他,渴望与黑暗的世界同归于尽,拒绝组织让他通过假投降方式留下的决定,准备好了临刑时要高喊的口号。

然而,就在这个节骨眼儿上,蒋介石因为党内斗争宣布下野,宋庆龄亲到南京党部交涉,周士第最后一个得到释放。出狱时,龌龊的监狱长起了贪心,不肯退还扣押的瑞士怀表。周士第坚决表示:不还怀表,决不出狱!最后,这块伴随他东征北伐的计时器,还是回到了主人的口袋里。

长征路上,周士第成为红二方面军参谋长。抗日战争爆发后,他被任命为八路军一二〇师参谋长,与南昌起义时的首长贺龙,率部创建晋西北抗日根据地。周士第发妻翁祚昆,早年参加家乡的土地革命,在肃反运动中不幸被冤杀,此后他一直单身,忍着内心的隐痛。整整十载之后的1940年,在贺龙和甘泗淇、李贞夫妇的牵线下，周士第才与十九岁的河北姑娘张剑成婚。而入洞房的第二天，他就告别妻子，跨上战马返回前线指挥战斗去了。

国内战争时期，周士第协助黄埔军校的同学徐向前，指挥晋中战役和太原战役，成为解放军第十八兵团司令员兼政治委员，率部横扫大西北。新中国成立后，奉命组建中国人民解放军防空兵，并担任司令员。1955年，作为人民解放军众多缔造者中的一员和身经百战的高级将领，周士第被授予上将军衔。

3

南昌起义后，尚未暴露身份的张云逸，仍然留在张发奎的部队。1927年11月，张发奎派他赴海口，取代黄镇球，担任海南岛绥靖司令。根据中共南方局《经营琼崖计划》，张云逸想借机合法扩充部队，并与中共琼崖特委取得联系，在海南举行武装暴动，建立工农政权。他率领八百多人的部队，乘船开赴海南岛的家乡。

然而此时，桂系军阀已经花银子收买了黄镇球部的副团长叶肇。此人在海口港布下伏兵，企图通吃张云逸的部队。当先头部队的船只进入海口湾后，叶某以迎接的名义，用小船分批摆渡，逐一收缴了他们的武装。在指挥船上的张云逸，全然不知危险的降临。就在这个时候，一条小艇急急靠了过来。原来是海口驻军中有他上僚村的兄弟，得知内情后赶来报信。张云逸立即脱换装束，随这位老弟上了一艘开往越南的轮船，然后转道返回广州，躲过了这一劫。似乎是有天人护佑，在漫长的戎马生涯中，张云逸出生入死，多次面临绝境，却未曾受过一次伤，不能不说是个奇迹。

1928年8月24日晚间，张云逸来到上海沪西区新闸路一栋楼里。按照原先的安排，他将前往莫斯科学习。然而，当他见到中央军事部部长杨殷时，却被告知，他将被派往广西。由于李宗仁、白崇禧与蒋介石的对立升级，桂系内部的黄绍竑、俞作柏、李明瑞等又与李、白二人心存异志，给了共产党一个楔入的机会。中央决定派一批得力的军政干部赴桂开展工作。张云逸的使命就是利用北伐将领的身份，打入广西军界，待机举事。杨殷告诉他，组织还另派一名党代表，与他一同工作，但现在还不能告诉他那个人的名字。

接受完任务，张云逸回到住所，突然闯进了四个身穿警服的大汉，不由分说就扯下了张云逸的长袍，给他换上了西服，戴了假发，塞住嘴巴，押上一辆轿车，左拐右拐来到了一处楼房，把他推将进去，喊道："局长，罪犯已被押到。"这时，从里间走出的，竟是他再熟悉不过的周恩来，而押送他过来的，正是自己的过命之交陈赓。这家伙哈哈大笑："胜之兄，我的戏演得不错吧？"原来，由于出了叛徒，张云逸刚走出不远，国民党特务就把那栋大楼围了起来。为了张云逸和其他同志的安全，周恩来才让陈赓带着红队队员演了这么一出戏。（《广东党史》2008年第3期，58页）

返回广州，张云逸特地上门，拜访了当年炸弹队的副队长、已经升任广东海军总司令的陈策，声称北伐胜利之后，自己反而前途黯淡。老乡如今平步青云，还望提携一把。此时春风得意的陈策，并不知道张云逸的真实意图。和许多文昌人一样，他特别看重乡情，何况还一同出生入死。于是，顺着浓重的乡音，看在海南岛的分上，他爽快地答应了下来，当场提笔给广西省政府主席俞作柏和绥靖司令写信。到广西不久，张云逸出任了广西教导总队队长兼警备第四大队大队长，掌握了桂省的部分军权，并通过发展党员对这些军队进行改造。1929年年底，张云逸兼任南宁警备司令，接管了广西省军械仓库。这时，化名邓斌的党代表邓小平已经到达。他们和原来就在广西工作的雷经天、韦拔群等人，共同发起了著名的百色起义，创建了中国工农红军第七军。张云逸任军长，邓小平任政治委员。

在起义部队里，一个名叫何畏的营长与张云逸认上了老乡。这个乐会县博鳌镇的归侨，曾经担任马来西亚共产党一支游击队的司令，被驱逐回国，先后就读于厦门大学与黄埔军校第五期。百色起义后，他随陈昌浩、徐向前进入豫鄂皖和川陕及根据地，成为中国工农红军第九军军长（副军长为许世友）。1935年5月，足智多谋、作战异常勇猛、身负十一处枪伤的他，被任命为四方面军懋功支队司令员兼政委，率领两个师的部队，到夹金山下的达维镇迎接了长征北上的中央红军，实现了红军两大主力的胜利会师，并成为红军大学的政治委员。可惜，后来由于站错了路线，他退出了革命队伍，回到博鳌来务农。

红七军与中央红军会师后，张云逸曾担任中央军委副参谋长兼作战局局长、粤赣军区司令员等职。长征开始后担任红八军团参谋长、军委纵队先遣队司令员等多个职务。

1937年4月25日，张云逸曾奉命前往香港等地，利用在国民党军界的关系，开展统战工作。恰好周恩来也要赴南京，与国民党谈判红军改编事宜，于是一同乘坐卡车从延安出发。周副主席坐在驾驶室，张云逸、孔石泉，副官陈友才及警卫班的二十多人坐在车厢。当卡车开至延安与甘泉交界的劳山山坳时，突然枪声大作，密集的子弹从三面朝卡车扫来。轮胎被打爆，驾驶员中弹牺牲。意识到中了埋伏的周恩来飞快推开车门，伏在车轮胎下指挥反击。张云逸镇静地发出命令："陈副官和手枪班掩护周副主席转移，步枪班随我迎击敌人！"

尽管担负警卫的战士都是红军中的精英，但只有二十多人；敌人却有二百多人，且居高临下，还有机关枪。战斗打得十分激烈，副官陈友才大腿中弹，血流如注，但为了掩护周恩来，他故意暴露自己，吸引敌人火力，直至壮烈牺牲。危急关头，张云逸对周恩来说："恩来同志，你们先撤，我来掩护！"周恩来则命令大家分散向右边撤退，进入对面山坡的丛林。张云逸让孔石泉随护周恩来，自己捡起陈友才的驳壳枪，手持双枪左右开弓，直到周恩来已快进丛林了，自己才连续甩出两枚手榴弹，冲出了包围圈。

所幸敌人追到卡车旁，发现已经牺牲的陈友才，见他身穿呢子制服，脚上套着长筒马靴，口袋里还有一叠周恩来的名片，以为已经达到目的，就收兵回去邀功请赏了。劳山脱险后，周恩来、张云逸、孔石泉暂时撤回延安，三人特意合拍了一张照片，周恩来在上面题字："劳山遇险，仅剩三人。"他风趣地对张云逸说："我们不仅是战友，还是难友啊！"张云逸则感慨："这次你能脱险，真是不幸之中的万幸了。要有个闪失，我这个老警卫员可就成千古罪人了。"（引自顾永俊、陈英豪《张云逸大将遇险记》）1976年1月，周恩来病逝，工作人员在他的内衣口袋里找出一张泛黄的照片，正是他与张云逸、孔石泉劫后余生的合影。

四个月后，化装成华侨富商的张云逸，经柯麟医生引路来到澳门，拜会北伐时期的老战友叶挺，转达中共中央敦请他出山、组建新四军的意图。见到这位北伐时候的战友，空抱一腔情怀的叶挺十分感动，他称"张云逸先生到来，如大旱之遇云霓，寒冬之见新绿"。新四军建成之初，叶挺任军长，张云逸任参谋长兼第三支队司令员，并肩战斗在长江之滨。后来，张云逸还担任江北指挥所指挥员、新四军副军长兼第二师师长，在开辟根据地的同时，指挥了多场胜仗。与他共事多年的陈毅，赞叹这位长者能主能辅，"有大海容人之量，高山仰止之德"，是一个难得的合作者。

1937年，周恩来、张云逸与孔石泉合影

国内战争时期，张云逸历任华东军区副司令兼山东军区司令。新中国成立后，历任中共广西省委书记兼人民政府主席、中共中央华南分局第二书记、中共中央监察委员会副书记等职。1955年，作为开国将军，张云逸被授予大将军衔。如果从共和革命算起，他的资历接近朱德，因此，中共中央给了他与元帅相当的特殊待遇。但张云逸在乎的不是这些，数十年革命战争生涯，身边倒下了无数的战友，这让他深为知足。在新的岗位上，张云逸仍然勤恳工作，他希望在付出如此之大的人道代价之后，能够换来一个幸福的社会。

那个曾举荐过他的老乡陈策，后来成为国民政府海军部次长，兼虎门要塞司令，曾多次击退日本海军，在一次战役中被日军炮火炸掉了左腿，成为"独腿将军"。1941年12月，他指挥中英海军舰队成功突围香港，被英皇授予"帝国骑士司令勋章"。第二次世界大战中，获得这枚勋章的中国人只有两人，另一个是孙立人将军。1949年，新旧政权更替前夜，这位国民党海军上将病逝于广州。

当年与张云逸一同赴广州求学的林少波，一度担任国民党三十一军少将师长、二十六集团军中将参谋长等职，曾率部参加过台儿庄战役和昆仑关战役，与日军对垒。1940年2月，张云逸第二任妻子韩碧（原名韩碧珠）与长子张远之，随同新四军二十三名干部，前往安徽无为与张云逸团聚，中途被李品仙的二十一集团军扣押，蒋介石密令将他们枪毙。时任第五战区军法总监的林少波，以冒名顶替的办法，枪毙了替身犯，救出他们和关押在同一监狱的文昌老乡、十九路军抗日将领云应霖（参见韩光《张云逸与林少波殊途同归》，《文史春秋》1999年第6期）。事后，林少波被人告发，被蒋介石幽禁在重庆，在李宗仁的担保下才得以释放。但他从此退出国民党军界，接受共产党的派遣，以经商为名赴南洋开展秘密活动。新中国成立后，林少波重新回到广州，成为广东省人民政府参事。张云逸主政广西剿匪时，还专门将他借调过去，劝降与其私交甚好的国民党残部中将司令莫树杰。

　　两个从椰子树下走出去的少年，最终还是走到了一起。

　　革命是一个复杂的过程，有时还会革到自己头上。张云逸的妻子虽然不像周士第的发妻那样死于革命内部的"肃反"运动，但也遇到了一时接受不了的问题。韩碧出身于一个没落的家庭，自小就随父母到处乞讨，后来才到广州去打工。二十世纪五十年代，她担任广西保育院院长，可在家乡的土改运动中，家庭成分却被划为地主，成了革命专政的对象。这让她承担了很大的压力，出现了精神抑郁的症状，有时在夜里大吵大闹。人们提议把她送进精神病院，张云逸坚决不允，他认为，将妻子与自己的丈夫和儿女隔离，让她失去人间的温暖，只会加重她的病情。于是，他抽出更多的时间来陪伴妻子，细心照料她的生活。几年之后，韩碧恢复了身心健康，重新穿起了军装，到总参管理局工作，算是有了一个好的结局。（顾永俊、陈英豪《大将张云逸和夫人韩碧的爱情故事》）

The
Biography
of
HaiNan Island

海南岛 传

冯白驹与娘子军传奇

第二十四章

冯白驹和他的战友

1

继周吾儿：你好！

　　因家里困难，不得不给你写信。自今秋冬以来，家里稻田失收，石场停业，经济无收入，债台高筑，全家生活困难，实在无法支持吾儿继续读书。希见书后，立即退学回家，另谋生计。切切。"（吴之、贺朗《冯白驹传》19页，当代中国出版社，1996）

　　1926年早春，在上海大夏大学就读才半年的冯裕球，收到了父亲的来信。还没有读完，他的脑子里便浮现出父亲焦灼的面容，心情也一下沉重下来。来不及多想，他就收拾行李，匆匆告别老师同学，坐上上海驰往广州的轮船。

　　在五羊城中转逗留期间，他特地去拜会了高小时结识的老师徐成章。此时的徐老师，已经从黄埔军校调任大元帅府铁甲车队队长。他给这位高个子学生讲述了革命的道理和战斗的传奇故事。听说裕球要报考黄埔，他并不赞成，考虑到琼崖革命需要人才，他力劝其回乡加入当地的组织。其实，在琼山中学期间，冯裕球就是学生运动的骨干；在大夏的校园里，也深受革命思潮的洗礼。民族解放与共产同富的理念，激荡着这个青年人宽厚而良善的情怀。

　　海口云龙镇边上的长泰村，是冯裕球的家乡。这里红褐色的土地，种出来的木薯和地瓜格外的香。冯家院子坐落在村南边一处隆起的地块上，院里有两棵叫不出学名的大树。每天清晨，身材魁梧的父亲冯运熙就会起来，在呃呃呃呃的鸡鸣声中打拳，踩出嘭嘭的震响。他是这一带有名的拳师，扫堂腿功夫相当了得，还是民间组织"三合会"的成员。周边村庄的弟子，晚饭后就陆续过来，跟他在大树下习练武术。除了下田耕作，父亲还与人合伙在附近开了个采石场，把大块的火山石劈开来当建材卖，赚钱供他们兄弟读书。现在，采石场旁边连村的大户家族，借口破坏风水，硬是强行阻止他们开采，生意被迫停了下来，家里还欠下了些外债。裕球不得不中断在上海的学业，返回这片土地，在十字路口面对人生的抉择。早在中学毕业那年，有个同学拿钱在邓本殷的部队买来个营长职位，让他在其手下当一名连长，但他一口就拒绝了。这不是他要走的道路。

回到云龙的冯裕球，并不急于要谋求生计，而是遵照徐成章的指引，离开妻室，跑到海口去找高小同学李爱春，请他给自己介绍革命的工作。他想探寻一种比居家过日子更加高尚的生活，颠覆这个贫困而无义的世界。1926年4月，在李爱春的介绍下，他出任海口市郊农民协会办事处主任，不久又被选为主席。在一面绣着锤子与镰刀的红旗下，他举起右手的拳头，宣誓为全人类的解放而献身。入党之后，他更名为冯白驹，想象自己就像一匹矫健的白马，为了世道的清明，飞奔于战火纷飞的沙场。他和同道们经常走进村庄，举办夜校和识字班，传播平等的道理，让农民认识到自己受富人剥削欺凌的处境和世道的不公，激发起仇恨的怒火与革命的热情。革命不是彬彬有礼的请客吃饭，革命是一种暴力，没有仇恨的怒火，就无法高举它的旗帜。

此时的海南岛，共和革命还在进行之中。也就在冯白驹返琼的这一年，国民革命军张发奎部与陈济棠部强渡琼州海峡，击溃了邓本殷的八属联军，把海南纳入孙中山临时政府的治下。民主革命尚未完成，另一场共产革命就已悄悄开始，并叠加到了一起，各种力量相互渗透，此消彼长。1926年6月，在张发奎部任十二师党代表兼政治部主任的王文明，和中共广东区委特派员、曾在苏联红军大学学习的杨善集，在海口市竹林村（现新华区竹林里第131号）主持召开了琼崖第一次党代会，成立中共琼崖地方委员会，王文明被选为书记。从莫斯科东方大学归来的文昌人冯平担任军事部长。

1927年4月12日，蒋介石发动针对国民党左派与共产党人的武装政变，共和革命变得无比血腥。国民党将领黄镇球、叶肇等，也开始在海口、府城等地搜杀共产党人，有五百多颗头颅相继落地，四处溅起了血光，海南岛上弥漫着恐怖的气息。冯白驹入党介绍人李爱春的头，也被挂到府城的城楼之上。死者为大，辱没死者的尊严，是这个国家传统中反人道倾向的体现。清明节那天，王文明带着地委一百多名同志，化装成为吊丧的队伍，回到万泉河流域的家乡阳江，开辟了海南岛第一块红色根据地，点燃了土地革命的火把。

屠杀并没有将共产党人震慑住，反而激起更大的愤慨。遵照上级的指令，中共琼崖地方委员会改为中共琼崖特别委员会，聂荣臻、叶挺在莫斯科的同学杨善集当选为特委书记。特委做出开展武装斗争的决断，组建了以冯平为总司令的琼崖讨逆革命军，在不到三个月的时间里，队伍发展到一千余人。同年9月，响应中共中央"八七会议"精神，杨善集他们将暴动推向全岛，以红色的恐怖来回应白色的恐怖。

9月23日拂晓，讨逆革命军对国民党军队的战斗，在乐会县椰子寨打响。杨善集率领两个连的队伍与几百名群众，在夜色掩护下冒雨冲锋，攻克了椰子寨民团炮楼，取得了具有标志性的胜利。但在第二天，敌人组织了大规模的反扑，装备太差的讨逆军不得不且战且退，身先士卒的特委书记杨善集不幸中弹身亡。

正在这个时刻，中共中央南方局派遣杨殷、徐成章等前来海南，加强对武装斗争的领导。讨逆革命军改编为工农革命军，迅速发展到七八千人的队伍，分设东、中、西三路总指挥部，冯平为总司令兼任西路总指挥；徐成章负责军委工作，兼任东路军总指挥和党代表；冯白驹成为特委候补委员、中共琼山县委书记、中路指挥部下属的第七路军党代表。与尊敬的徐老师战斗在同一个壕堑里，让他倍感自豪，然而，血与火的战斗比想象中的要残酷得多。

在徐成章的指挥下，东路工农革命军攻下万宁县和乐墟，接着又与当地农军联合，占领了陵水县城，组建起海南岛第一个县级苏维埃政权。此时，中国共产党的策略，是集中力量夺取大城市。上级命令徐成章率部回师夺取万宁，进而攻打加积、海口，占据整个海南岛。此时的革命军人数有限，枪弹匮乏，徐成章觉得这种冒险注定要失败，他将意见提交特委，但在未获得新的指令之前，仍然坚决执行北上进攻的命令。1928年2月4日，攻打万宁分界墟的战斗打响，弹药眼看就要告罄，徐成章只好率众持钢刀冲入街道，与敌进行白刃格斗。一颗子弹击中脖子，终止了他三十六岁的生命。仰躺在泥泞不平的地面上，他临终时眼睛望着苍茫的天空，满腔的抱负都未来得及实现。

三个月后，冯平指挥的西路军在西昌镇仁教岭被敌军围困，打完所有的子弹之后，负伤的他落入敌人手中。面对高官厚禄的收买，他义无反顾地选择了就义，时年二十九岁。

三位重要的领导人牺牲之后，海南岛上的红色革命进入了低潮时期。1929年2月，迁入海口的特委机关被国民党发现，除个别人员逃出外，里面的人全都惨遭杀害，包括从广州派来的新任特委书记黄学增。在一片血光之中，冯白驹被调往已遭破坏的澄迈县委任书记，他别着驳壳枪，时而化装为风水先生，时而化装为牛贩子，奔走于各个村庄之间，寻找屠刀下幸存的党员，恢复组织的活动。跟随他身后的，是死亡恐怖的阴影，但他已做好随时弃身的准备。接任特委书记的王文明，此时患上了莫名的重病，由于得不到必要的治疗，他的身体已经无法承受内心燃烧的激情。在他的提议下，冯白驹以特委常委的身份主持特委的日常工作。

2

1930年1月，抱病经年的王文明，在母瑞山根据地逝世。冯白驹顺理成章地接替了特委书记的职位，成为孤岛上红色革命的旗手。他渴望得到中央的指令，以决定何去何从。2月份，他转道香港，来到上海，住进某栋楼的顶层，参加一个秘密会议。他被告知，一旦警铃响起，立即撕碎文件吞进肚子，然后各自逃跑。在会场，他见到共产党的总书记李立三和一脸黑须的军委书记周恩来，向他们汇报了海南的情况，并得到他们的勉励和关于开展武装割据的指示。

回到母瑞山，特委召开中共琼崖第四次代表大会，部署开展全岛武装兵变和暴动，建立苏维埃政府。很快，红军第二独立师就组建起来，有九个县先后建立了苏维埃政府，治下的人口增加到一百万人，超过岛上总人口的三分之一。苏区内有武装赤卫队、少年先锋队、劳动童子团和妇女协会，实行土地改革，没收地主的土地、房子和浮财，分给没地或地少的农民，得到穷苦人的热烈响应与支持，革命的烈火红透了海南的半边天（《冯白驹回忆录》34—35页，东西文化公司，2000）。站在母瑞山头，看着地平线上汹涌的云彩，冯白驹豪情万丈，眼前有了一种天翻地覆的感觉。

共产革命之所以来得如此迅猛，大有覆盖共和革命之势，有其内在的原因。孙中山的民主革命，依靠的是宋耀如这类富人的支持，他要改变的是这个国家的政体，并不打算改变各个阶级的不平等地位和财富分配差异。共产革命不同，它要颠覆的是整个社会的结构，将它来一个底朝天，让受苦受难的穷人翻身做主。而在那个时代，穷人的存在如同汪洋大海，足以吞没少数富人。以毛泽东为代表的中国共产党人，很快就找到了革命的主体力量——挣扎在社会底层、找不到任何出路的贫苦大众。他们的内心深处，埋藏着的对世道的不满、对富人的怨愤，是毁灭这个世界的烈性炸药、熊熊燃烧的劫火。他们最匮缺也是最渴望得到的是土地，因为土地是农业社会最基本的财富形态，决定着人们的地位与生活的境况。对他们而言，最具感染性的革命，不是民主共和、自由博爱，而是土地和房屋。因此，共产革命最初的形式就是土地革命，而那些占有超过平均指数财富的地主，就成了革命的对象。在革命的叙事里，他们必须为这个社会的罪孽与不幸承担完全责任。

在苏区，首先通过开办夜校和列宁学校，给农民进行革命的启蒙，让他们觉悟，认识到富人的幸福里隐藏着这个世界的罪恶，自己祖祖辈辈做牛做马，都是阶级压迫与剥削导致的，而不是自身的过错，更不是上天与命运的安排。他们是正义的力量，不能逆来顺受，应当起来抗争与反叛，控诉地主富农的恶行，以及这种恶行带给他们的创伤与苦难。这样，就让他们心中燃起仇恨的怒火，而这种怒火是革命最重要的能源。缺少了足够的仇恨，人们就无法拿起武器，开展你死我活的血与火的斗争，推翻敌对阶级的统治，砸烂这个黑暗的世界。遍布乡野的穷苦人群，是社会的干柴烈火，一旦点燃，就成难以扑灭的燎原之势。因此，伴随着打土豪、分田地的运动，苏维埃的各项工作，包括农会、妇女协会、儿童团的组织，很快就开展起来。其中最为突出的是妇女协会。

一般而言，社会最底层埋藏着最深沉的仇怨。中世纪时代的中国，妇女的地位无疑是最低的，她们除了忍受阶级的剥削，还有性别的压迫，尤其是礼教附加于她们社会角色的种种桎梏。在海南，红色革命最为炽烈的地方，是东北部万泉河流域的乐会、琼东一带，那是海南农耕文明最为发达的地区，也是礼教观念体系最为完备的地区。在这一带乡村，许多女人连个名字都没有，只是按排行叫作"奶大、奶二、奶三……"，不到十岁就成为童养媳，嫁给一个自己从未见过的男人，为他们生儿育女。倘若丈夫早逝，完婚时跟她拜堂的可能就是一只公鸡；而洞房里等着她的就是一个木头人。作为女人，一生都只能蹲在厨房的灶台边吃饭，即便上桌，也只能等男人们吃完之后。她们生活的轨迹，就是从厨房到田间地头，很多繁重的体力活，如犁地、灌溉、收割，都压在她们单薄的身体上，一些美好的愿望，还没生出来就已经遭到挫败。劳动之外，她们几乎没有任何群体性的公共活动，来释放内心的压抑，慰藉胸口的苦楚。她们是底层社会的底层，是冤仇最深的群体，地底下的煤矿，等待着开掘和炬火的点燃。

　　红色革命最为深刻的地方，在于触及底层妇女无告的内心，给她们带来巨大的解放感。许多从事革命的领导者，都把家人带入了革命的队伍，让她们从事妇女协会的工作。杨善集就是如此，他长相秀美的妻子林一人和王文明的妻子邢慧学，就是苏区妇女运动的积极分子。她们常常翻山越岭，挨家挨户地寻访那些受到欺凌、伤害、摧残的女性，听她们倾吐胸腔里的苦水，提醒她们认识自己的灾难与屈辱，激励她们成为愤怒的战士，加入妇女协会中来。在这里，她们的生活不再孤独无援，有很多人团结在一起，为她们伸张正义，报仇雪耻，还可以在万泉河边开心地唱歌跳舞，充满着烂漫的气氛。红军医院、军械厂等建立起来后，她们还能获得一份光荣的工作，生活在一个集体大家庭里，得到了来自群体的尊重与呵护，还可以获得一种超凡脱俗的使命感。这种开阔、欢快而富有神圣意义的生活，带来了一种从未有过的解放感与崇高感，是她们过去的生活里都无法想象的。因此，她们表现出的热情，远比男人还要高涨。

　　《冯白驹回忆录》有这样的叙述："在1927年至1928年的革命高潮中，不少妇女同志和群众，参加暴动，英勇地向敌人冲锋，不怕牺牲。革命低潮后，敌人的白色恐怖是那么的疯狂猖獗，海南革命妇女仍然坚持工作，联系、接洽和掩护同志。有些比男同志还强，丈夫反动作恶多端的，妻子带领革命同志去惩办；甚至丈夫熟睡时自己用刀子扎死丈夫，逃出来参加革命。……在部队中，卫生员、炊事员均是女同志。她们工作不怕艰苦，部队行动时要挑重担子，部队宿营休息，她们要挑水、拾柴、做饭，不分昼夜坚持工作；卫生员不仅要照顾伤病同志，到处采药，且在作战时，也跟武装同志上火线，抢救伤病同志；在各机关、在后方工作的女同志，对工作很负责，积极肯干。同时，她们纷纷要求上战场杀敌。因此，为了发扬妇女同志英勇参加革命的精神，鼓励妇女同志更进一步参加革命斗争，同时也赞扬她们热烈参加武装、拿枪杀敌的强烈要求，我们便决定组织娘子军。时间是在 1931 年 5 月。"（《冯白驹回忆录》35—36 页）

女子军第一任连长庞琼花

万泉河是海南最美丽的水系，两岸繁花盛开，但花香之地无和平。以生育为天职的女人，要拿起枪来，投身到与男人血腥杀戮的战场，砍柴、切菜一般伤害彼此的身体发肤，说明这个社会已经出了严重的问题。就像那首歌所唱的那样："战士责任重，妇女冤仇深。"生活在底层的人，实在太渴望有一次彻底的翻身。女子军的成立，在整个人类妇女运动史上，是一桩值得记叙的事件，也是一件呼之欲出、挡都挡不住的事情。因此，当乐会县委、县苏维埃递上关于成立女子军的报告时，以冯白驹为书记的特委，很快就批准了他们的请求。

1931 年春，"乐会赤色女子军"在县委秘密驻地、乐会四区的加荣村（今加任村）成立。三十名战士，是从近百个报名的青年女子中挑选出来的，指导员是上级指派的王玉文，之前已经是红三团一名战士的庞琼花，成为这支队伍的排长。庞琼花出身一个穷苦人家，父亲是一个从事换牛交易的"牛客"，儿子被人害死之后,女儿琼花成为家里的独女。为了防身,他教给女儿一些拳脚功夫。琼花人长得端庄,又习过武,身上有一股英武之气。虽然十岁那年,父母已经将她嫁给邻村的李廷浩,做起了童养媳,但她总不愿服从这门婚事,与一个陌生男人过一辈子生活(参见庞启江、庞家东《红色娘子军传》第一章,线装书局,2013)。

每天清早,氤氲的水汽从万泉河面升起,如同纱巾一样抹洗着一个个葱翠的山头。女子军的战士,就在草坪和山坡上开始了一天的操练。傍晚时分,晚霞染红的河水里,她们成群结队地洗衣沐浴,情不自禁地唱起了歌。这种沉醉的情景和超越名教的自然状态,不仅打动了曾经被旧伦理束缚多年的她们,也感染着周边的人们。

3

由乐会县委领导的赤色女子军,只能算是红色娘子军的前身,因为她们还不是正规的作战部队,不配备枪支弹药,主要承担通信、宣传、后勤等公务,有时协助红三团的部队,攻打国民党炮楼。但她们威武的英姿、雷厉的作风以及开放的生活,让当地妇女看到了一种崭新的可能性。她们所到之处,都吸引着人们羡慕的目光,操练的场面也受到越来越多的人围观。苏区里的青年女性,都跃跃欲试,纷纷要求参加女子军。面对如此高涨的热情,冯白驹他们很快就做出决定,建立一支纯女性的正规作战部队,将这万泉河边的花木兰们都汇集起来。

正式征招女子军的消息,成为乐会苏区的重大新闻。布告张贴出去后,前来征召办公室报名者络绎不绝。原本打算只招收七十名战士,结果报名人数有七百多人,竞争十分激烈。4月中旬的一个傍晚,冯增敏带着八位女青年,冒着大雨赶来征召办公室报名,在九曲江边,她们遇上暴涨的洪水。为了不错过报名期限,这群心情急切的女子,竟然冒着生命危险,手挽手渡过了凶猛的河水。

按照年龄在十七至二十五岁、身体健康、家庭贫困、本人自愿、家庭同意、思想觉悟高、斗争中有良好表现七项条件，追加招满了一百人。为了安慰那些未能入伍的女子，特委还特地要求各区做好思想工作，告诉她们将来还有机会。尽管如此，当新成立的女子军在操场上训练时，仍然有两个因年龄不足十六岁、身高不及枪支而落选的女子，每天清晨扛着一截木棍跟着队伍操练。在无法拒绝的情况下，经王文宇师长特批，她们最终留了下来。更为离谱的是，一个叫庞振英的已经出嫁的女子，后来被发现怀有身孕，可就是辞退不了。她向教官王少梅坚决表态：若是不能参加女子军，她就上吊自尽！

1931年5月1日，女子军连正式成立，它的全称是"中国工农红军第二独立师第三团女子军特务连"，连长是英姿飒爽的庞琼花，指导员则是阳江墟上身材高大的王时香。一百〇三名战士剪掉辫子，穿上军装，扎起腰带，打上绑腿，踩着"一二一"的节奏走进操场，接受特委、县委领导及第二独立师师长王文宇、政委郑大理的检阅。从南洋归来的独立师三团团长王天骏，将一面绣着"红军第二独立师第三团女子军特务连"的红旗，庄严地递给走上主席台的庞琼花。授枪仪式后，特务连的战士开始在草坪上演练，她们向这个不平的世界大声喊出了"杀！杀！杀！"。

娘子军的组建，不仅令苏区的百姓感到新奇，也让国民党军方面兴奋起来，他们扬言要将这些"共母"全部抓住，分给弟兄们做小老婆。驻扎在中原墟的东路"剿共"总指挥陈贵苑，是黄埔军校毕业生，自恃人数众多，武器精良，根本不把手持粉筒枪的女子军放在眼里，带着国民党部队和民团二百多人，兵分两路，气势汹汹地向苏区机关和红三团驻地扑来。

在王天骏团长的部署下，红三团白天伴装向万宁撤退，夜晚则悄悄返回，与女子特务连一起，在沙帽岭设下了埋伏。女子军特务连派出部分战士在村里生火做饭，引诱敌人进入。狂妄的陈贵苑果然中计，命令自己的队伍往村子里冲，还叫嚷着"谁抓到归谁做老婆"！随着庞琼花连长的一声："打！"女子军们一同开火，甩出了手榴弹，打得敌人猝不及防。由于手中的粉枪不好使，在林地里的近战中，她们大喊着扑过去，抱住对手在山坡上翻滚搏斗，撕咬对手的耳朵、手臂，抓起沙土、猪粪往敌人眼睛里撒。从她们骨子里释放出来的愤怒，控制了整个战场。一个多小时的时间，战斗就决出了胜负。国民党军队有二十多人被打死，七十多人被俘，其中就有"剿共"总指挥陈贵苑和他的副官。女子军特务连只付出数人轻伤的代价。

在地势不高的沙帽岭，女子军特务连一战成名，荣获了集体一等功。苏区的民众纷纷挑着烤猪、烧鸭、甜粑、椰子粿和山兰糯米酒，来特务连驻地犒劳慰问，庆祝这场具有翻身意义的胜利。对于她们而言，这既是一个阶级对另一个阶级的胜利，也是一个性别对另一个性别的胜利。一些原来反对女儿入伍的亲人，从此改变了态度。战士王运梅的丈夫庞隆馄，到驻地来找自己的妻子，并加入了革命的行列。战斗的间隙，女战士会采撷路边的野花，插在自己的枪杆上，嗅闻花朵的芬芳。这种扬眉吐气的血色烂漫，让她们忘记了死亡的恐惧，死亡比活着更显得高尚与光荣。

接下来，女子军特务连还参加了文市、中原墟等多场战斗。在围攻牛市墟国民党军据点的战斗中，她们几乎是将烧烤熏蒸的厨艺用到了战场上来。民团大队长冯朝天，自恃有三层炮楼，架设着轻重机枪，外围还有重重铁丝网，而女子军粉枪、荔枝炮和土制玻璃瓶炸弹，根本构不成威胁。他叫嚣要把庞琼花抓来做他的压寨夫人，给他生崽下蛋。在武器装备处于劣势的情况下，女子军特务连硬是通过挖地道，将木柴、稻草、椰子叶堆到炮楼下面点燃，用"蒸猪"的方法将敌人熏了出来。冯朝天也在被击伤后，成为庞琼花的俘虏，并最后被枪毙，真的是朝天了。

1932年春，女子军特务连连部和两个排，奉命从乐会四区调往琼东四区独立师师部执勤，编入红一团建制。留在红三团的一个排，扩建为女子军特务连第二连，下辖两个排，约六十人的兵力，由黄敦英、庞学莲分别担任连长和指导员（《琼崖纵队史》55页，广东人民出版社，1986）。也就是这个时候，红军内部针对"AB团"、社会民主党的"肃反"运动开始，包括红二师政委谢文川、王文明妻子邢慧学、周士第妻子翁祚昆等，一批党政干部和指挥员，在酷刑之下被自己人杀害。为了避免蒙冤受屈，有的指战员把枪支埋入地里，离开部队，甚至出逃海外。特务连一连连长庞琼花的忠诚受到质疑，被送往母瑞山红军监狱进行改造，职务由第一排排长冯增敏接任。

也就是在这一年的7月，蒋介石发动了对苏区的第四次"围剿"。国民党第一集团军警卫旅旅长陈汉光率所部三个团、一个特务营和空军的一个分队，从海口港和澄迈县东水港登陆，在当地原驻军的配合下，开始对琼崖苏区的工农红军进行围攻。风光明媚的万泉河胜景，成了血腥杀戮的现场。

此时苏区的红军，只有一千八百人的兵力，分散在不同的区域，装备甚差，在"肃反"中丧失了原有的战斗力。驻扎在海口附近羊山地区的红二团，与敌人正面硬碰，损失惨重，仅有二百人退回到师部。面对如此情势，以冯白驹为首的特委做出决定：在乐会地区，留红三团一部，包括女子军二连在原地开展游击战，牵制敌人，特委、琼崖苏维埃政府、红军师部和军政学校学员、红一团、女子军特务连利用敌人的包围间隙，从牛探岭、苦瓜岭向母瑞山根据地紧急转移。

当特委、苏区政府和独立师部三大机关，撤到琼东与定安交界的马鞍岭时，遭遇了敌人优势兵力的猛烈进攻。为掩护领导机关向母瑞山革命根据地转移，师长王文宇决定：女子军特务连一连和红一营留下来阻击敌人。面对来势汹汹的敌人，女子军特务连一连和红一营的战士，借助有利地形顽强阻击。她们每人只配备二十五发子弹，最后的五发通常都要交给枪法准的战友，一发一发地狙击。子弹打完了，她们就用石头砸。在打退了敌人的多次进攻、出色地完成掩护任务后，女子军连留下二班做掩护，向特委与师部靠拢。这个班的八位战士在打光子弹之后，与敌人展开了殊死肉搏，最后全部战死，在河滩的石磊上留下破碎不堪、血肉模糊的身体。她们的鲜血顺着万泉河水，朝大海的方向流去。

在女子军连和一营的掩护下，冯白驹、符明经与王文宇带领特委、苏区政府和师部机关，退入了母瑞山。但敌人并不因此罢休，把母瑞山团团围住，在周边建起了碉堡与炮楼，不时出动飞机侦察轰炸，并开始分片搜山，情势十分险峻。冯白驹认为，固守下去，红军和特委将陷于绝境。他召开会议，做出部署：由王文宇、冯国卿率红军主力部队向乐会突围，与原来留在那里的红三团和女子军二连会合，吸引敌人的兵力；他和符明经带领特委和苏区机关及警卫连，隐蔽在母瑞山与敌人周旋。

10月间，乘着秋雨连绵，万泉河水高涨，王文宇、冯国卿率领红三团和女子军一连，渡河突围，朝东北进击。他们一路遭到敌人的重重阻截，付出了惨重的代价。包括政委冯国卿在内的多数指战员，流尽了身体里的最后一滴血。一天中午，冯增敏带着被打散的八名战士，来到一处河谷，看到了错杂的石磊间，有一汪清澈见底的泉水。有人提议，就在这里洗个澡吧。看大家浑身泥垢和血污，长满疥疮，个个都是一张脏兮兮的脸，冯连长同意了。除王运梅刚刚小产生下一个婴儿、传令兵卢业兰伤口尚未痊愈不能下水外，其他人都褪去脏兮兮的衣服，进入水中洗浴，像鱼儿一样嬉戏开来。然而，就在她们把衣服洗好，晾在旁边树枝上等待晒干的时候，一小队民团跟踪而至。这些化装成黎胞的敌人，躲在附近的林子里偷偷地窥视。他们计议好主意，打算先抢走衣服枪支，再抓捕这些一丝不挂的女人。但警惕性极高的冯增敏，忽然间觉得有什么不对，翻身爬上石头，抓起自己的驳壳枪，正好看到这些鬼鬼祟祟的敌人，便立即开枪，一下撂倒了三个人。闻到枪响，战士们纷纷上岸操起武器开火，把这小队敌人全都给报销了。

在王文宇带领下，包括女子军特务连一连在内的红三团，最终冲出了敌人的包围圈，在乐会一个叫作中平仔的地方与红三团会师。但在这里，他们又受到敌人五六层的重围，陷于孤立无援的状态，人人衣衫褴褛，手脚腐烂，病疟缠身，靠野菜、草根、树皮果腹，内部一再出现叛徒与逃兵。面临绝境之际，女子军依然与她们英勇的师长战斗在一起，表现出更甚于男性的坚贞与忠诚。然而，最为致命的是，她们已经打光了所有的子弹。

无力回天之下，王文宇和乐会县委做出决定，给幸存的女子军战士，颁发师长签名的《退伍证明书》，然后将她们遣散。在相互拥抱与一场号啕痛哭之后，这些参加过数十场战斗、付出约二十条同伴生命的女子军宣布解体。她们依依挥手告别，朝各自的家乡走去。接下来的情况几乎没有悬念，参谋长郭天亭在受伤之后拒不投降，被敌人虐杀。身患疟疾、浑身伤痛、皮绽肉烂的师长王文宇，因两个警卫员先后叛变，不幸落入敌手。入狱半年之后，因为威武不屈，不愿出卖同志、背叛自己的信念，被活活烧死于海口府城的一棵大树下。这位出生于澄迈雁北（今澄迈县文儒乡）的汉子，完成了生命的凤凰涅槃，并在很多年后，成为戏剧《红色娘子军》中党代表洪常青的原型。

4

独立师将敌人主力引开后,母瑞山的压力减轻了许多,但敌人仍然没有撤走包围,还不时派分队搜山。冯白驹和符明经带领的特委、琼崖苏维埃机关和警卫连一百多人的队伍,坚守着岛上最后一块根据地。由于无法与山下联系,获得必要的粮食与盐巴,他们过着近乎野兽的生活,几个月都不能吃上一顿饱饭,有时甚至半个月都吃不上一碗稀饭,只能靠采野菜、野果来填肚子。有了一点米粒来熬稀粥,冯白驹要逐一查看,确认人人都分得一份,他自己才开始下口。若是不够分,他便只好吞咽野菜。出于隐蔽起见,不能开枪打猎,但悄悄跟随梅花鹿的行踪,可以找到可食用的野菜。因为只要是鹿能够吃的,人吃了就不会中毒。在他们的菜谱里,最常见的是鹿舌菜、白花菜、芭蕉芯等,还有一种吃起来有些苦涩却叫不出名的,他们就叫作"革命菜"。偶尔能抓到一两条毒蛇,就像是过节一般。野草质寒,吃多了就要拉肚子,况且秋天的山上,后半夜特别凉,大家都是一身破烂,衣不蔽体,有的人穿的是树皮草叶,勉强能够遮羞,要靠点火来取暖,这又很容易暴露目标。

进入冬季,天气冷得让人发抖,长期躲在山上也不是办法,必须突围出去,寻找失散的同志,恢复党的组织。考虑到情况不明,集体行动很容易被发现,冯白驹决定分批派出小分队下山。然而,先期派出的两个小队,都没有任何音讯回馈,可见下面情势仍然危殆。冯白驹的弟弟、共青团特委负责人冯裕深,主动请缨率十多名共青团员下山侦察情况。他向哥哥表示:除非牺牲,否则一定回来!但惜别多天之后,还是没有他的任何消息。

于是,又派出第四批人员。1933年春节前夕,十名带着驳壳枪的战士,在营副指导员李汉的带领下,潜入到定安县。在那里,他们终于遇到了冯裕深领导的第三批下山人员。然而,大年初二,在居丁交通站停留的晚上,已经变节的交通员引来了国民党民团。突围的过程中,冯裕深等几名同志中弹牺牲了。

这时候,寒风彻骨的母瑞山头,就只剩下冯白驹、符明经等二十六个人了。一个多月来,他们得不到任何信息,大家心情相当颓丧,为了激励大家,排解心中积郁的烦恼,冯白驹唱起了琼剧,有人用榕树叶片卷成笛子吹了起来。

随着王文宇率领的主力在中平仔折戟,敌人对母瑞山的封锁渐渐放松。也就在弟弟冯裕深被民团杀害的日子,冯白驹带着最后的二十五人,穿过敌人的封锁线,进入澄迈县一个村庄后面。这是他们当中一个叫作李月凤同志的家乡,她受命前去联系当地的党组织。可是,直到第二天中午,仍不见她的影子,等来的是几声凄厉的枪响。李月凤被敌人绑了起来,往村庄外边赶,浑身都是血迹。她不断做出各种抵抗,还竭力发出了"你们杀了我吧"的吼声,以告知自己的战友。不愿屈服的她,最终被残忍地杀害了。

仅存的二十六人,现在变成了二十五人。冯白驹他们只好退回山里,等到清明节的日子,到处都是扫墓祭祖的人群,他们才混迹其中,突围出去,回到了自己的家乡长泰村。几十年后,冯白驹还清楚地记得那个晚上的情景:"终于到了我的家。我轻轻地、压低嗓子叫了半天门,没有人应。出了什么不幸的事情吗?不像是,门是从里面关得牢牢的。定是母亲担惊受怕,不敢开门。我爬过了小屋,进到厨房里,一股热食的香味吸引着我,我揭开锅盖正好有一锅煮着的东西,也不管他是猪食还是什么,抓起来就往嘴里填,那个香劲呀……"(转引自张一平《琼崖人民的一面旗帜:冯白驹》54页,南方出版社,2015)

这个夜晚,冯白驹和他的战友吃上了一年来的第一次饱饭。回到家乡之后,冯白驹如同鱼回到了大海,他悟出了"山不藏人人藏人"的道理。但直到抗日战争全面爆发之前的几年时间里,他都无法跟上级机关取得联系。他们派出名叫陈玉清的同志,在上海住了一年的时间,都找不到党中央,但他们仍然不愿意放弃信念。而他麾下的女子军战士,在失去了集体与组织之后,更是身世飘零。许多共产党人,包括杨善集风姿绰约的妻子林一人,都在这个时期被敌人杀害了。革命是一场巨大的流血事件。

5

退役后的特务连女战士,并没有地方可去,只能重返万泉河两岸的家乡。她们当中的一些人,回到了童年时候"红纸合命"的男方家里,嫁鸡随鸡嫁狗随狗，过起与革命以前完全相同的生活，继续扮演社会最底层的角色，并开始生儿育女，传宗接代，仿佛之前的一切都未曾发生。回不到过去的，生活会更加艰难，有人甚至选择投河上吊。排以上的干部，则无一例外地落入国民党的手中，成为囚徒。"围剿"之前"肃反"运动中蒙冤的庞琼花，在战事最紧张的时候，从自己人的监狱里被释放出来，跟着数百名无辜的人，回到已经被敌人占领的乐会四区根据地。此时的苏区气氛萧然，人们以一种异样的目光注视着这个"共母"，似乎唯恐躲之不及。当她进入家乡欧村的时候，还没来得及见上父母一面，就被守候在那里的国民党兵逮捕了。接下来，第二任连长冯增敏、指导员王时香、二连连长黄墩英、指导员庞学莲等，也陆续被投入了监狱。在黑暗的牢房里，八个倔强的女子以绝食来抗议非人的迫害。后来，她们决定一起放弃生命，离开这个罪恶的世界。通过内线，她们弄来老鼠药，一起吞食。由于人多药少，昏死之后还是活了过来。

1935年年初，国民党将领陈济棠下令，将女子军八名干部押往广州的"国民特别感化院"，加以思想改造，给她们洗脑革心。担任感化院院长的，是女子军的老乡和原来的上级，曾经担任过中共定安县委书记、琼崖苏维埃政府主席的陈骏业。在1932年8月的"围剿"中，他以生病需要就医为由脱离队伍，到国民党据点投降，成为共产革命的叛徒。现在，他要以自己的经历，来给女子军们言传身教，让她们回过头来重新做人。为了缓和气氛，他特地在"粤海酒楼"设宴，给八位女子军干部"接风洗尘"，操起海南家乡话与她们套近乎，还用绸缎给她们裁缝新的衣服。但这一切，都改变不了她们对叛徒的厌恶与憎恨。束手无策的陈骏业，使起了阴招，将她们的合影刊发到报纸上，注明是投降后的"赤色女子军"，制造她们已经"回头是岸、痛改前非"的假象。后来，陈骏业还安排人陪她们去游泳、跳舞，企图从肉体上感化她们，都被坚决地拒绝了。当他以一个过来人的身份，上台讲述自己从共产党员到国民党人的思想转化时，受到了女子军们强烈质问与叱骂："你领导革命为什么要叛变革命？""你是共产党人为什么要杀害共产党？"无法向上方交代的他，只好发挥自己文字特长，杜撰了《琼崖共首自述》《琼崖女匪自首纪实》，向陈济棠邀功，但到头来还是被撤职了。(参见庞启江、庞家东《红色娘子军传》第二十一章)

全面抗战爆发后，国共重又开始合作，经中共琼崖特委和广东省委的努力，关押在感化院的数百名政治犯，在广州沦陷之前被释放。天天被强迫诵读"总理遗嘱"、从事苦力劳动的八名女子军干部，得以重见天日。这时候，她们都已经是二十七八岁的人了，摆在眼前的问题同样严峻。

回到琼东县的嘉积市，已经是1938年9月中旬。庞琼花她们装成讨饭的乞丐，往乐会的方向行走，游过流水冰凉的万泉河，进入各自的家乡。已经一无所有的她们，内心极度的迷茫。革命的队伍已经解散，解放人类与自我的事业无法继续，孤独的个体显得弱小无力，能够退回原先拼命挣脱的牢笼，在古老的秩序里获得生存的依托、续上革命之前的日子，就算是相当幸运了；否则，在这个世界上，她们连个立锥之地也找不着。

二连指导员庞学莲，抄偏僻的山路悄悄回到外冬村，在村外的牛棚里过了一天一夜，第二个晚上才鼓足勇气推开家门，与父母亲人见面。好长的一段时间里，她都住在臭气熏天的牛棚里。通过亲戚，她打探到与自己订婚的男人吴运朝已经结婚生子。好在吴运朝还念及旧情，他的妻子也能体谅包容，让她走出牛棚，跨入吴家的门槛，做一个偏房，算是有了一个名分与侧身的位置。

一连指导员王时香，来到了丈夫庞世国家中，完成拖延了七年的守孝。庞早在南洋就加入了共产党，回家乡来加入红军，在特委和红二师机关被围的危急时刻，挺身排雷，献出了年轻的生命。四十九天的孝期完成之后，王时香被父母接回阳江墟自己家里。按照世俗的理解，女儿嫁不出去就成了家里的祸水。二位老人急于要把水泼出去，但托媒人问了几家，都没人敢娶这个危险的"共母"。反倒是国民党清乡大队队长刘恒应，对她的姿色起了贪心。这个几年前在作战中被共产党打瘸了一条腿的男人，已经娶过四房妻妾，却发心要把这个"共母"纳入自己家门，以解心头之恨，满足其阴暗的心理。在使尽各种软硬办法不能奏效之后，他竟然动用清乡队的武装，在除夕前将王时香强行架入他布置好的洞房，让这位女子军战士蒙受一生的耻辱。

与王时香的命运相似，二连连长黄墩英，悄悄回到只剩下两户人家的南界子村。在被洗劫一空的破房子里，她见到了自己伤心欲绝的母亲。父亲已经在战斗中牺牲，妹妹被抓走后一直不见回来，弟弟也逃亡在外。早年与她"红纸合命"的赤卫队副队长何君为,则已倒在了中平仔战场。在安慰母亲之后,她专门到何君为的家里,在灵位前久久跪祷。国民党牛市区民团大队长、县党部军事科长李昌厥,得知相貌出众的黄墩英已经回家,立即派人上门来提亲。黄墩英明确做出回应:"他是国民党,我是共产党,水火不能相容。"但李昌厥并不善罢甘休,他以如今国共合作一家亲为由死缠烂打。在种种办法不灵的情况下,竟使用卑鄙的手段,派几十个民团团丁上门,将黄墩英

竖立在琼海市街头的娘子军雕像 林涛摄

绑架。此时手中无枪的女子特务连连长,完全处于孤独无援的状态,只好任人宰割了。她要挣脱的枷锁,重又加倍地强加到自己身上。

最为幸运的,要数一连第二任连长冯增敏。潜回美党村,她开始还躲在狐狸山一个棺材穴里。白天,母亲借着放牛的机会给她送饭,晚上,她溜进山下的村庄,寻访曾经一起战斗过的战友,倾诉心中的苦情。早年与她订婚的庞道康,已经远走南洋去谋生。得知增敏已经出狱,这位忠厚的男子,立即放下手头开始起水的生意,乘船归来成亲,与她一同过起耕田插秧的生活。革命低潮过去后,冯增敏与组织重新建立联系,于1945年加入共产党,从事妇女的工作。新中国成立之后,她先后担任博鳌人民公社副社长、琼海县妇联会主任等职。1958年,冯增敏作为海南民兵和娘子军的代表上京,受到了毛泽东接见,获得这位最高领导人赠予的全自动步枪和一百发子弹。娘子军的悲壮与光荣,都落到了她的身上。但在后来的那场浩劫中,她还是未能幸免。

最令人唏嘘不已的,是庞琼花的命运。她是岛上最早参加革命的女性之一,也是最有风姿和气质的勇士,万泉河边上一棵艳丽的木棉。在女子军组建前,她已经是独立二师三团三营的战士,"乐会赤色女子军"排的排长。女子

433

军特务连成立后，她是第一任连长，深得革命同志的敬重与喜爱。在"肃反"运动中，她被投入母瑞山深处的红军监狱，出来之后，又被抓进国民党的监牢。当她从感化院回到欧村的时候，离家已有七年之久。与她"红纸合命"的李廷浩，一度逃往南洋闯荡，心中依然挂着琼花，但是，当他重返家乡要来成亲时，琼花又再度入狱，而且听说判的是无期徒刑，于是才死心，另外娶妻生子。琼花不愿意给人做小，也不想再打搅李廷浩归于平静的生活。

乐会五区有个名叫王汉文的青年，是一位斯文的读书子弟，迟迟都不愿结婚，似乎在等着什么人。一次，在路上看见琼花，他便一下起了心意，专门约琼花的父亲，表达了非她莫娶的愿望。起初，琼花并不接受这个突如其来的求婚，因为王汉文是乐会县政府的文书，属于国民党的阵营。尽管父亲说婚姻是人跟人的事情，不是党与党的关系，琼花还是咬紧牙关不松口。但在父亲的反复敦促下，她还是表态：除非王汉文放弃官府的职务，和她一起远走高飞，否则就不用再提这件事。王汉文看来真是动了真情，他满口答应了琼花的条件。

于是，举行简单的婚礼之后，二人一同离开家乡，遁入万泉河上游的会山，在一处雨林茂密的地方搭起茅棚，开荒垦地，种起了旱稻、木薯、南瓜，过着一种近乎原始的隐居生活。然而，没过多久，日本人占领了海南岛，这个近似桃花源的地方不再清静。听说琼花的故事，日本人来了兴趣。为东洋人当走狗的维持会会长陈道钦，派探子化装成苗人，到会山一带探寻，发现了他们夫妻的踪迹，并迎来了日伪军。因为坚决拒绝与日本人合作，王汉文被当场杀害。眼看着丈夫被刺死，琼花操起锄头与敌人搏斗，最终被打伤倒地，捆绑到阳江墟的炮楼里。在这里，她受到了日军中队长扁马川和队副吉厘的凌辱。父亲冒死闯入炮楼，跪求日本人放过女儿，看到的却是不忍的一幕。身上颇有些武功的琼花，拼死维护自己的贞操，咬伤了吉厘。恼羞成怒的豺狼，命人将琼花狠狠毒打，拖到一个叫牛汉坡的地方加以强奸。然后，开枪把她残忍地杀害了。这个以琼崖之花命名的女子，被彻底揉碎了。

为了能够过上有尊严的生活，她付出了生命的全部，雨季的万泉河在为她号啕。

The
Biography
of
HaiNan Island

海南岛 传

洗不清的罪恶

第二十五章

无法面对过去的海南慰安妇 黄一鸣摄

1

1939年2月10日,春节临近的日子,五十多架喷着膏药旗的飞机,从海口清晨的上空掠过,尖厉的啸声中,一串串重磅炸弹扔了下来,将人们置于万状惶恐之中。与此同时,三十多艘舰艇驰靠西海岸的沙滩,由饭田祥二郎少将指挥的台湾混成旅团五千人(一支由日本九州人构成的部队,因组建于台湾而得名),向海口发起进攻,执行一个月前御前会议做出的决定。此时,岛上的中国军队,已大部调往广州方向,配合余汉谋第十二集团军作战,只留下琼崖守备司令部保安第五旅、秀英炮台守备队等地方部队,不过三千九百人。刚刚在云龙镇改编的共产党游击队,也只有三百人的武装,枪械极其简陋。

飞机与舰炮轰击过后,日军从西海岸的天尾港强行登陆。驻港守军保安第十五团第二营,在敌人抢滩之前予以抗击,秀英炮台也将炮弹射向进入海口湾的敌舰,但皆因力量悬殊撤出战斗。日军随即分左右两翼进攻海口、府城。驻守海口的保安第十五团第三营、海口政警队一个连和驻守府城甘蔗园的保安第十一团第二营,勉强支撑两三个小时之后败退下来。日军遂于当天上午占领海南首府。中午,日军一部从潭口东渡南渡江,向文昌、琼海等地推进。

为了表明共产党人的立场,冯白驹派出独立队第一中队,在南渡江潭口渡口,象征性地打响了抗战的第一枪。1934年,他从母瑞山带下来的二十五个人,在失去与上级组织的联系后,仍然坚持秘密活动,发展到约六十人的队伍。国共合作之后,他们在冯白驹家乡云龙镇进行改编,成为广东省第十四统率区民众抗日自卫团独立队(后扩编为琼崖抗日游击队独立总队),拥有了三百人的队伍。

12月4日拂晓,约两千五百人的海军陆战队,在舰队掩护下登陆榆林港,并于当天占领三亚和崖城，没有遇到任何抵抗。接下来，日军不断增兵，占领全岛后，一线作战部队保持在万人以上，加上机关和辅助兵力，总兵力有二万多人。此外还有大量伪军、警察协防。海口、榆林、三亚、黄流、那大、嘉积、八所、清澜港等重要城镇，均有重兵驻守，各个县城皆有一个中队的驻军。（张兴吉《日军侵占海南岛始末》，《琼崖抗日，海南解放》8页，海南出版社，2016）

日本侵略者登陆海南岛

在如此压倒性兵力掌控之下，日军在岛上并没有遇到上规模的抵抗，但他们的暴行并不因此而减少。尽管台湾混成旅团调往广西后，驻扎在岛上的大多是海军陆战队，属于日军中纪律较为严明的，但海南岛有史以来最大的人道灾难，就发生在日本侵略时期。六年多的时间里，被日军杀害的军民有二十多万人，全岛非正常死亡人数达四十万人，占人口总数的五分之一。他们杀人方式之残忍，更是到了令人发指的程度。

种族利益与帝国狂想的驱使、武士道精神的规训，加之两年来在中国战场上不断升级的对抗，将这些军人炼成了嗜血的恶魔，杀戮成为他们寻找快乐的方式，成为歇斯底里的狂欢。对于这些地狱里出来的众生，普通的枪杀、砍头，轻而易举地剥夺生命，已经不能满足其阴险歹毒的心理，为释放内心的龌龊、压抑与扭曲，于是虐杀、辱杀成为行为的常态。他们要消受的，是被杀者的恐惧、无助、绝望、痛不欲生与极度羞辱，并以此来反衬征服的骄豪与荣耀。历史上，日本人在中国大地上犯下的反人类罪恶，也只有"五胡乱华"才可以相提并论了。

冯白驹所部独立队的阻击，并未造成日军实质性的伤亡。但不久之后的一个早晨，日军步兵第一联队，包围了海渝公路上的龙发墟，用机枪封锁街道出口，向集市上的人们疯狂扫射，放火燃烧沿街的铺店房屋，剥夺了两百多条无辜生命，把这个墟镇从地图上彻底抹掉。而后，因为一个哨兵被游击队做掉，日军冲进海口长流镇儒显村大开杀戒，杀死了全村226人中的199人，烧毁了几乎所有的房屋。

1941年春，维持会汉奸黎清农，在乐会北岸乡被游击队清除，日军集中龙滚、中原、博鳌、乐城等据点的400名官兵，深夜乘车包围了大洋、北岸两村，制造了骇人听闻的惨案，屠杀了499名村民。两卡车押送的五十名青年女子，因为不愿充当军妓而反抗，被集体枪杀在九曲江边，绝望的哭喊惊天动地。在北岸村，日军用刀砍断一位老人的头颈骨，却不割断他的喉管，听其惨叫直至气绝，还在一旁哈哈大笑。

太平洋战争爆发后，为了恫吓岛上的居民与抗日力量，使海南成为进军东南亚的稳固跳板，日军不断追加其杀伐的残酷性，在许多乡村实行"三光政策"，制造大片的无人区。风和日丽的岛屿，被无辜的鲜血所浸染。

1942年秋，文昌南阳乡民众迎来了他们的忌日，日寇以砍头、剥皮、剜眼、开膛、掏心、活烧等方式，虐杀了1549名村民。有人被吃掉了内脏，婴儿被投入水井溺死，或是抛向空中用刺刀挑死，一个两岁女童竟活生生被剁成六块。轮奸了二百多名妇女之后，这些魔鬼还将玻璃瓶、木棍等硬物捅入阴道，活活将她们整死。全乡百分之九十二的民房被烧毁，十里八村到处是一片火海，空气里充满着尸体烧糊的味道。

接下来，日军对文昌东北部抗日根据地，展开"拉网合围"和"梳篦扫荡"，屠杀无辜平民3700人，烧毁房屋7000多间，使这一带成为焦土，许多村庄从此消失，只留下瓦砾和鬼屋。由于不少死者身首异处，尸体残缺不全，只能混在一起入葬，因此就有了埋着一百〇七人的"百人墓"和"八十八人墓""四十人墓"，等等。这种把众多不砍碎的尸首埋在一起的坟墓，遍及全岛各地。

1945年3月的某一天，一名台湾籍翻译携枪出逃，向游击队投降。日军借机报复，通知周边九个村庄的老百姓，到中原镇维持会验"良民证"，当场拘押七百多名青壮年，剥去其衣服，将他们三五成串地捆绑起来，拖到燕岭坡预先挖好的大坑前砍杀，惨绝的叫声持续不绝。然后，日寇又进入九个村庄，进行杀人比赛,使无辜被害的人数增加到一千人之多。1947年,当地人在燕岭坡上建起了一座"千人墓",收容这些漂泊在旷野上的冤魂。(《铁蹄下的腥风血雨——日军侵琼暴行录》133页)

1942年元宵节的第二天下午,驻扎在文昌县的700多名日军,以"围剿"抗日分子为借口,层层包围了抱罗镇石马村,将上、中、下三个自然村100多户人家的房屋烧毁殆尽,从火海中逃出的68人,全都被刺刀捅死。中村韩东元一家老少五口被关进厨房,用柴草汽油活活烧焦。潘梓孝及邻居家四个三五岁不等的幼童,被捉进厨房,按进大铁锅里活活煮烂。

在下村,日军将几十个村民关进潘氏祠堂,从中挑出4名年轻貌美的妇女,当着她们父母、叔伯、兄弟姐妹的面,剥光她们的衣服,恣意猥亵,并在光天化日、众目睽睽之下轮流奸淫,最后一一刺死。接着,日军架起机关枪,把祠堂里的几十人全部枪杀,并泼上汽油,一把火烧掉。

这黑暗的一天,从早到晚,日军放火杀人的时间,持续了十个小时。200多人的石马村被杀害了128人,死者的尸体无人收殓,任由猪拱狗啃,好长时间里,这一带的猪肉无人敢吃,荔枝、杨桃无人敢摘。(《铁蹄下的腥风血雨——日军侵琼暴行录》94—95页)

2

风和景明、繁花盛开的海南岛,成了残杀无辜的屠宰场。日本军人在岛上留下的,是善良的心灵不堪承受的记忆。以下是幸存者难以卒读的口述——

1942年12月28日,是我(陈金花)毕生最恐惧、最痛苦的一天。天亮时分,由于分娩过后十分疲劳,我在卧房刚睡醒,就闻到一股浓烈的烟火味,心想一定是日本兵进村了。这段时间,常听说日本兵到处杀人放火,我意识到总有一天会轮到我们,便抱起刚出世的女儿,裹好背在背上,跑出堂屋,遇到两位兄嫂正手忙脚乱,又拉又推,想把家养的两头水牛赶走。我急忙喊:别管牛了,逃命要紧!她们舍不得丢下牛,还在那里死拉硬拽。我顾不了他们，直向山里跑去。在出村的路上，迎面遇到一个日本兵，持枪上前要抓我，为保护自己的女儿，我心里一狠，挥拳向日本兵猛击，日本兵没提防，竟被我击倒在地上。我转身钻进树林，头也不回地逃命。可怜女儿嫩小的身子被树枝刮得鲜血淋漓，已经哭得没有声音。我赶紧给她喂奶，一边找密处藏身。断断续续，听到村里传来了恐怖的惨叫声，到下午才寂静下来。我战战兢兢钻出树林，回到村里，看到的是可怕的景象：所有的房屋全被推倒，一根根梁木还在燃烧。有几棵树上吊着血迹淋漓、已死去的村民；有些人被砍头倒在路边；有的人被剁去双脚；有的被开膛剖腹挖出肝脏，后来听说日本兵强逼随军挑夫，架起大铁锅将人的肝脏煮吃；更多的人被烧死在倒塌的房屋里。我两个大嫂被刺死在拴牛的树旁，下身裸露。我弟弟被吊死在树上，上额皮肤被剥下来盖住了眼睛。村邻的王莆召和许多青年，裸露的上身满是刺刀的窟窿，口中塞着下身割下的阴茎。莆召的妻子阴道被插进木棍，显然是被禽兽不如的日军官兵施暴后，活活用木棍捅死的，还瞪着惊恐万状的双眼。其他妇女的死相都几乎跟她一模一样……我们南阳乡罗郭村只剩下五个男人（其中二位老人，一个男孩）和三个女人，村庄成为废墟，尸体无人埋。活着的人无法生活下去，只好含泪离开村庄，外出投亲谋生。（《铁蹄下的腥风血雨——日军侵琼暴行录》87—89页，龙建武记录，文字略作删处）

在杀人的过程中，日军不断挑战天伦与良知的底线。1940年清明节过后，儋州天屯积据点的鬼子，有预谋地来到新隆村，押走了79个村民，对他们进行泯灭人性的侮辱。幸存的当事人留下绝望的口述——

日军挨家挨户，把村里的男男女女从家里赶出来，排成队伍往村外走。到了山边转弯处，村民李性和往路边一闪，拼命逃跑。日本兵朝他"叭叭"开了两枪，李性和中弹倒下，日军以为打死了，便不去追赶。我们78人到了村外的一处草坪，被四排日本兵包围在中间，日本军官和

"通办"及另外四个日本兵,站在方阵的中间。军官通过"通办"发话:"唔!皇军大大的辛苦,今天叫你们来同乐。你们不要害怕,皇军要让你们痛快地玩,皇军看见大大的高兴!大大的喜欢!"接着挥手把我们分成男女两行,面对面站着,强令我们脱光衣服。不脱衣服,或是脱了仍然拿衣服遮盖的,日本兵便挥鞭抽打,直到流出血来。在枪口和刺刀的威逼下,两排站着的男女被剥得一丝不挂,任由日军肆意玩弄侮辱。

这里面有兄妹、母子、父女,在场的人都无地自容。日军竟强迫他们睁眼对视,并说出自己所看到的,还在一旁嘻嘻哈哈发出淫荡的笑声。紧接着,又命令我们互相调戏,挑逗对方敏感的部位。拒绝服从的唐宏帝、尹义明、唐宏明等,被日本兵打得头破血流,遍体鳞伤。不堪受辱、奋起抗拒的尹小女、黎红女、尹义成、周小梅、尹镇堂、尹华培、唐庆春、苏月转、黎小英、黎皇选等,被当场戳杀,鲜血喷溅得到处都是。一场惨无人道的恶剧,上演了整整一个上午。完了,苏蛟英、苏尾英姐妹俩被拉去"慰安"日本兵。走回村子的路上,我听到山坡那边,传来苏家姐妹一阵接着一阵的惨叫声,令人断肠割肚。(《铁蹄下的腥风血雨——日军侵琼暴行录》394—396 页,梁春田记录,文字略作删处)

3

海南人对日本人的最初印象,来自明朝洪武年间猖獗的倭寇,那是些杀人越货的强盗。清末海南开放之后,日本是较早与海口通商的地区,同治十二年(1873),就在海口设立了琼州领事馆。对于海南岛的肥沃,他们可谓垂涎已久。1939 年 2 月 10 日,作为向导,随日本军舰一同登陆海口的胜间田善作和他的两个儿子,其实就是日本间谍。

胜间田善作于明治二十九年(1896)来到海南岛,受雇于犹太裔英商罗斯柴尔德(Rothchild),在五指山区搜集珍奇动物约十年之久。他的行为引起黎族同胞的愤怒,并受到土著居民的追击,身上还残留着五颗取不出来的子弹。胜间田在海口开设了以自己名字命名的洋行,做起药材与纺织品生意,还在郊外创办了农场。经商的同时,他暗中从事谍报工作,深入实地调查刺探各方面的情况,出版了《海南岛现势大观》《最近海南岛的事情》等一些关于海南的书籍,绘制了颇为详尽的海南岛地图,被称为"海南岛之王"。"九一八"事变后,琼崖反日情绪高涨,国民党第152师师长陈章,知道胜间田掌握的情报太多,密谋将胜田间一家暗杀。得知消息的海口市公安局,担心挑起更大的事端,派出六名警察加以保护。随后,日本方面召胜田间回国,赴东京为军方提供情报,还授予他海军中佐的荣誉待遇(房建昌《关于日本侵略海南岛的考察》,载《中国边疆史地研究》1998年第3期)。因为他和他的两个儿子,日军对海南岛的资源分布一清二楚。日军入侵时使用的地图,就是胜间田绘制的。占领海口的第二天,胜间田就出面为军方召集两百多个商家开会,筹备成立海口"维持会"。攫取全岛治权之后,日本侵略者马不停蹄,开始了疯狂的剥皮抽血,他们计划用十年时间,将海南岛变成第二个台湾。占领海南之后,日本海军特务部就委托京都帝国大学讲师小叶田淳,上岛收集资料,撰写了海南第一部通史《海南岛史》,并于1943年在台湾出版。

日本人对海南岛的抽血,首先从金融业开始。他们出台政策,迫使原有的银行停业,钱庄、金铺和侨批局倒闭。同时,他们在岛上开设银行,发行流通纸币。日本横滨正金银行发行了"日本银行券""大日本帝国政府军票";"日本台湾银行"发行了"台湾银行券";日伪琼崖银行发行了"南方开发券",各种纸币面额总数近两亿元。仅仅通过货币兑换,就有大量财富转化为了他们的战争经费。此外,日军还将海南出产的鱼、盐、牛、羊、猪、鸡、椰子、甘蔗等,列为战争物资,由他们支配,禁止民间经营;布匹、煤油、火柴等生活日用品也设为专卖品,禁止私人售卖。这样,他们完全控制了岛上的经济命脉与人民生计。(参见周伟民、唐玲玲《海南通史》民国卷第三章第三节)

日本人对海南资源的掠夺,集中在矿产的方面。就在占领的当年,石碌铁矿的开采工程便开始启动,并于1941年正式投产。海南铁矿石存量不算太大,但含铁甚高,而且是露天开采。为了满足日益扩大的军工需求,日军以极高的效率挖掘海南的山丘,把它变为深坑。在岛上,他们用武力征集二万二千多名苦力;又先后从上海、广州、台湾、香港、厦门等地抓来两万五千余名学生和工人，投入矿山与相关的电站、码头，在武装监视下榨取他们的血汗。工人每天只发四两饭团，却要在酷暑下干九个小时以上的苦力，稍有懈怠就皮鞭交加；一旦逃跑就被枪杀活埋；劳累生病，咳嗽两声就被投入火中活活烧焦。直到投降时，日本人从石碌挖走的矿石共计694945吨，而矿区的四五万劳工，最后只剩下5803人。除了少数逃跑者外，其他人的生命都被埋入恐怖的"万人坑"里。包括田独铁矿、八所港，在一些重大工程所在地，日军都留下了这样的"万人坑"。在黄流机场等相对小些的工程附近，留下的则是"千人坑"。

活埋与活烧，是这些深坑边日常发生的事情。遥想唐宋时代，中华古国以厚积的文明，哺育了他们那个瀚海中荒蛮的岛国，使那里的人脱离蒙昧而生存。然而，到了近代，他们相继回馈给中国的，却是残酷的侵略与杀戮，一洞洞无法填平的深坑，一个个无法安慰的冤魂。时至今日，日本人连一声郑重的道歉都说不出口，表明这个民族内心的黑暗，还不能昭示于光天化日。这就使原谅与宽容变得困难。

海南岛是日军进军东南亚的基地，许多远征越南、缅甸和马来西亚的军队，都途经这里。最多的时候，海南岛上的日军人数超过十万人。山下奉文率领的二十五军，就是在三亚作战前最后的整训。在这里，被称为"马来亚之虎"的他，放任手下士兵四处掠夺奸污，以满足他们"玉碎"前未遂的欲望。他的三万人马，长途奔袭被称为东方直布罗陀的新加坡要塞，与守城的八万八千英军对决。进攻持续五天之后，就在他支撑不住、准备撤退的时候，英军参谋长竟举出白旗投降，让他怎么也不敢相信自己的眼睛。在第二次世界大战最初的岁月，日军在太平洋地区所向披靡，英美军队一触即溃，能够与之死磕的，也只有中国部队。

英军投降后，协助英军作战并给日军有效杀伤的"星华义勇军"，虽然已被下令解散，但这支以华侨为主体的游击队，仍然在继续抵抗。特别是马来西亚共产党领导的人民抗日军，海南人是主体。联想到华侨对中国大陆抗战的支持，恼羞成怒的山下奉文，与参谋长铃木宗作策划了一起大规模的"肃清行动"，并向华侨勒索五千万元的俸纳金，作为向日军赎罪的买命钱。

2月18日，"肃清行动"开始。日军强令所有十八岁至五十岁的华人男子，前往七个指定地点接受甄别，领取"良民证"。在那里，蒙面的原英国警察和马共叛徒，从他们当中指认出九种"反日分子"，其中一种就是海南人。因为当时马共游击队的成员，大多来自海南侨民。他们只问一句方言："汝是处人？"从回答中就能断定海南人的身份。被指认出来的"反日分子"，立即被日军拘押到海边，用机枪扫射。后来觉得这样浪费子弹，就直接捆成一串装上大船，开到离海岸十千米外的地方去沉水喂鱼。

日军控制下的海口港

新加坡大屠杀，是日军第二次世界大战期间三次惨绝人寰的暴行（另外两次是菲律宾大屠杀和南京大屠杀）中，唯一一次由指挥官下命令执行的。民间的估算受害人数在十万人左右，1942年出版的日本《朝日东亚年报》记载的人数是七万人。战争结束后，远东国际军事法庭的判决书上却只认定五千人。至于日本教科书的数字，则是越来越少，说不准哪一天就没有了这事。

4

日军的强大与残忍，并没有吓倒冯白驹，仇恨让他变得日益坚强。凌厉的阳光下，他消瘦脸庞上高耸的颧骨如同两块石头，凝聚着一股坚不可摧的精神。尽管身处孤岛，人员稀少，缺少起码的枪支弹药，退入敌后的他们，仍然坚持着卓绝的斗争。他们的绝地反击，既是对侵略者的抵御，也是对人性罪恶的洗涤。就在打响第一枪之后的一个月，在海口至文昌的公路上，独立总队第一大队伏击了日军的车辆，歼灭了日军大佐以下官兵二十余人，缴获一批武器弹药。同年8月，第二大队在罗板铺公路伏击日军运水车，消灭了十一个鬼子，夺得了第一挺机关枪。摸着乌亮的枪身，游击队员们兴奋不已。他们的武器来源，更多是依靠战斗中的缴获。

10月间，副总队长马白山和第三大队队长张开泰，在国民党方面的协助下，包围了岛西重镇那大，并最终突入镇内，迫使日军丢下十多具尸体仓皇逃跑，俘虏了八十多人的伪军中队。此后，独立总队西迁，在澄迈、临高交界的美合地区建立抗日根据地。到了1940年，独立总队发展到六个大队、一个独立中队，人数增加到三千五百人。

毕业于黄埔军校、先后担任过蒋介石侍从副官、上海保安总队参谋长的王毅，此时是国民党琼崖警备司令。曾经参加过淞沪会战的他，也是个热血的中国军人。最初的阶段，他与冯白驹保持着较好的合作关系，给独立总队配备了一些枪支弹药。他指挥的两个警备团和各县组织的游击大队，也以城镇、交通要隘为依托，重重阻击日本军的深入。1939年4月15日，八百日军在坦克车的掩护下进攻嘉积。国民党保安第十一团奋起抵抗，一直坚持到黄昏，付出了伤亡五十多人的代价。7月22日，日军一千多人向道堂进犯。国民党游击队叶丹青部三百余人据险抵抗，坚守了三天三夜，击退日军的多次进攻。

王毅的大哥曾留学美国，归国后却返乡务农。为了让王毅屈服，派特务将这位大哥从澄迈老家押到海口，施以酷刑，迫使他向七弟王毅写"劝降书"，让这位贤弟"率部下山，与皇军共建大东亚共荣圈"。王毅收到后当场就将信撕烂，并给大哥做了回复："国将亡，家何在？你去死吧，俟抗战胜利，我到你墓前谢罪！"表达了他大义灭亲的气概。

然而，冯白驹与王毅的蜜月期，很快就过去了。共产党武装力量的壮大，让蒋介石感到了恐惧，在他的全面部署下，海南国民党方面停止了对独立总队的军需供给，并取消其番号，宣布其为逆军甚至对一些基层游击中队进行缴械。1940年12月初，国民党保安第六团等部，向琼山、文昌地区的共产党抗日武装发起袭击，公然抓走了冯白驹的父亲，进行恶毒的拷打，致使老人吐血而亡。紧接着，国民党军保安第七团等部共三千多人，分路向美合抗日根据地进攻。中共琼崖特委和独立总队，不得不撤返琼山、文昌地区。来不及撤退的一百多名伤病员及抗日群众惨遭杀害。这就是骇人听闻的"美合事变"。

国共合作的破裂及国民党军队的同室操戈，给冯白驹的队伍带来很大的伤害。腹背受敌的独立总队,不得不同时在两条战线上作战,军心一时出现了动摇。"产生了严重的逃跑现象,由农军改编为特务大队的一个中队,完全跑光,连同战斗减员,结果只剩下一个中队;第二支队的第二大队,也因严重逃跑而只剩一个中队,因而大大削弱我军。"(《冯白驹回忆录》62页)但冯白驹和身边的战友,仍然没有气馁,他们在罗蓬坡等地,有力地教训了国民党部队。

1941年夏,独立总队第三支队两个大队四百余人,自白沙向万宁县转移,途经感恩、崖县交界的黑眉岭时,遭到日军第十六警备队的围攻。在支队长张开泰的指挥下,支队在山区与日军周旋了七天,击毙了日军第十六警备队司令官,毙伤日军官兵二百多人。差不多是这个时候,吴克之、马白山率领的第一、第二支队,在潭牛、美德、大致坡一带设下埋伏,歼灭日军六十多人,击毁军车二辆,缴获轻重机枪三挺、轻机枪二挺,迫使日军撤离美德据点。这些战斗虽然规模不大,但还是震慑了侵略者嚣张的气焰。

5

在海南岛上众多的抗日队伍中,有一支既不属于国民党,也不属于共产党的游击队,一直没有进入正史的记载。它就是活跃在琼南地区的陈曼夫抗日游击队。

陈曼夫是崖县五区老孔村人,1933年出岛,到广州、香港等地游学。日本人在东北与华北的恶行,让深具家国情怀的他倍感耻辱,无法在冷板凳上继续自己的学业。有一天,在和乡党刘镛等人游黄花岗七十二烈士墓时,他感慨万分:"国家如此之大,却这般贫弱;人口如此众多,烈士却这般稀少!"他用力猛拍刘镛的肩膀,说:"刘兄,就让我们补个数吧,这样活着实在太可耻了!"

"七七事变"刚一发生,他就收拾行装,匆匆返回家乡,出任当地小学的校长,利用教学宣讲救亡思想。曼夫个头不高,外表斯文,身体里却凝聚着一股威猛之气。他的家族是崖县有名的望族,可谓富甲一方。父亲陈金声是清末贡生、崖县中学主要的捐助人。其时,族中有一不肖子弟,常常仗势欺人,胡作非为，侮辱良家妇女，弄得村里鸡飞狗跳，长辈们也奈何不得。刚从广州归来的曼夫，听说竟有此事，便提着驳壳枪冲到他家，从饭桌上将其像一只鸡那样拎了起来，绑在小学校一棵老酸梅树下，还招来全村百姓，当着父老乡亲列数他的罪条。称陈家乃仁义之家，世代行善积德，不知为何出此孽种，今日倘若不加剪除，必定贻害无穷，辱没列祖列宗。遂将子弹上膛，欲将其击毙。族中长辈和乡亲见状，纷纷上前规劝。一番话语之后，曼夫做出让步："看在前辈与乡亲们的面上，今日我只开一枪，中则算是我为民除害，不中就算你小子命大。"曼夫平日喜欢玩枪弄刀，飞在天上的麻雀都能打下来，以他精湛的枪法，没有不中的道理，但这一枪却是打到了树上，掉下了一些树叶子。那为非作歹的家伙当场就昏死过去。

1939年春，日本人上岛，曼夫意识到战斗的时刻已经降临，他召集周边村镇的朋友同学喝酒，表示自己要成立一支游击队，登高一呼，就有三百多人投奔而来。人有了，枪支弹药却是个问题。除了家里原有的十几支，其他还得设法筹措。曼夫于是修书，派人给地方上的豪绅送去，包括自己一些有钱的亲戚，要求他们以民族大义为计，捐出私家的武器弹药。他在黄流墟上的一家亲戚，藏有几把好枪，就是拒不交出。一个夜里，曼夫带着随身兄弟，武装登门索取，申明为了家国他六亲不认，若不立即交出枪支，就当场开枪杀人。

凑到了四十几支枪后，他拉起300多人的队伍，到尖峰岭脚下的野地里强化集训半个多月，所有费用全由他一个人承担。训练结束之后，限于枪支不足，他留下100多名精干青年，作为游击队的基干队伍，其余人员作为后备力量，暂回原籍等候召唤。为了支持游击队的开销，他开始不顾家人的反对变卖家产，并向富户和商家强行摊派。家族里一个称为三娘的女子，善使双枪，时常骑着一匹高头大马，往来于感恩与崖县之间，给他送信传令。

其时，正值国共两党合作，崖县成立抗日游击指挥部，统筹指挥境内的抗日武装，陈曼夫任副总指挥，总指挥为国民党县长何定芝，政治主任则是他的学友刘铺。指挥部下辖四个大队，其中第二大队是陈曼夫亲自组建和直接掌握的。其他大队有共产党方面的，也有国民党方面的，第一大队即是由共产党人张开芳、陈世德掌握。

1939年6月，占领三亚的日海军陆战队的七十多名鬼子，在以残酷著称的江波户少佐指挥下，向九所、冲坡一带扫荡前进，进犯黄流地区。陈曼夫、黎家亚率领的游击队，在一个叫作木头园的村庄附近设伏，击毙分遣队长江波户以下十几个鬼子，击毁了两辆军车，取得琼南抗战的第一场胜利，振奋了当地的民心，但也招来了日军疯狂的报复。7月3日，找不到游击队踪影的卑鄙日寇，包围了木头园村，将搜到的十八个村民刺死之后，全部扔进一口五米深的水井。几个月后的一个夜里，二百多名日兵开进乐罗村，架起四挺机枪，对手无寸铁的群众疯狂扫射，屠杀了一百九十五名无辜。而在龙沐湾的响土村，日寇将十七名交不起税的渔民活埋在海滩上。这些接连发生的事情，让陈曼夫和他的队员们血脉偾张。

　　黄流是日军在岛上的重要基地，建有规模不小的南进机场，最多时驻扎有一千多人的力量。曼夫的游击大队就活动在这一带地区。他胆识过人，颇具谋略，每次出征都亲自策划指挥，身上散发着无畏的气魄，激励着队员们的斗志。在怀卷山，他又成功地组织了一次阻击战，给了敌人狠狠的教训。他多次带领队伍袭击黄流、九所等日军据点和维持会，得到了当地群众的热烈呼应。在许多战斗中，当地百姓还拿起大刀、鸟枪前来助战。

　　游击队员们作战神勇，但手中的武器相当劣质，土制枪支往往发射一二响就哑火，无法有效地杀伤敌人。1940年6月，曼夫指挥的游击队与国共两党的武装，将日军黄流司令部团团包围。鬼子龟缩在工事里负隅顽抗，不敢出来。由于火力不足，攻了三天三夜还是拿不下来，直到三亚日军的援兵赶到，才不得不撤出战斗。危急时刻，据点里的两名台湾籍士兵，抡起机关枪扫射，掩护游击队员们撤退，最终被日本人格杀。血浓于水，这件事情深深感动了当地的百姓。

　　曼夫既不是国民党人，也不是共产党人，但他领导的游击队，既有国民党方面的力量，又有共产党方面的力量。因为与共产党方面要员史丹、叶云夫等暗中接触，国民党方面怀疑曼夫已经"赤化"。琼崖警备司令部司令王毅，通知他前往定安，接受崖感特务大队队长的委任。王鸣亚接任国民党县长后，急于掌握军队，要求曼夫将他的队伍带入国民党防区接受整编。党派斗争最终表面化，酿成第一大队缴了第二大队的械，第二大队又被王鸣亚的部队缴械的事变。事情发展到这种地步，曼夫十分沉痛，但他的抗日意志丝毫没有动摇。在家产几乎变卖殆尽之后，他说服父亲，将作为家底深埋在地下的两千块光洋挖了出来，购买枪支弹药，重新配备第二大队，组成一支独立于崖县各派力量的游击大队，以尖峰岭脚下的石片岭为营地，神出鬼没地与日军继续周旋。

一段时间，为了避免陷入党派之间的摩擦，曼夫将自己的队伍化整为零，常常带着三五个队员，秘密出入于各个村庄，行踪诡秘不定。每到一个村子，知道他喜好的战友，会在锅里炖好一只母鸡。但他每次只喝一点点鸡汤，肉都分给了大家。吃完之后，便根据搜到的情报开始行动，夜晚是他的白天。

一次，有线人报告，黄流维持会会长陈器清，要到佛老村纳一少女为妾。曼夫立即带上队员在桥头埋伏，将这名汉奸和三名伪军击毙。有天，得知日军在青路村抓壮丁，他立即拉上一队人马前去袭击，迫使日军弃下一具尸体之后狼狈逃窜。1940年正月初三，曼夫带上三名队员，潜入莺歌海村，将惯于强奸妇女的日军分队长铲除。为了避免日寇滥无目标地报复群众，每次杀死鬼子，他都会留下字条："中国人民的死敌——陈曼夫所杀！"

这可激怒了日寇，他们派出特务四出侦探曼夫的行迹，试图找到游击队的基地。而最惧怕他的人，莫过于那些投靠日寇的汉奸，曼夫的枪声常常在他们的噩梦中响起。为了解除心腹之患，日军对曼夫的"围剿"行动一直都没有停止。他们用重金收买卑鄙之徒，布下了更多的眼线，终于探知，黄流墟上打铁做修理的李大生有时会进山给曼夫的队伍维修枪械，于是将其及家人控制。在诛灭全家的要挟下，李大生意志崩溃，一场号啕大哭之后，他供出了游击队营地的方位。

1942年大年初四的早晨，曼夫正准备带队伍从片石岭营地出发，开始又一次的行动。这时，从崖县与感恩各地调集来的大量日军，在李大生的引路下包抄过来，密集的子弹向他们扫射。曼夫和副队长黄鹏沉着指挥队伍，进行殊死反击。他们先后发起几次冲锋，企图杀出一条血路突围出去，终因敌我力量对比悬殊，未能取得成功。在往过岭方向撤退的最后一次冲锋中，手持驳壳枪的曼夫被高射机枪击中头部，缓缓地倒在一块大青石边，终止了他二十七岁的

人生。(刘镛《抗日英烈陈曼夫》,《海南文史》第 20 辑,316—320 页)

  在他牺牲之后,当地百姓将片石岭改为曼夫岭。他的名字被喊成了一座山。

The
Biography
of
HaiNan Island

海南岛 传

小镇上走出的将军

第二十六章

腾冲战役每日进程以米计算

1

历史是指向遗忘的,就像生命指向死亡。今天,在海南岛上已经很少有人知道叶佩高这个名字了。然而,1945年10月,就是这位身材并不高大的将军,和国民党46军军长韩练成,代表战胜方在海南岛上接受日军的投降。当时,叶佩高所部的54军并不驻琼,之所以让回家乡来受降,应该是上方给予战功突出将领的待遇。从淞沪会战、武汉会战到中国远征军出征,叶佩高在旅长、师长、副军长的任上,表现出了卓著的指挥才能和过人的胆识,尽管国民党的军队一度节节败退,但他指挥的部队却战果辉煌。在反攻滇西战役中,他指挥的198师被国民政府授予陆海空最高集体勋赏——虎旗。在当时国民党的全部陆军中,获此殊荣的除198师外,只有戴安澜的200师、廖耀湘的新22师、孙立人的38师等六个师。

万历年间那场巨大的琼州大地震,把从演丰到铺前的七十二个村庄沉入海底,有一个名叫高峰的村子所幸没有淹没。1903年,叶佩高就出生在这个村子里。他父亲叶琼基,号佩山,是一名中医。作为儿子,而且是最小的儿子,名字里是不应该出现"佩"字的。实际上,父亲给他起的名字叫用迈。用迈是孪生兄弟中的弟弟,个头小,体质弱,六岁时父母就相继弃世,只好跟随已经成家的大哥用达生活。

用达的妻子想来是一个性情乖戾的女人。用迈通常要在嫂子的支使下,干各种各样的活,包括一个人到村后的林子里去砍柴。每天,他都必须等大哥大嫂吃好了才能上桌吃剩下的饭菜,然后把锅碗瓢盆洗干净。稍有不慎,比如说弄破了一个碗,大嫂就会把他的双臂反剪起来绑在树上,操起竹板抽打他单薄的身子。这个女人把生活给予她的压力和内心积蓄的不良情绪,通通发泄到一个孩子身上。用迈屁股上的伤疤与内心的痛楚,直到成年都没有消退。饱受委屈的他,有时候只好跑到姐姐凤仪、堂姐凤菊家去住上些日子,直到哥哥把他领回去。寄人篱下的生活,练就了他内心的坚忍,但他迟迟得不到上学的机会。

十岁那年,二叔环基当上一艘三桅船的船长,看到侄儿孤苦伶仃,便随口问一声要不要到南洋去。没想到用迈很兴奋地答应下来,他带上小得不能再小的包裹,蹦蹦跳跳地登上了叔叔的帆船。船开始还算平稳,进入深海,乌云就从海平线下涌了上来,把天空遮掩得严严实实,接下来是两天两夜的狂风暴雨。收起帆樯的木船失去了控制,一忽儿被拱到浪尖,一忽儿又跌入深谷,舱里的进水更是越舀越多。船眼看要保不住了,大副想到自己将要和儿子一同丧身鱼腹,便伤心地哭了起来。富有经验的叶环基把食物分给大家,做好随时弃船的准备。他惊奇地发现,年纪最小的用迈竟然不知危险在前,甚至也不知道饥饿,像猴子那样,一直在船舱与甲板之间跳上跳下,他成了整条船上唯一不晕船的人。

第二年,用迈从越南回来,大哥二哥为了完成长兄为父的责任,让他与邻村一个叫作刘琼花的女子完婚。考虑到他接下来的生计,二哥与族里的亲戚合伙,在铺前镇上开了一间中药铺,让他在店里学着管账和配药。二哥是用迈最亲的人了,他当上乡小学校长之后,一直带着用迈,在幽暗的煤油灯下教他识字读书。从那时起,用迈刻苦学习的习惯一直保持到晚年。在那间狭仄的药材铺里,用迈梦想着将来能够当一个科学家或实业家,却从来没想到要当一名军人。他仿照课本上的说明做起了化学实验,结果引发了一场爆炸。从药店里发出的巨响虽然没有酿成大祸,却终止了他的药童生涯。

困窘的日子里,用迈常常一个人在铺前港的沙滩徘徊,思考着将来的出路。必须到岛外去求学!一个越来越强烈的念头激荡着他的心,使它汹涌澎湃。他跳进爽凉的海水,任身体随波逐流直到心意酣畅。某一个晚上,他给远在云南讲武堂的族兄叶剑雄写信,披露了自己的心迹,并请求他帮援。后来曾留学日本骑兵学校并当过国民党骑兵中将的叶剑雄,是一名慷慨的军人,他给自己的族弟回了封热情洋溢的信,让他到昆明去找他。

1922年1月，用迈带着微薄的盘缠，越海翻山来到昆明。这时，讲武堂招生已经满员，有一个名叫叶佩高的人，不知何故迟迟不来报到。叶剑雄通过同学和老师的关系，让族弟顶替了这个缺，叶用迈的名字因此变成了叶佩高。云南讲武堂是一所著名的军校，包括朱德、叶剑英在内的许多著名将领就出身于此。海南也有徐成章、云瀛桥、文朝籍、文鸿恩、符昭谦等诸多将领从这里走出。叶佩高在这里学习训练了三年之久。在操场上，他并没有太出色的表现，但对战术的痴迷为他日后的军旅生涯埋下了伏笔。讲武堂学业一结束，他便和族兄返回国民革命的大本营广州，进入黄埔军校，任黄埔四期政治科大队区队长，继而以突出的成绩考入高级班军事科，毕业后留在军事科任区队长。

　　1928年，北伐胜利，陆军大学恢复招生，叶佩高通过初试和复试，成为陆大第九期学员，与黄维同学成为至交。陆大三年，叶佩高以刻苦钻研为同窗所认识。每当下课，他的笔记本就被辗转传抄。黄维晚年在《悼念老同学老战友叶佩高》一文中写到这位"成绩优秀的好同学"："我和叶佩高先生在陆大同学三年，有所切磋，相互了解，彼此相知，建立了深厚的友谊。1931年年底在陆大毕业。我们十几位同学到著名的嫡系部队第18军工作。该军军长为陈诚，罗致人才，重视陆大同学，其中叶佩高先生是同伴之一。"进入18军第二年，叶佩高被委任为基干11师代参谋长，黄维是该师31旅旅长。黄维升任副师长时，叶佩高被正式任命为少将参谋长。11师为蒋介石与陈诚所心爱之嫡系部队，其骨干均是黄埔军校毕业生，与敌作战十分骁勇，是国民党军队的首牌主力。并肩作为该师的指挥官，两位老同学都深感荣光。

　　1934年，叶参谋长回到久违的老家，此行的目的，是为了解除与原配刘琼花女士的婚姻。此事让处事果决的叶佩高颇费踌躇，这桩未成年人的婚配，没有什么感情基础，但他们毕竟在一个屋檐下生活过，并共同生育了三个孩子。也许是因为他此时地位已经显赫，离婚的事情很快就办妥了，和传统的海南女性一样，刘女士也没有提出任何要求，但叶佩高在仰头望天时，内心却还是惴惴不安。几十年以后，他寓居美国，仍然无法摆脱良心的自责："因当时困紧，竟没想法筹赡养费及干、桢两儿与燕珠女等生活费，每想及此，衷心永觉惭愧。"

叶佩高仍然保持少年时代的爱好,有空就进行炸弹的研制。十多年前在铺前药店发生的一幕,又在11师师部重演。这次他自制的炸弹威力巨大,竟将一幢楼房震倒,一个卫兵也不幸被炸死,他自己则命大,只是一边耳朵给炸伤了,被送到了北京协和医院治疗,还由此因祸得福,结识了协和医院护士长王润支。护士长的男朋友刚在美国遭遇车祸逝世,二人由相怜进而相爱,于1934年4月在南京中央大饭店结婚,陈诚、罗卓英、黄维均送了厚礼。

2

1937年8月13日,日军在上海登陆,原来计划北上长城的11师接到命令,转乘火车开赴淞沪前线。其时,叶佩高从师参谋长调至主力33旅任旅长,直接指挥作战部队。下午,当14岁的译电员王楚英赶到汉口大智门火车站报到时,在叶旅长清澈透亮的目光审视下,竟有些胆怯。他佩服旅长在战斗的间隙里,还能够全神贯注地读一本书;作战斗动员时的讲话,就像机关炮一样铿锵有力。当11师赶到前线时,我方的情况已不容乐观,以张治中为司令的第9集团军和海南乐东出身的吉章简率领的上海保安总团,虽然给登陆的日军以一定的打击,但在应付日方不断增派的援军时,装备落后的中国军队还是捉襟见肘。

8月22日,日军第11师团22旅团在上海川沙方向登陆,突破56师阵地,占领上海北郊的罗店。罗店虽乃一座小镇,却是浏河至大场和嘉定至吴淞、宝山的交通枢纽。该镇一失,日军将包抄中国军队的侧后方。第9集团军总司令张治中、第15集团军总司令陈诚闻讯甚为震惊,决定对川沙登陆之敌予以反击。18军军长罗卓英分配给11师的任务就是夺回罗店,由于该师(二旅四团制)外调之31旅归建需要时间,夺回罗店的重任,就落在了叶佩高的第33旅肩上。

8月23日,33旅在叶旅长的指挥下,迎着敌机的猛烈扫射和轰炸,向罗店、川沙方面急速前进,并完成对罗店的迂回包抄。叶旅长判断,占领罗店之敌只是敌先遣兵团的搜索警戒部队,决定乘其脚跟未稳,迅速予以歼灭。下午14时50分,在经过炮火准备和佯攻之后,叶旅长下达总攻命令。一小时后,以胡琏为团长的66团攻下罗店,击毙了川村正雄大尉以下180多名日军。

敌人的炸弹在近前爆炸,机枪子弹从身边扫过,这让译电员王楚英心里害怕极了,赶忙卧倒在墙脚下躲起来。但在这时,他看到叶旅长若无其事地指挥部队扑火,抢救伤员,这令他羞愧难当。他发现叶旅长最大的特点是:遇到任何突发的、意外的紧急情况,从不慌乱和冲动,总是镇定自若,缜密思考。旅长常说:遇事要静默三分钟;对待事情应先盘根究底,穷理于事物始生之处,研几于心意初动之时。战斗刚结束,叶佩高便向上级提出了"扫荡川沙口、狮子林地区敌军的作战方案,和敌军还会向上海增援,可能从白茆口、福山一带及杭州湾登陆、包围淞沪的情况判断",并指出了我军作战中存在的诸多问题,受到罗卓英军长的赞扬,并批转各部队参考。

叶佩高在抗日战场有突出表现

黄昏之后,33旅将罗店防务移交67师,作为11师左翼向新镇进发,并于25日上午与日军43联队交火,取得毙敌80多人,俘虏5人的战果。当日下午,叶佩高又在友军的策应下把敌军赶出聚缘桥,给敌人造成很大的伤亡。当敌人在飞机大炮的掩护下,潮水般地反扑过来时,33旅和31旅仅凭步、机枪、刺刀和手榴弹与敌死拼,迫使敌人在黄昏到来时,不得不弃下760具尸体向后撤退。

11师特别是33旅在罗店和新镇的胜利,使18军全体官兵士气大振。但友军的情况却不尽如人意。接替33旅防守罗店的67师201旅阵地很快被敌突破,旅长蔡炳炎在率预备队逆袭时中弹身亡。战况的变化使得33旅孤军突出,失去依托。11师不得不收缩防线,撤出已经占领的阵地。叶佩高乘机转身反攻罗店、击敌之背的大胆建议也未被采纳。和同级的其他将领不同,叶佩高始终保持着对全局的战略关怀和前瞻性的估量。新镇战斗甫一结束,他又连夜提出了《对淞沪抗战的初步总结和建议》。难怪11师师长彭善在看完建议之后感慨地说:"叶旅长既是一位沉着勇敢、指挥有方的指挥官,又是参赞戎机的幕僚长。是真正的军人,难得的将才。"

占据罗店之后,日军不断向该镇增兵,11师团主力也向罗店运动。鉴于罗店的特殊地位,罗卓英军长决定以四个师的兵力从三个不同的方向夺回该镇,担任主攻的仍然是33旅。8月28日凌晨,经过周密的部署,33旅在炮兵和工兵的配合下,以手榴弹和刺刀开路,向罗店地区发起猛攻,一个小时后,取得了毙敌670多人的战果。并且乘胜追击,经过激烈的肉搏和巷战,于天亮前控制了罗店四分之三的地域,将敌人压制在镇西北一角。然而,在另外两个方向上,参与进攻罗店的98师、14师和11师31旅,均被敌阻止于外围,并且损失惨重,使得33旅再度成为孤军,形势危殆,65团朱团长请求迅速撤出罗店。叶旅长沉吟良久,考虑在整个战局,他下令加强工事,调整部署,打退敌人的反击。倒是得知情况的罗卓英慌了,急令周边部队急速向罗店推进。

在强烈炮火和飞机、坦克、装甲车的掩护下,日军44联队向罗店反扑过来,在友军67师李芳郴旅的协助下,33旅以25名军官、300多名士兵阵亡的代价粉碎了敌人三次进攻,歼敌500余人。日军见叶旅的阵地久攻不克,遂转攻李芳郴旅,28日黄昏,李旅两个团撑不起日军的压力纷纷后撤,溃不成军。情急之下,叶佩高派出一个营又一个连的部队阻击日军,并对溃退部队进行收容整顿。李旅溃退之后,日军以为战机来了,连夜组织两次向叶旅的冲锋,均被顽强阻止。由于制空权在日军手上,装备大不如敌人,战斗打得非常艰苦。叶旅的处境令罗卓英万分焦急,他敦促67师师长率部火速支援。然而该师在进军途中遭到日军打击,伤亡惨重,最后,不得不由33旅来掩护其尴尬的撤退。

为了贯彻敌前总司令陈诚"立克罗店,进取川沙"的意图,8月29日至9月7日,18军先后对罗店进行了四次围攻,其间,叶佩高指挥的33旅曾四次攻克罗店,终因两翼友军作战不力,使其孤悬,苦苦支撑。罗卓英虽然一再派兵支援，却屡屡不能奏效，最终不得不忍痛让叶旅撤出罗店。33旅在此次战役中"四进四出罗店"，一时被传为佳话，"其旅长叶佩高也因此战备受18军官兵景仰"（见《土木支柱——国民革命军第十一师师史》）。

陶达纲将军在《叶佩高将军与八年抗战》一文中指出，在敌我装备悬殊的淞沪战场，很多部队只能与日军交战一天甚至三个小时，而11师却能够在人称"绞肉机"和"血肉磨坊"的罗店战场上持续作战七十三天，是参加淞沪会战的陆军中唯一没有调到后方整补过的部队。特别是叶佩高的33旅，不仅五克罗店，还不时充当救火队使用，救了许多险棋危局。虽然牺牲的代价不少（66团有七个营长伤亡），但与所取得的战绩相比，算是最少的，没有出现像其他部队整营整连被吃掉的情况。叶旅长尽管多次亲冒石矢指挥部队突入敌阵，也几乎毫发未损。他的沉着、坚决和骁勇，对于稳定军心起到了至关重要的作用。在形势十分危殆的时刻，他仍然考虑主动出击。在接下来的大场保卫战和常熟等地的战斗中，33旅均有非常出彩的表现。在常熟，33旅曾经以一个旅的兵力接替三个师的阵地，采用积极而巧妙的出击并掩护他们陆续后撤。战役后期，33旅几乎成了罗卓英手中掩护大部队转移的盾牌。

淞沪抗战，由于作为统帅的蒋介石线性用兵，一个师一个师地投入部队，尽管兵力上占据多数，却不能在同一时间形成优势兵力歼灭敌人，反被日军分别击溃，教训可谓惨重。12月5日，33旅驻防皖南胡乐司的鸿门，叶佩高不无忧虑地登上小音目山，向南京方向伫望良久，激奋难平地对部下说：敌人的主力已集中在南京外围，其后方必定空虚，现在杭州、安吉、旌德、芜湖和宁国的第10、23集团军和11、16军团，都应该主动侧击敌人背部，以策应南京作战。可这些部队竟然按兵不动，坐失战机，实在太可惜了！

3

1938年元月，叶佩高因对日作战中的出色表现，升任副师长。其后他亲率的11师主力改名苏皖支队，深入敌后开展游击战争，接连攻克广德、宁国，在凤桥和三里店全歼敌军，并因此得到了来自大本营的嘉奖。

6月，为了沿长江劈开深入中国腹部的道路，日军大本营命令畑俊六指挥的华中派遣军，与派往中国方面的舰队协同作战，从芜湖沿长江进攻安庆、彭泽、湖口、九江。军事委员会要求以陈诚为司令长官的第九战区，在上述地区进行布防，与敌展开决斗。6月下旬，战事刚一开始，马垱要塞与彭泽相继陷落，罗卓英命令叶佩高率11师主力和60师180旅尽快收复彭泽（此后，由于罗卓英和彭善师长的信任，叶佩高成为11师的前线指挥官）。叶佩高用他发明的跳跃式行军，率部队冒着滂沱大雨前进。与往常一样，他把战马让给伤病员，与战士一同行进，一路上谈笑风生，小腿肿到不得不把绑带解下来。

7月2日，叶佩高的部队相继歼敌千余人，拿下了彭泽外围地区。敌人龟缩在彭泽城内不敢出来。其时，日军源源不断地在彭泽背后的地区登陆，叶佩高判断敌人的目的在于湖口要塞，彭泽之敌只是用来羁縻我军主力。遂挥师沿长江向湖口方向的杨家山一带攻击前进，解77师和16师之危。没想到77师阵地均已被敌人占领。乘敌脚跟未稳，叶佩高全线发起猛攻，相继收复被占领的阵地，与77师和16师会师，并顽强地顶住了敌111旅团和台湾旅团（波田支队）的海空步炮联合反扑。然而，由于友军49军、16军的抵抗无力，使得敌106师团主力抄到我后方，情况十分危急，叶佩高毅然亲率33旅主力绕道出击，捣毁106师团123联队队部，迫使敌人后退，并在再度反击时派出多支小分队沿途阻击，使大部队得以撤离，取得击毙日军官兵387人的战绩。

此时，湖口告急，18军奉命驰援，刚从德国回来的新任军长黄维采纳叶佩高的意见，不直接攻击围攻湖口的日军，而乘敌人兵力分散之机先就近歼灭梅兰口、龙潭山的敌人。借着雷电和疾风骤雨，叶佩高的部队秘密接近敌人阵地，突然投出大量手榴弹，趁其爆炸呼啸而起，猛然冲入敌阵，与敌短兵相接，经过惨烈的搏斗，攻克梅兰口，并移师进击龙潭山，与友军一同歼灭敌147联队。正在这时，在海军掩护下，敌145联队突破友军防守，在11师后背强行登陆，并且阻断了26、77师的后路。战局十分危险，叶佩高不容请示，在31旅尚未归队、33旅遭到前后夹击的情况下，果断抽出部队主动出击，占领有利地形，与敌145联队激战3个小时，击毙敌官兵300余人，进而救出了被困在湖口的43军军部。虽然湖口日后还是陷落，但叶佩高在此战役中表现出的勇敢和机智，得到从兵团、战区到军事委员会的嘉奖，获得了四等云麾勋章。

1938年7月22日，日军华中派遣军以14个师团的部队，开始进攻武汉的大规模作战。由于张发奎第二兵团布防分散，一经接触便往后溃退，使得日军轻易突入九江城区。接着，由于王陵基第30集团军的一退再退，使日军再度深入，第9集团军等部腹背受敌，频频告急，整个第九战区指挥系统紊乱不堪。18军军长黄维竟在两天之内收到五份内容相左的急电，部队忽东忽西，在急行军中来回奔驰。9月4日，11师奉命出击，以解74军之危。叶佩高先是率领11师主力，连续攻克多处地方，收复30集团军放弃的阵地，继而两次粉碎敌第9师团三个联队地空联合的围攻，以伤亡2000人的代价，打死打伤中佐原田真一以下3500余人，为一度节节败退的国军挽回了一点面颜。在湖南衡山召开的南岳军事会议上，蒋介石在斥责并惩处王陵基、孙桐萱等将领时，高度赞扬了18军11师等部队，特别表彰了叶佩高本人："该员指挥11师先遣部队，日夜兼程，驰援岷山，指挥得当，奋勇作战，连克北极峰、新塘阜、牛金山等地，歼敌逾千，创造了三战三捷之卓越战绩，至堪嘉奖。"是年11月，叶佩高代理师长职务，并且1939年年初成为蒋介石亲自选定的继陈诚之后11师第六任中将师长。

4

1940年4月，黄维走马上任54军军长，他首先想到了自己的同学叶佩高。其时叶佩高正受到来自胡琏等人的排挤。作为叶佩高副手的陕西人胡琏，是一个野心勃勃的军人，不愿久居人下，一直都为自己的升迁奔走活动，并为当不上师长而怨气冲天。在没有战事的时间里，他利用三个团长在待遇等问题上对叶佩高有情绪，挑拨他们之间的关系。叶在11师师长的位置上待得并不舒坦。在黄维邀请下，他欣然接受54军参谋长的职务。黄维在他的回忆文章中写道：佩高先生待人处世，颇有把方便让与别人，把困难留给自己的风度，又只是埋头做自己的工作，而少内外交际和社会活动，更不屑吹牛拍马，拉拉扯扯。在当时尔虞我诈、钩心斗角的世态环境中，受到排挤和打击，就不可避免了。黄军长继而将叶佩高调往198师，接替同是文昌人的郑庭锋任师长，整治这支由湖南保安队改编的部队，使之"蔚为劲旅"（黄维话）。

在中国的抗日战场，从淞沪会战、中条山战役、武汉会战，到远征军入缅作战，都活跃着许许多多海南籍的将领。如先后担任第二十九军预备六师师长、新编第七军代军长的吉章简；第一战区副参谋长、西安警备司令文朝籍；先后担任83师师长、97军军长的陈武；先后担任64军参谋长、158师师长的林廷华；先后担任40师师长、74军副军长的詹忠言；海军部次长、虎门要塞司令陈策等。而值得一提的是，在民族生死存亡之际，马来西亚、新加坡、泰国、越南等地的华侨，募集大量的资金和药物支持国内的抗战，还组织琼侨回乡服务团，偷渡回国。归国的青年中，一部分参加冯白驹领导的独立总队；一部分则报考了黄埔军校。1940年年初，黄埔军校从广州迁往贵州独山，组建第四分校。军校招收的第十七期26总队（华侨生总队），共有1065名队员，海南籍者多达477名，几乎占了一半的比例。校部主任是文昌籍的韩汉英中将，总队长则是海口琼山的黄百强少将。一年之后，他们都奔向了与日寇对决的血与火的战场，不少人这一去就不再回来（侯锡麟《忆述华侨学生总队》）。

在国民党阵营的海南籍抗日将领里，文教镇美竹村的郑庭笈表现颇为突出。他是黄埔五期84名海南学员中的一个，在1931年忻口会战中，率领一个营的部队与日军短兵相接，拼白刃战，身中三弹而未死，因此自号"重生"。1938年后，他以第五军荣誉第一师主力团长的身份，参加了多场大规模的战斗。在收复昆仑关战役的关键时刻，他在望远镜里发现日军军官在公路边集会，立即组织轻重机枪和迫击炮火力猛轰，炸死了旅团长中村正雄，打乱了日军的指挥中枢。在夺取日军最坚固的据点界首时，尽管七个连长相继伤亡，身边的人不断中弹倒下，他仍然提枪在第一线指挥战斗，使全团保持旺盛的意志，最终攻克了高地，确保了整个昆仑关战役的胜利。

1942年年初，中国远征军开赴缅甸。郑庭笈随戴安澜率200师入缅作战。在同古保卫战中，200师顽强地阻击二至三倍兵力的日军精锐师团，坚守了12天，成功掩护友军英缅军第1师一部逃出包围圈。然后，他们收复东枝，固守腊戎，掩护第5军、第6军向国内撤退。但在穿越昔卜、摩谷公路时，遭到日军第56师团伏击，戴安澜师长重伤不治，牺牲前托付副师长郑庭笈，无论如何要把部队带回祖国。临危受命的郑庭笈不负众望，带领残部四千余人冲破日军的重重封堵，最终回到了云南境内的永平。而后，他成为国民党第49军中将军长。

5

1944年5月，在美国罗斯福总统的一再敦促下，蒋介石再次派出中国远征军，开始滇西作战。此战是为中国正面战场战略大反攻的开始。198师所属的二十集团军作为攻击军，宋希濂指挥的十一集团军作为防守军。5月11日下午6时，天色已近黄昏，叶佩高率领198师来到怒江栗柴渡口。

原以为渡江时会有一场激战，没想到部队登上对岸之后都没有遇上阻击。实际上，整个战役期间，日本人已破译远征军的密电码，对中方的行动十分清楚，只是他们有自己的打算。渡江之后，198师作为二十集团军的左翼向高黎贡山进发。592团团长陶达纲是个勇敢的军人，他没有等大部队过来，在没有重武器支持下，就向处在悬崖峭壁上的小灰沟据点发起两轮进攻，结果给敌人反冲下来，伤亡副团长以下250多人。叶佩高深知首次战斗的意义，为了振奋士气，他不顾危险，特地换上了崭新的呢子服来到前沿，在仔细观察了敌人的工事之后，决定智取。他找来当地老乡，探出一条野兽也不敢走的秘密小路，派部队绕到敌人后背，在正面佯攻之后发起突击，将一个大队的日军全部歼灭，并向北斋公房方向纵深。

在高黎贡山的另一侧，作为左翼的36师的进攻在敌人的反扑下全线崩溃，一直退到了怒江边。师长李志鹏操起手枪和加拿大冲锋枪向溃败的士兵横扫，还是阻止不了队伍潮水般的后退。集团军司令霍揆彰不得不换上116师来接替进攻，避免已经突进的198师被敌人包抄的危险。

从小灰沟到北斋公房的驿道地形陡峭，易守难攻，叶师长决定派两个营绕道越过五座山峰奔袭位于北斋公房侧后的桥头、马面关。出于对叶佩高的信任,霍揆彰司令支持了这一大胆的方案。海拔3668米的高黎贡山乃梅里雪山的一个支脉,山上的寒冷是远征军始料未及的,突袭部队在因饥寒不断减员又不能生火的情况下,于第三天夜里抵达指定地点,并于次日凌晨向桥头守敌发起猛烈的进攻,经过短兵相接的肉搏,杀死了300余名日军,并在下午肃清马面关的守敌。北斋公房的日军后路也就被截断了。

日第56师团长松山佑三没想到中国军队如此冒险,他命令两支总共700人的部队,必须夺回失去的阵地。593团不满两个营的部队在日军密集炮火攻击下相当被动,经过七八次反复的冲锋,桥头、马面关还是相继失守,但他们仍然守住一些山头,直到援军来到,最终把阵地重新夺回。就在桥头战斗还在激烈进行的时候,正面部队已经推进到了北斋公房前面的冷水沟,战斗也变得越来越残酷了。

利用天然石洞,日军在北斋公房和冷水沟两个据点,修建了坚固和复杂的碉堡,配备大量的轻重机枪,形成交叉火力。远征军的重炮又来不及运上高黎贡山,覃子斌团长的部队经过多次冲锋,付出惨烈代价都没能拿下阵地,他本人也重伤不治,壮烈殉国。这位有着三十一年戎马生涯的云南讲武堂同学的死,让叶佩高十分伤心,他止不住自己的泪水。守卫北斋公房的日军抱着"玉碎"的决心,在隐秘的山洞里啃着血淋淋的马肉,企图与远征军同归于尽。步兵的进攻很难奏效,经过细致的观察,叶师长决定改进攻为围困,请求集团军设法运上来两门重炮,才最终将这两个据点拔掉。打下冷水沟后,叶佩高、陶达纲他们发现,两个坑中的水,泡着的十几具日军破碎的尸体,仔细一看,这些尸体大腿、屁股有刀砍的痕迹,甚是奇怪。后来才弄明白,原来在断粮之后,日本兵吃的是自己人的尸体。

经过兵分两路的仰攻和反复较量,二十集团军以沉重的代价,将高黎贡山上的敌人逼入了腾冲古城。此时,担任防守任务的第十一集团军也渡过怒江,开始另一个方向上的作战。他们推进得并不顺利,面对不满两个中队的敌人,新编39师以过半的伤亡,历经33天才结束松山外围红木树的战斗。松山一战更是惨烈,面对敌人坚固而隐秘的工事,指挥官们并没有太多的办法。由于史迪威和罗斯福对中国方面进展缓慢一再抱怨,蒋介石不断以"限于某月某日前攻下某地"的死命令，给卫立煌施压。这种压力被一级级放大之后传达下去，前方的将领在对敌情缺乏了解的情况下，赶着成团成营的士兵发起冲锋，造成了巨大的伤亡。该集团军以两个军六个师的兵力，在飞机大炮的掩护下苦战了三个月，才消灭了金光惠次郎少佐指挥的2000人（半个联队）的守军，自己则付出了15000人以上的伤亡。

198师师部和集团军的指挥部都驻扎在护珠寺内，寺院里肃穆的氛围和战场上的残酷，让叶佩高心生慈悲，为了减少牺牲，他对战术的安排更加缜密，细致到一支机枪的位置。18军的老干部注意到，他原先机关炮一般的声音现在变得缓慢起来，他们称他"叶婆婆"。仰攻高黎贡山时，有一个怕死的逃兵被叶师长撞上了，他拔出手枪高高举起，说："我要毙了你，我要毙了你！"就是舍不得扣动扳机。18军的老干部们还戏说他是"一般高"，意思是说他虽然只是师长，却是和军长一样级别的人物。驻守腾冲的日军有3000多人，他们知道自己已经没有任何退路，在城里布设了环环相扣的工事，特别是钢筋水泥碉堡。二十集团军没花太多力气，就拿下了腾冲城外的大部分高地，但预备2师和36师负责的来凤山，伤亡了一千多人还迟迟啃不下来。霍揆彰不得不解除谋略不足的54军军长方天的职务。

来凤山战斗结束后，退入腾冲城内的日军约有1500人。藏重康美联队长企图在中国军队尚未部署完毕之前突围出去，他选择的方位正好是198师的阵地。叶佩高亲临592团坐镇指挥，在抵挡敌人进攻的同时，主动出击其防守空虚的拐角楼，将他们逼了回去。他过于接近前线的行为令陶达纲团长十分不安，有时候不得不动粗把他架回去。

8月2日，总攻开始，二十集团军的将军们以为用6个团的力量便可以一口气拿下腾冲城。没想到6米厚、9米高的城墙，是大块青石和火山岩构造的，飞机和大炮轮番攻击，都无法炸开一个裂口来。叶佩高集中火力掩护工兵，企图用炸药把198师主攻的北城墙爆破，也没有成功。部队伤亡不断增加，在前沿指挥所的他内心焦急万分。这是他从未遇到的难题，在想尽种种办法均不能奏效的情况下，他甚至想到了举枪自杀成仁，想到了抱起炸药包冲上城去与敌人同归于尽，但一个将领的责任使他克制了这些疯狂的想法。

飞虎队飞行员对连续多天的轰炸效果感到惊异，他们最后想出了一个主意，在重磅炸弹头上安上一根钢刺，将炸弹超低空投掷，使它直接嵌入城墙上爆炸。终于在城西南炸开了一个大缺口，使36师得以攻入城内。霍揆彰司令及时调整部署，把四个师的部队集中在南边已经打开的豁口，向市中心推进。腾冲城内的巷战艰苦程度难以想象，每一座残破的建筑物都要反复争夺，日军可以在一个夜里发起连续多次反扑。短兵相接的肉搏，拼的是必死的勇气，而日本人早已抱着"玉碎"的决心，在肢体不全、奄奄一息的情况下仍然向我军射击，他们要更多的生命来为自己陪葬。有个营长看到瓦砾中躺倒的日本兵眼睛动了一下，便扑上去要抓活的，没想到日本人手里的枪响了。

进入市区后，198师所在的54军负责清除城西及城西北的日军，推进过程中，不断遭到掩蔽在碉堡、阴沟、枯井和破砖烂瓦中敌人近乎疯狂的袭击，激烈的枪战之后是血腥的肉搏。和其他部队一样，该师人马实际上已经不足一个团了，连排一级的军官几乎死伤殆尽，只能由团长、营长带队冲锋。腾冲的巷战进行了一个月之久，9月8日，198师以伤亡军官44人，士兵538人的牺牲，率先攻下了城中心的文星楼。9月14日，守城日军被彻底肃清。在最后的时刻，这些日本人没有忘记将躲在洞里的十几名慰安妇杀死。

负责清扫城东及城东北的53军，受到了集团军严厉的责难，霍揆彰司令甚至电告蒋介石，要将该军军长和两个师长提交军法处置。但198师的战绩却得到了肯定，战斗接近尾声的时候，叶佩高因为战功突出被任命为54军副军长。面对残垣断壁间垃圾般横陈着的双方尸首，个人的擢升并没有给叶佩高带来多少安慰，他组织部队清点人数，焚烧烈士遗体。二十集团军在腾冲战役中歼灭日军4000多人，自己也付出了近两万人的伤亡，阵亡人数达8671人，其中军官1234人。198师也有近1500名军人捐躯，其中包括美国顾问团的成员。叶佩高没有忘记给这些来自异国的勇士找一处安息之地，以700光洋一口的棺木给予厚葬。在战斗最为激烈的时刻，这些盟军顾问团的成员，被中国军人的献身精神所感动，不顾阻拦操起冲锋枪，甚至抢过机枪勇敢地投入战斗，有的还加入敢死队。他们当中，有19人把生命献给了人类的正义。

随军美国记者认为，在整个怒江战役中，腾冲攻城是最协调、在战术上最成功的！在各种赞誉面前，叶佩高表示："腾冲战役的胜利，是霍（揆彰）司令指挥有方，全体官兵英勇效命，腾冲人民鼎力相助，我只是尽天职而已。"一向高傲的史迪威将军，十分激赏叶佩高在整个战役中的表现，为他向杜鲁门总统请勋，同时向蒋介石特别推荐了这位将领，认为他是王牌劲旅青年师师长的最合适人选。作为国民党军队最高统帅的蒋介石，也曾经先后三次接见叶佩高。

6

抗战结束之后，蒋介石缩编军队，军一级的建制改为整编师。54军改为整编54师，叶佩高任师长。1948年该师改为50军，叶佩高仍为军长，后来又被调到驻胶东的新编25军任军长，与共产党的山东兵团对垒。和许多在抗日战场上出生入死的将领一样，叶佩高不愿意再打一场内战，让同胞之间骨肉相残。同为中国人，有什么事情不可以坐下来协商解决，非要动用杀人机器？这是他在国内战场上表现消极并最终以"济南失守，支援无力"的罪名被解职的原因。他与共产党员叶文龙和郭儒灏过从甚密，并受其影响，从而得不到国民党方面的信任。据说，有一次请求蒋介石给他的部队拨给物资时，正为东北失利气急败坏的蒋总司令勃然大怒，拿起茶几上的茶杯就向他摔过来。虽然没有打着，但他的军旅生涯也因此结束了。在当时看来是不幸的际遇，如今看来何尝不是一种幸免呢？

战争是野蛮和有罪的，叶佩高内心向往着安详而清雅的生活，也许是曾经饱受过失学痛苦，在戎马倥偬的间隙，他热衷于国民教育的事业。早在1939年长沙大会战之前，因为学校纷纷后迁，许多孩子没法上学，知名人士罗敦厚到11师师部来找他，经过商量，他们借用农校的地盘协力建起了岳麓中学。腾冲战役结束后，城市变成了一座废墟，当地乡绅又找到了叶佩高。他动员富商捐资，把一所寺院改建为学校，名为腾冲职业学校，还亲自担任校长，从昆明等地请来一批老师。该学校是现在腾冲第一中学前身之一。曾经担任云南讲武堂教官的辛亥革命元老李根源，有感于叶佩高的武功和文德，挥毫赋诗："海南有猛将，重光不言功。止戈思讲艺，黉舍启大同。"返回海南参与受降工作时，叶佩高牵头在家乡创办了大同小学，该学校后来更名为叶茂小学，一直保持着良好的学风。

国民党败退台湾时，叶佩高已经年近天命，但他还参加了大学的考试，未被录取之后，仍然坚持去台大旁听。1968年，叶佩高在"国防部"高参的虚职上退休，随子女到美国定居。晚年的他，一直为留在家乡的前妻和三个孩子深感愧疚。由于脑细胞的萎缩，他渐渐失去了对世间事物的记忆。1985年，当长子叶能干费尽周折，从故乡到美国去见自己的父亲时，叶佩高已不知面前的人是谁了。两年后，他殁于异乡的土地。

他对世界的遗忘是这样的彻底，正如这世界对他的遗忘。

（本章写作参考了曹英哲、王楚英的《抗日名将叶佩高》，史军的《土木支柱——国民革命军第十一师师史》，彭荆风的《挥戈落日——中国远征军滇西大战》，叶奋平的《叶佩高将军在腾冲抗战片段》等著作。）

The
Biography
of
HaiNan Island

海南岛 传

这是最后的战斗

第二十七章

解放军潜渡部队在海上宣誓　苏中义摄

1

雨林密布、云蒸雾绕的五指山区，一个叫作毛栈的山谷散落着许多茅草做的寮房。一间屋子里，面容清癯的冯白驹，正在和参谋长符振中促膝交谈，手中的棍子挑拨着炉里的炭火，发出噼啪的响声，应和着窗外的鸟鸣。此时已经是1949年12月的中旬，在涛声四起的孤岛上，他和他的战友们已经坚持了整整二十三年。当年从母瑞山突围出来衣不蔽体的二十五人，如今已发展成三个总队和一个独立团，总共有1.6万人的武装力量；他在国民党方面悬赏的身价，也从两千光洋涨到了"一两骨头一两金"。海峡对岸，蒋家王朝已经土崩瓦解，寄托着无数穷苦人公平梦想的新中国也于两个多月前在天安门城楼宣告成立。他相信，付出了巨大牺牲之后建立起来的国度，必定是一个人间天堂。1949年以来，为了呼应解放大军南下作战，纵队先后组织了组建以来最大规模的攻势。春季攻势歼灭了国民党军队近三千人；夏季攻势击溃了敌64军的主力师，还围歼敌32军252师的"王牌团"。

就在二人谈得正热烈的时候，参谋人员带来了粤桂边纵队参谋处长王山平。王原来就是琼崖纵队的人，见了老司令员自然非常欢喜。这次，他是受第四野战军十五兵团的委派，带来新的电报密码本和一些机要文件。按照新的密码，冯白驹很快就与第四野战军司令部取得联系，并获得了最新的指令：琼崖纵队归属第四野战军十五兵团指挥，协同南下大军解放海南岛。这意味着，他和战友们将结束孤军奋战的局面，他投身的血与火的斗争，也迎来了改天换地的最后一役。他心里那条风波不定的船，终于有了要靠岸的感觉。

他立即召集会议，传达了中央军委和第四野战军关于解放海南岛的指示，并做出了决定：派出队伍四出袭扰敌人，破坏交通线路，消灭敌人有生力量；

将根据地从山区向海岸延伸，准备随时在任何地点扫清登陆场，接应渡海部队；准备可供两个军两个月消费的粮食物资，组织支前民工队伍；第一总队与相关地区县委负责勘察，选择海水较浅、海岸线较长、敌人防卫相对薄弱又离山区不远的港湾作登陆场。

会议一结束，参谋长符振中便受命带上地图、情报和联络密码偷渡过海，向十五兵团汇报情况。通过地下交通员的帮助，他越过敌人的封锁线，抵达雷州海岸，被正在训练的解放军当成国民党特务缴械，押进了40军118师师部。

12月的上旬，人民解放军第四野战军和第二野战军陈赓兵团，以风卷残云之势扫荡余汉谋和白崇禧集团，结束了两广战役，砸坏了"小诸葛"退居海南岛建立独立王国的算盘。血腥的战场还来不及打扫干净，桂林、阳朔的秀丽山水也顾不得瞄上一眼，韩先楚和李作鹏就接到命令，分别带着十二兵团40军、十五兵团43军，挥师雷州半岛，开始解放琼岛的准备。也就是这个时候，眼看流水落花春去也，蒋介石便携宋美龄登上逃亡台湾的飞机，将无限江山抛在身后，含泪告别他统治了二十二年的大陆。

还在两广战役进行之际，大量国民党军队的残部，陆续溃退到海南岛上来，合计有5个军计19个师；另有50多艘海军舰艇，空军四个大队40多架飞机，加上陈济棠的海南特区警备总司令部，总兵力有十多万人。为了有效地指挥岛上各派系军队，蒋介石撤销海南警备总司令部，成立了以薛岳为总司令的海南防卫总司令部，统一指挥海南陆海空三军。希望这位曾经在抗日战场叱咤风云的一级上将，能够挽狂澜于既倒，固守海南，将其与万山、马祖、金门、舟山诸岛，构建成一道海上屏障，以求有朝一日东山再起，卷土重来。

岁末的海口，大街小巷都弥漫着一股不安的气息，飞机整日轰鸣，让人心里发慌。供奉着前代先贤、萦绕着思古之幽情的五公祠，此时已成为戒备森严的海南防卫司令部，美式吉普车打着尖厉的喇叭声进进出出。刚刚出任总司令的上将薛岳，在这里召开战前会议，将从大陆逃到岛上的残兵败将进行整编，煞费苦心地拟定"海南防总的防卫计划和兵力部署"。

在国民党将领中，薛岳算是最为出色的战术家。抗日战争时期，在武汉会战中，他指挥中国军队在麒麟峰全歼日军铃木联队，在万家岭、张古山一带歼灭日军106师团和101师团一万余人；三次长沙大会战中，他巧布天炉战法，与日军斗智斗勇，歼敌十万之众，有效阻止了日军进攻大西南的战略，被认为是消灭日军最多的中国将领。侵华日军总司令冈村宁次称：撼山易，撼薛将军难。

抗战结束后，薛岳和众多的国民党将领一起，被蒋介石拖入国人自相残杀的内战，于1946年5月，出任国民党徐州绥靖公署主任。令他怎么也想不清楚的是，他苦心孤诣琢磨出来的战法，在国共战场不再灵光。在半年多的任内，他所部的军队在解放军面前一败再败，几乎毁了他的一世英名。蒋介石以"指挥无力，名声低落"为由，撤销其职务，让他以南京政府参军长的虚衔靠边站。直到淮海战役后，需要笼络广东地方人心，蒋介石这才想起晾在一边的薛岳，任命他为广东省府主席。然而，到任不到八个月，广州就被解放军攻陷。于是，他只好随军溃退到海南岛来，于1949年12月1日，出任海南防卫总司令。经过一番运筹，他将十万多兵力分为四路，分别驻守东、北、西、南四个守备区，外加琼北琼南两个要塞司令部，组成陆、海、空三维防御体系。他的参谋长李杨敬，以薛岳的名号"伯陵"来命名这道防线。曾经在长沙会战中战功卓著的泰山军军长李玉堂，被任命为海南防卫副总司令，兼东路军总指挥及32军军长。

尽管接受部下的恭维献媚，但薛岳内心清楚，这场仗并不那么好打，一是国民党天下已经分崩离析，军队一溃千里，无人能够挽狂澜于既倒，而十万多兵力的军队不过是一些拼凑起来的残部，堪称乌合之众；二是在岛上，国民党占领的是外围沿海，内陆山区基本上都成了共产党的地盘，遮天蔽日的原始雨林里，活动着冯白驹神出鬼没的游击队，尽管武器落后，脚踏草鞋，但却神勇过人。他麾下的国民党军，腹背受敌，必须同时在两个相反方向上作战。在中原战场领教过解放军神勇的他，对于守住孤岛并无把握，但在众人面前，他还是把风纪扣扣得紧紧，做出一副信心满满的样子，扬言"要把海岸线变成埋葬共军的坟场"。他发现，自己这句话最后两个字的发音有些含混。

2

"宜将剩勇追穷寇,不可沽名学霸王。"(毛泽东《七律·人民解放军占领南京》)站在一张大地图前,已经是开国领袖的毛泽东,掐灭手中的烟头,吐出了一团云气。法眼开阔的他,清醒意识到海南岛特殊的战略地位。占领广州的第三天,在致电第四野战军林彪时,他就专门点兵十五兵团攻取海南岛。坐镇武汉的林彪,并不因为自己的部队势如破竹而喜形于色,他用手指拈着炒熟的黑豆,一粒一粒地咀嚼着,从东北一路下来,战场的成败似乎都没有改变这其中的滋味。考虑到十五兵团下属的44军必须镇守广东,扫清残匪;48军仍在江西;能够抽调用于海南岛作战的,只有李作鹏的43军,他在呈报毛泽东主席的作战方案中提出:拟增派十二兵团40军,与邓华的十五兵团43军一道,另配属加农炮兵第28团、高射炮兵第1团和工兵一部,共计十万余人,组成渡海大军,由叶剑英为书记的中共华南分局统一领导,十五兵团司令员邓华、政委赖传珠、副司令员兼参谋长洪学智组织指挥。

方案很快就得到了毛泽东的批准,这位最高统帅在12月18日给林彪的复电中表示:"同意你的部署,……渡海作战完全与过去我军所有作战的经验不相同,即必须注意潮水与风向,必须集中能一次运载至少两个军(四五万人)的全部兵力,与8天以上粮食,于敌前登陆建立稳固滩头阵地,随即独力攻进,而不要依靠后援。因为潮水需12小时后第一次载运船只方能返回运第二次,而敌可用海空军切断我之运输,故非选择时机一次载运一个军渡海登陆,并能独立进攻建立基地,取得粮食,便有后援不继,遭重大损失之危险。"

向来十分信任前线将领的毛泽东,之所以如此具体地提点他最优秀的指挥员,是因为此前有金门岛、登步岛两次渡海作战的教训。由于解放军渡江后,国民党军一路屁滚尿流,第三野战军叶飞兵团,轻而易举就拿下了汤恩伯兵团据守的厦门,对于金门之敌过于藐视,在缺少必要渡海船只的情况下,1949年10月,以三个半团九千人进攻金门岛上的三万敌军,又因船只匮乏,后续梯队无法跟进,导致全军覆没的惨剧。11月,第三野战军21军61师,对舟山登步岛发动突击。同样是因为对敌情判断有误,以五个营两千五百余人的兵力,与国民党军六个多团激战两天三夜,虽占领大部分岛屿,最终还是不得不主动撤退。

收到毛泽东的指示,林彪立即电令邓华:"准备趁北风季节攻取琼崖。"遵照指令,司令员邓华、政委赖传珠和副司令员洪学智等人,立即着手制订作战计划。此时的解放军基本上都是陆军,几乎没有海空作战力量。旱鸭子们绝大多数是第一次看到大海,面对汪洋一片的惊涛骇浪,一路健走如飞的勇士,到这里却一脚踩空,心里没了陆地上的踏实。人毕竟是陆地上的动物,一滴水会让他感觉到渴,无量的汪洋之水却让人本能地恐惧。海峡对岸的国民党军,拥有绝对的制空权和颇为强大的海上舰队,虽说此战是剩勇追穷寇,但也不可轻敌冒进。

这些日子,邓华早早就起来,带着参谋人员在海滩上漫步。光溜溜的雷州海岸,到处可见被焚船只的龙骨,海面之上,有时还能看到敌方巡逻舰船的影子,偶尔还会有敌机飞过来扔炸弹,造成人员伤亡。海风很大,身材清瘦的邓华,走起路来衣袂飘飘,啪啪作响。这位身经百战、令对手胆寒的猛将清楚,数十千米宽的海面,如此长距离的渡海作战,若是没有足够的准备和出奇制胜的战术安排,仅凭将士们的孤勇硬拼,在抵达对岸之前就可能折戟沉沙了。经过一番慎重的研究,他以兵团司令部名义致电林彪和毛泽东:"一次运一个军的兵力登陆是巨大的组织工作,需要相当长的时间进行调查研究,准备物资,收集船只,进行演习,等等。以季节论在旧历年前动作为有利;以准备工作论,恐时间来不及。"并且做出表示:争取在1950年春节(阳历2月17日)前发起进攻,并请求"派一部空军直接配合"。

进攻的时间,很快就得到认可,但这位正在与斯大林会晤的领袖告诉他们,不要指望空军的支持。这意味着,渡海部队只能在没有任何炮火的掩护下,驾着木帆船裸攻敌人的陆海空立体防御体系。显然,这种作战风险极高,胜算难测,更何况此时部队收集到的木船,也只有四五百条,无法一次性摆渡过去一个军。于是邓华他们又将情况向上级报告,请求将进攻的时间后延,并拨经费给木帆船装上机电动力。

情况报告到莫斯科,毛泽东立即复电,同意推迟进攻时间,但要求他们争取于春夏之交解决海南岛问题。为了给将士们鼓劲,毛主席指出:"海南岛与金门岛不同的地方,一是有冯白驹的配合,二是敌军战斗力较差,只要一次运两万人登陆,又有军级指挥机构随同登陆,就能建立立足点,以待后续部队的续进。"他还特别提到:"在目前条件下,策动几部敌军起义,应该是很可能的。"面对末日来临,许多国民党将领都有改弦易辙、弃暗投明的思想。他们信奉的主义背后,藏着的是切身的利益,这给了共产党方面不战而屈人之兵的机会。

广州东山,原国民党行政院副院长吴铁城的豪华别墅,已经成为解放军十五兵团司令部。1950年2月1日在这里举行的会议,被称为"二月会议",堪称将星云集。中共中央华南分局第一书记、华南军区司令员兼政委叶剑英,十五兵团司令员邓华、政治委员赖传珠、第一副司令兼参谋长洪学智,十二兵团副司令兼40军军长韩先楚、40军政委袁升平,43军军长李作鹏、政委张池明,刚刚参加全国政协会议返回的琼崖纵队副司令员马白山,琼崖纵队参谋长符振中等,围坐在会议桌前。会议由邓华主持,叶剑英传达了毛泽东和中央军委关于"要在春夏之交解决海南岛问题"的指示,并以一个政治家的眼光指出:"蒋介石妄图以台湾岛和海南岛互为犄角,构建一道封锁大陆的南海防线,借以负隅顽抗,幻想第三次世界大战爆发,以此作为'反攻大陆'的跳板。同时,美帝对海南也是虎视眈眈。如不早日解放海南岛,后果不堪设想。"

琼崖纵队参谋长符振中,操着带有浓重海南口音的官话,从多个侧面详细汇报了岛上敌我双方的情况,并转达了冯白驹司令的建议:乘敌人军心混乱,防线尚不严密,先偷渡一批兵力。若有不便,则派一批干部和军械人员偷运一批枪支弹药过来,充实琼纵的战斗力,以便里应外合。

经诸位将领讨论,达成了一些共识:海南岛的海岸线约二千千米,可供选择的登陆场多,敌人无法在任何一个地方部署足够优势的兵力;里应外合,在琼崖纵队的接应下,实行分批次偷渡,待岛上我方力量强大到一定程度后,便可接应主力大规模强行登陆;偷渡时间选在夜间为宜,因为夜里海面迷茫,波涛跌宕,不容易为敌方飞机舰队发现,敌人的海空优势难于发挥。但在一些问题和细节上,也存在着不同意见。43军军长李作鹏认为,为确保战役胜算起计,须装备登陆艇和机帆船,才能开展大规模登陆。40军军长韩先楚则认为,如果等到装备机电动力的船只,必会延误战机,应选择在东北风转向(农历谷雨节气)之前,用木帆船强行登陆。(参看方天、常青、建华《四野最后一战》,国防大学出版社,1995)

邓华集中众人意见,宣布了渡海作战的方针:采取分批偷渡与大规模强渡相结合。他代表战役前线指挥部发出指令,要求43军和40军,必须强化海上练兵,实现陆军向海军的转变,迅速完成渡海作战的各项准备,并先期实施小规模分批偷渡。李作鹏与韩先楚的意见分歧,提交野战军司令部裁决。出于审慎的考虑,林彪支持李作鹏的意见:渡海登陆工具以改装机帆船为主。这意味着渡海作战时间将延迟至6月,甚至是"以争取1950年完成任务为原则"。

韩先楚原本是湖北红安一个村子里的放牛娃,参加土地革命后,从一名士兵累积军功,升迁到兵团副司令的位置,是少有的没打过败仗的传奇将军,他麾下骁勇的部队,在东北战场就被对手称为"旋风部队"。尽管自己提出的看法,未能得到总司令林彪的同意,韩先楚仍然坚持自己的主意。因为将大量木帆船改为机电动力,需要很长的时间,这会给敌人更加充分的准备时间,也给岛上的琼崖纵队带来巨大压力。事实上,机船的改造一开始困难重重,将汽车发动机卸下来,再装到木帆船上,效果并不理想,还有一些有待克服的问题,何况发动机数量有限。根据在渔民中的调研,谷雨节气(4月20日)前的时间,海面上有北风或东北风可以借用,帆船顺风顺水,一夜即可抵达对岸,在破晓之前出其不意地发起进攻。谷雨之后,转为东南风,帆船逆风而行,有一个白昼暴露在光天化日之下,渡海作战就困难了。更何况夜长梦多,国内外局势风云变幻。经与政委袁升平商量,他没有传达广州会议关于推迟战役的决定,仍然要求自己的部队,在三月份完成所有渡海作战的准备。

在收集到一些船只后,部队就不顾敌机轰炸扫射和敌舰的横冲直撞,在波浪中滚打起来。在海上,战士们遇到了难以想象的困难,一个连登上帆船,百分之八十以上的人头晕呕吐。小小的渔船,就像飘摇风雨中的一片落叶,一忽儿被拱上波峰,一忽儿又迭下浪谷,几上几下,左颠右晃,就把人折腾得面色发青,呕吐不止。吐完了饭就吐黄水,吐完黄水就吐血,有的战士甚至把肠子里的蛔虫也给吐出来了。出海归来,人人都像是得了一场大病。有的连队不懂气象,冒失出海,遇上风暴,船就被刮飘到越南去了;有的断了桅杆撞了礁石,人都被掀到海里去,呛了一肚子咸涩的海水。训练似乎比真枪实弹的战斗还要艰苦。

解放军登陆临高海滩　苏中义摄影

在叶剑英的主抓下,从广东沿海各地搜集来的二千艘帆船,陆续汇集到雷州各个港口。琼崖纵队也组织了一百七十多艘帆船和四百名船工、水手偷渡过来,加入渡海作战的队伍。木帆船改装工作还在耐心地进行,但到香港购买机电船与登陆艇的计划却落空了。

某天,从北部湾涠洲岛逃回的渔民,提供了一个情报:盘踞在那里的所谓"广东反共自卫军",劫持了300多条民船,全是多桅的大船,十分适合渡海作战。这个情报,使韩先楚大为欢喜,他立即派出一个加强团,白天以海上训练的姿态迷惑敌人,天黑以后顺着风向和潮水快速驶向该岛,用改装的"土炮艇"封锁港口,与敌人两艘军舰缠斗。其他部队抢滩登陆,经过一番激战,歼灭岛上500多名敌军,缴获了300多艘木帆船。40军一次大规模登陆作战需要的船只,算是凑够了。

3

2月底,经过一番侦察试探,冯白驹发现,在岛西海头港至白马井之间近百里的海岸线上,敌人仅有一个步兵团驻防。其中的一个营还在掩护西线公路的维修。琼北敌军主力的一部,也脱离海岸线,在向我第一总队驻地发起进攻。他立即向十五兵团报告,建议利用这一有利时机试渡第一批部队。兵团很快复电冯白驹,接受他的建议,并命令琼纵做好随时接应的准备。

3月5日傍晚,在徐闻县灯楼角的一块空旷地上,40军118师加强营召开誓师大会。呼啸的风声中,韩先楚把绣着"渡海先锋营"的锦旗,授予第一支渡海的部队。他还特地斟上米酒,给战士们壮行,在呼啸的海风中吼出响雷一样的声音:"勇士们,我坚信你们必定能够穿越惊涛骇浪,将红旗插到五指山顶上!"自从左手伤残之后,他发现自己的右臂十分有力。师参谋长苟在松、团长罗绍福和营长陈永康、教导员张仲先,率领全副武装的799名壮士,登上14艘木帆船。作为协助指挥和向导,琼崖纵队侦察科长郭壮强也随同行动。他们预定的登陆地点,是岛西的白马井与排浦港之间的海滩。

挥手目送先锋营踏海远去,韩军长返回营地。一路上,他让参谋人员一再停下来,举着旗子观察风向。夜幕很快就将海峡笼罩,波浪变得十分诡谲,船队驶入海天之间的夹缝里。尽管这只是小规模的偷渡,但意义极其重大,韩先楚丝毫不敢掉以轻心,回到军部指挥所,便彻夜不眠地守在电报机旁。上半夜,先锋营发回两次电报,第一次是"风向好,船速快";第二次是"前进二百里"。指挥所里的人都十分兴奋,作战参谋在地图上算出,船队已完成三分之二船程。但到下半夜,突然来了一份电报:"风停,船行很慢。"韩先楚立即下令:全力划桨!第二天上午11时,收到最后的一份电报:"发现敌机敌舰。"此后三天三夜,指挥所和偷渡部队的电讯联络完全中断。军部几次电询琼崖纵队,答复竟然是"情况不明",这让韩先楚万分焦急。烦躁之中,他甚至说出这样的话:"奶奶的,我就豁上这个营不要了!"

实际上,在离登陆地点还有一百里的时候,东北风便陡然减弱。部队斩断竹竿、劈开木板,制作成船桨划了起来。上午九点,太阳已经升得很高了,苟在松他们才看到了起伏的海岸线。为了迷惑敌人,他命令部队换上便装,对敌人的侦察火力不作回应,还混入敌人派出的帆船队,有效地避免了飞机的轰炸。经

琼崖纵队女战士

过一番周旋，下午两点，先锋营终于接近预定的登陆点，但却完全暴露在敌人火力面前。背水而战的勇士们，只能冒死涉水抢滩，根本顾不及往后方指挥部报告。

按照兵团的部署，冯白驹派出琼纵政治部副主任陈青山，携带一部电台，与陈求光总队长率领第一总队前去接应先锋营。3月1日，接到40军和琼纵总部的电令，第一总队迅速向白马井方向隐蔽运动。经过五个昼夜的急行军，他们顺利抵达登陆点附近，但在预定时间6日早晨，海上没有发现任何要靠岸的船只。苦苦等候半天之后，为避免暴露企图，一总队只留下少数人在海岸边观察，大部队撤至附近的新地村隐蔽待命。而恰恰是在这段时间里，由于偷渡部队在海上被敌机发现，敌人派出一个营赶来排浦港增援，并且占据了海边阵地。因此，偷渡部队一接近海岸，就受到敌人火力的阻击。

冲在最前面的，是教导员张仲先指挥的基准船。他一边嘱咐舵手掌稳方向，一边指挥船上的六〇炮、重机枪向岸上的敌人开火。此时，敌人的海岸火力一齐向登陆船队倾泻，敌机从空中呼隆隆地俯冲下来，一轮又一轮地投弹扫射。当船离海岸还有一百多米之时，张仲先举起匣子枪，命令基准船的人员涉水抢滩，并带头跳入海中。敌人的炮火在水面上炸起高高的水柱，涉水部队不时被浪花淹没。关键时刻，曾经在国民党军队当过炮兵的赵连有，接连往敌人阵地发射了五十四发迫击炮弹，其中五十三发击中了目标，有效地压制了敌方的火力。他自己的右手也被爆裂的炮筒烫得血肉模糊。

当张仲先带领全船登陆时，副排长傅世俊紧紧握着船舵一动不动，直至中弹牺牲，战士费了很大的劲才使他的手松开。这个山东汉子，打仗勇敢过人，但生活却稀里糊涂。有一天，他竟然在帐子里吹起床号，吹完了又躺下睡觉。张教导员找他谈心，说了四个小时，他一句不吭，只是一笑了之。

正在先锋营抢滩之际，听到枪声赶来的第一总队9团，从后背向敌人发起袭击。滩头阵地的敌人腹背受击，渐渐招架不住。但空中再度出现轰炸机群，向登陆部队和滩头阵地轮番轰炸，海滩上的敌人也趁机反扑。先锋营和琼纵9团重新组织火力，以机枪组成防空火力网，射击低空俯冲的敌机，硬是把敌机给撑走了。滩头敌人见空中无援，便乱作一团，在前后夹击之下，仓皇向

1950年4月17日，解放军登岛作战部队与琼崖纵队会师　苏中义摄

儋州王五方向逃窜。

当琼纵8团两个营在新地村无名高地上打扫战场之际，发现由十多人组成的一支身穿绿军装、挂着长长子弹带的小队，一边射击，一边向无名高地冲来，他们立即进入工事进行还击。这股小分队战斗力很强，以"三三制"战斗队形，向无名高地前沿发起猛烈冲锋。八团的战士集中全部火力进行反击，双方都打得很顽强，经过十几分钟的激战，彼此都无法制服对方。为了迫降这支小队，八团派抓到的几个俘虏下山，向对方交代我军的优待政策。几分钟后，对方阵地一个指挥员高呼："琼崖纵队的战友们，咱们误会了，我们是渡海先锋营的先头分队。"他们退下枪膛里的子弹，倒背着枪，向高地走来。"会师了！"战友们抱成一团，又蹦又跳，所幸双方都没有伤亡。

由于电台掉进海里，在军部指挥所里焦躁不安、以为凶多吉少的韩先楚，直到3月8日才收到琼纵电台发来的电报："渡海先锋营6日14时在白马井登陆，与我接应部队会师。"一阵狂喜之后，他还不忘记破口骂娘。就这样，40军先锋营以伤亡50多人的代价，首次突破了"固若金汤"的"伯陵防线"，随琼纵接应部队潜入了踪迹难寻的五指山根据地。一路上，被称为"大军"的他们，受到了女游击队员和老百姓的盛情款待，喝上了清凉而甘润的椰子水。

也就在40军先锋营成功登陆的这一天，由团长徐芳春等率领的43军先锋营也扬帆起程。他们没有遇上太大的抵抗，便于次日上午在琼东北的鹿马岭、赤水湾一带上岸，与前来接应的琼纵独立团会师，击溃了国民党两个团的兵力，击毙了其中一个团的团长。

4

两个解放军加强营的偷渡，震惊了国民党方面的司令长官薛岳，他迅速抽调兵力，加强岛北东西两侧的防守和巡逻，并以一个师以上的兵力，继续追截解放军的登陆部队。邓华与韩先楚、李作鹏两位将军反复商榷，认为海南战役的内应，除了琼崖纵队，还须追加到一个师的主力部队。于是决定，40军和43军各组建一个加强团，乘着敌人继续"围剿"琼崖纵队、追击先锋营的时机，抢渡海峡。为了在天亮前就能发起攻击，这次偷渡直接选择海峡正面海岸登陆，不再绕到海南岛西部或其他方向。

40军加强团，由118师三个营和临时组建的炮兵大队组成，共计2991人。在营以上的干部会上，韩先楚确定了作战预案。他强调，渡海作战只能进不能退，如果在海上失散，各船不必互相寻找，要凭着孤勇各自为战，千方百计抢滩，朝枪声密集的方向靠拢，边打边会合，不能在海中彷徨滞留。登陆之后，也无须恋战，一头插入五指山区。几个月前赴北京参加全国政协会议的琼纵副司令马白山，受命与118师政治部主任刘振华共同指挥加强团。还在北京会议期间，华南代表团团长张云逸，就主动找上马白山，说朱德总司令请他晚间到家里做客。茶话间，总司令对琼崖纵队在孤岛上的坚守，予以很高的评价。令马白山肃然起敬的是，山一样的沉稳与水一般的慈柔，交汇在这个开国元勋身上，让他对德高望重这个词有了真切的体会。

3月26日下午七时半，81艘战船在徐闻登楼角乘风起渡。而在此之前的一个星期，琼纵第一总队和40军先锋营，已经分别接到琼纵总部和40军军部的电令，向儋县西北部的光村开拔，准备接应潜渡部队。由陈青山、陈求光、苟在松组成的琼西接应指挥部，派出少量部队插入儋县大成、大星一带迷惑、牵制敌人，同时率领主力向指定登陆场运动。当他们到达东成地区时，发现敌人向光村调兵。这时40军军部也电令他们停止前进，因为敌人已知道我接应部队的行动意图，派出两个师在前面路上设伏。加强团登陆时间推迟到27日拂晓之前，地点改为临高角。

27日凌晨四点多钟，琼纵第一总队8团一营和先锋营一个连向临高角敌军海边据点发起强攻。由于这里是敌防御重点，碉堡、工事、铁丝网连成一片，加上敌兵力临时由一个连增为一个营，因此战斗打得十分艰苦，一直到天亮，都未能在预定登陆地段撕开豁口。而平静的海面上，也迟迟没有出现渡海船队的帆影。

就在大家感到纳闷儿的时候，澄迈玉包港方向传来了密集的枪炮声，敌机也在那个方向上空呼啸盘旋。琼西接应指挥部判定，118师加强团已在20里外的玉包港强行登陆，并与敌军交火。他们立即派出先锋营侦察连和一总队短枪排，沿海岸插向澄迈，同时按原计划继续向临高角的敌人发起强攻，以牵制敌人，减轻登陆部队的压力。

中午，薛岳先后出动了一个师的兵力，在飞机的配合下，分三路向接应部队占领的山头、村庄发起猛烈攻势。面对数倍以上的敌人，第一总队和先锋营顽强厮杀，打退了敌人的轮番冲锋，一直坚持到太阳下山才撤出阵地。他们毙伤数百名敌人，牵制了敌64军主力，自身也付出了伤亡二百多人的代价。

由于海上迷雾重重，各船之间联络信号失效，无法把准方向，而大小船只航速不一，加强团的队形渐渐被打乱。他们的船只经过澄迈玉包港外围海面时，被岸上的守敌发觉。此时已是早晨六点，要赶到预定的登陆场临高角，还需两三个小时的航程，敌人的军舰飞机已经出动，天亮之后继续前行风险巨大。出生于澄迈马村的马白山副司令员，十分熟悉这一带地形情况，尽管此地敌人严密布防，但他仍然力主在此强行登陆，在敌人防线上杀出一条血路。时不待我，刘振华当即下令，各船就地登陆（马白山《浴血天涯》上卷，284页，南海出版公司，2007）。

浓雾之中，指挥船只好通过马达声来集结队伍，组织登陆。敌方炮火凶猛，船在海上停留多一分钟就多一分危险。指挥部当即决定，指挥船和旁边的352团的一艘船先行登陆。在离岸还有二十多米时，团政委邹平光率一个加强排跳入海中，涉水向岸上冲锋。他们攀上三丈高的峭壁，很快攻占一个大地堡群，建立了滩头阵地。刘振华从警卫员手中抢过卡宾枪，和马白山一起，带着指挥部十几个人踏浪上岸。

6时30分，突击部队在岸上发出三枚红色信号弹并点燃了三堆火，作为后续部队向指挥部靠拢的信号。从前来接应的地方党组织负责人口中，马白山、刘振华得知，就在早些时候，敌64军驻守在这里的主力师，匆匆向临高角开拔，给玉包港我军的登陆腾出了空档。不然，这里准是一场血腥的恶战，登陆也不可能这么顺利。

加强团在东起林诗港、玉包港，西至红牌港的长长的海岸线上次第上岸。由于船只分散，敌防守严密，滩头战斗异常激烈。特别是雷公岛，这里有一个加强营的守敌，正面的两个连，配有重机枪、迫击炮、瓦斯炮。解放军352团2营有三只船、近百人在这里靠岸。战斗打得无比残酷。指导员林文同牺牲后，文化干事张玉芝拿起指导员的枪，在右眼和脸部受伤的情况下，指挥战士们激战两天两夜，连续打退敌人的五次冲击。子弹用光了就用石头、刺刀、枪托和敌人拼杀，一共毙敌二百余人。最后，张玉芝带着11名战士，掩埋烈士尸体，背着重伤员，乘黄昏退潮之际突围出来。

最为悲壮的，是352团2营4连两艘船上的战士。他们在接近海岸时与敌舰相遇，并纠缠在一起，同敌军舰和飞机激战了半日之久。船上的勇士从轻伤到重伤，最后全部壮烈牺牲，无一幸存，鲜血染红了翻腾的海浪。

27日中午，除4连的两只船外，加强团全部登陆完毕。他们先后击溃了敌十个营的阻击，打死打伤敌人600余人，俘虏200多人。自己也付出了牺牲212人的代价。3月30日，他们终于突破敌人在福山文生村的包围，与琼纵第一总队和先锋营在澄迈美厚乡会师。

40军加强团的成功登岛，让邓华司令员深感鼓舞，他对43军也有了更加严格的要求。毕竟40军属于十二兵团建制，43军是十五兵团自己的部队，应该有出色的表现才好，但在前面的行动中，风光差不多都给40军占了。3月初，兵团决定由40军一个营和43军128师一个团，先期进行偷渡。然而，40军先锋营3月5日出发，并于次日成功登陆；43军128师383团却由于风向的缘故放弃偷渡，转而由383团1营担负偷渡任务。40军加强团启程前的3月24日，43军加强团已经出发，却因风向、潮水不利而返航。两天后，也就是40军加强团出发的同一天，43军加强团再度起渡，可离岸不远，还是因东北风骤停再次折返，但其中的4艘木船却直驶对岸，直至登陆后才得知加强团主力并未成行。4艘木船当即撤返雷州，途中却遭到敌人军舰及飞机的攻击，伤亡惨重。

三次出征都无功折返，虽说都有气候原因，但并非与人完全没有关系。而就在3月20日，韩先楚和他的副军长蔡正国联名致电十五兵团及四野司令部，主动请缨："大规模登陆作战，在有力的内应条件下，我两军就在风向季节（旧历2月底3月初清明前）各以主力由正面并肩作战，估计无大问题……不知43军准备工作及意见如何？"3月22日，在40加强团出发前几天，韩先楚甚至提出：将两个加强团偷渡计划，改为主力大规模登陆作战。徐闻县赤坎村十五兵团前线指挥所里，两位新时代的伏波将军发生了激烈的争吵。时任十五兵团司令部作战科科长杨迪，记录下了当时的情形——

> 韩先楚副司令那股犟脾气上来了，说："我还是坚持我们40军现在就实施全军渡海登陆作战。你不同意，我就直接向四野首长报告请示。四野有个作风，即可以越级指挥、越级报告，四野首长可以越级指挥，军师也可以越级报告请示四野首长的。"
>
> 邓华一听就火了，猛地站了起来，大声说："林总（注：指林彪）和罗政委（注：指罗荣桓）有电报委任我指挥40军和43军，还有岛上的琼崖纵队，进行海南岛战役。我今天反复向你讲清了我的意图，你就是听不进去，你到底承认不承认是我指挥你？
>
> 韩先楚副司令也火了，顶了一句："我只服从正确的指挥。"
>
> 邓华司令更火了，用手掌把桌子一拍："你说我指挥不正确，就能算不正确吗？我的决心与部署都是经过四野首长和中央军委毛泽东主席批准的，难道上级首长批准的也不正确吗？你要直接向林、罗首长报告，你报告好了。我告诉你，我要将你今天说我指挥的不正确、不服从我的

指挥，也要报告林、罗首长。"（杨迪《创造渡海作战的奇迹》，302页，解放军出版社，2005）

尽管林彪司令员来电支持继续偷渡的计划，但想到43军之前的表现，邓华未免有些恼火，他一再询问43军军长李作鹏："部队准备得怎么样了？"

参谋人员出身的李作鹏，考虑问题一贯谨慎周全。抗日战争结束时，一次海上航行天翻地覆的感觉令他心有余悸，金门失利的教训更是铭记于心。这次，他的回答还是："一切就绪，只待东风！"邓华明白，这股东风必须从心里刮起，个别指战员仍然对脚不着地、没有任何掩体遮蔽的海战心里没有把握。毕竟，已经是新中国诞生的黎明时分，这一战差不多就是最后的战斗了，接下来要跨入的是天堂之门，美妙的生活正在向这边招手。在这个时候，一度被置之度外的生命，变得格外珍贵起来。有人担心在最后一场战斗中，宝贵的生命被最后一颗子弹夺走。在光明在即、和平生活就要开始的一刻突然倒下，有人觉得是一种很深的遗憾，甚至是太冤枉了。然而，这正是检验一个共产党员是否大公无私、毫不利己、全心全意为解放全人类献身的时刻。为了给自己的部队鼓劲，扫荡浮游在海面上的雾霾，他专门到43军加强团，做了一次激情澎湃的动员讲话，用挥动的拳头，表达出不容违逆的意志。他发现，在海边必须高声说话，才不会被涛声淹没。

43军加强团最终晚几天出发，但与40军加强团的遭遇相比，他们的运气要好一些。3月31日傍晚，由127师师长王东保、政委宋维轼率领的3733人的队伍，从海安以东的博赊港起渡，尽管夜里遇到三艘敌舰的冲击，但凭指战员的机智勇敢，竟然以三艘小木船炸伤并撵跑了三艘敌舰。半夜时分，东北风缓缓地停了下来，船队行动随即变得缓慢。王东保立即将情况向前指报告，邓华给他们下达了钢铁一般的命令："继续前进，登陆琼崖！"

次日凌晨，当王东保部在塔市附近的海湾靠岸时，由琼纵第三总队副队长刘荣和团长张积战、团政委何敦锦率领的三总队1团和43军先锋营，已把登陆场附近的敌教导团击溃了；从美兰赶来的敌13师一个团，被琼纵独立团一营死死堵住；从三江出动的另一个敌团，也在琼纵独立团2营的阻击下寸步难进。因此，43军加强团仅以伤亡40多人的代价，便突破了敌人的第一防线，轻而易举地歼灭了两个连的敌人。

不幸的是，负责护舰的379团的第八、第九连，在海上与敌舰周旋后，在茫茫的大雾中，他们迷失了方向，失去与主力的联系，于清晨时分登上海口市郊的白沙门岛，随即以凌厉的冲锋，击垮了海口市警备大队的一个连，迅速占领了这座小小的洲岛。五公祠里还在酣睡的薛岳上将，被人从梦中唤醒。仓皇之中，他以为共军主力已经兵临城下，急令驻海口的几个步兵团倾巢出动，在几艘兵舰和五六架飞机的助威下，组织一次又一次的陆海空联合攻击。驻灵山的一个团也奉命火速驰援海口。

为了牵制敌人，保证主力的成功登陆，第八、第九连的战士在水都没得喝的条件下，孤军奋战了两天两夜，击退了敌人整连整营的冲锋，毙伤敌人五百有余。最后，除负伤的八连连长冯开珠率四十余名重伤员偷偷撤出，王金昌副营长率十一名战士夺船突围，除少数负伤被俘外，其余皆英勇战死，白沙门洁白的沙滩几乎被染红了。

两个加强团的登陆，使薛岳上将心里发虚。特别是43军加强团登陆点，竟然在海口市近郊，靠近琼北要塞司令部的海湾。薛岳意识到，不迅速吃掉这支部队，就不可能守住海南岛，于是下令停止对琼崖纵队根据地的"围剿"，出动了大量飞机和兵力跟踪共军登陆部队，并令其32军军长李玉堂，从文昌蓬莱、南阳、大坡等地调来四个主力团，力图合围并歼灭刚刚登陆的解放军。薛岳并不知道，和许多经历过抗战的国民党将领一样，一度被誉为泰山军军长的李玉堂，早已厌倦了国人自相残杀的内战。共产党隐形战线，通过其妻子和内兄陈石清的关系，与他建立了秘密联系。他答应在掌握部队后寻机起义。

为了取得主动，并震慑敌军，王东保师长和刘荣副总队长在龙虎坡一带布阵，组织了一次阻击战，歼灭了敌人一个团。在这些战斗中，琼纵第三总队1团表现得异常顽强，他们在龙虎坡阵地苦战五个多小时，打败了敌352师三个团的多次进攻，付出了不小的代价。守在无名高地上的一个连，最后只剩下三十多名战士。

5

解放军四次偷渡登陆，使海南岛上的战斗部队总和达到二万五千人。这支强大的内应部队，足以在任何一段海防线上撕开一个裂口，掩护大军登陆。何况他们背后，还有已经被动员起来的六万支前民工和可供两个军两个月消费的粮食储备。主力渡海作战的时机业已成熟，但按照二月会议的决定，十五兵团仍然继续实行分批偷渡的谨慎计划。这使得韩先楚十分焦心，不时在指挥所里来回踱步。指挥员之间意见的不一致，让他寝食难安；而队伍中个别贪生怕死、一心想等着进新社会去享福的无耻之徒，更令他倍感厌恶与愤慨。

就在40军加强团出发前的一天晚上，作战处副处长郑需凡听见海边有叫喊声，连忙跑了出去，只见军参谋长宁贤文坐在地上，抱着脚说是特务把他打伤了。此时月光明晃，海滩上空无一人，看不到有什么特务的影儿。军保卫部长随即找宁贤文的警卫员谈话，该警卫员表示：我可以保证首长不被特务打伤，可我不敢保证首长自己打伤自己——我知道他什么时候会拿石头砸自己的脚呀？听说一度作战相当勇猛的宁贤文自残，韩先楚开始并不轻信，待查实之后，他便铁青着脸，一言不发。（张正隆《战将》127页，重庆出版社，2010）如果不是出了这事，这位参谋长应该就是40军潜渡加强团的最高指挥。

与三国时赤壁之战一样，海南岛战役的胜算，不完全在于人力，还需得到老天的帮助，从上苍那里借来一股强劲的东风，但这股东风眼看就要消失得无影无踪。

3月31日，谷雨临近，战机可能在拖延中失去，韩先楚再次以40军党委名义致电十五兵团司令部，请求发起大规模渡海作战，并表示：如果43军来不及，就由40军先行渡海登陆作战，43军可以作为第二梯队随后跟进。4月7日凌晨，韩先楚又分别向十五兵团、第四野战军和中央军委，发去独自署名的长篇电文。在他看来，继续组织小型潜渡、分散兵力、旷日持久的做法，将造成长期的被动局面，而大规模登陆是可行而最有利的。"首先，我军和兄弟部队先后四次潜渡之后，敌我形势有了很大变化。岛上我已有相当的内应力量，而敌人的兵力部署，主要是对付我小型潜渡，这就有利于我们出其不意，突然大举强攻。其次，形势不等人，季节不等人，谷雨过后，海面再无北风，因此，我们必须趁谷雨前的季节风行动。如果错过时机，不仅解放海南岛的任务将长期拖延下去，就连日后小型潜渡亦不可能，何况潜渡的船只有去无回，长此以往，船只问题也无法解决。再者，历次潜渡和涠洲岛夺船说明，不管是敌人翼侧、正面，不管是一个营、一个团甚至一只单船，也能突破敌人防线冲上岛去。大规模登陆，兵力大、火力强，登陆突破更有把握，前面的部队先打开登陆场，后续部队就可顺利登陆。同时，我们已经取得了渡海作战的一些主要经验，部队海练基本成熟。目前求战情绪高昂，战斗意志旺盛，更该一鼓作气，全面进攻，彻底解放海南岛。"（韩先楚《跨海之战：亲历海南岛战役》，转自李朱全主编《琼崖抗日，海南解放》346页，海南出版社，2016）

就像洪学智将军战后撰写的文字所言："这种情况下，我军登陆部队不论大小，均需付出打兵舰和登陆突破的代价，部队小则损失大，上去还要'跑反'，我以小规模偷渡的方式已为客观情况所不允许，以小部队偷渡则不如以大部队强行登陆更为有利。"（洪学智《解放海南岛渡海登陆作战纪实》，原载《英明的决策，辉煌的胜利》，三环出版社，1990）

韩先楚的再三请战，终于感动了林彪，他觉得豆子已经炒熟。出于对这位战神的信任，他挥笔做出了批示："按先楚同志意见办！"经报毛泽东同意，4月10日，中央军委向十五兵团下达了大举强渡作战指示。于是，邓华司令员对作战方案进行调整，并给40军与43军下达了正面强渡作战的命令。

6

4月16日的夜晚，海峡暗流涌动，海面上空布满神秘的星光。庞大的帆船队，像一群长出翅膀的鲸鲨，在强劲的东北风中向南摆渡。站在指挥船上的韩先楚神情凝然，他终于迎来决战的时刻，率领40军6个团，18700余名指战员，乘坐300多艘双桅木帆船，向预定的登陆场临高角驰驱。站在他身边的是足智多谋的副军长解方和协助指挥的琼纵参谋长符振中。在他们左侧不太远的海面，同时出发的还有43军副军长龙书金率领的部队，该部预定的登陆场是澄迈玉包港。由于43军是按广州会议决定准备的，计划突然改变，他们只能派出两个团6968人渡海，该军主力将作为第二梯队后续跟进。

早在六天前，邓华司令员就给琼崖纵队发出命令：岛上接应部队由两个军根据任务自行布置配合。接到命令后，冯白驹司令员立即做出部署：由马白山、陈青山、刘振华、陈求光、苟在松率琼纵第一总队，和40军岛上部队负责接应40军主力；由王东保、宋维轼、张世英率琼纵第三总队和43军岛上部队，接应43军两个团；琼纵第五总队队长潘江汉，率部进入儋县沿海王五、长坡地区，佯装接应，牵制儋县之守敌，并掩护临高登陆部队的南侧。

令人想不到的是，这一夜的航程，比前几次偷渡都要顺风顺水。进入海峡中流后，两军主力便与敌人的海上巡逻舰相遇。改装成机电动力的十几艘护卫船——"土炮艇"，开足马力，无所畏惧地向敌人大型铁甲战舰冲去，发挥其近战的优势。因为曾经尝过"土炮艇"厉害，敌舰队司令王恩华在距离尚远时就下令开火，炮声顿时炸裂了整个天空，照明弹照耀着诡异的海面，炮弹在"土炮艇"周围炸起了一丈多高的水柱，水花像暴雨一样泼洒在木帆船上。怀着必死的决心，这些"土炮艇"顽强地与敌舰死死纠缠，用绑在上面的山炮和手榴弹等武器，与敌舰恶战了两三个小时，竟以简陋的机帆船击退了敌人的铁甲舰艇，创造了海战史上的奇迹。在旗舰"太平号"上指挥作战的舰队司令王恩华中将身负重伤，回到海口后不久便一命归天了。

17日凌晨两点半，40军在临高角、博赊港一带逼近海岸，岸上的敌军，在飞机的配合下向海面疯狂扫射，海上舰队也在解放军船队后方封锁海面，形成夹击之势。不长眼睛的子弹、炮弹到处乱飞，噼啪轰隆之声齐响，与海潮声激荡在一起，形成了震撼人心的交响。大海显出从未有过的愤怒，海水的颜色也由深蓝变成了殷红，波面上弥漫着恐怖的肃杀与壮烈之气。有几只木船相继被命中，甲板顿时炸开了花。韩先楚军长乘坐的指挥船，桅杆也被炮火削断，重重地砸了下来，但他果然大将风度，仍镇静自若地高喊："传我命令：加速航行，准备登陆！"渡海作战没有后方，指挥部也没有掩体，韩将军这次真的是亲临前沿，他对身旁的解方与符振中说："打了一辈子战，还没见过如此惊心动魄的场面啊!"在离海岸五十米、滩头阵地还没有完全打下时,他就纵身跳入浪涌之中(张正隆《战将》130页,重庆出版社,2010)。

先头部队刚开始涉水,就受到敌人炮火的猛烈阻挡,伤亡分分秒秒在发生。幸好这时,接应部队攻占了这一带海岸的制高点临高山,调转缴获的大炮向敌人滩头阵地猛轰,并压制住海边敌人的火力,一下就打乱了敌军的阵势,摧毁了他们的信心。40军118师、119师乘势突破,抢夺滩头阵地。从敌人背后穿插过来的接应部队,也很快就扫清敌人的海边工事,歼灭了美夏、昌拱等据点的敌人,成功地开辟了登陆场。主力部队如流一般冲上海岸,喊杀声震天动地。看到如此壮观的场面,韩先楚豪情满怀,他不忘提示部队注意防备敌机的轰炸。

17日早上六点之前,40军就已登陆完毕,船只竟然无一掉队,可谓神兵天助。也正是在这个时候,北京总参作战室的地图前,代理总参谋长聂荣臻打断了一位处长的报告,直接追问:"先楚现在在什么位置?"当得到韩先楚"已经登岛"的回答后,熬了整整一夜、双眼布满血丝的聂帅,轻松地坐到椅子上说:"有这一句就够了!"

完成登陆任务后,40军迅速包围岛西北重镇临高,但很快他们就发觉,原来驻临高城内的一个整师守敌,只剩下师部和一个团,主力已经去向不明,而登陆部队纵深过程中也未遇到敌机动部队。机警的韩先楚意识到敌情有变,必须立即调整部署,遂将临高城之敌留给接应部队吞吃,令渡海主力挥师向东,朝澄迈、海口方向攻击前进,争取与43军部队会合,寻找敌人主力对决。

东边,龙书金率领的43军两个团,在海上与敌舰对抗三个小时、拼坏了五只"土炮艇"之后,于林诗湾的雷公岛、玉包港一带靠岸。由于负责接应的琼纵第三总队和43军先遣部队在开进途中受到阻击,无法及时赶到登陆场,他们就单方面组织强攻,抢占滩头阵地,并燃起了三堆熊熊的篝火。紧接着,他们围歼了刚从梦中醒来的敌64军两个团,在澄迈福山与接应部队会师。至此,薛岳构筑的"伯陵防线"已经崩溃。

7

或许是情报不足，或许是脑子犯晕，薛岳对解放军将登陆点调整到海峡正对面的策略，没有及时做出反应，他仍然将相当多的兵力部署在岛东北的嘉积和南部的三亚，而没有海空优势、要借夜幕掩护的对手不可能选择在那边登陆。解放军主力登陆后，薛司令还以为是"小股共军偷渡"，只要调集一些兵力将其围歼，便可修复海防缺口。17日黄昏，国民党暂编13师两个团，由琼山三江开往澄迈福山，与62军一个团会合，并于次日向福山以北进犯，与解放军127师及128师383团遭遇。敌机向登陆部队阵地扫射轰炸，解放军则以轻重机枪组成多重火力网加以还击。在敌仓皇失措之际，43军渡海先锋营一举突进福山市，与敌人展开激烈的巷战，主力部队也跟进包围。经过7个小时激战，43军拿下了福山市，歼灭了大部分守敌，击毙了敌62军少将参谋长温轰，并向海口方向快速运动。

韩先楚率领的40军从临高向东突进，118师于19日包围美台敌156师师部和466团，并歼其大部；119师捣毁设在加来市的敌64军军部，奉兵团之命向澄迈进发的119师副师长黄长轩，在攻打美台的战斗中，被敌机射中，成为渡海作战部队牺牲的最高级别的指挥员。358团团长于成光也倒在敌军炮火之中。

临高、澄迈频频传来的急报，令薛岳如梦初醒，知道此次登陆的竟然是解放军主力。他急忙调集252师、151师、153师、163师，暂编13师残部及军官教导师等，约五个半师的兵力，分别由海口、加积乘汽车向澄迈驰援，又用飞机、兵舰、汽车从万宁、三亚榆林港将32军一个师与63军一个团运往海口，将空军四个大队全部投入作战，企图趁解放军立足未稳，加以围歼或迫入大海。海口至澄迈的公路上车辆轰鸣，狼烟弥漫。

面对如此形势，邓华当即决定集中两军主力在美亭、安仁、白莲地区，展开一次大规模的围歼战。19日16时，十五兵团下达新的作战部署：令40军由临高向澄迈火速推进，围歼澄迈之敌；令43军迅速挺进美亭、黄竹地区，吸引援敌，坚守阵地，寻机歼敌。

接到命令后，43军128师、127师以澄迈至海口公路为线，共同迎击海口来敌；128师和琼纵第三总的两个团插至黄竹、美亭，包围守敌，吸引援敌。20日晨，43军128师进至黄竹，与自加积北援澄迈的敌32军的一个多团遭遇。383团在琼纵三总一团的配合下，迅速将该敌包围于黄竹村，并分兵包围了美亭。黄竹、美亭之敌因得到飞机的增援，拼死抵抗，使解放军一时无法攻入。

此时，薛岳一边电令黄竹、美亭守军死守待援，一边电令已插到该地区的62军152师，迅速对包围美亭、黄竹的解放军部队施行反包围。同时急调暂编13师、步兵教导师等六个多团的部队，分东西两路向这里驰援。这样，薛岳在美亭地区投入的总兵力，就有六个师五万余人，占全岛总兵力的一半。他自以为已经稳操胜券，便大张旗鼓地在海口筹备"祝捷会"。

能否挡住六个团的援敌，阻止他们与西边敌军的会合，是决定战局的关键。43军派出381团一连，坚守海口至澄迈公路的咽喉——风门岭的制高点105高地，卡死了敌六个团援兵通往美亭的道路。

20日凌晨3时，国民党军62军主力、32军一部、教导师两个团，在62军军长李宏达的指挥下向西南推进。他们集中一个山炮连、三个迫击炮连、五门火箭炮，加上几架飞机，向风门岭105高地轮番轰炸，掩护步兵接连发起冲锋。在仅两百米宽的弧形阵地上，倾泻了数以千计的炸弹，光飞机投掷的就五六百枚。解放军的临时工事全部被炸烂，阵地成为一片焦土，整个山头也被炮火削矮了许多。坚守高地的43军一连，顽强坚守了10个小时，接连打退敌人13次（其中9次是整营的）冲锋，打死打伤敌人500多人，而一连和后来投入的警卫排大部英勇阵亡。当增援部队赶到时，高地上仅剩十三名血肉模糊、肢体伤残的伤员。

由于黄竹、美亭两个村庄一时无法攻陷，43军主力两面受敌，处境仍十分危急。邓华电示他们务必尽快攻下黄、美，避免不利局面，集中力量反包围。该军重新调整兵力，由382团在接应部队的配合下向内压，以图攻入黄、美，同时383团一部向外挤。担任攻打黄竹的382团三营，在英雄的教导员刘梅村指挥下，以炸药包开路，步步逼进，终于攻克黄竹，拔掉了敌人一个支撑点。

21日3时，当韩先楚率40军两个主力师赶到澄迈时，敌人已倾城出动北援美亭。他们当即分兵两路展开钳形攻势，插向美亭东西两侧，将包围43军的敌人包围起来，迫其里外两面作战。于是，整个战场形成了敌我双方包围反包围、内线外线犬牙交错的复杂局面，双方炮火无法展开，许多地段展开了残酷的白刃战，空气中飘散着浓浓的血腥味。

惨烈的战斗一直持续到22日。由于国民党六个团援兵始终无法越过风门岭，40军、43军和琼纵第一总队，从四面八方对美亭之敌进行碾压，最终将其围歼。至此，两方兵力对比发生巨大改变，整个战役成败已成定局。

坐镇五公祠"海南第一楼"的薛岳，终于无奈地接受最后的失败。他一边命令自己的军队全线撤退，一边给在台湾的蒋介石去电，请求派军舰于二十七日前赶到海南，接应部队撤退。而早在美亭决战激烈进行之际，远在台湾的蒋介石，得知解放军主力登岛，预感败局不可扭转，舍不得自己的部队全部被吞噬，便收回"与琼岛共存亡"的训令，电示薛岳主动撤出，并派出飞机军舰开赴榆林、八所、北黎等港口和三亚机场，收容残兵败将。

至于薛岳本人，直至逃亡时都是非常体面的。当日，他们在海口召开了一个"祝捷大会"，宣称"我已歼灭登陆共军五千余人，俘虏俄国顾问十余人"，并将在白沙门一战中被俘的解放军伤员游街示众，然后全部杀害。"祝捷大会"的爆竹烟火未尽，他便爬上飞机，逃离海南岛。惨败之际还要滥杀俘虏，草菅人命，而且还是已经伤残的民族同胞，实在有违天良。或许是因为经历了太多的胜败输赢，晚年的薛岳颇能放得下，活到了103岁，成为一个著名的寿星。但他的副司令李玉堂却死于蒋介石之手。

兼着东路总指挥兼32军军长的李玉堂，因为无法有效控制刚刚接手的部队，又跟解放军方面接不上头，起义计划一拖再拖，只好在薛岳调度下消极应战，耗掉部队的战斗力，并随后率残部逃往台湾。但在那个岛上，他与内兄陈石清之间的通信，不慎落到了保密局特务手里，坐实了投共的罪名。这位黄埔一期生先后被判有期徒刑七年、十五年，均不能解校长蒋介石心头的恶气。最后，他和夫人陈伯兰一同被处以极刑，喋血台北碧潭。1983年，他的家乡山东省政府追认其为革命烈士。

40军与46军会师后，向北挺进，于23日8时攻克海口市。24日晨，邓华司令率领的第二梯队43军军部和五个团，乘坐第一梯队返回的船只，在天尾港、秀英港登陆。他和韩先楚成了马援之后新一代的伏波将军。次日，琼崖纵队司令员兼政委冯白驹，也率琼崖党政军领导机关走出深山老林，进入海口和府城。五公祠里，两位在海峡两岸共同指挥作战的将军，双手终于越过滚滚波涛，紧紧握到了一起。

占领海口后，解放军转入第二阶段的追击作战，分兵东、中、西三路向南追击逃敌。由40军主力、43军128师和琼纵独立团组成的东路军，从各自所在位置出发，经文昌、嘉积、乐会、万宁、陵水向榆林、三亚追击，直到天涯海角。4月30日，当东路军追至榆林港时，整个港口乱成一团，争相登船的国民党残兵败将，把前来接应的舰船挤得满满当当，严重超载。为了制止后来者疯狂的攀登，先行登上的官兵竟开枪射击，许多攀上船舷的士兵扑通扑通地掉进海里。负责掩护的榆林要塞炮兵，眼见自己登船无望，愤然调转炮口，向已经起航的舰船轰击；舰上敌人以为解放军追到，也向岸上盲目扫射，在自相残杀中，一艘军舰被击沉，500余人死伤。

由40军118师1个加强营组成西路军，乘缴获的汽车沿环岛公路向八所港快速前进。由43军129师及127师380团组成的中路军，从美亭地区出发，经那大、白沙向北黎、八所追击。当129师追到八所港时，国民党的一艘军舰还来不及收起跳板。解放军先头部队的一个班，以极其迅猛的军事动作冲上敌舰。然而就在这时，敌舰起航了，该班战士已经下不了船，他们在舰上与敌人血战，直至全部牺牲。由此可见，解放军的兵锋之锐，这样的军队没有不胜的道理。

至此，海南岛战役全部结束。

整个战役，共歼灭国民党军31985人，其中毙伤5416人。解放军方面伤亡损失4614名，其中40军伤亡1385人，43军伤亡3253人，琼崖纵队伤亡76人；未能登上海岸，在海里溺水而亡的有416人；还有74人不知所踪。在海口的金牛岭公园、临高角的海滩、文昌的铜鼓岭、澄迈的风门岭等地，都有埋葬着渡海作战解放军烈士的坟墓，铭记着那场越来越遥远的战事。刻有五角红星的碑文，至今提示着岛上的人们，甚至在出生之前，就有许许多多的人，一厢情愿地为了他们的命运赴汤蹈火、出生入死。

1950年6月5日，海口举行了盛大的军民游行，隆重庆祝一个新时代的到来。"解放了，解放了，解放了！"从水巷口到得胜沙，从博爱路到港口码头，到处都有人在激昂地欢呼，鞭炮与锣鼓声震耳欲聋，街道也被改换了名字。尽管大多数人并不知道随之而来的会是怎样的境遇，但都对其充满灼热的期待。人们对明天

海南岛战役前线指挥员合影（前排左起：张池明、冯白驹、邓华、韩先楚、李作鹏）

怀有的信心与憧憬，是自岛上有人类以来从未有过的，仅此一点，堪称奇迹。海南岛战役结束，意味着从共和革命到共产革命，半个世纪以来，中国土地上血与火的武装斗争，终于落下帷幕，随即而来的是和平建设的年代。建立一个新世界，并不比砸烂一个旧世界更加容易；作为压迫与桎梏的反义词，解放二字更是内涵深远。

海南岛上的枪炮声刚刚沉寂下来，一个多月后，朝鲜半岛就爆发战争。6月27日，美国总统杜鲁门命令第七舰队进入台湾海峡。邓华、韩先楚、洪学智等将军与40军奉命北调，跨过鸭绿江，参加更加激烈的抗美援朝战争。台湾问题于是被搁置起来，直至今日，都成为被美国人用来牵制中国的一枚棋子。如果海南岛战役不是在谷雨前发起，后来情况会是怎么一个样子？遂成了一个解不开的悬念。1957年9月，经毛泽东主席钦点，韩先楚被任命为福州军区司令员，成为"炮击金门"的最高指挥官，所率的部队与台湾岛隔海对

垒。之所以有这样的安排，是因为他是渡海作战中功勋卓著的猛将。

1981年夏天，在东方县委招待所，笔者遇见了当年43军127师政治部主任魏佑铸。其时，他已经是乌鲁木齐军区副政委，到东方县来的目的，是要找寻战友的遗骨。有个和他一起从山东乡村出来投身革命的战友，在进攻北黎的战斗，也就是最后一场战役的最后一次战斗中，身体被一颗子弹命中。这颗该死的子弹，也差不多就是整个战役最后一颗子弹了。纷飞的炮火里，魏佑铸亲手合上战友的双眼，并把他草草埋在一棵大树下。然而，这次回来，他却怎么也找不到那棵大树了。

（本章参考了刘振华上将的《海南之战》《四十、四十三军渡海作战总结》，马白山的《浴血天涯》，杨迪的《创造渡海作战的奇迹》、张正隆的《战将韩先楚》以及参加过海南战役的部分指战员的回忆录。）

The
Biography
of
HaiNan Island

海南岛 传

从边缘到前沿

尾声

1950年夏日，海口街头四处飘扬的彩旗，象征着一个旧时代的结束。当然，岛上二百六十多万人生老病死的故事，仍然在涛声中继续，每年照样有成群的候鸟从遥远的北方列阵南下，越过千山万水到岛上来过冬，汲取太阳的光芒。此时，吊罗山等茂密的热带雨林里，尚残存着一万四千名土匪，不过，不出两年，这些秋风落叶就被扫荡干净了。经历了两次革命与一场抗御外族的战争，海南岛终于平静下来，开始有了人间烟火的暖意，并迎来了妇女们生育的高峰期。

在接下来的社会进程里，这座海岛基本上是跟着整个新中国的节拍，土地改革，"三反""五反"，合作化与所有制改造，生产大跃进和人民公社，"文化大革命"，一个波浪接着一个波浪地推进，逐步建立财产权和行政权高度集中的计划经济体制，并用共产主义的精神不断改造人们的思想。高度集中的体制在公路桥梁、水利等公共设施建设中，发挥了巨大的动员能力，完成了松涛水库、海榆中线公路等至今仍造福于民的工程。1954年通车的海榆中线公路，是海南岛第一条上等级（四级）的道路，动员了十万军民，用了一年零两个月的时间，296.6公里的路程，平均每修建1.34公里就有1人牺牲，总共有221名解放军指战员及工人长眠于五指山区，朱德元帅为他们的纪念碑题词。建于1958年的莺歌海盐场，总面积3793公顷，年生产能力25万吨，一度是中国第二大盐田。1970年12月竣工的松涛水库，库容33.40亿立方米，为海南省第一大水库。历时十二年之久的工程建设，调集了11个市县的劳动力参与会战，工地上投入人力最多时达到六千八百人，先后有六百多位建设者献出了可贵的生命。这是一个凯歌高奏的时代，献身精神一直是社会的主旋律，自我保留的私心总是处于被批判与诅咒之中。

整个"冷战"期间，国家赋予海南岛的使命，是守护风云变幻的南海边疆。1953年毛泽东主席挥笔题词："加强防卫，巩固海南"，明确了这一定位。除了常规的传统农业、渔业，和提供优质的铁矿石、木材等资源外，岛上投入更多的是国防建设，深挖洞、广积粮，备战备荒。从城市到乡村，青壮年男女都编入民兵队伍，全副武装地在约两千公里的海岸上站岗巡逻，并做好随时投入反帝反蒋战斗的准备。岛上始终弥漫着一种紧张庄严的气氛，让人热血沸腾，高度警惕。1974年1月西沙海面的那场自卫反击战，南海舰队与海岛民兵在装备落后的情况下，凭着国威与神勇打退了南越入侵者，充分证明了这座前哨不可冒犯的存在。

  从国家战略的层面，这个时期的海南岛有两件事情值得一提。首先，是天然橡胶的种植。橡胶是一种不成材的树木，这种被印第安人称为"流泪的树"，一旦受到创伤，便流出母乳一样洁白的液汁，凝固之后是很好的工业材料，广泛用于制造轮胎、胶管、胶带、电缆及其他各种橡胶制品。尤其是汽车、大炮的轮胎，在石油化工尚未发达的时期，是十分稀缺的战略物资。抗美援朝战争爆发后，姓资姓社两大阵营相互对垒，剑拔弩张，以美国为首的西方阵营，对刚刚建立的共和国进行封锁。出于战略需要，国家决定在国内建立天然橡胶种植基地，而摊开雄鸡一般的地图，唯有海南岛和云南西双版纳，种植的胶树能沥出胶乳来，且岛上已经有了琼安胶园等许多私营的种植园。于是，一声令下，雷霆万钧，华南垦殖局海南分局成立，刚刚从硝烟弥漫的战场走出的琼崖纵队及部分南下官兵，于1952年2月组建起人民解放军林业工程第一师，开赴深山老林，拉开了大规模种植橡胶行动的序幕。1965年之后，毛泽东主席发起"知识青年上山下乡"运动，先后有十多万广东知青渡过海峡，将青春的热血倾泻到浩浩荡荡的国家行动当中。以橡胶种植为主业，海南在山区与丘陵地带，特别是中南部大片莽荒的热带雨林中，先后开辟了近百个农场，种上了数以亿计的胶树，建立了360万亩胶园，每年生产干胶20多万吨，完成了国家赋予的光荣使命，但也付出了巨大的生态代价。

  "橡胶带是通过人工植被取代天然植被的置换方式而完成的。1978年，国家林业总局32号文件称："海南划给农垦的热带森林651万亩，占原始森林的二分之一，他们把原始森林砍光，种胶242万亩，营造防护林50万亩，共

292万亩，其余359万亩，既不种胶，又不造林，变成了荒山荒地。"（转引自颜家安《海南岛生态环境变迁研究》97页，科学出版社，2008年）橡胶林基本上都是砍伐热带雨林之后种上的，随着原始森林的大量毁坏，野生动物的种群数量也急剧减少。曾经遍布各地、黄昏时喊声凄厉的猿猴，几乎只剩下霸王岭林区的黑冠长臂猿（数量约二十只），和陵水县南湾猴岛的猕猴；曾经被鸟类的翅膀遮蔽的天空，也显得空旷无比。而在此之前，整个海南岛都可以称得上是一座现成的国家森林公园。当然，这是必须支付的代价，国家的安全高于一切。

第二件事情是南繁育种。在农作物的耕种过程中，贮藏着遗传基因密码的种子十分关键。南繁育种就是将各地水稻、玉米、小麦、高粱、棉花等夏季作物的种子，在秋收后移到亚热带或热带地区进行繁殖和筛选，以加速育种过程，提高种子的品相性能。这项工作于20世纪50年代就已经开始，选点集中在广东、广西等省。海南南繁育种时间始于1958年。插根扁担就能开花结果的海南岛，因为得天独厚的气候环境，渐渐成为育种试验基地的首选，到了六十年代中后期，全国育种试验基地基本上都转移到岛上来，落户在北纬18度以南的崖县（今三亚市）、陵水、乐东等县。作物品种包括水稻等粮食作物、棉花等纺织作物、花生等油料作物、烟草等经济作物和豇豆等蔬菜作物。

1970年11月23日，崖县南红农场技术员冯克珊，在水塘边发现一片恣意开花的野生水稻，其中有的性状颇像育种专家袁隆平一直苦苦寻找的雄性不育株。其时袁正在北京查阅资料，冯克珊连忙唤来他的助手李必湖，两人一株株仔细辨认，发现了三根雄花异常的野生稻穗，便将其连泥挖起，移到试验田里，还致电袁隆平回来鉴定。收到电报的袁隆平来不及买票，便连夜挤火车南下，马不停蹄来到试验田边。经他法眼勘验，这确实是一株花粉败育的野生稻雄性不育株，于是将其命名为"野败"。经过杂交，选育出野败型籼稻不育系，为中国杂交水稻研究奠定了基础，三年内实现了杂交水稻"三系"配套，使水稻产量一路飙升。这株被命名为"野败"的野生稻，后来成为所有杂交稻的母本，改写了世界水稻育种史。袁隆平因此被誉为"杂交水稻之父""当代神农"，他所领导的团队在杂交水稻领域技术领先世界。目前，杂交水稻在中国累计推广面积约达38亿亩，增产稻谷约3600亿公斤，为解决泱泱大国十数亿人的温饱问题、消除世界饥饿做出巨大的贡献。

海南岛是中国农作物种子孕育的温床与子宫，每年全国29个省区市的700多家农业科研机构，有数千名科技人员到岛南从事南繁育种。因为是国家战略，这项事业虽然并没有给海南人带来多丰厚的经济实惠，但它造福国民，造福人类，是一件功德无量的事情。汲足了海南岛阳光与土地灵气的一粒粒种子，精神抖擞，纷纷扬扬地撒向祖国各地的田园，在那里开花结果，万里飘香。然而，直至今日都很少有人知道，他们吃的每一粒米里，都有着来自海南岛阳光与水的祝福。

1988年4月26日，已经拥有638万人口的海南撤区建省，成为中国最大的经济特区。这个地处天涯海角的边缘角落，在两种文明交汇之际，在一个国家实现历史跨越和民族复兴的时刻，被赋予特殊的身份与使命，推到了改革开放的前沿，如同一艘探索航线的船只驶向未知的海域。与此同时，数以十万计的人像候鸟一样越过海峡，从大陆各地投奔这座热岛，寻找施展抱负、改变命运的机遇。这一大角度的转身，打破了海南岛千年的孤独，落寞的后排观众席变成了备受瞩目的舞台。

伴随着工业文明的一路凯歌，地球生态受到了不断扩大的破坏。作为人口众多的发展中国家，中国的情况曾一度令人忧虑。独特的气候环境，加上发展上的相对滞后，使海南岛的自然生态得以较好的保护，人天关系没有出现濒临破裂的状况。因此，在越来越多的地方被认为不适合人类居住的时候，这个天涯海角之地未被践踏的化外之美，反成了令人神往的所在。特别是秋冬季节，来自不同地域的人鸟群般飞来，栖落在椰子树的海岸，脱掉肥厚的衣裳，把自己投入沸腾的波涛。这个千古以来放逐罪臣、被视为穷途末路的孤岛，变成了人们趋之若鹜的目的地。

二十一世纪初，这里被定位为国际旅游岛，而这个定位所依靠的，是大自然亿万年积攒下来的绿色遗产，它引人入胜的，并不是什么人为造作的奇迹，而是最最寻常的事物：灿烂的阳光和纯净之水，以及由此和合而生的热带雨林。没有封顶的天空、瀑布般一泻千里的阳光、纯澈见底的迷离海水，以及

远处的涛声　马秋芬摄

氤氲其间的洁净空气，如同葫芦里的秘药，赋予海南岛无可比拟的慰藉力与神奇的康复力。它能驱除复杂社会生活及人际摩擦给心灵降下的阴霾，还原人性的单纯、活泼与畅达的天机。一些常年痼疾缠身的人，到这里不治自愈。闲暇的日子，不知有多少人渴望到岛上来流放自我，在蓝天白云间做一尾断线的风筝。这种景况，令千百年前的韦执谊、李德裕百思不得其解。

2020年，《海南自由贸易港建设总体方案》隆重出台，明确"支持海南逐步探索、稳步推进中国特色自由贸易港建设，分步骤、分阶段建立自由贸易港政策和制度体系"，海南再度成为国家对外开放的最前沿。这座海岛已经不再是孤悬之地，它似乎要让整个世界的波涛都涌入自身敞开的胸怀。

从某种意义上说，当代社会生活属于现在进行时，一切都还在生成、变化之中，尚未沉淀、封存起来，成为过去进行时态的历史。写完渡海战役，《海南岛传》便可以收笔。但出于丛书的整体考量，出版方希望在时间上能够有所延续，以保持形式上的整齐，于是就有了这个尾声。

后记：时光里的石头

  时间是一条遗忘的河流，随着年事的增升，它的江面似乎越来越波澜壮阔。《海南岛传》的写作，于我而言是一次逆流而上的摆渡。许许多多沉入水底的事物，如同河床里的石头，逐个露出了水面，显现出峥嵘的样子。触摸这些沉重的物体，让我意识到，自己正在生活的现场，已经被无数的人生活过，已经有无数的人离开。发生在我身上的事情，不论是春风得意，还是痛不欲生，都不过是某个旧版本的翻新。让我满怀希望的朝霞，早就在别人那里升起，照亮一张张未曾谋面的脸庞；我在田野里采摘的花朵，也曾勾引起一千年前的感伤。我与无数被遗忘淹没的人们，生活在同一个岛上，只是因为时间的关系没能走到一起，而这本书的写作，打通了过去与现在之间紧闭的大门，让我得以和他们共同经历进退沉浮与生老病死。

  于是，《海南岛传》的书写，仿佛就是我个人身世的自述。自这座小岛从大陆裂开的刹那，这里发生的一切，都感同身受地发生在我的心口，石头纷纷地向我砸来，并掀起了难以平复的浪涌。从很早很早的时候起，我就意识到自己降生在一座岛上，它已经被腥咸的海水重重包围，都承受着波浪永无休止的冲击，所有坚固的事物都已遁离，朝任何一个方向走去，最终遭遇的都是深渊与迷津。一种被遗弃的凄怆，一种远离依靠的孤独，渗透了我经验的全部，使之浸润着海水的苦涩，我的行为总是不能够理直气壮。这座没有老虎坐镇、远离威权事物的岛屿，似乎只是一个眺望世界的地方，而我不过是剧场外找不到座位的观众。在记忆的影像里，从童年开始，我就常常站在野菠萝的海岸上，久久眺望水天苍茫的远方，所有美好的事物，都隐藏在海平线的背后，与我横隔着无数愤怒的波涛。我并不清楚这些事物真实的模样，但它们已经令我心神不宁。我夜里的睡床如同一叶扁舟，颠簸在惊涛骇浪的洋面，直到若干年前，我才渐渐有了靠岸的感觉。而所谓靠岸，并不是我抵达了大陆的某一处高地，我仍然置身于海里，仍然居留在这座岛上。

海南的一些港湾，至今生活着疍民的部落。他们完全可以到陆地上来安家，构筑石块或砖瓦的房屋，躲避暴风与激浪的冲击。这不过是举手之劳，但他们仍然选择留在水上，不接受任何上岸的动员与劝请。岛屿给予人的感觉，就像是一条漂泊的舟船。岛民的身份，就是在波峰浪谷间安家，让一切该发生的都发生在你身上；而不在你身上发生的，就意味着不应该发生。你必须为发生的欢呼鼓舞，即便它剥夺了你所有的衣裳，包括衣裳里包裹的身体；你不必为不发生的追悔懊恼，因为那一切都与你无关，尽管它们想象起来是多么璀璨。

对于生活在上面的人，海南岛曾经是逃亡之地、躲避之地、流放之地、眺望之地。作为住民，我也曾经狼狈地生活在这片浮土之上，仓皇寻找安身之所。现在，这里已经发生了改变，变成了一个坚实的原点，既是出发之地，也是抵达之地，一个可以顶天立地地站立的地方。世界虽然浩瀚，但并不是所有地方都得去走遍，传说中的九坛金、九坛银，早已埋藏在这岛上，地里、水里、风里，几乎无所不在。此时此刻，这座岛屿显得那么完整，具足生命存在的全部要素。它不欠不余，静美绝伦，是引人入胜的目的地，阳光最为眷顾的所在，所有道路都通往的地方。站在椰子树下，迷离在心头的难言之美，让我对世界的辽阔无动于衷。我觉得，只要真正拥有这片光芒万丈的天空，其他的一切都可以拱手相让。此时此刻，当我安静下来，呼吸里便有了风暴的气息；而我入寐时的鼾声，也变得潮水一样弥天漫地。

岛屿是极具概括性的象征之物，有着清晰的边缘，和无涯无际的空落与虚玄，空虚之中似乎回荡着一种亘古的钟声。我是岛上一个古老家族的子孙，在我的身后，已经有二十六代祖宗的尸骨埋入了黄沙。在一篇很少被人阅读的文章里，我曾经这样说过：我不明白，九百年前光荣的祖先，为什么把子孙抛到这座荒岛上，让他们成为孤独的守望者。现在，我终于领会了埋得太深的善意，不再左顾右盼和四出投奔。折断了多余的翅膀之后，我彻头彻尾地成为一个土著，一棵长不大的花梨木。很多的场合，我都以一个土人自诩，声称是那个最热爱海南的人。没有谁知道，这个人是多么土啊，他的根都快长出了蘑菇。许多年前的某个夜晚，漫步在沙滩的我，做出了一项重大的决定：把自由退还给与我相关的事物，不再要求它们迎合或屈服于自己的意志。这让我获得了极大的解放，春风一下就浩荡起来。寒凉季节，候鸟的降临固然让我满心欢喜，但我不再像童年时候那样举首翘望，也不再与天上的浮云纠缠不休。或许是因为完整接受了这座小岛，今生今世，我已经没有其他地方可去。

时间是那样的湍急，浮在水面的事物，还来不及弄清楚河流的方向，就已经沉入水底，变成坚硬的石块。《海南岛传》的写作，早在十几年前就已经起意，搬弄石块的工作一直都在进行之中，只是没有付诸文字罢了。感谢新星出版社社长马汝军先生、总编辑彭明哲先生与责任编辑简以宁女士，对本书的写作给予的关心与支持。敬业的他们用心良苦，绕了一个大弯，先后通过张炜和韩少功两位尊敬的师友来找我，让这个岛民诚惶诚恐，无形的写作因此变成有笔画的文字，算是对我生身的海岛有了一个回向与交代。我不是不能无所事事，但也愿意做一些有意思的事情。

作为"丝路百城传"丛书的一种，本书本应该以一座城市来命名，但考虑到海南是一个独立的地理单元，也是相对完整的历史现场，为叙事的方便起计，使用《海南岛传》的书名，无疑是更好的选择。

也许，有必要向读者说明，本书首先是一部史传，然后才是文学作品，其中的文字，不仅是想象力的产物。在尊重基本史料的前提下，笔者力图再现历史的现场，复活人物的原形，并试图与他们说上话，在细节上做出必要的展开。众说纷纭的地方，也尽量在占有资料的条件下，做出采信的选择；无法确凿又不能证伪的史实，则作为一种可能性加以演义。至于文体的运用，我愿意保持切换的自由度，将所叙述的事物置于开阔的视野，加以观照与处理，以获得充分阐释的回旋余地，而不止步于客观的罗列，如同超市里的货物上架。当然，我无意要写一本通史或全史，只是通过一些有意思的人物活动和事件的演变，寻找走进历史深处的入口。完整的画卷，仍然有待于读者的推演与想象；至于不足与错漏的地方，更期待有识之士的指谬。

此外，需要感谢的人仍然很多，陈秀云女士和作家蔡葩、王姹、李焕才、庞启江、陈水雄、林涛诸君，为本人提供了搜查与援引图文资料的方便；海南文史专家詹贤武先生、高泽强先生，就民族问题提出了宝贵的意见；评论家马良先生勘校全书，指出了存在的问题；我的学生纪晓娇，对文字进行了认真的校阅；海南省文联和作家协会的同事，给予本人工作充分的谅解与支持。最后，要把本书敬献给我八十六岁的母亲。没有她，一切都无从谈起。

孔见

2020 年 6 月 13 日

图书在版编目（CIP）数据

海南岛传：一座岛屿的前世今生 / 孔见著. —— 北京：新星出版社，2020.11
（丝路百城传）
ISBN 978-7-5133-4176-9

Ⅰ.①海… Ⅱ.①孔… Ⅲ.①文化史－研究－海南 Ⅳ.①K296.6

中国版本图书馆CIP数据核字（2020）第186308号

出版指导：陆彩荣
出版策划：彭明哲　简以宁

海南岛传：一座岛屿的前世今生

孔见　著

责任编辑：简以宁
责任校对：刘　义
责任印制：李珊珊
装帧设计：冷暖儿　闫鸽

出版发行	新星出版社
出 版 人	马汝军
社　　址	北京市西城区车公庄大街丙3号楼　100044
网　　址	www.newstarpress.com
电　　话	010-88310888
传　　真	010-65270449
法律顾问	北京市岳成律师事务所

读者服务：010-88310811　　service@newstarpress.com
邮购地址：北京市西城区车公庄大街丙3号楼　100044

印　　刷	北京美图印务有限公司
开　　本	660mm×970mm　1/16
印　　张	32.5
字　　数	496千字
版　　次	2020年11月第一版　2020年11月第一次印刷
书　　号	ISBN 978-7-5133-4176-9
定　　价	99.00元

版权专有，侵权必究；如有质量问题，请与印刷厂联系调换。